COLLECTION POÉSIE

Dans la même collection

ANTHOLOGIE DE LA POÉSIE LYRIQUE FRANÇAISE DES XIIe ET XIIIe SIÈCLES. *Édition bilingue de Jean Dufournet.*

ANTHOLOGIE DE LA POÉSIE FRANÇAISE DU XVIIe SIÈCLE. *Édition de Jean-Pierre Chauveau.*

ANTHOLOGIE DE LA POÉSIE FRANÇAISE DU XVIIIe SIÈCLE. *Édition de Michel Delon.*

ANTHOLOGIE DE LA POÉSIE FRANÇAISE DU XIXe SIÈCLE :

I. De Chateaubriand à Baudelaire. *Édition de Bernard Leuilliot.*

II. De Baudelaire à Saint-Pol-Roux. *Édition de Michel Décaudin.*

ANTHOLOGIE DE LA POÉSIE FRANÇAISE DU XXe SIÈCLE :

I. *Préface de Claude Roy. Édition de Michel Décaudin.*

II. *Préface de Jorge Semprun. Édition de Jean-Baptiste Para.*

ANTHOLOGIE DE LA POÉSIE RELIGIEUSE FRANÇAISE. *Édition de Dominique Aury.*

SOLEIL DU SOLEIL. *Anthologie du sonnet français de Marot à Malherbe présentée et choisie par Jacques Roubaud.*

Anthologie de la poésie française du XVIe siècle

Édition de Jean Céard
et de Louis-Georges Tin

GALLIMARD

PRÉFACE

Cette anthologie continue, bien sûr, celles qui, depuis deux siècles, se sont employées à faire connaître et goûter la poésie française du XVIe siècle. Son intention ne peut être cependant tout à fait la même. Du puissant renouveau poétique qui caractérise le XVIe siècle, personne ne doute plus aujourd'hui ; il n'est plus nécessaire d'en convaincre les lecteurs. Mais cette certitude est le fruit d'une longue histoire, et qui a laissé sa marque. La poésie du XVIe siècle a mis fort longtemps, en effet, à se relever de la condamnation de Boileau. Si les érudits des XVIIe et XVIIIe siècles ne l'ont pas ignorée, confiant notamment à des anthologies – déjà ! – le soin d'en conserver la mémoire, il a fallu l'âge romantique pour qu'elle rentrât vraiment en grâce. À coup sûr, on ne dira jamais assez combien Sainte-Beuve a efficacement contribué à cette résurrection. Mais il convient d'ajouter que ce ne fut pas tout à fait l'œuvre d'un seul homme. Quand l'Académie française décida que le sujet du concours de l'année 1828 serait un « discours sur la marche et le progrès de la langue et de la littérature française depuis le commencement du XVIe siècle jusqu'en 1610 », elle enregistrait et encourageait à la fois une volonté diffuse de réévaluer notamment la poésie française de la Renaissance ; c'est à ce concours que Nerval, qui, tout jeune, publie une Introduction aux poètes du XVIe siècle, *prétendra avoir été candi-*

dat ; et c'est encore à ce concours que Sainte-Beuve pensa participer avant de donner au sujet un développement qui ne lui permit plus de soumettre son travail à l'appréciation de l'illustre assemblée. Mais le libellé même du sujet que celle-ci mit au concours laisse voir qu'elle ne le proposait pas sans en orienter l'étude ; le Secrétaire perpétuel l'indiquait clairement : « Suivre le progrès d'une langue et d'une littérature est une étude au moins aussi philosophique que littéraire. » De fait, la philosophie de l'histoire qui inspirait le sujet se fondait sur la thèse selon laquelle une nation est semblable à un individu et connaît, comme lui, une naissance, une enfance, une adolescence, une maturité. Or, disait le Secrétaire perpétuel, le XVI*e* *siècle « entrait dans cet âge qui, pour les nations comme pour les individus, est un temps d'épreuve et de crise, d'où dépend presque toujours le sort de la vie entière ». Le* XVI*e* *siècle, en somme, était l'adolescence de notre culture. S'il promettait beaucoup, le temps du plein épanouissement ne pouvait être que celui du classicisme.*

Nous avons cessé de considérer le XVI*e* *siècle en gardant les yeux fixés sur le* XVII*e*. *Mais nous sommes-nous pour autant débarrassés de cette vision évolutive ? Il n'est pas rare, aujourd'hui encore, chose dont les manuels scolaires sont les trop clairs témoins, que la poésie du* XVI*e* *siècle passe pour prendre son essor dans les années 1530 grâce à Marot et aux marotiques, avant de commencer à s'épanouir avec l'école lyonnaise dans les années 1540 et d'atteindre son plein essor avec la Pléiade, que viendront relayer dans les années 1570 la poésie néo-pétrarquiste puis la poésie baroque. Comment ne pas observer que cette description reste tributaire de la façon dont les poètes du milieu du* XVI*e* *siècle ont voulu nous faire penser leur nouveauté ? À leur emboîter le pas, on dirait qu'après le néant du Moyen Âge, discrédit auquel n'échappe guère que le* Roman de la Rose, *il n'y eut que les maladroites tentatives d'un Marot et de quelques disciples.*

Il faut, en outre, remarquer que ce XVI*e* *siècle commence* *bien tard, en ajoutant tout de suite qu'il arrive heureusement, depuis quelques décennies, que le début du siècle ne soit pas oublié; la présence de ceux que l'on appelle les Grands Rhétoriqueurs va même aujourd'hui s'affirmant. On les a longtemps purement et simplement oubliés, en les considérant comme les fruits d'un Moyen Âge qui tardait à finir. Comme l'histoire littéraire ne se plie pas aux simplifications de la chronologie, les Grands Rhétoriqueurs, il est vrai, chevauchent la barrière que le temps dresse entre le* XVe *et le* XVIe *siècle. Mais la très nouvelle poétique qu'ils pratiquent constitue comme l'horizon des recherches de leurs successeurs. Notre anthologie se devait de leur faire place.*

Du reste, l'actuelle réhabilitation des Grands Rhétoriqueurs n'est pas sans équivoque. Qu'on les condamne ou qu'on les loue de leur souci de la forme, reste forte la conviction qu'ils y ont cherché le moyen de secouer leur condition servile de poètes de cour, comme si une secrète révolte les avait animés contre leur état : en affirmant « la prééminence des mots sur les choses », comme dit Paul Zumthor, ils auraient pour ainsi dire libéré la rime et le langage, – et compensé, par cette liberté, celle dont eux-mêmes ne jouissaient pas. Reste à savoir si l'équivoque de la rime sert toujours l'équivoque du sens et s'il faut considérer de la même manière telle équivoque qui entend élever le discours et telle autre qui suggère un sens facétieux, ou plaisant, ou grivois. Au demeurant, les Grands Rhétoriqueurs savent à l'occasion pratiquer la langue la plus simple, la plus directe, jusqu'à une sorte de facilité qui frôle la prose. Qu'on lise, par exemple, dans la traduction des Héroïdes *d'Ovide par Octovien de Saint-Gelais, ces premiers mots, que Pénélope écrit à Ulysse :*

Puisque tu es de retour paresseux,
Ô Ulixès, de cœur très angoisseux
Pénélope cette épître t'envoie

Afin que tôt tu te mettes en voie.
Ne récris rien, mais pense de venir.
Seule à toi suis, aies-en le souvenir.

S'il arrive aux Grands Rhétoriqueurs d'user de l'équivoque, de cultiver la rime richissime, n'y voyons donc pas une constante pratique. C'est pourtant l'image qu'ils ne tarderont pas à laisser d'eux. Le temps viendra bientôt où un Étienne Tabourot, croyant (ou feignant de croire) qu'il expose toute une poétique, assurera dans la préface des Rimes *de 1587 : « Celui qui équivoquait le mieux sa rime était le mieux venu, et estimait-on une excellente façon d'écrire quand on disait :*

Quand je marche parmi la voie
Et voie la fille qui lave oie,
Je dis : Mon Dieu, si je l'avoie [l'avais],
De très bon cœur j'en mangeroie [mangerais].

Le pastiche est certes habile, et, n'était son tour caricatural, Tabourot pourrait s'autoriser du huitain écrit par Marot à l'intention de celui qu'il appelle ailleurs « le bon Cretin au vers équivoqué » :

L'homme sotart et non savant,
Comme un rôtisseur qui lave oie,
La faute d'aucun nonce [dénonce] avant
Qu'il la connaisse ni la voie ;
Mais vous, de haut savoir la voie,
Saurez par trop mieux m'excuser
D'un gros erreur, si fait l'avoie [avais],
Qu'un amoureux de musc user.

Mais qui ne voit que ce facétieux huitain rend au poète Guillaume Cretin un hommage qu'il s'amuse à envelopper dans les plis d'un style où l'affectation de maladresse se mêle au tour de force ?

Au reste, Tabourot admire le « divin » Ronsard, et c'est à sa poétique et à celle de ses confrères en poésie que va son approbation. Tabourot, notons-le, est loin d'être le seul à se réclamer de Ronsard ; il est peu de poètes, dans la seconde moitié du siècle, qui ne partagent cette admiration, du très protestant Agrippa d'Aubigné au très catholique Guy Le Fèvre de la Boderie ; et tous sont d'accord pour saluer, comme l'écrit Étienne Pasquier dans ses célèbres Recherches de la France, *« cette grande flotte de poètes que produisit le règne du roi Henri deuxième » et « la nouvelle forme de poésie par eux introduite ». Ainsi s'ébauche une histoire de la poésie française du* XVIe *siècle, que les siècles suivants pourront nuancer, réévaluant l'« école » de Marot et reconnaissant son importance, évitant aussi de négliger l'intense effort poétique des années 1540, mais ne pouvant plus contester que l'« école » de Ronsard constitue un moment décisif de cette histoire. On sait aujourd'hui que ce qu'on appelle traditionnellement la Pléiade*[1] *ne fut pas proprement une école, mais plutôt un mouvement, et qu'il ne faut pas prendre au pied de la lettre les divers textes où Ronsard s'emploie à distribuer les tâches entre ses confrères en poésie. Il n'empêche que les contemporains eurent le sentiment de percevoir des voix toutes nouvelles. Quoi qu'on pense de la* Défense et Illustration de la langue française *(1549), pour les uns manifeste vite rédigé et plus soucieux de proclamer une ambition de renouvellement que de la cerner et de la définir, pour les autres discours mûrement réfléchi et écrit, ce court texte n'est pas passé inaperçu. Et l'œuvre de*

1. En réalité, Ronsard n'a usé du terme de « Pléiade » qu'une seule fois, par métaphore, et en faisant allusion à la Pléiade alexandrine, nom qui désignait un groupe de sept poètes dont les plus connus sont Apollonios, Callimaque et Théocrite. Mais plusieurs fois, non sans de nombreuses variations, il a indiqué, parmi les siens, les six poètes considérés, avec lui, comme les meilleurs (seuls, outre lui-même, Du Bellay, Tyard, Baïf et Jodelle figurent constamment dans toutes ses listes). Le terme de « Pléiade » est comme ratifié par Claude Binet, en 1586, dans sa *Vie de Ronsard*, et s'impose désormais en histoire littéraire. À notre tour, nous l'utilisons par commodité.

Ronsard, très vite salué comme le chef de file de la nouvelle poésie, n'a pu que donner matière à ce sentiment de nouveauté. En cinq ou six ans, il ouvre, dans les directions les plus diverses, des voies neuves. Voici, en 1550, ses Odes, *avec le massif imposant et provocateur des Odes pindariques, qui en forment le premier livre, et l'avis «Au lecteur», où Ronsard ne craint pas de s'affirmer «le premier auteur lyrique français» et récuse tous les poètes antérieurs, avec qui, «prenant style à part, sens à part, œuvre à part», il refuse d'avoir rien de commun; en 1552, c'est, avec* Les Amours, *un vigoureux renouvellement de la poésie amoureuse; puis, en 1555-1556, voici les* Hymnes, *monument de poésie philosophique, si du moins ce terme suffit à définir cette œuvre sans précédent, qui réunit des hymnes du ciel, des étoiles, de l'éternité, de l'or, de la philosophie, de la mort, etc., en un ensemble complexe et subtilement composé. En quelques années, Ronsard a parcouru tous les styles, tous les genres, et prouvé qu'aucun thème n'était de soi étranger à une approche poétique. Si, passé ces premières années, le renouvellement de l'inspiration de Ronsard est certes moins voyant, il continue pourtant — qu'on songe seulement à sa réflexion sur le poème héroïque et à son entreprise de* La Franciade *(1572) —, et surtout il habitue les poètes à penser que la poésie ne saurait vivre qu'en explorant des voies inédites et en s'ouvrant à des thèmes et à des sujets inexplorés. Cette anthologie tâche de donner diverses illustrations de ces nouvelles ambitions, certes souvent trop dédaigneuses, on va le voir, de ce qui les a précédées.*

À en croire les poètes du milieu du siècle, en effet, il est deux modèles dont il faut également se garder : d'une part, la poésie médiévale traditionnelle, ses ballades et chansons populaires, ses «rimes de village» ou maigres assonances, ses basses ambitions et son air prosaïque; d'autre part, la poésie savante des Grands Rhétoriqueurs, aux rimes virtuoses, aux jeux acrobatiques, volontiers gratuits. Trop peu de forme d'un côté, et trop de l'autre, dirait-on. Or, avant même que la *Défense et Illustration de la langue française* ne le proclame avec la force et la vigueur que l'on sait, divers théoriciens humanistes ont souligné que la poésie ne saurait être réduite à sa pure forme. Auteur d'un *Art poétique français* (1548), Thomas Sebillet se désole de cet usage médiéval qui « a appelé les poètes français rimeurs, s'arrêtant à la nue écorce, et laissant la sève et le bois, qui sont l'invention et l'éloquence des poètes : qui sont mieux appelés ainsi que rimeurs ». Ronsard ne dira pas autre chose quand il recommandera de se donner « garde surtout d'être plus versificateur que poète : car la fable et la fiction est le sujet des bons poètes, qui ont été depuis toute mémoire recommandés de la postérité ; et les vers sont seulement le but de l'ignorant versificateur, lequel pense avoir fait un grand chef-d'œuvre, quand il a composé beaucoup de carmes rimés » (*Abrégé de l'art poétique français*, 1565).

C'est là doublement caractériser la poésie : par la fiction, et par le vers. Et il vaut la peine de remarquer que, dans cette sorte de débat des Anciens, que représente Sebillet, et des Modernes, dont Ronsard est ici le porte-parole, il n'y a nulle divergence sur ces deux points. Laissons pour l'instant la question du vers, qui, dans les deux cas, n'est mentionné que pour dénier au rimeur ou au versificateur un droit au nom de poète. La première caractérisation, quant à elle, est d'autant plus digne d'attention qu'elle est le plus souvent indiquée comme par prétérition : c'est que les arts poétiques, pourtant nombreux au XVIe siècle, n'ont pas pour dessein de l'examiner. Sebillet est même tout près de regretter cette expression reçue d'*art poétique* : qu'il « me soit permis, écrit-il au début de son ouvrage, de nommer art ce que plus proprement j'appellerai divine inspiration » ; et, usant presque des mêmes termes par lesquels il distingue le rimeur et le poète, il précise : « Ce qui en poésie est nommé art, et que nous traitons comme art en cet opuscule, n'est rien que *la nue écorce de la poésie, qui couvre artificiellement sa naturelle sève et son âme naturellement divine. » Le grand mythe de l'inspiration divine du poète, on le voit, n'est pas l'apanage des Modernes, même si Ronsard l'a développé avec une ampleur et un éclat qui parfois font croire qu'il en fut l'initiateur. Il est vrai qu'il est difficile d'en saisir tout à fait le sens. Quand il cherche à le cerner, Sebillet parle platement et assez maladroitement d'invention et d'éloquence. Ronsard, plus perspicace, emploie les termes de fable et de fiction. Ces notions demandent pourtant à être élucidées. Au-delà de la mythologie et des fables mythologiques, à quoi on ne saurait les réduire, même si toute une tradition critique s'y est attardée, ces mots signifient que le propre du poète est de feindre. Mais qu'est-ce à dire ? Ronsard lui-même ne le savait pas très clairement quand, par exemple, il déniait à Lucrèce le nom de poète parce que celui-ci, déclarait-il, « a écrit ses frénésies, lesquelles il pensait être vraies selon sa secte, et qu'il n'a pas bâti son œuvre sur la vraisemblance et sur le possible » (préface posthume de* La Franciade*). Ronsard est pourtant l'un de ceux qui ont eu la plus vive conscience de cette spécificité de la poésie. Et peut-être le doit-il à la polémique qui l'a opposé aux protestants ; les voyant relever dans ses vers des affirmations contraires à la vérité chrétienne, Ronsard, en effet, ne se contente pas de proclamer son orthodoxie, il s'étonne de ces reproches, si contraires à l'esprit qui anime le poète. Les protestants, de fait, s'emploient à cueillir dans les œuvres antérieures du poète des propositions où ils voient autant d'erreurs : que Ronsard invite Cassandre à l'amour en lui assurant que cette vie sera suivie d'un long sommeil, et les protestants y soupçonnent une négation de l'immortalité de l'âme. Ils assignent donc à la poésie la mission de servir la vérité et reprochent à Ronsard de la trahir. Ronsard réplique en marquant que la poésie ne peut se juger en termes de vrai et de faux, qu'elle est jeu et fiction :*

Tu sembles aux enfants qui contemplent ès nues
Des villes, des Géants, des chimères cornues,
Et ont de tel objet le cerveau si ému,
Qu'ils pensent être vrai le masque qu'ils ont vu :
Ainsi tu penses vrais les vers dont je me joue.

Et, malgré toute une tradition qui, à la suite d'Horace, répétait qu'il fallait unir l'utile à l'agréable, Ronsard déclare son goût pour

Les vers qui ne sont nés sinon pour le plaisir.

En somme, comme il le dit encore dans cette réponse aux protestants, ses vers ne sont pas des « oracles ». Mais, dans ces conditions, qu'en est-il de la fable ? Elle n'est plus tant le vêtement, si somptueux soit-il, d'une secrète vérité, qu'une sorte de conte qui participe au plaisir poétique. Il est probable que, polémiquant, Ronsard a forcé sa pensée. Mais ses variations mêmes font voir qu'il demeurait indécis sur la nature et la finalité de la fable, même s'il ne variait pas sur sa nécessité.

Ces hésitations ne lui sont pas propres. En 1573, Henri Estienne publie, sous le titre de Poesis philosophica, *une anthologie de fragments poétiques d'Empédocle, de Parménide, d'Orphée, et de divers poètes-philosophes de l'Antiquité. Dans une longue préface, Estienne s'interroge sur la validité du terme de poésie, reconnaissant que ces fragments, qui sont l'œuvre de « physiciens », n'usent pas de fables et donc ne méritent pas vraiment le nom de poésie, puisque la fable est l'âme de la poésie. Il doit cette thèse à Plutarque (qui lui-même la tient d'Aristote). Mais il la reprend en laissant voir que le sens de ce propos n'est pas sans incertitude, puisqu'il précise que, ce qui est l'âme de la poésie, ce ne sont pas simplement les fables, mais, dit-il, « les fables poétiques, c'est-à-dire qui conviennent à la poésie ». Ainsi, quand on cherche à définir la poésie et que l'on sou-*

ligne la nécessité de la fable, on est obligé de préciser que la fable doit être elle-même poétique, ce qui revient à définir le même par le même !

Ce débat, le XVIe siècle ne l'a pas théoriquement résolu. Mais peut-être sa pratique poétique l'a-t-elle fait, en investissant si intensément la parole poétique de la figure du poète. Bien des passages, qu'une longue tradition critique a longtemps tenus pour des développements autobiographiques, mettent en place ce qu'on pourrait appeler des mythes personnels : qu'on songe à l'humble et « facile » Marot, au Du Bellay des *Regrets* abandonné de la fureur poétique, à ces nombreuses pages où Ronsard raconte l'éveil de sa vocation de poète ou retrace l'emploi de sa journée, ou encore à Du Bartas qui se met en scène écrivant, jour après jour, les jours de la création du monde. Voilà sans doute les véritables fables qui sont l'âme de leur poésie.

La fiction, mais aussi le vers. Même si Sebillet et Ronsard, comme bien d'autres, s'accordent à n'en pas faire l'unique caractéristique de la poésie, on sait combien le XVIe siècle fut, en poésie, un temps d'expérimentation. Nul ne conteste alors la légitimité du souci de la forme. Au reste, la réflexion sur la forme engage une réflexion sur le langage poétique, c'est-à-dire sur la poésie elle-même. Tout en reconnaissant s'arrêter à l'écorce de la poésie, les auteurs d'arts poétiques ne cessent de suggérer que la connaissance des règles de la poésie prépare l'esprit à mieux concevoir sa nature.

La première forme poétique est le vers lui-même, sujet que traitent tous les théoriciens. Ainsi Jacques Peletier (ou Peletier du Mans, comme on a l'habitude de dire) lui consacre un chapitre de son *Art poétique*, et s'enchante de la diversité des vers français : « Ce nous est grand avantage, que notre langue a pris des vers de toutes mesures, depuis deux syllabes jusques à douze : Qui est une commodité de se pouvoir ébattre en tous genres de poèmes. Excepté pourtant, que nous n'en avons point de neuf syllabes. Les vers de deux sont *fort rares, et de bien petit usage ; voire ceux de trois et de quatre. Ceux de cinq ont commencement de grâce, pour faire choses courantes. Comme Marot a fait : "Grison fus Hédart". Ceux de six se mettent commodément ès Odes, principalement, quand ce sont choses gaies. J'y ai décrit mon Rossignol. De sept et de huit, sont fort fréquents : et capables de l'Ode sérieuse. Restent les décasyllabes et dodécasyllabes, c'est-à-dire de dix et de douze. Desquels le premier jusques ici a été accommodé aux faits héroïques. Le dodécasyllabe, autrement alexandrin, était fort rare. » L'intérêt que portent les poètes lyriques du XVIe siècle aux mètres courts, et notamment aux mètres impairs, utilisés seuls ou en combinaison avec d'autres mètres, eux-mêmes pairs ou impairs, est fort bien signalé par Peletier. Il mentionne justement les recherches de Marot, dont il cite une épitaphe ; la traduction des psaumes à quoi Marot a longuement et hardiment travaillé est en ce domaine particulièrement novatrice ; la volonté de réconcilier la poésie et la musique (puisque telle est, au XVIe siècle, la définition du lyrisme) a fortement encouragé ces recherches formelles, que tout le siècle poursuivra. Quant à la question du décasyllabe et de l'alexandrin que soulève Peletier, elle est l'un des nœuds de la réflexion des poètes du XVIe siècle. Peletier publie ces lignes en 1555. Or, pendant toute la première moitié du siècle, le décasyllabe demeure le vers dominant, avant d'être supplanté peu à peu dans ce rôle par l'alexandrin qui, par son ampleur, semble favoriser le style grave et sentencieux, et va s'imposer comme le vers héroïque de la langue française. Mais cette substitution ne s'est pas faite sans hésitation : on craignait que sa longueur ne lui donnât l'allure un peu molle de la prose ;* Les Regrets *de Du Bellay, qui se définissent comme « une prose en rime, ou une rime en prose », usent certainement à dessein de l'alexandrin. Quant à Ronsard, il revient volontiers, après 1565, au décasyllabe, et c'est dans ce mètre qu'il écrit* La Franciade, *en déclarant dans son Épître au Lecteur : « Si tu me dis, Lecteur, que je* *devais composer mon ouvrage en vers alexandrins, parce qu'ils sont pour le jourd'hui plus favorablement reçus de nos seigneurs et dames de la cour et de toute la jeunesse française, lesquels vers j'ai remis le premier en honneur, je te réponds qu'il m'eût été cent fois plus aisé d'écrire cette œuvre en vers alexandrins qu'aux autres, d'autant qu'ils sont plus longs, et par conséquent moins sujets [assujettis aux contraintes de la versification], sans la honteuse conscience que j'ai qu'ils sentent trop leur prose.* » On voit pourtant Ronsard, ailleurs, assurer que ce mètre lui a été imposé. Ces variations pourraient bien refléter ses hésitations. Elles marquent fortement les premiers temps du retour de l'alexandrin, avant qu'il ne devienne pour les siècles à venir le grand vers de la poésie française.*

Les arts poétiques omettent rarement de parler de la rime. À en croire Jean Lemaire de Belges, elle est une invention française – ou plutôt gauloise, puisque l'initiative en revient à Bardus V, roi des Gaules ! Mais, au cours du temps, la fonction de la rime change profondément. La Grande Rhétorique, qui multiplie les échos, ne limite pas la rime aux phonèmes de fin de vers : la rime peut trouver un écho, non seulement à la fin d'un vers suivant, mais aussi au début ou au milieu du vers. Outre la rime batelée, la rime annexée, la rime fratrisée, la rime senée, etc., la Grande Rhétorique marque un goût particulier pour la rime équivoquée, si bien que parfois celle-ci passe pour son trait principal. Ce n'est pas tout à fait sans raison, mais y voir pure jonglerie verbale dissimule sa fonction. On en jugera par ces vers de Guillaume Cretin, « le bon Cretin au vers équivoqué » :

Sous franc courage, en souffreté souffrons ;
Souffrant qu'orage au nez nous blesse, ou fronts ;
L'ire des rois fait or dedans ce livre
Lire desrois [désarrois, mauvais tours] et tour de danse livre
Si outrageux, que du haut jusqu'à bas

Si outre à jeux on ne met jus [met à bas, dépose] cabas,
Douter dût-on que ne soyons d'an seurs [sûrs]
D'outer [ôter] du ton la danse et les danseurs.
Tournai entour sa folle outrecuidance,
Tournaie entour, s'affole outre qui danse.

Ces vers, qui multiplient les homophonies, y acquièrent une sorte d'instabilité, comme si une suite de sons, autrement distribués, pouvait toujours livrer une autre signification et comme si le sens général du texte était l'improbable et fragile résultat de ces imprévisibles et surprenantes rencontres. Au reste, les poètes de ce temps manifestent un goût prononcé, et à nos yeux surprenant, pour une pratique que nous nous sommes habitués à considérer comme réservée à certaines publications proposant à leurs lecteurs des jeux d'esprit : le rébus. On trouve des rébus dans les œuvres de Jean Marot ; c'est par un rébus que l'on ne craint pas de déplorer la mort d'Anne de Bretagne ; et Pierre Fabri, dans son très sérieux Art de pleine rhétorique, *publié en 1521, consacre un développement aux rébus. Ces rébus ne reposent pas sur l'inerte grammaire de nos rébus d'aujourd'hui, mais jouent sans cesse sur les relations convergentes ou divergentes entre les dénotations et les connotations des images et, d'autre part, le sens global que livre la « solution ». Les meilleurs rébus de l'époque – ils sont nombreux, et l'on en a même conservé des recueils – aiment à suggérer un premier sens et à le remettre entièrement en cause par l'adjonction d'un seul signe. Voici, par exemple, enfermé dans une* tour, *à la fenêtre, un* pauvre *qui* mange *une* langue *bien rouge ; nous lisons : « Pauvre en tour mange langue » ; mais cette image complexe est suivie d'un simple* i, *qui force à lire tout autrement : « Pauvre, en tourment je languis. » À nous d'apprécier la relation des images et du sens : la langue, dans la littérature du temps, connote volontiers la médisance ; cet homme qui mange une langue semble décidé à n'en pas faire cas ; mais le sens général oblige à* penser qu'il en est pourtant profondément affecté. Autre exemple : voici une nonne qui, des verges au poing, donne consciencieusement la fessée à un abbé tonsuré et crossé ; chape relevée, chausses abattues et donc le derrière à l'air, celui-ci est appuyé sur les genoux de la religieuse. Nous lisons sans peine : « Nonne abbé bat au cul ». Mais le signe suivant, tout simple après cette image complexe, est un os. Et nous voici invités à lire un tout autre sens : « Non habebat oculos », « Il, ou elle, n'avait pas d'yeux ». Comment ne pas penser que cette spectaculaire flagellation, par laquelle notre abbé et sa comparse croient marquer leur humilité, témoigne de leur aveuglement spirituel, et que, comme dira Montaigne, « il est certaine façon d'humilité subtile qui naît de la présomption » ? Entre de tels rébus et la poétique des Rhétoriqueurs, le lien est incontestable.

C'est avec cette pratique du langage que tend à rompre la poésie des générations suivantes. Quand Tabourot, qui cache mal son goût pour la « subtile invention » des rébus, les renvoie pourtant à l'ignorance des siècles passés, il indique du même coup qu'il ne veut plus se reconnaître dans cette poétique. Après Marot, qui lui donne encore des gages, la poésie tend, en effet, à cantonner la rime à la fin du vers. Sebillet, dernier théoricien de l'ancienne poétique, rejette au dernier chapitre de son ouvrage diverses considérations sur les rimes complexes de la Grande Rhétorique (sans oublier les rébus) ; dans le corps de son livre, il n'examine que la question de la richesse de la rime. C'est aussi sur ce point que Du Bellay attire l'attention, soulignant que, grâce à elle, la poésie française n'est pas inférieure à celle des Anciens : « Quant à la rime, je suis bien d'opinion qu'elle soit riche pource qu'elle nous est ce qu'est la quantité aux Grecs et Latins. » C'est aussi l'avis de Peletier, selon qui la rime est « assez digne de suppléer les mesures des vers grecs et latins, faits de certain nombre de pieds que nous n'avons point en notre langue », et qui estime donc que « la rime des vers doit être exquise et, comme nous disons, riche ». Si le goût de la rime riche se maintient, et même, au temps de la poésie de l'âge baroque, se renouvelle, la rime tend à n'être plus qu'un élément d'une poétique qui donne le pas à l'invention sur l'élocution. Ronsard, qui, dans son Abrégé de l'art poétique français, ne consacre que quelques lignes à la rime, les termine par cette consigne : « Toutefois tu seras plus soigneux de la belle invention et des mots, que de la Rime, laquelle vient assez aisément d'elle-même après quelque peu d'exercice et labeur. » On va bientôt se mettre à composer les premiers dictionnaires de rimes.

Au demeurant, l'usage même de la rime est mis en question, et ce que l'on appelle déjà le vers libre est connu, et reconnu. Précédant de trois siècles les audaces de René Ghil, Gustave Kahn ou Francis Vielé-Griffin, plusieurs poètes s'y essaient, Blaise de Vigenère par exemple (qui tourne le Psautier « en prose mesurée ou vers libres »), – et les théoriciens en tiennent compte ; Peletier, qui invite pourtant à recevoir la rime « non seulement par coutume, mais encore pour une formelle beauté de poésie », ne néglige pas tout à fait la question du vers libre : « Je n'ignore pas que quelques-uns de notre temps n'aient voulu introduire la façon des vers sans Rime : chose que je ne reçois grandement : ni ne rejette aussi. » Du Bellay va plus loin, et consacre un chapitre de la Défense à cette question : « De la rime et des vers sans rimes » ; loin d'être une facilité, indique-t-il, le vers libre requiert tout au contraire la maîtrise supérieure dont ont fait preuve Pétrarque dans ses sextines et Luigi Alamanni, poète italien attaché à la cour de François Ier, qui venait de publier à Paris son poème de la Coltivazione : « Qui ne voudrait régler sa rime comme j'ai dit, il vaudrait beaucoup mieux ne rimer point, mais faire des vers libres, comme a fait Pétrarque en quelque endroit, et de notre temps le seigneur Louis Aleman, en sa non moins docte que plaisante Agriculture. Mais tout ainsi que les peintres et statuaires mettent plus grande industrie à faire beaux et bien proportionnés les corps qui sont nus, que les autres, aussi faudrait-il bien que ces vers non rimés fussent bien charnus et nerveux, afin de compenser par ce moyen le défaut [manque] de la rime. »

L'un des moyens de suppléer à ce manque peut être l'usage d'une métrique et d'une prosodie particulières : çà et là on s'essaie à scander le vers français à l'instar du vers grec ou latin, qui repose, comme on le sait, sur la combinaison de longues et de brèves. « Mais, observe Jacques Peletier, il n'y a pas petite difficulté. Et faudrait bien savoir observer la longueur et brièveté naturelle de nos syllabes. » Sur cette pente dangereuse s'engagent plusieurs poètes comme Baïf, Rapin, Pasquier ou Passerat. Ainsi, les vers iambiques, saphiques, adoniques ou anapestiques d'autrefois sont ressuscités – pas pour longtemps il est vrai. Ces poètes ont assurément conscience de la difficulté de leur entreprise ; ils savent combien les oreilles françaises sont peu préparées à de si rudes innovations. Aussi cherchent-ils des compromis, comme le fait Rapin, auteur de « Vers alexandrins sur la mesure des latins Asclépiades » ; l'asclépiade mineur d'Horace se composant de douze syllabes, avec un temps fort et une césure à la sixième, il est possible de modeler sur lui notre alexandrin et d'écrire sans heurter les oreilles françaises :

– – – ∪ ∪ – – ∪∪ – ∪ ∪
Henri / branche de / Mars, || roi géné / reux et / fort.

Rapin s'efforce, en outre, de reproduire des structures strophiques adaptées aux usages français, et même use de rimes ; de même, les vers mesurés de Jodelle sont souvent rimés : ainsi sont plus nettement circonscrits des vers dont la structure reste malaisément perceptible aux lecteurs français. La limite de tant de recherches, on la trouvera dans la dernière pièce en vers mesurés qu'écrivit Rapin, une traduction de l'ode d'Horace « Dans une tour d'airain Danaé renfermée ». Le mémorialiste Pierre de L'Estoile, toujours attentif aux nouveautés, en admirait beaucoup les vers mesurés, « lesquels toutefois, écrit-il, on reconnaît à peine pour tels, et ne se peut rien voir de mieux fait ni de mieux traduit ». Mais aussi peut-on mieux dire que les règles de la métrique antique ne sont recevables que si elles restent inaperçues et qu'elles ne sont donc pas faites pour la langue française ? On ne s'étonne pas que de telles initiatives n'aient guère eu de lendemain. Elles témoignent pourtant de la volonté tenace de l'humanisme d'explorer tous les possibles de la poétique.

La strophe suscite apparemment moins de débats. Innombrables sont les schémas métriques, notamment hétérométriques, auxquels s'essaient les poètes du XVIe siècle, à la suite de Marot, traducteur des psaumes. Des strophes de quatre vers à celles de vingt vers, toutes les structures sont tentées, avec des combinaisons très diverses de rimes. Ce que nous appelons strophe, notons-le, est alors couramment désigné du terme de couplet. Le mot même de strophe n'apparaît guère avant la seconde moitié du siècle, et désigne uniquement à cette époque la première partie de la triade de l'ode pindarique, sur le modèle antique : strophe, antistrophe, épode. C'est là une innovation que Ronsard introduit dans le paysage littéraire au premier livre de ses *Odes* pour hausser la poésie française jusqu'au ciel de Pindare : la triade pindarique, en organisant en groupes de trois couplets de structure plus ou moins longue (l'épode étant plus brève que la strophe et l'antistrophe) les couplets d'une pièce, lui communique une sorte de respiration propre et charpente fortement des pièces qui peuvent être très amples, comme la célèbre *Ode à Michel de l'Hospital*, avec ses 816 vers. Au-delà du paradigme antique, l'Italie fournit aussi le modèle de la *stanza*, qui désigne une strophe au sens moderne, et inspire la poésie des stances, très pratiquées dans la seconde moitié du siècle, la stance devenant ainsi une unité métrique et un genre poétique à la fois. Le quatrain connaît une évolution analogue : le caractère bref, dense et ramassé de cette strophe la rendait particulièrement apte à servir les desseins de la poésie gnomique, et elle devint de ce fait un genre littéraire à part entière. Outre les *Centuries* de Nostradamus, les *Tablettes ou quatrains* de Pierre Matthieu et les *Quatrains* de Pibrac inspirent une foule de poètes, Claude Paradin, Gilbert de Gondouyn, Jérôme d'Avost, et Antoine Favre par exemple, le quatrain devenant ainsi un genre didactique très apprécié dans les écoles et dans les familles.

Par-delà la strophe, demeure la question des genres poétiques. La notion émerge progressivement au XVIe siècle, notamment dans les manuels de rhétorique. Mais l'on s'intéresse moins à la définition abstraite du genre littéraire qu'à la diversité des genres possibles, et à leur valeur relative. À cet égard, le titre du quatrième chapitre de la seconde partie de la *Défense* est tout à fait révélateur : « Quels genres de poèmes doit élire le poète français ». C'est dire en clair qu'il y aussi des genres que ne doit pas choisir le poète français : la pratique et la hiérarchie des genres se trouvent ainsi surdéterminées par les logiques littéraires et symboliques mises en place par la Pléiade.

Selon Du Bellay, les genres à éviter sont les « rondeaux, ballades, virelais, chants royaux, chansons, et autres telles épiceries qui corrompent le goût de notre langue »; en revanche, il recommande l'élégie, l'ode, l'églogue, la comédie ou la tragédie. On pourrait croire, à voir ces exclusions et ces propositions, que ce sont les formes fixes qui sont bannies, comme soumises à une contraignante construction formelle qui entrave la libre expansion du discours poétique. Ce serait oublier que le XVIe siècle a « inventé » le sonnet, forme dont l'extraordinaire succès se poursuivra, comme on sait, bien au-delà du lui : « "Sonnet…" C'est un sonnet », annonce le poète Oronte à Alceste, dans *Le Misanthrope*, au moment d'accabler son interlocuteur de la lecture de l'une de ses compositions; que de poètes du XVIe siècle auraient pu commencer par ces mots, que de poètes, après eux, pourraient le faire! Toutefois, malgré les apparences, le sonnet *est une forme neuve qui marie habilement la clôture des vieux genres et l'ouverture désormais requise : il mime l'ancienne poétique avec ses deux quatrains aux rimes embrassées – et, qui plus est, identiques d'un quatrain à l'autre, dans les sonnets les plus exigeants –, et il leur oppose ses deux tercets construits sur trois rimes, de telle sorte que le premier tercet appelle nécessairement le second. Cette forme fait sens, comme l'a fort bien dit Aragon, dans un article des* Lettres françaises *du 4 mars 1954*[1]*, en opposant la « pensée musicalement prisonnière » des deux quatrains et l'évasion qu'autorisent les deux tercets : « Car le tercet, au contraire du quatrain fermé, verrouillé dans ses rimes, semble rester ouvert, amorçant le rêve. Et lui répond, semblable, le second tercet, du roulement répété de ses deux vers rimés d'une rime nouvelle, indépendante, balançant le distique inaugural du premier tercet, tandis que le vers impair, le troisième (qui, à ne considérer que ce seul tercet, ferait comme un doigt levé), rimant avec son homologue, est comme la résolution de l'accord inachevé ; mais, du fait de sa position même, le sonnet pourtant refermé, il laissera l'esprit maître de poursuivre l'image et la rêverie. C'est ainsi, au corset étroit des quatrains dont la rime est au départ donnée, que s'oppose cette évasion de l'esprit, cette liberté raisonnable du rêve, des tercets. » Même s'il est toujours risqué de vouloir enfermer dans une formule une forme si abondamment pratiquée, comme on peut s'en convaincre en consultant les deux impressionnantes publications de Jacques Roubaud sur* Le Sonnet en France[2]*, qui rassemblent des « matériaux pour une base de données du sonnet français », le sonnet est bien cette « machine à penser » que décrit Aragon, et il répond aux attentes de la nouvelle poétique.*

De fait, les formes anciennes, comme la ballade, le chant

1. Article recueilli dans *Journal d'une poésie nationale*, Lyon, 1954, p. 67.
2. Paris, INALCO, 1998 et 2002.

royal, le rondeau, se fondent sur la répétition, c'est-à-dire sur le retour d'éléments identiques, qui assurent leur clôture. La ballade est composée de trois strophes et d'un « envoi » d'une demi-strophe, construits sur trois ou quatre rimes selon la longueur de la pièce. Elle se caractérise par un « refrain » formé d'un vers identique qui achève chacune des parties de la ballade. Ce vers doit donner le sentiment de venir naturellement terminer chacune d'entre elles, car, dit Sebillet, « sa première vertu et perfection est quand le refrain n'est point tiré par les cheveux pour rentrer en fin de couplet ». Le chant royal, lui, pour citer encore Sebillet, n'est « qu'une ballade surmontant la ballade commune en nombre de couplets et en gravité de matière » ; il se compose de cinq strophes et d'un envoi d'une demi-strophe, construits sur cinq ou six rimes, et use, de même, d'un refrain. Quant au rondeau, il connaît plusieurs variétés. Sa forme la plus connue, celle d'une pièce de trois couplets de cinq, de trois et de cinq vers, le deuxième et le troisième couplet s'achevant par la reprise de l'hémistiche initial du poème, est de codification récente. Il n'empêche qu'il est ressenti, de même que la ballade et le chant royal, comme une forme ancienne et démodée. Du Bellay n'est pas le seul à répudier ces formes ; Peletier et bien d'autres prononcent la même condamnation. Elle peut s'expliquer par le refus de cette sorte de circularité que ces formes supposent, et dont le rondeau tient son nom même, fort bien expliqué par Sebillet : « Le rondeau est ainsi nommé de sa forme. Car tout ainsi qu'au cercle (que le Français appelle rondeau), après avoir discouru [parcouru] toute la circonférence, on rentre toujours au premier point duquel le discours avait commencé : ainsi au poème dit rondeau, après tout dit, on retourne toujours au premier carme ou hémistiche pris en son commencement. Et cette répétition doublée du milieu à la fin, touchant l'oreille de sa douceur et grâce, comme elle est plaisante en l'art de rhétorique, a donné origine et prix au rondeau au passé plus qu'au présent. »

Assurément les formes modernes, avec la libre expansion du discours qu'elles autorisent, peuvent le détendre ou même l'exténuer. C'est peut-être le sentiment de ce risque qui pousse à contrecarrer, pour ainsi dire, la souplesse de la structure métrique par la tension de la structure syntaxique et qui est à l'origine de diverses techniques propres à resserrer le discours. L'une d'elles, celle des vers rapportés, mérite une mention en raison de sa diffusion. Cette figure de construction consiste à entrelacer, le plus souvent, trois propos coulés dans le même moule syntaxique, de sorte que le poème livre d'abord les trois sujets, puis les trois verbes, etc. C'est Jodelle qui a fourni le modèle quasi canonique de cette figure, avec son célèbre sonnet sur Diane, sa dame, comparée à la fois à la chasseresse Diane, à la Lune et à l'infernale Hécate, trois déesses qu'assimile la tradition mythologique :

Des astres, des forêts, et d'Achéron l'honneur,
Diane au monde haut, moyen et bas préside,
Et ses chevaux, ses chiens, ses Euménides guide,
Pour éclairer, chasser, donner mort et horreur.

Tel est le lustre grand, la chasse, et la frayeur
Qu'on sent sous ta beauté claire, prompte, homicide,
Que le haut Jupiter, Phébus et Pluton cuide [croit]
Son foudre moins pouvoir, son arc et sa terreur.

Ta beauté par ses rais, par son rets, par la crainte
Rend l'âme éprise, prise et au martyre étreinte :
Luis-moi, prends-moi, tiens-moi, mais hélas ! ne me perds.

Des flambants forts et griefs, feux, filets et encombres,
Lune, Diane, Hécate, aux cieux, terre et enfers
Ornant, quêtant, gênant nos Dieux, nous et nos ombres.

Jodelle a, inexactement, passé de son temps pour avoir inventé cette structure qui confère au poème une sorte de raideur tendue. Il a eu de nombreux émules (ainsi Jean de Sponde), séduits par l'équilibre tourmenté et fragile que la parole poétique entreprend ainsi d'instaurer dans le désordre tumultueux de l'expérience, et que la lecture même de la pièce force à mimer, en imposant au lecteur de procéder à une lecture simultanément horizontale et verticale.

Ce règlement du discours poétique peut, à l'inverse, s'obtenir par la recherche d'une parole où coïncident structure métrique et structure syntaxique, ce qui n'interdit pas un usage bien tempéré des rejets et des enjambements. Mais, dans tous les cas, ce qui règle le poème, ce n'est plus tant la contrainte formelle que l'exigence du discours. De là ce refus des « épiceries » de l'ancienne poésie. Aux yeux de poètes du milieu du siècle, il faut oublier le Moyen Âge et revenir à l'Antique. Cette position radicale est assurément polémique, mais elle tend à devenir l'usage dominant dans la seconde moitié du siècle. Bien entendu, les genres traditionnels ne décèdent pas du jour au lendemain, ils survivent, et même ils vivent, notamment dans les provinces : quand Du Bellay renvoie les « épiceries » médiévales « aux Jeux Floraux de Toulouse et au Puy de Rouen », il les exclut de la nouvelle poésie, sans plus ; l'imprimerie enregistre ce changement et en publie un très petit nombre, mais on continue à en écrire, même si l'histoire littéraire ne les reconnaît guère. Ainsi c'est auprès des faiseurs du goût et des arbitres des élégances que ces genres tombent en déclin, et sont condamnés à disparaître à terme, à se transformer – ou à se déguiser. La pastourelle se fait parfois églogue ; on dira volontiers odelette pour chanson ; telle tragédie, à y regarder de plus près, est plutôt un mystère. Mais enfin, il faut suivre la voie moderne, c'est-à-dire la voie antique. Il va de soi que ce retour à la voie antique est, en fait, un recommencement, avec tout ce qu'un recommencement implique d'innovation. C'est, en effet, très consciemment parfois que les poètes ouvrent des voies nouvelles. On voit, par exemple, Ronsard inventer le genre du « poème », non sans beaucoup d'hésitations, avant d'essayer, dans une pièce posthume, une définition :

> Poème et poésie ont grande différence.
> Poésie est un pré de diverse apparence,
> Orgueilleux de ses biens et riche de ses fleurs,
> Diapré, peinturé de cent mille couleurs [...].
> Poème est une fleur, ou, comme en des forêts,
> Un seul Chêne, un seul Orme, un Sapin, un Cyprès.

Après quoi, Ronsard oppose l'Iliade, « poésie en sujets ramassée, diverse d'arguments », et tel épisode, celui de Circé ou celui de Protée, qu'il identifie comme un « petit poème ôté de sa partie et de son corps entier ».

C'est donc bien dans le cadre des genres antiques que nos poètes tentent d'inscrire leur nouveauté. La nouvelle poésie, de fait, ordonne sa vision poétique nouvelle, et au sommet de la hiérarchie des genres, place la poésie épique. « L'œuvre héroïque, affirme Jacques Peletier, est celui qui donne le prix et le vrai titre de poète. Et si est de tel compte et de tel honneur, qu'une langue n'est pour passer en célébrité vers les siècles, sinon qu'elle ait traité le sujet héroïque. » Face à l'épopée, les auteurs et commentateurs de la Renaissance développent un discours d'admiration hyperbolique teinté d'adoration mystique, le mot n'est pas trop fort. Ronsard lui-même, évoquant Homère et Virgile, écrit :

> J'ai suivi leur patron : à genoux, *Franciade* :
> Adore l'*Énéide*, adore l'*Iliade*.

Néanmoins ses essais de définition comparée de la poésie et du poème laissent voir que Ronsard a tendance à concevoir les œuvres homériques comme des poésies constituées d'une rhapsodie de poèmes. Il lui est, du reste, arrivé de donner à *ces œuvres le nom de roman. Et le théoricien Scaliger, au moment de proposer un modèle au futur poète épique, ne trouve rien de mieux que lui conseiller d'imiter la parfaite disposition du célèbre roman d'Héliodore,* Les Éthiopiques *! Peut-être est-ce cette difficulté d'élaborer une théorie satisfaisante de l'épopée qui a conduit Ronsard à ne jamais mener son projet à terme.*

Du Bellay, lui aussi, dans son Hymne chrétien, *laissait espérer une vaste* Israéliade, *courant de la Genèse jusqu'à la mort d'Achab, en passant par Moïse et Salomon, mais en définitive, dans ce genre prestigieux, il n'a laissé que ce modeste fragment que constitue la* Monomachie de David et Goliath. *L'on pourrait encore ressusciter, par exemple,* Le Roi triomphant *d'Alexandre de Pontaimery ou* La Croisade *de Jean de Boissières. Mais il faut l'avouer : la moisson est bien maigre. Certaines œuvres, il est vrai, à l'instar des* Tragiques, *sont animées d'un souffle épique incontestable ; ce ne sont pas pour autant d'authentiques œuvres héroïques. Au total, le bilan épique de la Renaissance serait assez décevant si elle ne s'était abondamment illustrée dans un genre mal reconnu, que l'on a pris l'habitude de désigner du nom de poésie scientifique, et qui nous vaut le* Microcosme *de Maurice Scève,* La Galliade *de Guy Le Fèvre de la Boderie et surtout* La Semaine *de Guillaume du Bartas. Cette dernière œuvre, dont le succès, non seulement français, mais européen, a été considérable (on ne compte pas les éditions qui, en cinquante ans, vont se succéder, pour ne rien dire des traductions en anglais, en italien, en hollandais, en danois, en espagnol, en suédois, en polonais et, naturellement, en latin), illustre somptueusement un genre que la pensée critique du temps hésitait à reconnaître. L'auteur lui-même, cherchant à la définir, disait que ce n'était pas « un œuvre purement épique, ou héroïque, mais en partie héroïque, en partie panégyrique, en partie prophétique, en partie didascalique ». Aujourd'hui encore, nous ne savons pas bien de quel terme unique la désigner, l'ex-*

pression de « poésie scientifique » n'étant que le moins mauvais. Que cette incertitude ne nous empêche pas, laissant notre souci de taxinomie, d'en reconnaître l'importance. Au reste, d'autres œuvres de cette époque nous placent devant une difficulté plus grande encore, comme *Les Tragiques* d'Agrippa d'Aubigné, qu'il n'est pas tout à fait possible, on l'a dit, de tenir pour une œuvre héroïque, mais qu'on pourrait encore moins rattacher à la poésie scientifique. Mais c'est peut-être le propre des grandes époques de renouveau poétique de ne pas s'embarrasser des classifications des théoriciens et de faire éclater les cadres de l'analyse critique.

Les genres dramatiques (qui, on l'oublie trop, ressortissent à la poésie, comme l'atteste l'expression courante de « poésie dramatique ») ne soulèvent pas d'aussi vastes problèmes. Les premières initiatives pour restaurer le noble art de la tragédie sont en langue latine, une veine que poursuivront d'ailleurs Muret, Buchanan et Pierre Campson. En 1537, paraît la première tragédie en langue française, *Électre*, traduite de Sophocle par Lazare de Baïf. En 1550, paraît l'*Abraham sacrifiant* de Théodore de Bèze, première tragédie composée en français, puis en 1553, la première tragédie représentée en français, *Cléopâtre captive*, dont le succès vaut à Jodelle le bouc triomphal que lui sacrifient ses amis de la Pléiade. Viennent encore les succès de Grévin, de Jean de La Taille, et, surtout, de Garnier.

Se prétendant sans lien avec le théâtre médiéval, cette tragédie humaniste est une grande nouveauté dans le paysage littéraire français. Elle s'inspire en général de la tradition grecque ou romaine, notamment de Sénèque, de la mythologie, de l'histoire sainte ou de l'histoire nationale, et propose souvent une méditation en vers sur des questions religieuses ou politiques, dont l'actualité est d'autant plus sensible que résonne le vacarme des guerres civiles. Elle se développe en longs discours, éloquents et majestueux. L'action dramatique cède le pas au verbe poétique, qui déplore avec faste les vicissitudes de la fortune et le malheur des *temps. Bien qu'elle ait été longtemps sous-estimée, cette renaissance du théâtre français est sans doute l'un des titres de gloire dont peut se flatter le siècle.*

Pour ce qui est des genres lyriques, la poésie savante valorise encore une fois le style élevé, résolument. Olivier Conrad, Salmon Macrin et Jean Second avaient ouvert la voie des odes néo-latines ; en 1550, Ronsard ouvre la voie des odes françaises. Même s'il semble parfois parler grec en français, comme l'en accusent ses détracteurs, il donne à la poésie nouvelle une ambition grandiose et solennelle. Par ailleurs, Les Amours *de 1552 cultivent une poésie exigeante, altière et élitiste, qui appelle la présence du commentaire éclairé de Muret dans la réédition de 1553. Ce style grandiloquent n'est pas forcément du goût de tout le monde, et Ronsard doit tempérer quelque peu ses sublimes intentions dans la* Continuation des Amours *qui, à bien des égards, est plutôt une rupture.*

C'est que le goût de la cour réclame une poésie un peu plus accessible. La poésie galante se doit d'être plus naturelle, plus coulante, plus civile. Les princes de ce temps aiment les festivités, et la poésie accompagne les divertissements de cour. Desportes s'y entend à merveille : pour les défis et tournois il écrit des cartels, pour les fêtes masquées il compose des mascarades. Les poètes nouveaux apprennent les usages qui leur permettent d'espérer quelque rétribution des Grands dont ils dépendent. Après une victoire, il faudra un éloge ; pour un mariage, l'épithalame est nécessaire ; pour une naissance, un hymne généthliaque fera l'affaire ; pour une mort, un tombeau, un thrène, une épitaphe. Pour le nouvel an, les étrennes poétiques sont attendues, et spirituelles si possible, comme celles de La Péruse, ou de Du Bellay, qui se plaint de ce vil métier de poète courtisan auquel beaucoup se voient réduits. Oui, mais il faut bien manger : la poésie la plus glorieuse n'est pas toujours la plus payante. Par ailleurs, si elle a piètre réputation, cette poésie de cour, souvent de circonstance, favorise des genres poétiques divers, qui ne manquent pas d'intérêt, de grâce, et parfois même de saveur.

Enfin, la poésie « populaire ». Elle aussi a ses genres de prédilection : ce sont fréquemment les poèmes anciens, les rondeaux, les ballades, lais et virelais, les chansons à boire, à manger, à chanter, à danser. Elle célèbre souvent les travaux et les jours : les épilénies accompagnent les vendanges, les noëls résonnent en décembre, il est des poèmes pour les semailles, d'autres pour la récolte. Les jeux rustiques inspirent les poètes, la pastorale aussi, encore que ses délicatesses en fassent plutôt un genre de cour. Mais on voit aussi des poètes humanistes, ouverts aux idées religieuses nouvelles, tâcher de nourrir la piété populaire en s'essayant à composer, par exemple, des noëls ou des cantiques ; le vieux Ronsard lui-même se prend à rêver que les poètes entreprennent de célébrer les saints et que leurs compositions soient chantées par le peuple dévot et accompagnées de ses danses, comme au temps où David dansait autour de l'Arche. Plus populaires, peut-être, sont certaines traditions érotiques, obscènes, ou scatologiques, où se délectent Rabelais, Jodelle, Papillon ou Beaulieu. Mais on le voit, ces licences « populaires » sont souvent le fait de grands humanistes, de sorte que les distinctions a priori *se trouvent prises en défaut. Ainsi, de nombreux paradigmes populaires comme la satire des usages nobiliaires, le détournement burlesque de pratiques culturelles ou le renversement des valeurs établies, sont mis en œuvre dans des formes qui dépassent les catégories sociales ou littéraires. Encore n'a-t-on rien dit de ces anonymes chansons, dites historiques, qui ponctuent sans cesse les grands événements de la vie nationale, ou de ces poèmes de circonstance qui, dans les temps de crise, participent à la formation ou à l'expression de ce qu'il faut appeler l'opinion publique. Ils ont rarement été diffusés autrement que par colportage, mais on en connaît un certain nombre grâce, notamment, au mémorialiste Pierre de L'Estoile, qui les a recueillis avec curiosité et gourmandise et regroupés en un « ramas » à la fin d'un mois ou d'une année de son* Journal. *Ce sont des épigrammes, des quatrains, parfois de simples anagrammes, la forme dominante étant, là aussi, celle du sonnet, souvent construit sur une pointe qui constitue sa chute. Cette littérature occasionnelle mériterait de figurer également dans une anthologie de la poésie française du* XVI*e* *siècle, si elle n'était très étroitement liée aux événements et aux personnes et si elle ne cherchait à établir avec les lecteurs une complicité qui implique l'usage d'allusions. Ainsi une pièce ligueuse de 1588, recueillie par Pierre de L'Estoile, les multiplie : quand on y lit, par exemple, que l'un dit qu'il pourrait « De valet devenir maître » et que l'autre souhaite que la fortune lui « donne jamais à dos », il faut reconnaître dans le premier le duc d'Épernon, seigneur de La Valette, et dans le second François d'O, tous deux mignons d'Henri III ! Ainsi la plupart des lecteurs d'aujourd'hui ne peuvent plus guère accéder à de telles œuvres qu'au prix d'abondantes notes et de longs commentaires, qui ajournent leur plaisir : c'est dommage.*

Laissons ces regrets pour en indiquer un autre, inhérent à toute anthologie, mais qui, en ce qui regarde le XVI*e* *siècle, a une particulière importance. Ce siècle, en effet, élabore une véritable poétique du recueil. Certes, les poèmes paraissent souvent de manière isolée, sous forme de plaquette. Mais ces publications ressemblent à ce que nous appelons des préoriginales. De même, Ronsard publie plusieurs fois, sous le nom de* Bocage *ou de* Mélanges, *des recueils d'attente, destinés à disparaître comme tels dès que les pièces qui les composent auront trouvé place dans un recueil considéré comme convenant à leur inspiration. C'est que, de plus en plus, et notamment avec les progrès de l'imprimerie, les auteurs ont envie de donner à leur œuvre une forme accomplie, celle du recueil poétique, qui témoigne d'un certain souci de la postérité.*

Les recueils publiés affichent de plus en plus une certaine cohérence, qui constitue un signe en soi. Elle peut être d'ordre générique, manifestant ainsi la volonté de s'illustrer dans une forme particulière, l'ode ou le sonnet, par exemple, à la suite d'un grand poète comme Pindare ou Pétrarque ; ou encore d'ordre thématique, afin de révéler la foi inébranlable du poète, dont l'unique objet est son dieu ou sa dame. Quand il s'agit d'amour, le recueil est souvent consacré à une femme unique, du moins apparemment, héroïne éponyme, dont le nom mythique alimente les rêveries, Olympe, Diane ou Pasithée. Tantôt l'ordre des poèmes semble obéir à une logique narrative, même si elle est difficile à percevoir, comme c'est le cas dans les Amours *de Cassandre ; tantôt il s'agit plutôt d'un ordre symbolique, comme en témoigne la composition de la* Délie *de Maurice Scève, qui pourrait bien obéir à des considérations numérologiques, et qui, en tout cas, après un prélude de cinq dizains et avant une conclusion de trois dizains, s'offre comme une succession de quarante-neuf neuvaines ponctuées par cinquante « figures et emblèmes ». Ce principe d'ordre qui assure la cohérence du recueil se conjugue, du reste, à un autre principe, cher aux hommes du XVIe siècle, celui de la variété ; on voit Ronsard disperser des pièces qui s'appellent, en réunir d'autres qui font contraste, selon des arrangements complexes producteurs de sens. Et beaucoup de ses corrections semblent commandées par la place nouvelle assignée à la pièce considérée. Tel est l'un des effets de cet « art caché » qui, selon Ronsard, est le propre des vrais poètes. C'est le lieu de citer le mot profond de Peletier : « L'invention est si digne que même il y a invention à disposer. »*

Au reste, s'il n'y a pas toujours d'ordre précis, ou en tout cas aisément perceptible, à l'intérieur d'un recueil, le début et la fin constituent malgré tout des lieux privilégiés où se construit le personnage du poète. L'ouverture du recueil voit se succéder l'extrait de privilège, les compliments français, latins, grecs ou même hébreux des pairs et distingués auteurs qui reçoivent le nouvel élu parmi les Muses, puis parfois une dédicace, qui place le poète sous le patronage d'un Grand. La fin est bien sûr le moment de la clôture, de l'envolée, ou de la chute. Éventuellement, le nom, l'anagramme ou la devise ferment la marche. Bref, la poétique du recueil institue un véritable protocole de lecture au sens fort de ce terme.

Or, s'ils ne nous frappent plus guère, ces éléments n'en sont pas moins une réelle nouveauté au XVIe *siècle. La poésie médiévale n'avait pas ces prétentions. Les ménestrels, troubadours et trouvères étaient des amuseurs ou des jongleurs, pour ainsi dire sans statut, sans nom et sans image. Désormais, Ronsard inscrit son portrait véritable dans son œuvre, et devient ainsi le premier poète français dont soient connus les traits. Le lien entre un visage et une œuvre, chose si naturelle en apparence, est une construction culturelle de l'époque. De même, la biographie du poète devient un élément de son œuvre : avec Claude Binet, Scévole de Sainte-Marthe, Étienne Pasquier, c'est la naissance d'une histoire littéraire de la France. Jusqu'alors, le poète était une fonction : il devient un personnage.*

Mais Ronsard va plus loin. Au-delà des recueils successifs, il est le premier poète à publier lui-même l'édition collective – nous dirions intégrale – de ses œuvres, entreprise qui, durant toute sa vie, lui importe assez pour qu'il s'y emploie sept fois. Là encore, c'est une grande nouveauté, tout à fait symbolique. Il s'agit de laisser à la postérité le monument de soi. D'une édition collective à l'autre, Ronsard ne cesse de corriger ses poèmes et de modifier leur place dans l'ensemble. Bref, en matière de poésie, l'apport fondamental de la Renaissance réside dans cette conception désormais généralisée : qu'il s'agisse du vers, de la strophe, du genre ou du recueil, la poétique de la forme vise à la fois à la beauté de l'œuvre et à la gloire de l'auteur. Éthique et esthétique s'avèrent indissociables.

Ces remarques sur la poétique du recueil devraient conduire à « enfreindre de propos délibéré les lois qui régissent le genre vénérable de l'Anthologie », pour parler comme Albert-Marie Schmidt, auteur d'une célèbre anthologie des poètes du XVI*e siècle où il n'a guère donné que des recueils complets. Car, écrivait-il, agir autrement serait « trahir l'une des idées les plus constantes de nos écrivains d'alors : ils ne pouvaient en effet concevoir que l'on ait le goût assez dépravé pour prendre plaisir à des vers séparés de leurs correspondances immédiates, voire à des poèmes isolés de leur contexte ».*

De cette mise en garde, les auteurs de cette anthologie retiennent au moins la volonté de pratiquer le moins possible de coupures dans les textes retenus. Mais, quitte à encourir le soupçon d'avoir le goût dépravé, ils préfèrent, dans les limites d'une anthologie, tenter de proposer une vision aussi complète que possible de ce que fut la poésie française du XVI*e siècle. La poésie, toute la poésie, et non cette poésie restreinte que présentent trop souvent les manuels. Or, prendre en compte tout le champ de la poésie force à bousculer traditions et habitudes.*

Tout d'abord, la question de la langue. Au XVI*e siècle, la poésie française n'est pas toujours en langue française, tant s'en faut. Elle s'exprime volontiers en langue latine, renouant ainsi avec les charmes de l'Antique. Cette poésie néo-latine est loin d'être un phénomène isolé, marginal ou résiduel : aboutissement d'une longue tradition médiévale qui ne s'était jamais vraiment interrompue depuis l'Antiquité, elle s'inscrit désormais résolument dans le courant humaniste qui domine tout le siècle et elle connaît un développement considérable. Si l'on en croit V.-L. Saulnier, en effet, « on ne compte pas moins de 700 poètes qui, en France, aient au* XVI*e siècle composé en latin ». Le chiffre, sans doute, étonne, mais le sens est très clair : à cette époque, tout le monde, ou presque, compose dans l'une et l'autre langue.*

Évidemment, le paradoxe est d'autant plus grand que la mémoire collective a surtout retenu de cette période le triomphe de la langue française, l'ordonnance de Villers-Cotterêts (1539) et la Défense et Illustration *de Du Bellay. Or, si en 1549 Du Bellay juge nécessaire de prendre la défense de la langue française, c'est bien parce que à cette date, symboliquement du moins, le latin est encore la langue savante dominante dans le royaume. Du reste, loin d'être un inconditionnel orgueilleux et exclusif du français, comme on pourrait le croire, Du Bellay a lui-même composé plusieurs recueils en langue latine, et il lui est arrivé de donner, du même texte, deux versions, l'une latine et l'autre française. Il s'en explique, non sans désinvolture ; si la Muse française, dit-il, est son épouse légitime, la Muse latine est pour lui comme une maîtresse : « Illa quidem bella est, sed magis ista placet. »*

Pour ces lettrés, il ne s'agit pas seulement de s'extasier sur les chefs-d'œuvre passés de Virgile, d'Horace ou d'Ovide, mais de les imiter, et de les égaler s'il se peut. De ce fait, et contrairement à ce qu'on pourrait imaginer, la poésie néo-latine entend contribuer elle aussi à la défense et illustration de la France, puisqu'elle rivalise avec la poésie romaine sur son propre terrain. Par ailleurs, à une époque où l'identité française est en pleine construction, il s'agit également de faire mieux que les Italiens dans ce domaine. Enfin, ce recours au latin exprime à la fois un désir d'universalisme, puisque c'est la langue internationale de l'époque, mais aussi, il faut bien le dire, un désir d'élitisme.

Quoi qu'il en soit, étant donné l'importance symbolique, culturelle et même numérique de cette production, il est difficile de ne pas en tenir compte : c'est ici une anthologie de la poésie française, non de la poésie francophone. Bien que leur œuvre poétique latine soit aujourd'hui pratiquement oubliée, Dorat, Muret, Buchanan comptent parmi les grands noms de la poésie française du XVI*e siècle. S'ils ne figurent pas plus abondamment dans cette anthologie, c'est* *que nous ne voulons pas rebuter davantage le lecteur. Celui-ci pourra, s'il le désire, parcourir la traduction qui accompagne ces pièces. (Quand la pièce a été traduite par un poète du temps, nous reproduisons cette traduction. Autrement, nous essayons d'en donner une idée par une traduction rythmée.) Sont ici recueillies plusieurs pièces latines de Salmon Macrin, de Nicolas Bourbon, de Théodore de Bèze, de Marc-Antoine Muret, de Dorat, de Du Bellay, de Belleau. C'est peu, sans doute, mais plus que d'habitude. Tel autre ouvrage futur fera peut-être davantage.*

Au-delà de ce bilinguisme culturel dont témoignent plusieurs auteurs, et pas seulement les poètes – que l'on songe par exemple à Montaigne –, il faut aussi évoquer les œuvres en langues dites régionales. L'humanisme s'intéresse à celles-ci : Charles de Bovelles publie en 1533 un intéressant ouvrage intitulé De la différence des langues vulgaires et de la variété du parler français *; Vigenère se demande si, entre le latin et le français, il n'a pas existé un intermédiaire, la « lingua limosina », langue qui inclut le catalan. Dans le sud de la France notamment, les traditions poétiques en langue d'oc, héritage des troubadours, se maintiennent encore. L'histoire littéraire les a souvent négligées, pourtant ces œuvres appartiennent au patrimoine de la poésie française, même si certains de ces auteurs affirment l'autonomie culturelle et politique de leur région. Il faudrait citer entre autres Pierre Paul, Michel Tronc, Robert Ruffi, Gabrielle Brunette, qui illustrent cette renaissance provençale. Par ailleurs, dans l'entourage des souverains de Navarre, de Marguerite à Henri IV, évoluent de nombreux poètes, comme Pey de Garros, grand humaniste, qui dédie ses poèmes gascons au roi de Navarre. Ces auteurs dont les œuvres constituent souvent un trait d'union entre la poésie médiévale et la poésie renaissante méritent d'être redécouverts. Il en va de cette poésie régionale comme de la poésie néo-latine : jusqu'ici, à notre connaissance, personne n'avait songé à les intégrer à une anthologie de la poésie* *française. Dans les deux cas, malgré le faible nombre des pièces retenues, nous espérons ainsi élargir et renouveler l'idée que peut se faire le public de cette poésie française du* XVIe *siècle.*

Ce n'est pas quitter la question des langues que de signaler les traductions qui figurent dans cette anthologie. Le statut symbolique de la traduction à cette époque explique leur présence. En ce siècle d'humanisme, la translatio studii *est un élément capital de la culture littéraire, et le poème « translaté », généralement en vers, est souvent considéré comme une œuvre authentique. Et même, pour Sebillet, « la version ou traduction est aujourd'hui le poème plus fréquent et mieux reçu des estimés poètes et des doctes lecteurs, à cause que chacun d'eux estime grande œuvre et de grand prix rendre la pure et argentine invention des poètes dorée et enrichie de notre langue ». Du reste, il est bien souvent difficile de distinguer la traduction pure et simple, de l'adaptation, de l'imitation, ou de l'invention. À vrai dire, dans la mesure où toute création est avant tout innutrition, ces pratiques diverses constituent un* continuum *poétique qui contribue à la restauration des « Bonnes Lettres ».*

Soutenus par la politique du roi François Ier, les traducteurs tirent à la fois subsides et prestige de leur travail. En quelques années, le meilleur du corpus gréco-romain est « tourné » en langue française, à la grande joie des humanistes, et les poètes majeurs se flattent de contribuer ainsi à la grandeur de la poésie française. Quelques-uns, pourtant, critiquent les traductions de poèmes : elles risquent de dénaturer l'original, et aussi de concurrencer la production en langue vernaculaire, qu'il s'agit justement de promouvoir. Du Bellay est manifestement de cet avis. Mais lui-même ne cesse de traduire les poètes toute sa vie durant. C'est dire en somme que tout le monde traduit, même ceux qui s'y refusent. C'est le plus sûr moyen de gagner en reconnaissance sociale. Et pas seulement pour les poètes. Pour sa traduction de Plutarque, Montaigne attribue « la palme à Jacques Amyot sur tous nos écrivains français ».

Bref, c'est le siècle des traducteurs. Outre le corpus gréco-romain, on traduit aussi la Bible, évidemment, et notamment les psaumes. Leur valeur poétique inspire de nombreux poètes comme Baïf, Desportes, ou Blaise de Vigenère, qui s'attache à rendre la musicalité du texte hébreu en tournant les versets en « prose mesurée, ou vers libres ». Mais leur valeur théologique et pastorale n'est pas moins importante, surtout pour les huguenots, qui en font un élément central dans leur entreprise de réforme de la foi chrétienne. Aussi bien la traduction des psaumes par Marot et Théodore de Bèze constitue-t-elle, au-delà de son immense succès de librairie, un événement considérable à tous égards.

Du reste, on ne traduit pas seulement le latin et le grec, mais aussi l'espagnol, et surtout l'italien : l'Arioste est traduit par La Boétie, par Rapin, par Desportes, et pillé par tout le monde. Pétrarque, plus encore. Dans la mesure du possible, les notes de cette édition tentent de donner une idée du phénomène. Souvent, ce n'est qu'un vers, un motif, un procédé, parfois tout un poème. Et on traduit en tous sens, pas seulement en français : Pey de Garros traduit en gascon des psaumes de David, Belleau et Dorat traduisent en latin des poèmes de Ronsard, Florent Chrétien traduit en latin et en grec des quatrains de Pibrac, la traduction de poètes français en langue ancienne visant à les faire entrer dans le panthéon des auteurs classiques.

Au-delà des raisons sociales ou culturelles qui expliquent cette pratique de la traduction, elle est, du reste, pour bien des poètes, un exercice qui a valeur spirituelle : la valeur spirituelle de l'imitation, puisque, comme dit Peletier, « la plus vraie espèce d'imitation, c'est de traduire ». « Imiter, continue-t-il, n'est autre chose que de vouloir faire ce que fait un autre. » La traduction est un exercice d'abnégation où l'on n'apprend à être soi que par la soumission à autrui. Et elle est en même temps une manière de percevoir la gran-

deur d'autrui en s'employant à mimer sa parole pour la transposer. Toute la spiritualité de l'humanisme s'exprime ainsi dans l'exercice de la traduction.

Les « translations » de tous ordres constituent donc un élément décisif du corpus poétique de la Renaissance, et leur statut symbolique est un indice tout à fait révélateur des conceptions morales et littéraires de l'époque. Au risque de troubler les habitudes les mieux établies, il est bon d'intégrer à une anthologie de la poésie du XVIe siècle plusieurs traductions de poètes, qui sont en définitive des traductions poétiques. Et pour mieux faire sentir la valeur de ces translations, on propose parfois le même passage dans des versions différentes. Ainsi la fameuse descente aux Enfers de l'*Énéide* est donnée à la fois dans la traduction en vers de Des Masures et dans celle de Du Bellay. De même, le Psaume 47 est donné dans la version de Théodore de Bèze et dans celle de Blaise de Vigenère. Pareillement, le lecteur pourra lire ensemble le sonnet CXXV des *Amours* de 1552 et la traduction latine que Belleau propose du texte de Ronsard. Par ailleurs, ont été également recueillis ici les discours en vers de certains traducteurs comme Salel ou La Boétie, au seuil de leur translation.

Autre singularité de cette anthologie de la poésie : elle recueille plusieurs passages en prose. C'est que la langue poétique, au XVIe siècle, n'est pas toujours le vers, ou plus exactement, à cette époque, prose et vers sont très souvent liés, constituant ainsi des montages littéraires complexes. Plusieurs cas peuvent être distingués. On ne s'arrêtera pas à celui qui est sans doute le plus simple : il est des poètes qui présentent leurs vers comme une simple prose, comme Du Bellay, déjà cité, qui veut que son œuvre des *Regrets* « soit une prose en rime, ou une rime en prose », ou Grévin qui déclare : « Jodelle, mes Sonnets ne sont que simple prose » ; ce refus de « peigner et de friser » son discours, comme dit Du Bellay, ce choix d'un style bas, plus en accord avec le *propos du moment, n'empêche pas l'usage du vers. Phénomène plus complexe, et plus fréquent : l'alternance de vers et de prose au sein d'une même œuvre. Parfois, la poésie semble intégrée à la prose, et parfois c'est l'inverse. Les psaumes, par exemple, sont souvent accompagnés d'arguments en prose, qui résument le propos, ou plutôt le développent dans une intention pastorale. De même, dans* La Guisiade, *tragédie en vers évoquant l'assassinat du duc de Guise, Pierre Matthieu insère régulièrement des arguments en prose au début de chaque acte, et même, à l'intérieur des actes, afin d'éclairer les enjeux littéraires et surtout politiques de son œuvre. Cette alternance de vers et de prose est liée, comme on le voit, à la grande tradition du commentaire. Qu'il s'agisse de la Bible ou des poètes, le commentaire est en général un texte en prose qui s'ajoute ou même s'intègre à un autre texte, pour préciser, orienter, ou détourner son intention. Sa présence aux côtés ou à l'intérieur du poème est donc extrêmement significative : elle doit être prise en compte, et restituée positivement.*

Encore ne retient-on dans cette anthologie que des proses dues à l'auteur des vers qu'elles accompagnent. Mais on doit rappeler que bien des œuvres poétiques sont pourvues de commentaires que peuvent avouer les auteurs eux-mêmes. Dès 1553, le commentaire de Muret est joint aux Amours *de Ronsard, et sera toujours réédité avec l'œuvre ; c'est aussi très tôt que Simon Goulart pourvoit* La Semaine *de Du Bartas de commentaires, d'arguments, de sommaires et d'annotations. Habitués à maintenir la poésie dans un splendide isolement, les éditeurs modernes veulent bien, pour leurs propres annotations, puiser dans ces commentaires, mais ils se refusent à les reproduire. Et, s'ils se résignaient à le faire, gageons qu'ils se garderaient d'en respecter la disposition :* Les Amours *de Ronsard offrent, non pas en note ou à la fin de l'ouvrage, mais à la suite de chaque pièce, le commentaire de Muret, précédé de son nom ; le texte de* La Semaine *de Du Bartas est régulièrement interrompu pour faire place aux observations de Goulart. La personne du commentateur est, du reste, assez affirmée pour que son rôle soit fortement signalé : l'édition de 1553 des* Amours *donne à voir, au début, à la fois le portrait de Ronsard, celui de Cassandre et celui de Muret. À qui s'en étonnerait, il faut rappeler que nos poètes, formés à l'étude de l'Antiquité, ne lisaient pas Homère sans les commentaires d'Eustathe, ni Virgile sans ceux de Servius. Être digne, en 1553, alors que Ronsard est encore tout jeune dans la carrière poétique, des commentaires du savant et célèbre (quoique plus jeune encore) Muret, c'est recevoir la consécration qui l'élève à la hauteur des poètes les plus fameux, – et qui l'y élève bien plus tôt que ne l'a jamais été aucun poète, si grand soit-il. Mais on devine aussi que, présentées de la sorte, ces œuvres poétiques ne sont pas lues tout à fait comme nous les lisons : si lire, c'est rencontrer un auteur, cette rencontre se fait sous la conduite d'une sorte de médiateur ou même d'initiateur. La lecture auto-référentielle de la poésie, à laquelle nous convie toute une critique moderne, est mise à mal par cette pratique, où l'humour même peut avoir sa part. Quand Muret, par exemple, arrive à un sonnet des* Amours *qui lui semble adressé, non pas à Cassandre, mais à une certaine Marguerite, il commente : « Les poètes ne sont pas toujours si passionnés ni si constants en amour, comme ils se font. Et combien qu'ils disent à la première qu'ils peuvent aborder, que plus tôt ciel et terre périraient, qu'ils en aimassent une autre, si est-ce toutefois que, quand ils rencontrent chaussure à leur pied, leur naturel n'est pas d'en faire grande conscience. Aussi ne faut-il. Une bonne souris doit toujours avoir plus d'un trou à se retirer. »*

Indépendamment du commentaire, le recours conjoint aux vers et à la prose est une pratique assez répandue dans les traditions littéraires de la Renaissance. La geste pantagruélique, par exemple, compte plus de trente poèmes divers, rondeaux, blasons, épitaphes ou chansons. De même, La

Satyre ménippée *(1594) fait alterner vers et prose. Dans la tradition pastorale, cet usage est particulièrement répandu, sans doute sous l'influence de l'*Arcadie *de Sannazar (1504). L'on peut citer ainsi* La Bergerie *de Belleau, et* La Pyrénée ou pastorale amoureuse *de Belleforest ou les* Discours des champs faëz *de Claude de Taillemont. Mais ce sont surtout les Grands Rhétoriqueurs qui se sont illustrés dans la pratique du « prosimètre », ou « poème mixte ». Plusieurs œuvres de Lemaire de Belges,* Le Temple d'Honneur et de Vertu *par exemple, utilisent ce procédé, ou encore* Le Voyage de Naples *d'André de La Vigne, ou* Le Séjour d'Honneur *d'Octovien de Saint-Gelais.*

Cette alternance donne à voir les rapports qu'entretiennent entre eux les deux langages. Parfois, la distribution entre prose et vers obéit à une logique assez proche de celle qui, à l'opéra, combine les récitatifs et les arias. La prose concerne l'action, la narration, les dialogues ; le poème est une pause lyrique faisant entendre l'émotion, le désir ou la plainte. Mais cette pause n'est pas un temps mort, un excipient ou une cheville. Elle est tout au contraire un moment stratégique dans la dispositio *générale, permettant d'accéder à un autre ordre de vérité humaine ou spirituelle. Parfois, prose et poésie sont dans un rapport de paraphrase mutuelle, et on retrouve ainsi le style du commentaire : lorsque le poème relève de la fiction, ou de l'allégorie, la prose se charge de l'expliciter. Dans ce cas, le poème est premier, la prose vient après. Mais cette relation est réversible : la prose donne alors le thème musical sur lequel le poème compose ensuite un chant ou un contre-chant. La relation de la prose et des vers peut, du reste, se modifier au long d'une même œuvre : dans* Le Séjour d'Honneur *d'Octovien de Saint-Gelais, à mesure que le texte avance, le vers se dépouille, alors que la prose s'orne et s'amplifie. Quoi qu'il en soit, la portée du poème est inséparable de la prose qui l'accompagne – ou qu'il accompagne – ce qui explique que l'on trouve quelques passages en prose dans cette anthologie de poésie.*

La vision extensive de la poésie qu'elle propose explique qu'y soient représentées plusieurs formes poétiques qu'il est d'usage de négliger dans cette sorte d'ouvrage. Tout d'abord, la poésie dramatique. Car, au XVIe *siècle, le théâtre, généralement en vers, appartient de plein droit au domaine de la poésie. La tragédie est avant tout un poème, plus souvent lu d'ailleurs que mis en scène. Du reste, comme dans l'Antiquité, c'est souvent la même matière qui inspire ces trois genres principaux : le poème épique, le poème dramatique et le poème lyrique. Ainsi, Didon qui meurt sous le calame épique de Virgile, et renaît sous la plume de ses traducteurs, Des Masures ou Du Bellay, se retrouve également dans la tragédie de Jodelle, ou dans la poésie lyrique de Pibrac. David est mis en scène dans les* Tragédies saintes *de Des Masures, dans les poèmes épiques de Du Bellay ou de Pierre de Brach, et bien sûr, dans le lyrisme des psaumes. Enfin, le sujet des sujets, c'est-à-dire la passion du Christ, peut être traité de manière dramatique dans les Passions, bien souvent appelées tragédies au* XVIe *siècle, de manière lyrique, à la façon de Gabrielle de Coignard, ou encore héroïque, chez Nicolas de Montreux. Dans l'esprit de l'époque, ces personnages sont tout à fait lyriques, tragiques et héroïques à la fois, ce qui renforce sans doute les liens entre ces trois genres, pour les auteurs aussi bien que pour le public et les théoriciens. Aussi la poésie dramatique doit-elle être représentée dans une anthologie de la poésie. Mais évidemment l'importance du corpus théâtral et les limites de l'ouvrage ne permettent pas d'en donner une vision d'ensemble : c'est pourquoi nous nous bornons en général aux dramaturges qui se sont également illustrés dans d'autres domaines de la poésie. Ainsi, Théodore de Bèze et Jodelle, qui figurent de toute manière pour leur œuvre lyrique, sont également cités pour leur œuvre dramatique, d'autant que l'honneur insigne d'avoir restauré la tragédie en France peut leur être également reconnu. Pareillement, Grévin est cité pour son*

Olympe *et sa* Gélodacrye, *mais aussi pour* César, *tragédie en cinq actes, et* Les Ébahis, *comédie en vers.*

Si la poésie dramatique est prise en compte, a fortiori *la poésie épique doit-elle figurer en bonne place : le poème héroïque est « le grand œuvre », mais pas toujours le chef-d'œuvre, malheureusement. Pour autant, si dans l'ensemble, ces poèmes semblent indigestes, dans le détail, certains passages peuvent procurer d'agréables surprises. Par ailleurs, « le long poème » narratif cède parfois la place à un épyllion plus modeste, mais non moins brillant. Ainsi, la décollation d'Holopherne par Judith est un morceau de bravoure dont Gabrielle de Coignard peut se flatter.*

Rappelons encore que les poèmes étaient parfois chantés. Plusieurs sonnets et odes de Ronsard furent ainsi mis en musique, et de fait, de nombreux genres poétiques sont intimement liés à la musique, le rondeau, par exemple, la ballade, le psaume, et bien sûr la chanson. Parfois, la musique est composée spécialement pour accompagner le poème ; plus souvent le poème se chante sur un air populaire déjà connu, ce qui contribue à son succès. Des écrivains spirituels comme Marguerite de Navarre surent profiter de cet usage pour changer en chansons sacrées, au prix de divers remaniements des textes, des chansons profanes, parfois grivoises.

Musique, la poésie est aussi image. Et de fait, les poèmes du XVIe *siècle sont parfois accompagnés de figures. Plus qu'une simple illustration, l'image peut être en dialogue véritable avec le poème, comme c'est le cas dans la* Délie *de Maurice Scève. Parfois encore, comme dans les recueils d'emblèmes, nombreux au* XVIe *siècle à la suite des très célèbres* Emblèmes *d'Alciat (1531), sont réunis, par exemple, une image, un poème et une sentence, qui s'étaient mutuellement : comme l'écrit Barthélemy Aneau, l'emblème conjoint « la brève tranche des sentences (qui point l'esprit), la douceur délectable des vers (qui adoucit les oreilles) et la peinture non vaine des images (qui repaît les yeux) ». Parfois, le texte est imagé, ou plutôt image, en ce sens que la disposi-*

tion typographique du poème est en elle-même une figure, ainsi des «Ailes» de Salmon Macrin, ou de la dive bouteille du Cinquième Livre de Pantagruel. *Il est aussi des poèmes en rimes figurées : à la rime l'image d'un lis remplace la syllabe* -lis. *On a plus haut mentionné les rébus : on ne s'étonnera pas qu'il existe des poèmes en rébus, dont chaque vers est constitué par une image à décrypter, les signes qu'elle propose entretenant avec le sens des relations complexes qui en constituent, ici encore, une sorte de commentaire.*

Tous ces éléments témoignent de la foisonnante diversité des pratiques poétiques en usage et donneront quelque idée de l'horizon littéraire du XVI*e* *siècle. Cet univers paraît parfois assez déconcertant, pour qui décide de le considérer dans son ampleur, et n'accepte pas de le conformer trop vite à ce que la tradition nous a habitués à tenir pour poétique. On pourrait dire de l'ensemble du* XVI*e* *siècle poétique ce que, concluant, en juillet 1828, ses* Œuvres choisies de Ronsard, *Sainte-Beuve écrivait de ce dernier :*

Qu'on dise : il osa trop, mais l'audace était belle.

Jean Céard et Louis-Georges Tin

Jean Molinet

À L'EMPEREUR*

Aigle impérant sur mondaine ma*cyne*,
Roi triomphant, de prouesse ra*cyne*,
Duc, d'archiduc père, et chef du t*oison*,
Autrice usant de fer à grand f*oison*,
Phénix sans pair, né sur bonne pl*anette*,
Coulon bénin qui la pensée *a nette*,
Coq bien chantant, si le Turc t'escar*mouche*,
Mets-le aux abois, comme un chien qui s'é*mouche*,
Oie ta voix, ton ost, cheval et *pie*!
Pou veillons sur celui qui nous é*pie*,
Pélican vif, qui sur nous sang é*pands*,
Griffon hideux, ennemis agrip*pant*.
*À loue*r est ton sens, point n'es *butor*,
Grue, corbeaux, ni Midas qui *but or*;
Faisant dictiers[1], te donne ce que *j'ai*,
Divers oiseaux en lieu de pape*gai*.

* L'astérisque renvoie en fin de volume, où les notes sont rangées par ordre alphabétique d'auteur.
1. Pièces en vers.

RONDEAU

Madame, qui mon cœur avez,
Veuillez vous de moi souvenir,
Vous priant, avant que mourir,
Prêtez-moi ce que vous savez.

À prêter dommage n'aurez :
Je ne le veux pas retenir,
Madame.

En ce faisant soumis m'aurez
À toujours mais[1] de vous servir
Et s'il vous plaît me secourir
Je connaîtrai que vous m'aimez,
Madame.

LE TESTAMENT DE LA GUERRE

La guerre suis en train de mort,
Qui n'attends qu'à passer le pas,
Mais conscience me remord
Tant fort que j'en perds mon repas,
Et, pour cause que je n'ai pas
Satisfait aux miens pleinement,

1. À jamais, éternellement.

Il me faut avant mon trépas
Faire mon petit testament.

Princes,

Je laisse à Dieu s'il la veut prendre
Mon âme, mais, si je réchappe,
L'ennemi, pour grands maux apprendre,
Le nourrira dessous sa cappe.
Vienne le roi, vienne le pape,
Viennent héraults, viennent messages,
Qui le peut avoir, si le happe[1],
J'en laisse faire les plus sages.

Les rois, les princes et les ducs,
Qui mon corps ont alimenté,
Auront, si tous ne sont pendus,
De mes biens une quantité.
Ceux qui pour droit et équité
Ont requis mon droit adjutoire[2]
Auront liesse avec santé,
Louange, triomphe et victoire.

Mais je laisse aux mauvais tyrans
Qui par perverse intention
Pauvres gens ont été tirans[3]
Et fait grand tribulation,
Honte, malheur, confusion,
Maladies, noises, discords,
Et pleine diminution
De biens, de membres et de corps.

Je laisse aux vaillants champions
Qui, fort bien tenant leurs serments,

1. Qu'il l'attrape. 2. Ma juste assistance. 3. Ont maltraité.

Leurs princes comme Scipions
Ont servi bien et léaument[1],
Louange qui ne faut ni ment,
Bien heurée prospérité,
Et quoiqu'il tarde longuement,
Honneur à perpétuité.

Je laisse aux abbayes grandes
Clochers rompus, cloîtres gâtés,
Greniers sans blé, troncs sans offrandes,
Celliers sans vin, fours sans pâtés,
Prélats honteux, moines crottés,
Presses de gens et de bataille,
Et, pour redresser leurs côtés,
Sur leurs dos une grande taille[2].

Je laisse aux grosses bonnes villes
Chargées d'impositions
Leurs tours découvertes et viles,
Leurs murs jus des fondations[3],
Bourgeois d'horribles pensions
Tant fort atteints et occupés
Qu'ils n'osent de leurs mansions
Vider[4], qu'ils ne soient happés.

Je laisse au pauvre plat pays
Châteaux rompus, hôtels brûlés,
Femmes pleurant, gens ébahis,
Bergers battus et affolés[5],
Marchands meurtris et dérobés
De grands couteaux et de courbés,
Et corbeaux criants à tous lés[6]
Famine dessus les gibets.

1. Loyalement. 2. Impôt, redevance. 3. À bas des fondations, rasés. 4. S'en aller de leurs demeures. 5. Foulés au pied. 6. De tous côtés.

Je laisse aux jeunes étourdis
En vieillesse peine et tourment,
Qui bourgs et châteaux plus de dix
Ont acquis cauteleusement,
Piteux cris, grief gémissement,
Gouttes aux pieds, bras défrochés[1],
Et avant leur définement[2]
En danger d'être racourchés[3].

Je laisse à ceux qui mes querelles
Ont tenu, gagnant largement,
Fines gouges[4] et maquerelles
Pour les éplucher[5] nettement.
Ne faut qu'un mauvais garnement
Qui jamais vertu ne trouva,
Pour leur donner leur paiement :
Du diable vient, au diable va.

Je laisse à mes houssepailliers[6]
Plates bourses, vides bouteilles,
Aux pages gros poux par milliers,
Aux gros valets faim aux entreilles[7],
Aux laquais fièvres non pareilles,
Aux vieux routiers les pieds pourris,
Et aux pillards poings et oreilles
Attachés à ces piloris.

Mais je laisse à mes hôtelains[8]
Où mes gens ont été logés
Leurs coffres d'or de rien tout pleins,
Leurs meubles fort adommagés,
En lieu de grands deniers forgés
Un petit sac plein de credos[9],

1. Privés de leur froc, dépouillés. 2. Fin, trépas. 3. Raccourcis, décapités. 4. Filles rusées. 5. Dépouiller. 6. Palefreniers. 7. Entrailles. 8. Hôtes, aubergistes. 9. Lettres de crédit.

Et plusieurs ventres engrossés,
Pour faire la bête à deux dos.

Je laisse à ces grands cabasseurs[1]
Qui gendarmes ont cabassés[2]
Leur croiture[3] et leurs cabas seurs ;
Nous avons cabas bas assez ;
Mais quand mes pas seront passés,
Leurs hauts cabas[4] rabaisseront ;
Encore ne sont trépassés
Ceux qui bien les cabasseront.

Armuriers et brigandiniers[5],
Selliers, fourbisseurs de cuiraches[6],
Qui gagné ont plusieurs deniers
En faisant harnois et portraches[7],
Trop plus orgueilleux que limaches[8],
Cherront les paumes étendues
Et auront de leurs propres haches
La tête et les panses fendues.

Je laisse au pillard[9] épiller
La pillade qu'il va pillant,
Tant qu'un autre l'aura pillé
Qui sera plus éparpillant.
S'il est pilleur agrappillant
Il pillera la pillerie
Et celui qui fut épillant
Sera noyé en pouillerie[10].

Je laisse au bourreau, s'il est près,
Un cent de chausses bigarrées

1. Voleurs, escrocs. 2. Volés. 3. Accroissement, gains. 4. Sorte de chapeau en forme de cabas. 5. Fabricants de brigandines, espèces de cuirasses. 6. Cuirasses. 7. Porte-haches, sorte d'étuis de cuir (?). 8. Escargots. 9. Nom péjoratif donné au fantassin. 10. Nid de poux.

De ceux qui auront ci-après
D'oiseaux les panses déchirées,
Et aux garçons portant épées
Comme terribles appliquants,
De nuit trois ou quatre crupées[1]
S'on les trouve par ces cliquants[2].

Je laisse aux vieux soudards sans dents
Bien taillés d'être mal soupés[3],
Lesquels par bien donner dedans
Ont plusieurs membres découpés,
Aucuns ont poings et pieds griffés
Par approcher les horions,
Et les autres fort balafrés
Plaignent leurs génitorions.

Je laisse à tous mes agrippards
Saisines et possessions
Des fourches, gibets et happards[4],
Pour en faire leurs mansions,
À ceux qui compositions
Font aux gens et plusieurs travaux
Les propres bénédictions
Qu'on donne aux marchands de chevaux.

Je laisse aux joyeuses fillettes
Suivant l'armée fort enclines,
De humer les œufs des poulettes
Et de manger grasses gelines ;
Puisque ci-après seront dignes
De briber[5] en plusieurs quartiers,
Je ferai tendre leurs courtines
Aux huis et portaux des montiers[6].

1. Coups sur l'échine. 2. Moulins. 3. Mal servis. 4. Crochets pour suspendre. 5. Manger goulûment. 6. Couvents.

Je laisse à tous mes chapelains
Qui m'ont suivi pour pilloter[1]
Grosses besaces et sacs pleins
De pain moisi pour grignoter ;
Ceux qui l'ont fait pour varlotter[2]
En contrefaisant les bigots,
De mes biens leur veux transporter
Plein leur soin de poux à picots[3].

Je laisse plus ains que[4] je meure
Par tout le monde pauvreté,
Car, si encore je demeure,
Je régnerai fort cet été
Et pillerai de tout côté
Autant ou plus que fis jamais ;
Mon testament fais en santé
Et ne crains que Madame Paix.

1. Commettre de menus larcins. 2. Se conduire servilement. 3. Armés de petits dards. 4. Avant que.

Guillaume Cretin

CHANT ROYAL*

Pour réparer angélique ruine,
Dont Lucifer, plein de fière bruine[1],
Et ses consorts tombèrent difformés
Au puits d'enfer, la volonté divine
L'homme créa à sa semblance digne,
Comme de ce sommes bien informés.
Mais par l'excès[2] que fit le premier homme,
Mangeant du fruit défendu de la pomme,
Dieu ordonna des cieux faire clôture
Jusques à ce qu'humain genre eût appris
Le cours d'un livre, appelé par droiture[3]
Livre de vie où tous biens sont compris.

Depuis l'offense, était des cieux indigne
Lignage humain, et n'eut accès condigne,
Car cinq mil ans et plus furent fermés
Par faux blason[4] de langue serpentine
Les pères saints ; sous obscure courtine

1. Esprit de querelle. 2. Transgression. 3. À juste titre. 4. Discours trompeur.

Furent longtemps ès limbes comprimés,
Tant que bonté de Dieu, qui tout consomme[1],
Pour décharger la très pesante somme[2]
Et racheter toute humaine nature,
Nous envoya, afin de mettre prix
Et sûr paiement à cette forfaiture,
Livre de vie où tous biens sont compris.

Ce livre-ci est de sainte doctrine,
Fait du docteur qui par grâce endoctrine
Entendements d'ignorance opprimés ;
Son chant excède en douceur tout autre hymne,
Et vaut trop mieux l'avoir en sa poitrine
Que tout le sens des livres imprimés.
Ce livre fut préordonné qu'on nomme
Digne habitacle où le Fils de Dieu comme
Sapience divine eut couverture.
Pour être là écrit, ce lieu a pris :
Dont puis nommer[3] la Vierge nette et pure
Livre de vie où tous biens sont compris.

Ce livre ainsi couvert de blanc désigne
Humilité, innocence et saisine[4]
D'honnêteté, sur livres exprimés.
Tient nation étrangère ou voisine
Qu'en lui ait eu tache, macule ou signe
De vice aucun ? Jamais ne l'estimez :
Plus clair luisant que soleil le dénomme,
Plus que la lune en beauté le renomme.
Sept signacles dont est sa garniture
Du Saint Esprit le démontrent épris.
Marie est donc selon Sainte Écriture
Livre de vie où tous biens sont compris.

1. Achève, accomplit. 2. Fardeau (du péché). 3. Par suite de quoi je peux nommer. 4. Possession.

Possible n'est que langue d'homme assigne,
Que bouche dise et plume à droit consigne
Louange où soient ses grands biens résumés ;
Cité de Dieu, dit-on que ta racine
A eu besoin de purge et médecine ?
Faux envieux, en ce trop présumez :
Onc n'approcha la sainteté de Rome
Sa grand vertu, si sur telle erreur on me
Veut impugner[1], qu'en première facture
L'originel vice[2] enchut. C'est mépris[3] :
Préservé fut de souillure et fracture
Livre de vie où tous biens sont compris.

Envoi

Prince, raison veut que çà et là somme[4]
Étudiants, ains que[5] mort les assomme,
À cueillir fruit de divine lecture
Au saint concept du virginal pourpris ;
Et lors auront pour douce nourriture
Livre de vie où tous biens sont compris.

LA RESCRIPTION DES FEMMES DE PARIS AUX FEMMES DE LYON

Salut à vous, femmes du Lyonnois,
Plaisants minois, visages angéliques ;
L'on a pour vous fait joutes et tournois ;
Chevaux, harnois ont coûté maints tournois,

1. On me veut attaquer. 2. Le péché originel. 3. Méprise, erreur. 4. J'incite. 5. Avant que.

Dont les galois[1] sont fort mélancoliques :
Pour vos reliques et gorres[2] diaboliques
Par voies obliques se dressent jour et nuit,
Mais ce n'est pas tout or ce qui reluit.

Par vos regards que jetez de travers
À grands renvers[3] gagnez la seigneurie ;
Notez que c'est[4] de vos corps par mes vers :
Ce sont gros vers, puants, rouges et verts,
Poignants, pervers, dont la chair est nourrie ;
Quand est pourrie, il n'est pas temps qu'on rie,
Quoi que l'on die[5] c'est vanité sans doute :
Tel a beaux yeux qui souvent ne voit goutte.

Riez, chantez, caquetez, brocardez,
Et regardez les gorriers perruqués ;
Allez, montrez vos musequins[6] fardés,
Contregardez[7] vos corps et culs fardés,
Plus ne tardez, trouvez-vous aux banquets,
Dressez caquets, présentez les bouquets,
Pour tous acquêts le bruit sur vous redonde,
Mieux vaut bon los[8] que richesse en ce monde. [...]

Femmes, sachez pour certain vous mourrez,
Car vous faudra comparoir[9] en personne.
En tel état toujours ne demourrez[10] :
Plus ne pourrez à l'heure que voudrez,
Du tout faudrez si la grand cloche sonne.
Qu'on se façonne, la raison si est bonne :
Il en est temps, ne perdez corps et âme.
S'on vous reprend, c'est signe qu'on vous ame[11].

1. Les bons vivants. 2. Élégances, pompes. Gorrier : homme élégant. 3. À renvers : à la renverse. 4. Ce qu'il en est. 5. Dise. 6. Museaux. 7. Protégez, sauvegardez. 8. Louange, bonne renommée. 9. Comparaître (devant le tribunal céleste). 10. Demeurerez. 11. Si l'on vous reprend, c'est signe qu'on vous aime.

Octovien de Saint-Gelais

LE SÉJOUR D'HONNEUR*

[EXHORTATION DE SENSUALITÉ]

Ô cœur couvert d'une trop grand'faiblesse
Par simplesse
Et faute de bon sens,
Las, tu te plains et âme ne te blesse.
Ta noblesse,
Par faute d'adresse,
En tristesse
Finira tôt ses ans
Et hors et ens[1].
Tes esperits[2] sont lents,
Dont il convient à heure anticipée
Que joie soit par ton veuil dissipée.

Ô recréant[3] et affaibli courage,
Qui sans outrage
Veux si fort lamenter,
Ne vois-tu pas que tu as encore âge,
Jeune visage
Pour l'amoureux passage,
Doux langage

1. Et dehors et dedans. 2. Esprits. 3. Lâche.

Pour bien parlementer ?
Le tourmenter
Ni tant se guermenter
Ne te sera qu'abrègement de vie :
Si plus le fais, il faut que tu dévies[1].

Où est espoir maître de ton propos,
Qui en repos
Te soulait faire vivre ?
Te trouves-tu maintenant si empos[2]
Que mes suppôts
Sans faire nuls beaux cops[3]
Pour avoir los
Tu ne quiers plus ensuivre ?
Il n'est livre
Qui jamais te délivre
Tel bien, tel bruit, tel honneur, telle fame[4]
Que je[5] seule qu'une femme.

Je vois ton cœur qui ne procure cure ;
Laidure dure
Et sa faiblesse blesse.
Regret le meut à corrompure pure,
Morsure sûre
Lui fait ardure dure ;
Injure jure
Tant que liesse laisse,
Âpresse presse
Et te laisse en la presse,
D'effort si fort qu'il a aperte[6] perte
Et deuil fait deuil sur la couverte verte.

De quoi te peut un si long deuil servir,
Fors d'asservir

1. Meures. 2. Mal disposé. 3. Coups. 4. Renom. 5. Moi. 6. Évidente.

Tout ton cœur en servage?
Homme qui sert sans nul bien desservir[1]
À beau servir,
Car jamais assouvir
D'espoir chevir
Ne peut que sur bon gage.
C'est outrage
D'user comme serf âge.
Autant vaudrait vivre par les déserts,
Ou bien être privé du flair des airs.

Es-tu cassé, mutilé ne vieillard?
Est tout vieil art
Effacé du bon compte.
Las, je t'ai vu aux soirs si bon veillard[2],
Et ton vueil art
À manger du vieil lard
Comme un souillard[3]
Qui de rien ne tient compte.
Ce sera honte
Si laidure surmonte
Ton bon propos si tôt abandonné.
Mieux te convient être à l'abandon né.

Et les dames que je t'ai vu louer
Et avouer leurs los par tes écrits
Où maintes fois t'ai vu rire et jouer,
Veux-tu vouer de plus ne te louer
À haut louer de leur bonté le prix?
Tes plaints, tes cris ne seront que mépris.
Bref, tu as fait trop soudaine entreprise.
Mieux te vaudrait autre voie avoir prise.

1. Gagner. 2. Veilleur, vigilant. 3. Valet de cuisine.

Jeunesse et dueil sont choses répugnantes[1],
Dissonantes et qui mal se conviennent.
Si maintenant en secret tu lamentes
Tes méchantes fortunes et patentes,
Ce sont rentes qui à tous humains viennent.
Regrets te tiennent et ainsi t'entretiennent
Pour dévorer de joie le surplus
Et te font vivre ainsi comme reclus.

Laisse ce train, il n'est pas encore heure
Que ton cœur pleure en si jeune saison.
De prospérer la chose n'est pas seure[2] :
On labeure, mais souvent on demeure
En demeure de trop dure achoison[3].
Qui fuit raison, raison fuit sa maison,
Et à la fin si guère[4] on continue,
Le mal se tourne en fièvre continue.

Comme perdu, défait, mal alité,
Déshérité de joyeuse saisine,
Écoute à moi : c'est Sensualité.
Sois incité, ois ce qu'ai récité.
En vérité, je te serai bénine.
Crois ma doctrine, et à cela t'encline.
Fuis tels rigueurs, retourne à ton office :
Ne vois-tu pas le temps qui est propice ?

Lève donc sus, va-t-en aux champs déduire
Pour induire ton cœur à tous ébats.
Ne vois-tu pas tout à joie conduire,
Les oiseaux bruire, nature les instruire
À produire leurs petits haut et bas ?
Si tu es bas, laisse tous ces débats ;

1. Jeunesse et douleur sont choses contraires. 2. Sûre. 3. Occasion. 4. Davantage.

Va visiter les dames qui t'attendent :
Cela par moi toutes elles te mandent.

Prends flûte et luth, instruments de musique.
Tôt sans réplique suis convis[1] et banquets.
Va-t-en en cour, c'est un lieu authentique,
Magnifique, selon toute pratique
Par voie oblique faire grands acquêts.
Puis tes caquets et tes menus hoquets
Te vaudront mieux s'ils sont de bonne étoffe
Que ne serait pierre de philosophe[2].

Suis ces seigneurs, pousse-toi en avant ;
Mets-toi devant, aie cette maxime,
Soies[3] hardi et mets la voile au vent.
Comme savant, change d'habits souvent.
Sus, hay, avant, pour être en bonne estime :
D'un abîme tu viendras à la cime
De bien d'honneur, et pour le faire court
Tu pourras être un droit[4] routier de cour.

Sus, peigne-toi, fais ta robe agencer ;
De t'avancer la droite heure s'approche :
Ne tâche plus qu'à t'ébattre et danser
Et de penser pour toi récompenser
Et d'effacer le deuil qui tant te touche.
Ouvre ta bouche, abandonne la couche,
Viens t'en à moi hardiment soulacier[5] :
Si garderai très bien de te lassier[6].

1. Festins. 2. Pierre philosophale. 3. Sois. 4. Parfait. 5. Prendre du soulas, du plaisir. 6. Lasser.

Jean Lemaire de Belges

LE TEMPLE D'HONNEUR ET DE VERTUS

[CHANSON DE LA BERGÈRE GALATÉE]

Arbres feuillus, revêtus de verdure,
Quand l'hiver dure on vous voit désolés,
Mais maintenant aucun de vous n'endure
Nulle laidure, ains vous donne nature
Riche peinture et fleurons à tous lés[1].
Ne vous branlez, ne tremblez, ne croulez,
Soyez mêlés de joie et fleurissance ;
Zéphyr est sus[2], donnant aux fleurs issance[3].

Gentes bergerettes,
Parlant d'amourettes
Dessous les coudrettes,
Jeunes et tendrettes,
Cueillent fleurs jolies,
Framboises, mûrettes,
Pommes et poirettes
Rondes et durettes,
Fleurons et fleurettes
Sans mélancolies.

1. De tous côtés. 2. Est debout, est à l'œuvre. 3. Issue, naissance.

Sur les préaux[1] de sinople avêtus
Et d'or battu autour des entelettes[2],
De sept couleurs selon les sept vertus
Serons vêtus. Et de joncs non tortus
Droits et pointus ferons sept corbeillettes :
Violettes, ou nombre de planètes,
Fort honnêtes, mettrons en rondelet
Pour faire à Pan un joli chapelet[3].

Là viendront dryades
Et hamadryades
Faisant sous feuillades
Ris et réveillades
Avec autres fées.
Là feront naïades
Et les oréades
Dessus les herbades
Aubades, gambades
De joie échauffées.

Quand Aurora, la princesse des fleurs,
Rend les couleurs aux boutonneaux barbus,
La nuit s'enfuit avecques ses douleurs :
Aussi font pleurs, tristesses et malheurs
Et sont valeurs en vigueur sans abus[4] ;
Les rais Phébus[5] redoublent les tributs
Des prés herbus et des nobles vergers
Qui sont à Pan et à ses bons bergers.

Chouettes s'ennuient,
Couleuvres s'étuient[6],
Cruels loups s'enfuient,
Pastoureaux les huient[7]

1. Petit pré. 2. Rameaux. 3. Couronne. 4. Erreur, duperie. 5. Les rayons de Phébus, du soleil. 6. Se cachent. 7. Les huent, poussent des cris pour les faire fuir.

Et Pan les poursuit.
Les oiselets bruient,
Les cerfs aux bois ruient[1],
Les champs s'enjolient ;
Tous éléments rient
Quand Aurora luit.

LA CONCORDE DES DEUX LANGAGES*

[ÉLOGE DES FRANÇAIS]

Tels êtes-vous, ô peuple reluisant,
Peuple de Gaule aussi blanc comme lait,
Gent tant courtoise, et tant propre et duisant[2] ;

Français faictis[3], francs, forts, fermes au fait,
Fins, frais, de fer, féroces, sans frayeur,
Tels sont vos noms concordant à l'effet.

Peuple hardi, de périls essayeur,
Illustre sang, troyenne nation,
Non épargnant son sang ni sa sueur,

Neveux[4] d'Hector, enfants de Francion,
Qui sur les bords du grand fleuve Dunoue
Fonda Sicambre et y fit mansion[5],

1. Brament (de désir amoureux). 2. Attrayant. 3. Bien faits, beaux, élégants. 4. Descendants. 5. Résidence.

Votre haut los en profond honneur noue[1],
Votre nom clair vole jusques aux cieux,
Midi vous craint, Septentrion vous loue.

Tout occident, tous orientaux lieux,
Indes, Persans, Scythes et Parthes savent
Que vous êtes les bien voulus des dieux.

Vos clairs pennons en Asie se lèvent,
Les Turcs ont peur de votre bruit et fame[2],
Et vos fiertés redoutent et eschièvent[3].

Grèce a fiance en l'ardent oriflamme[4]
Qui d'iceux Turcs les yeux éblouira ;
C'est tout l'espoir qu'elle attend et réclame.

Votre hauteur de ce l'éjouira
Dedans bref temps, car j'en vois les apprêts,
Dont un chacun votre nom bénira.

Mais cependant afin d'être plus frais,
Reposez-vous, reprenez vos haleines,
Et de labeur soyez un peu soustraits.

Refocillez[5] vos membres et vos veines ;
Impossible est que toujours arc puist[6] tendre,
Car ses forces en seraient trop vaines.

Entre deux faut à volupté entendre[7],
Et y vaquer à l'exemple de Mars,
Qui s'accointait de Vénus blanche et tendre

Et mettait jus écus et braquemards[8].

1. Nage. 2. Votre renom et votre réputation. 3. Évitent. 4. Bannière des rois de France. 5. Réchauffez. 6. Puisse. 7. S'appliquer à. 8. Mettait à terre, déposait écus et épées.

Pierre Gringore

Rondeaux

Je perds mon temps si je n'y remédie,
Car plus avant à mon cas j'étudie,
Et moins je puis les finesses savoir
De celle-là qui tant fait recevoir
À mon las cœur de griève maladie.

Sa volonté est couverte et tandie[1]
De doux parler sous audace hardie.
Jamais ne peux son fait apercevoir :
Je perds mon temps.

J'ai d'y penser fort la tête étourdie,
Et suis fourré en cette grand folie
Si très avant que ne m'en puis ravoir.
Toujours poursuis, cuidant bien en avoir,
Comme ces fols qui soufflent l'arquemie[2] :
Je perds mon temps.

1. Tendue. 2. Les souffleurs ou alchimistes.

☆

Là, non ailleurs, secrètement demeure
Mon pauvre cœur qui en peine labeure
Tout à part soi, sans que nul le conforte
Des grands douleurs qu'il soutient et qu'il porte
En attendant que pitié le sequeure[1].

Et se tiendra jusques à ce qu'il meure
En ce propos toujours attendant l'heure
Que bon vouloir sa loyauté rapporte
Là, non ailleurs.

Car pitié veut que je lamente et pleure
Et qu'à part moi ce mal secret saveure[2],
Dont raison veut que de ce me déporte.
Mais bon vouloir me contraint et enhorte[3]
Que sans muer ma promesse soit seure[4]
Là, non ailleurs.

☆

Là et ailleurs je veux mon temps passer
Sans en un lieu me ficher ni lasser,
Car qui son cœur départ[5] en plusieurs lieux,
Cent mille fois il se trouve trop mieux
Que s'il voulait un seul lieu pourchasser.

Je veux aller, venir et tracasser,
L'une prier et une autre embrasser,

1. Le secoure. 2. Savoure. 3. Exhorte. 4. Sûre. 5. Celui qui partage son cœur.

Danser, chanter, être gai et joyeux
Là et ailleurs.

Un amoureux ne fait que rêvasser
Et en son cœur plein de maux amasser,
Être pensif et mélancolieux,
Dont il devient mal plaisant, ennuyeux.
Par quoi je veux par tout courre[1] et chasser
Là et ailleurs.

1. Courir.

Jean Bouchet

RONDEAU

DE L'IMPERFECTION DU MONDE

Tout bien pensé, c'est une moquerie,
Que ce fol monde où n'a[1] que menterie,
Car par douceur les gens à lui attrait
Et du chemin de vérité distrait,
Puis les délaisse en toute brouillerie.

Aucuns induit à force et pillerie,
Envie, orgueil, luxure et tromperie ;
Plus dangereux il est qu'un coup de trait,
Tout bien pensé.

Les autres fait monter en seigneurie,
Lesquels soudain il fait par tricherie
Ruer au bas, car leurs biens il fortrait[2].
À contempler son astuce et portrait,
Ce n'est de lui qu'abus et rêverie,
Tout bien pensé.

1. Il n'y a. 2. Soustrait.

BALLADE

À TOUS ÉTATS

Que pensez-vous, évêques, cardinaux,
Abbés, curés et autres gens d'Église,
Qui présidez comme les principaux
Sur les gens lais[1] par merveilleuse guise ?
Chacun de vous aujourd'hui se déguise,
Et de vos biens trop follement usez,
Des grands trésors de Dieu vous abusez
Et les mettez en pompe reprochable.
Quoi qu'il en soit, ne vous en excusez :
Il faut aller ou à Dieu ou au diable.

Rois triomphants, seigneurs impériaux,
Auxquels du peuple est la charge commise,
Compte rendrez des grands torts, griefs et maux
Qu'ont vos sujets par rapine permise.
Tous nobles gens, où vertu est soumise,
À votre nom trop ne vous amusez.
Juges royaux aux biens tant ne musez
Que fassiez trop justice maniable.
Compte en rendrez, n'en faites des rusés :
Il faut aller ou à Dieu ou au diable.

Gens de labeur[2], ne soyez déloyaux
En labourant vos terres par surprise,
Et vous, marchands, soyez bons et loyaux,
Sans barat faire en votre marchandise[3] ;
Que de l'argent la folle friandise
Ne trompe aucun, tels abus refusez.

1. Laïcs. 2. Laboureurs, paysans. 3. Sans frauder en votre commerce.

Nous serons tous quelque jour accusés
De nos forfaits, le cas est pitoyable.
Soient donc de nous tous péchés récusés :
Il faut aller ou à Dieu ou au diable.

Prince, pensons sans en être abusés
Que quand nos jours seront par mort usés,
De quelque état que nous soyons, sans fable,
Vêtus d'habits riches ou pertuisés[1],
Il faut aller ou à Dieu ou au diable.

ÉPÎTRE DE L'AUTEUR

FAISANT MENTION DE SON CONTENTEMENT DE BIEN, ET CONTRE LES MENTEURS ET FLATTEURS

Onc je ne fis rime pour être riche,
Onc ne jeûnai pour être parque[2] et chiche ;
Ce que j'ai fait, c'est plus à mon plaisir
Que pour d'honneurs ou grands biens me saisir.
Car je sais bien qu'aujourd'hui pour les rimes
On n'a les biens ni les états sublimes
Qu'ont gens lettrés de savoir divinal[3],
Civil, canon, ou de médicinal.
Mon principal état est de pratique
Où dès trente ans mon corps et sens j'applique
Pour me nourrir par laborieux soin,
Lequel m'a fait et aux miens bien besoin.
Je loue Dieu dont[4] pour dire vérité
Tombé je suis en curial médire[5] :

1. Troués. 2. Parcimonieux. 3. Théologique. 4. De ce que. 5. Médisance de cour.

Il m'est avis que ce petit mépris
M'est quant à Dieu un honneur de haut prix.
Il vaut trop mieux en un simple état vivre
Qu'être menteur et la cour des rois suivre.
Et toutefois si parfait ne me sens
Que je veuille être en rang des innocents,
J'ai bien souvent loué outre mesure,
Dont maintenant suis blâmé pour l'usure.
En louant un, à l'autre je déplais,
Bref à la fin ce sont courroux et plaids.
Louez vertu, le vicieux s'en moque ;
Vice extollez[1], syndérèse[2] vous choque ;
Tout bien pensé, se taire est le meilleur,
Et que chacun sur son fait soit veilleur.
Délibéré je suis d'ainsi le faire
À celle fin que ne puisse méfaire,
Et m'appliquer à l'état palatin[3],
Laissant la rime autant soir que matin,
Fors pour écrire en mon vulgaire, et tistre[4]
Aucunefois quelque petite épître
À vous, Monsieur[5], pour vous donner soulas[6],
Quand je serai de pratiquer trop las,
En priant Dieu vous donner longue vie
Et prospérer bienheureux sans envie.
Écrit après les palatins derrois[7],
Ce lendemain de la fête des Rois,
Par le votre humble à vous faire service,
C'est Jean Bouchet plus petit que Novice.

1. Exaltez. 2. L'intellect connaissant les principes moraux d'où la raison pratique tire ses conclusions (terme scolastique). 3. L'état de membre du palais de justice. 4. Tisser. 5. Cette épître est adressée à un ami poitevin, l'abbé de La Fontaine. 6. Plaisir. 7. Dérangements, mauvais tours, troubles.

Jean Parmentier

CHANT ROYAL*

Esbare ! Haut ! Au quart ! Au quart ! Au quart !
Debout, dormeurs ! — Hé, quantes meules, maître ?
— Tout est viré, rien n'est mis à l'écart.
Voici le temps qu'il se faut à point mettre.
Or, que chacun veuille donc s'entremettre
En sa manœuvre, à tribord et bâbord.
— Pourquoi cela ? — La terre est bord à bord.
Parez votre ancre et y prenez biture
De ferme espoir par œuvre vertueuse,
Car tôt verrez, par joyeuse aventure,
La terre neuve en tous biens fructueuse.

C'est votre rente et votre bonne part,
Que de piéça[1] vous ai voulu promettre.
— La verrons-nous de bref vers cette part[2] ?
— Oui, pour certain, car Dieu le veut permettre.
— Et quand cela ? — Quand vous verrez soumettre
Par le soleil de joyeux réconfort
Ce gros brouas[3] rempli de déconfort

1. Depuis longtemps. 2. De ce côté. 3. Brouillard.

Et que viendra malgré la brune[1] obscure
Le grand brandon de clarté radieuse,
Pour illustrer[2] comme vertu procure
La terre neuve en tous biens fructueuse.

— Est-il point jour ? — Oui, oui, la nuit départ[3].
Le triste deuil plus ne quiert sur terre être.
L'aube du jour en liesse s'épart[4]
Sur région maritime ou terrestre,
À celle fin que voyez apparaître
La terre neuve, un tant excellent port,
Pouvoir divin, notre maître et support.
— Y aurons-nous bon pain et nourriture,
Lait et miel de grâce plantureuse ?
— Assez, assez, car elle est sur nature,
La terre neuve en tous biens fructueuse.

Un homme haut ! Et qu'au bout d'un beau dard
De vrai amour qui tout franc cœur pénètre
On plante en hune, Honneur, votre étendard,
Et gaudions[5] à dextre et à senestre !
Et regardez si vous verrez rien naître,
Sourdre ou lever, en courant sur ce bord.
— Maître, je vois quelque chose à tribord.
Est-ce point ciel ? — C'est terre ferme et sûre
Du clair soleil faite tant lumineuse
Que ton faible œil ne peut voir, je t'assure,
La terre neuve en tous biens fructueuse.

Là je la vois, la terre que Dieu gard[6],
Je l'aperçois, le beau pays champêtre,
Tant belle à l'œil et tant noble au regard !
Plus, je vous dis que verrez aux champs paître

1. Nuit. 2. Mettre en lumière. 3. S'en va. 4. Se répand, s'étend.
5. Drapeaux, fanions. 6. Veuille garder.

L'Agneau de paix qui toute grâce impètre[1].
Ferrez le fond de vertueux effort,
Et contemplez de plus fort en plus fort
Ses divins lieux, ses fleurs et sa verdure,
Car c'est Marie en sa naissance heureuse
Que Dieu bénit et nomme par figure
La terre neuve en tous biens fructueuse.

Debout, marchands, chacun se montre fort!
Sus, peignez-vous en joie et en confort!
Ce jour gagnez des biens outre mesure,
Ralliez-vous, faites chère joyeuse[2]
Et merciez la Vierge nette et pure,
La terre neuve en tous biens fructueuse.

1. Obtient. 2. Joyeux visage, joyeux accueil.

Roger Collerye

BALLADE

Or qui m'aimera si me suive !
Je suis Bon Temps, vous le voyez ;
En mon banquet nul n'y arrive
Pourvu qu'il se fume ou étrive[1],
Ou ait ses esprits fourvoyés :
Gens sans amour, gens dévoyés
Je ne veux, ni ne les appelle,
Mais qu'ils soient jetés à la pelle.

Je ne semons en mon convive[2]
Que tous bons rustres avoyés[3] ;
Moi, mes supports, à pleine rive
Nous buvons, d'une façon vive,
À ceux qui y sont convoyés.
Danseurs, sauteurs, chantres, oyez,
Je vous retiens de ma chapelle
Sans être jetés à la pelle.

1. À moins qu'il ne s'excite ou s'évertue. 2. Je n'invite en mon banquet.
3. Avoués, reconnus.

Grognards, fongnards, hongnards[1], je prive,
Les biens leur sont mal employés ;
Ma volonté n'est point rétive,
Sur toutes est consolative,
Frisque, gaillarde, et le croyez ;
Jureurs, blasphémateurs, noyez ;
S'il vient que quelqu'un en appelle,
Qu'il ne soit jeté à la pelle.

Prince Bacchus, tels sont rayés,
Car d'avec moi je les expelle[2] ;
De mon vin clairet essayez
Qu'on ne doit jeter à la pelle.

Rondeaux

VII

Sur toutes fleurs j'aime la marguerite
Mise au milieu de mon beau jardinet,
Car son regard, qui est si sadinet[3],
De cœur humain toute grâce mérite.

Longtemps y a que seule l'ai élite[4]
Pour mon plaisir, d'un vouloir pur et net,
Sur toutes fleurs.

1. Ceux qui grognent, qui font la moue, qui grommellent. 2. Chasse.
3. Gentil, gracieux. 4. Élue, choisie.

De l'arroser assez je m'en acquitte,
Et mêmement le soir et matinet,
Quand je la tiens un bien bon tantinet;
Ma joie alors en elle n'est petite
Sur toutes fleurs.

LXV

Au dépourvu, qui n'a la seule bûche,
Faute d'argent a fait mettre une embûche
Pour l'exempter de bois et coterets[1],
Mais espoir a que vous l'écouterez
Par charité, qui jamais ne trébuche.

Sous un froid vent comme un coq il se huche[2];
De lui aider il vous appelle et huche;
Mû de pitié, ses plaints écouterez
Au dépourvu.

Les grands trésors prise autant qu'une cruche;
Si son état bien au long on épluche,
Moult est petit, ce point-là noterez,
Et en tous lieux de lui raconterez
Que son vaillant ne vaut point une huche
Au dépourvu.

LXVI*

À Rondeler[3] et composer Épître,
Prosaïquer, coucher en rime plate,

1. Cotrets, petits fagots. 2. Se blottit. 3. Composer un rondeau.

Ou Ballader, jà ne faut qu'on en flatte :
N'y ai gagné la valeur d'un pupitre.

D'y acquérir office, crosse ou mitre,
Au temps qui court ne faut jà que me hâte,
À Rondeler.

Cil[1] qui n'entend des lois un seul chapitre
Est élevé aussi haut que Pilate
Et vêtu de velours et d'écarlate ;
Mais estimé je suis moins qu'un bélître
À Rondeler.

1. Celui.

Mellin de Saint-Gelais

DESCRIPTION D'AMOUR*

Qu'est-ce qu'Amour ? Est-ce une déité
Régnante en nous, ou loi qui se contente
De nous sans force et sans nécessité ?
C'est un pouvoir qui par secrète sente
Se joint au cœur, dissimulant sa force,
Et s'en fait maître avant que l'on le sente.
C'est un discord et général divorce
D'entre les sens et le vrai jugement,
Laissant le fruit pour la feuille et l'écorce.
C'est un vouloir qui n'a consentement
Qu'à refuser ce qu'il voit qui l'asseure[1]
De lui donner meilleur contentement.
C'est un désir qui pour attendre une heure
Perd beaucoup d'ans et puis passe comme ombre,
Et rien de lui fors douleur ne demeure.
C'est un espoir qui pallie et adombre[2]
Le mal passé et l'estimation
De l'avenir qui n'a mesure ou nombre.
C'est un travail d'imagination

1. Assure. 2. Dissimule et voile.

Qui, variant par crainte et espérance,
Oisive rend toute occupation.
C'est un plaisir qui meurt à sa naissance,
Un déplaisir qui plus est en saison
Quand de sa fin plus on a d'assurance.
C'est un portier qui ouvre sa maison
Aux ennemis et aux amis la ferme,
Faisant les sens gouverneurs de raison.
C'est un refus qui assure et afferme[1],
Un affermer qui désassure et nie,
Rendant le cœur en inconstance ferme.
C'est un jeûner qui paît et rassasie,
Un dévorer qui ne fait qu'affamer,
Un être sain en fièvre et frénésie.
C'est un trompeur qui sous le nom d'aimer
Tient tout en guerre et tout réconcilie,
Sachant guérir ensemble et entamer.
C'est un effort qui étreint et délie,
Une faiblesse en puissance si grande
Que tout bas hausse et tout haut humilie.
C'est un sujet qui n'a qui lui commande,
Un maître auquel chacun va résistant,
Un nu à qui chacun ôte et demande.
C'est un voleur trop ferme et persistant,
Un obstiné qui une même chose
Veut et déveut cent fois en un instant.
C'est une peine intérieure et close
Qu'on veut celer et que chacun entend,
Qu'on ne peut taire et que dire l'on n'ose.
C'est un savoir inconnu et latent
Et qui se peut trop mieux sentir que dire.
Par quoi je suis de m'en taire content
Et par penser abandonne l'écrire.

1. Affirme.

SONNET FAIT PASSANT LES MONTS

Voyant ces monts de vue ainsi lointaine,
Je les compare à mon long déplaisir.
Haut est leur chef et haut est mon désir ;
Leur pied est ferme et ma foi est certaine.

D'eux maint ruisseau coule et mainte fontaine[1] ;
De mes deux yeux sortent pleurs à loisir.
De forts soupirs ne me puis dessaisir,
Et de grands vents leur cime est toute pleine.

Mille troupeaux s'y promènent et paissent ;
Autant d'amours se couvent et renaissent
Dedans mon cœur qui seul est ma pâture.

Ils sont sans fruit ; mon bien n'est qu'apparence,
Et d'eux à moi n'a qu'une différence :
Qu'en eux la neige, en moi la flamme dure.

SONNET*

Il n'est point tant de barques à Venise,
D'huîtres à Bourg et de lièvres en Champagne,
D'ours en Savoie et de veaux en Bretagne,
De cygnes blancs le long de la Tamise,

Ni tant d'amours se traitent en l'église,
De différends aux peuples d'Allemagne,

1. Source.

Ni tant de gloire à un seigneur d'Espagne,
Ni tant se trouve à la cour de feintise,

Ni tant y a de monstres en Afrique,
D'opinions en une république,
Ni de pardons à Rome aux jours de fête,

Ni d'avarice aux hommes de pratique[1],
Ni d'arguments en une Sorbonique,
Que m'amie a de lunes en la tête.

CHANSON*

Et quel grand diable est ceci ?
Veut-on que je couche ici ?
Serai-je encore longtemps
En ce maigre passe-temps ?
Minuit est piéça[2] sonné.
Par Dieu, c'est bien promené[3].
Je fais bien de leur valet
D'ainsi trembler le grelet[4].
Quelque autre Monsieur est là
Et je chante fa, sol, la
Et fais ici du niais.
Au moins dis que tu n'y es.
Qu'au diable[5] la nation,
L'heure et l'assignation,
Ni qui jamais y viendra,
Tant comme il[6] me souviendra
De ce visage de bois.

1. Ni d'avidité aux hommes de loi. 2. Il y a longtemps. 3. Cf. « envoyer promener ». 4. Trembler le grelot, grelotter. 5. Qu'aillent au diable. 6. Tant qu'il.

Adieu, belle, je m'en vois[1].
Par Dieu, vous n'aurez de l'an
Moi ni ma guitare, bran[2] !

AUTRE CHANSON

J'allai aux champs à la saison nouvelle
Au temps qu'Amour les jeunes cœurs martelle.
Si me trouvai chez une damoiselle
Honnête et jeune et gracieuse et belle.
Maintien avait de déesse immortelle,
Dont fus épris d'amoureuse étincelle.
Amour me dit : « Prends accointance à elle,
Si grand' beauté n'est jamais trop cruelle. »
Amour l'a dit, mais son cœur en appelle,
Car connaissant ma blessure mortelle,
Elle se tient plus étrange[3] et rebelle.
Sa beauté croît et mon mal renouvelle ;
L'un me reboute[4] et l'autre me rappelle.
Que plût à Dieu être de façon telle
Qu'à mon souhait je devinsse hirondelle.
Je m'en irais au soir en sa ruelle
Lui dire : « Amie, entendez ma querelle[5] :
Le dieu Amour m'a porté sur son aile
Pour vous offrir servitude éternelle
Et découvrir le mal que tant je cèle.
Voudriez-vous bien être si criminelle
Que me voir vivre en Mort continuelle ? »
Je ne crois point qu'au cœur d'une pucelle
Il puisse avoir glaçon qui tant la gèle
Qu'elle dédît un amant si fidèle.

1. Je m'en vais. 2. Merde (interjection). 3. Distante. 4. Repousse.
5. Plainte.

RONDEAU

Comme un cheval se polit à l'étrille
Et comme on voit un hareng sur la grille[1]
Se revenir et un chapon en mue,
Ainsi j'engraisse et ma couleur se mue
Quand ma mignonne avecques moi babille.

Et s'il advient qu'elle se déshabille,
Montrant un sein aussi rond qu'une bille,
J'ai un poulain que je dresse et remue
Comme un cheval.

Je lui hennis, je l'embrasse et la pille
Et le lui montre aussi droit qu'une quille,
Le museau gros comme un bout de massue.
Le cœur m'en bat et le front lui en sue.
Puis quand c'est fait, au trot, fouet, je drille
Comme un cheval.

SIZAIN

À UN IMPORTUN

Tu te plains, ami, grandement,
Qu'en mes vers j'ai loué Clément
Et que je n'ai rien dit de toi.
Comment veux-tu que je m'amuse[2]

1. Gril. 2. M'emploie.

À louer ni toi ni ta muse ?
Tu le fais cent fois mieux que moi.

HUITAIN

DU FEU DE LA SAINT-JEAN

Ô sotte gent qui se va travailler
À voir un feu de bois accoutumé,
Venez à moi pour vous émerveiller
De voir un cœur de tel feu allumé
Que plus il brûle et moins est consommé[1].
Et si ce cas difficile vous semble,
Allez voir celle où il s'est enflammé :
Vous le croirez et brûlerez ensemble.

DIZAIN

DE JEAN THIBAULT, ASTROLOGUE

Jean Thibault entre ses amis
Se lamente en toute saison
Du roi qui lui avait promis
De lui donner une maison.
Mais le fol se plaint sans raison,
Car le roi a bien pu savoir
Que Jean Thibault nul ne va voir
Pour rire, ainsi que nous faisons,
À qui, pour quelque argent avoir,
Il n'érige douze maisons.

1. Consumé.

DIZAIN

DU MERCREDI DES CENDRES

Point n'est besoin de me ramentevoir[1]
Qu'en peu de jours je dois devenir cendre,
Car j'ai un feu qui fait bien son devoir,
Sans mon curé, de me le faire entendre.
C'est vous plutôt à qui il faut apprendre
Que ce visage en beauté florissant
Les ans enfin iront démolissant,
Afin qu'usiez mieux du temps qui tout change,
Et, faisant vivre un pour vous périssant,
Après la mort viviez par sa louange.

1. Rappeler.

Jean Salmon Macrin

*EPITHALAMIORVM LIBER**

I. *AD HONORATUM SABAUDIANUM,*

VILLARIORUM REGULUM

Dum carmen tibi nuptiale, proles
o Regum inclyta Caesarumque sanguis,
Honorate, dico leuesque nugas
volui abs te nimis impudenter insto,
frontem exporrige comis ad jocosas
festi delicias Thalassionis.
Scriptorem argue nec procacitatis,
si quid legeris hic ineptiarum.
Nam legem tulit hanc Catullus olim,
princeps Hendecasyllabôn Catullus,
ut castus foret integerque vates,
vatis carmina non item, lepore
quae tum praecipue suo placerent
si essent mollicula et parum seuera.
Nos legem sequimur Catullianam
fescenninaque ludimus, Camoenae
praefati veniam licentiori.

[Traduction :

À HONORAT DE SAVOIE,
PRINCE DE VILLARS

C'est pour toi, Honorat, ce poème nuptial,
illustre sang des Rois, descendant des Césars,
c'est pour toi que j'écris ces vaines bagatelles,
que je te donne à lire avec trop d'impudence.
Déride gentiment ton front et prête-toi
aux folâtres plaisirs du joyeux Hyménée.
Ne va pas accuser l'auteur d'effronterie
Si tu lis dans ces vers quelque trait déplacé,
car Catulle, jadis, édicta cette loi,
Catulle qui est maître ès hendécasyllabes :
le poète se doit d'être chaste et vertueux,
mais non pas ses écrits, dont la grâce et le charme
plaisent bien davantage, et principalement,
si leur douce licence est un peu moins sévère.
Pour ma part, j'obéis à la loi de Catulle,
et ces vers fescennins[1] je compose en jouant,
par avance, excusant ma Muse libertine.]

III. *AD GELONIDEM*

Ad te postquam animum adpuli, Geloni,
ut fausta mihi jungerere teda
indiuulsa comes torique consors,
elegique tuum lubens amorem
in quo pascerer acquiescerem que,
nae tantum in teneris meis medullis
accendit puer ille saeuus ignem

1. Les vers fescennins étaient souvent associés à une poésie fort libre de ton.

cui plena ex humero pharetra pendet,
armata est face dextera impotenti,
ut si valdius obstinatiusque
optem ardescere, teque amare porro,
voto me misere improbo fatigem,
nec possim tamen adsequi quod optem.

[Traduction :

À GUILLONE

Depuis que j'ai vers toi tourné mon cœur, Guillone,
Pour qu'un heureux hymen puisse t'unir à moi,
épouse inséparable et compagne de lit,
depuis que, de tout cœur, j'ai choisi ton amour
afin de prendre en lui nourriture et repos,
oh oui, au plus profond de mes os les plus tendres,
un tel feu fut jeté par cet enfant cruel,
dont l'épaule portait un carquois bien rempli
et la main bien armée une torche implacable,
que si je désirais brûler d'amour pour toi
avec plus de ferveur et de constance encore,
je serais à la fin misérable, épuisé,
dans ce désir inepte, aussi fou que stupide,
sans pouvoir cependant y arriver jamais.]

XV. *ALAE, AD IMITATIONEM THEOCRITI, AD GELONIDEM**

Ante oculos, uxor, tua cum versatur imago,
erranti patria tam procul urbe viro
consuetis recalet pectus amoribus,
ignis et furtim furit in medullis,
qualis Sicaniae cauis
rupibus Aetnae.
Rore madebant
largo purpureae genae
cum vale dixti mihi, amata conjux,
tumque innixa toro suppliciter rogas,
sublata properans ut redeam ipse mora,
nec patiar longis miseram intabescere curis.

[Traduction :

AILES, À L'IMITATION DE THÉOCRITE, À SA CHÈRE GUILLONE

Lorsque ta chère image à mes yeux se présente,
Au cœur de ton époux errant loin de chez lui,
tu réchauffes mon cœur de désirs,
un feu secret brûle ses os,
comme les cavernes
de l'Etna sicilien.
Une rosée mouillait
tes pommettes pourprées
le jour de nos adieux, femme chérie ;
alors, pressant ma couche, tu me supplies
de rentrer au plus tôt, en me hâtant bien vite,
sans te laisser languir, au creux des longs soucis.]

François Rabelais

GARGANTUA

RONDEAU*

En chiant l'autre hier sentis
La gabelle[1] qu'à mon cul dois,
L'odeur fut autre que cuidois[2] :
J'en fus du tout[3] empuanti.

Oh ! si quelqu'un eût consenti
M'amener une qu'attendais
En chiant !
Car je lui eusse assimenti[4]
Son trou d'urine, à mon lourdois[5].
Cependant eût avec ses doigts
Mon trou de merde garanti.
En chiant.

1. Impôt, redevance. 2. Pensais. 3. Totalement. 4. Arrangé. 5. À ma façon grossière.

LE TIERS LIVRE*

Briszmarg d'algotbric nubstzne zos
Isquebfz prusq ; alborlz crinqs zacbac.
Misbe dilbarlkz morp nippstancz bos.
Strombtz Panrge walmap quost grufz bac.

LE CINQUIÈME LIVRE*

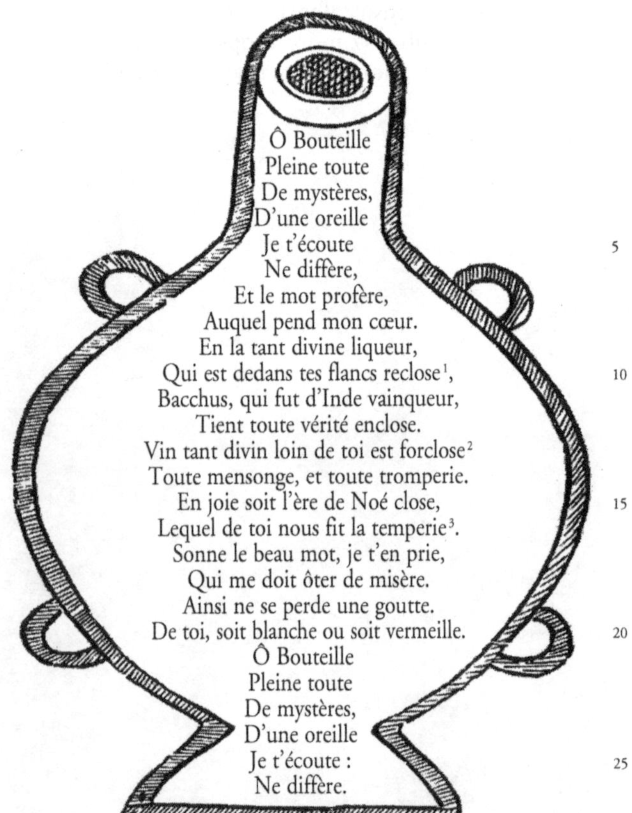

Ô Bouteille
Pleine toute
De mystères,
D'une oreille
Je t'écoute
Ne diffère,
Et le mot profère,
Auquel pend mon cœur.
En la tant divine liqueur,
Qui est dedans tes flancs reclose[1],
Bacchus, qui fut d'Inde vainqueur,
Tient toute vérité enclose.
Vin tant divin loin de toi est forclose[2]
Toute mensonge, et toute tromperie.
En joie soit l'ère de Noé close,
Lequel de toi nous fit la temperie[3].
Sonne le beau mot, je t'en prie,
Qui me doit ôter de misère.
Ainsi ne se perde une goutte.
De toi, soit blanche ou soit vermeille.
Ô Bouteille
Pleine toute
De mystères,
D'une oreille
Je t'écoute :
Ne diffère.

1. Enfermée. 2. Chassée. 3. Mélange.

Eustorg de Beaulieu

LES DIVERS RAPPORTS

Rondeaux

LXVII
SUR LE PROPOS DU PRÉCÉDENT*

Du velours vaut mieux que satin
Pour torcher son cul au matin
Ou au soir quand on va coucher.
Toutefois il est un peu cher;
Mais c'est tout un, mais qu'il soit fin.

Taffetas simple ou armoisin,
Damas, camelot, chanvre ou lin
N'approchent (pour un cul moucher)
Du velours.

S'un homme chie par chemin
Et n'a papier ni parchemin
Ne étoupe ou drap pour se torcher,
Il se pourrait bien empêcher
S'il n'a au moins à toute fin
Du velours.

LXXVII
DE L'UTILITÉ DE L'ARGENT EN MATIÈRE D'AMOURS

Argent fait beaucoup en amours ;
Si[1] fait jeunesse et bonne grâce ;
Mais argent en un peu d'espace
Y fait plus qu'un autre en cent jours.

Beau parler, gambades et tours
N'y valent (pour bien qu'on les fasse)
Argent.

Beauté pleine de beaux atours
Entre souvent dedans la nasse,
Mais dessus tout amour fait place,
Et loge au plus haut de ses tours,
Argent.

Ballades

XIII
À LA LOUANGE DU SEXE FÉMININ

Quand Dieu créa Ève, notre grand-mère,
Pour le secours d'Adam qui seul était,

1. Aussi.

Il fit pour lui œuvre très salutaire,
Car sans cela son cas mal se portait.
Mais lors l'un l'autre (entre eux) se supportait,
Et si[1] s'aimaient comme un corps et deux âmes.
Pour ce je dis que (qui bien tout connoit[2])
Un homme seul en son fait ne voit ne oit,
Et ne vaut rien, s'il n'a secours des femmes.

Les femmes sont douces, d'humble manière,
Et ont pitié ; aussi souvent on voit
Qu'à leur requête et dévote prière
Le roi Jésus son bon peuple pourvoit ;
S'elles n'étaient le genre humain faudrait[3] ;
De leur amour on goûte maintes drachmes ;
Puis, leur beauté nombrer ne se pourrait.
Bref, sans leur aide un homme se perdrait,
Et ne vaut rien, s'il n'a secours des femmes.

Quel plaisir est-ce être sur la frontière
Du féminin, et le baiser étroit ?
Et diviser[4] de son fait et matière,
Joignant sa peau pour la crainte du froid ?
Mais, quel ébat prend nul en son endroit
S'il ne s'approche et s'accointe[5] des dames ?
Vu leur recueil si très doux qui reçoit
Tout homme humain, lequel trop se déçoit,
Et ne vaut rien, s'il n'a secours des femmes.

Prince, sans femme homme rien ne serait ;
Ains vous et nous serions ords[6] et infâmes,
Et pauvrement chacun se maintiendrait.
Pour ce conclus que nul en biens ne croît,
Et ne vaut rien, s'il n'a secours des femmes.

1. Ainsi. 2. Connaît. 3. Serait en défaut. 4. Deviser. 5. S'unit. 6. Sales.

XIV
À L'OPPOSITE DE LA PRÉCÉDENTE*

Où voit-on femme à Ève être semblable,
Vivant en paix avecques son époux ?
Et qui lui soit si humaine et traitable,
Fors souvent bien à le charger de coups ?
Et l'appeler méchant, vilain, jaloux,
Lorsqu'elle dut le tenir en liesse.
Par quoi je dis qu'un homme, sus et sous,
Plus aise est seul qu'avec telle diablesse.

Il y en a que je crois que le diable
Ni ses suppôts (y fussent ils trestous[1])
Seraient à l'homme enfer plus supportable
Que femme n'est lorsqu'elle entre en courroux.
C'est la prison dont aucun n'est recoux[2]
Que par la mort, après l'homme est sans cesse
(N'eût-il vaillant que trois feuilles de choux).
Plus aise est seul qu'avec telle diablesse.

Femmes plusieurs ont l'esprit variable
Et fort cruel, quoiqu'elles parlent doux ;
Grand malice ont sous maintien amiable ;
Témoins de ce, ceux qui d'elles sont saouls,
Et (que pis est) maintes prêtent leurs trous
Aux souffreteux qui n'en ont pas largesse,
Dont le bon Jean[3] qui souffre tels égouts
Plus aise est seul qu'avec telle diablesse.

Prince, on ne doit épargner frais ni coûts
Pour femme avoir sage, humble et sans rudesse ;

1. Vraiment tous. 2. Sauvé. 3. Sot, bêta.

Mais le mari par la femme secoux,
Plus aise est seul qu'avec telle diablesse.

ORAISON EN FORME DE RONDEAU

Fils de Dieu, qui es tout-puissant,
Fais-moi la grâce qu'en ce monde
En toute bonne œuvre j'abonde,
Sans t'être désobéissant.

Donne-moi donc pain suffisant,
Et force contre vice immonde,
            Fils de Dieu.

Quoiqu'en péchés soie croissant,
Ta grand grâce superabonde.
Voilà l'espoir où je me fonde,
En te croyant et confessant,
            Fils de Dieu.

ÉPITAPHE DE FEU ÉRASME DE ROTERDAM,

GRAND THÉOLOGIEN ET DOCTEUR TRÈS SAVANT DE SON TEMPS

Dans Bâle (en Suisse) est mort Érasme,
De Roterodam surnommé,
Et en juillet rendit son âme,

Étant de vieillesse assommé.
Qui sa bibliothèque a sommé[1]
A trouvé (comme je prétends)
Qu'homme n'écrit[2] tant de son temps.
Or, l'an mil cinq cent trente et six
(Qu'il mourut) furent vus dansant
De joie maints loups ravissants,
Blancs, gris, noirs et demi noircis[3].

1. Fait l'inventaire. 2. Écrivit. 3. Ce sont les moines mendiants, dont Érasme avait critiqué les usages.

Antoine Heroët

LA PARFAITE AMIE*

Premier Livre

J'ai vu Amour portrait[1] en divers lieux :
L'un le peint vieil, cruel et furieux,
L'autre, plus doux, enfant, aveugle, et nu ;
Chacun le tient pour tel qu'il l'a connu
Par ses bienfaits ou par sa forfaiture.
Pour mieux au vrai définir sa nature,
Faudrait tous cœurs voir clairs et émondés,
Et les avoir premièrement sondés,
Devant qu'en faire un jugement créable[2] :
Car il n'est point d'affection semblable,
Vu que chacun se forge en son cerveau
Un dieu d'amour pour lui propre et nouveau,
Et qu'il y a (si le dire est permis)
D'aimer autant de sortes que d'amis.
Je me tairai de ses diversités,
De sa puissance et de ses déités :
Il ne me chaut si Vénus fut sa mère,
S'il fut seul fils, ou s'il avait un frère.

1. Représenté. 2. Fiable.

Je parlerai du mien tant seulement,
Laissant exemple en ce vrai monument,
À qui ne sait bien aimer, de m'ensuivre [...].

Troisième Livre

[...] Ne recevez, Dames, aucune crainte,
Quand vous oyez des douloureux la plainte.
Tous les écrits et larmoyants auteurs,
Tout le Pétrarque et ses imitateurs,
Qui de soupirs et de froides querelles[1]
Remplissent l'air en parlant aux étoiles,
Ne fassent point soupçonner qu'à aimer
Entre le doux il y ait de l'amer.
Quand vous voyez ces serviteurs qui meurent
Et en priant hors d'haleine demeurent,
Évitez-les comme males[2] odeurs,
Fuyez ces sots et lourds persuadeurs,
Pour vous tirer[3] qui n'ont point d'autre aimant
Que conter maux, qu'ils souffrent en aimant.
En tels fâcheux et forgeurs de complaintes
Ne trouverez que mensonges et feintes.
Un vrai amant en contant ses désirs
Proposera mille nouveaux plaisirs,
Aura tant d'aise et d'heur à savoir dire
Comme il osa penser ce qu'il désire,
Montrera tant de joie en bien disant
Ce qui lui est nécessaire et duisant[4],

1. Plaintes. 2. Mauvaises. 3. Attirer. 4. Agréable.

Qu'impossible est que dame s'en offense,
Et bien que tôt après elle ne pense,
Puisqu'il y a tant d'aise à demander,
Qu'elle en aurait plus à lui commander,
Puisque plaisir a de l'ouïr conter,
Qu'elle en aurait plus à le contenter.
Ainsi, suivant ce que j'ai récité,
Y a toujours grande félicité.
D'où viennent donc les fables et histoires
Pleines de morts et de malheurs notoires,
Qui sont jadis pour aimer advenus
À ceux qu'on a loyaux amants tenus ?
Je vous dirai. Bien peu de gens sont nés
À s'entraimer : autres infortunés
Qui n'ont vouloir, cœur, ni affection,
Par entreprise et imitation,
Pour ce qu'on dit qu'il n'est rien qui façonne
Mieux ni plus tôt une jeune personne,
Sans jugement, sans voir où ils se mettent,
Tous à mener ce pauvre amour se jettent.
Le feu qui lors les transporte et consume,
Illégitime et sorti de coutume,
En jouissant les rend non satisfaits,
Les fait craintifs et jaloux de leurs faits,
Les fait pleurer et plaindre incessamment.
Puis, mal contents de leur contentement,
Veulent changer et quelquefois blâmer ;
Vous les verrez notre amour blasphémer,
Compter et mettre en ligne de service
Ce qu'ils ont dû prendre pour exercice,
Un promener, une course de lance,
Voyages faits en poste ou diligence,
Les déplaisants plaisirs par eux reçus,
Et les faveurs de qui les a déçus
Ils conteront à autres damoiselles.
De là viendront les combats et querelles ;

De là viendront les travaux[1] et les cris ;
Par là seront récités et écrits
Les maux d'amour, qui jamais n'y pensa,
Qui tels ne vit oncques, ni offensa.
  Ha, nul ne peut sa déité blâmer,
Quand c'est amour lui seul, qui fait aimer
Aux esperits gentils[2], que lui possède,
Tant à propos toute chose succède[3],
Qu'il veut franchir l'opinion commune,
Qui veut qu'amour soit sujette à fortune.
  Je dis qu'amour est dessous la nature,
Dessus fortune, et ne craint aventure
N'autre accident ; mais à eux tout commande,
Et à la fin a tout ce qu'il demande.
Je croirais bien qu'en peu de lieux il passe,
Et qui l'a eu, l'a eu par don de grâce.

1. Souffrances. 2. Aux nobles esprits. 3. Arrive.

Clément Marot

PETITE ÉPÎTRE AU ROI*

En m'ébattant je fais rondeaux en rime,
Et en rimant bien souvent je m'enrime[1] ;
Bref, c'est pitié d'entre nous rimailleurs,
Car vous trouvez assez de rime ailleurs,
Et quand vous plaît, mieux que moi, rimassez,
Des biens avez, et de la rime assez.
Mais moi à tout ma rime et ma rimaille
Je ne soutiens (dont je suis marri) maille[2].
Or ce me dit, un jour, quelque rimart :
« Viens çà, Marot, trouves-tu en rime art,
Qui serve aux gens, toi qui as rimassé ?
— Oui vraiment (réponds-je) Henri Macé.
Car vois-tu bien, la personne rimante,
Qui au jardin de son sens la rime ente,
Si elle n'a des biens en rimoyant,
Elle prendra plaisir en rime oyant ;
Et m'est avis, que si je ne rimois,
Mon pauvre corps ne serait nourri mois,

1. Enrhume. 2. Petite monnaie de cuivre. Cf. l'expression « avoir maille à partir ».

Ni demi-jour. Car la moindre rimette
C'est le plaisir où faut que mon ris mette. »
Si vous suppli[1] qu'à ce jeune rimeur
Fassiez avoir un jour par sa rime heur.
Afin qu'on dise, en prose ou en rimant :
« Ce rimailleur qui s'allait enrimant
Tant rimassa, rima, et rimonna,
Qu'il a connu quel bien par rime on a. »

ÉPÎTRE POUR LE CAPITAINE BOURGEON*

À MONSIEUR DE LA ROCQUE

Comme à celui en qui plus fort j'espère
Et que je tiens pour père et plus que père,
À vous me plains par cet écrit léger
Que je ne puis de Paris déloger,
Et si en ai vouloir tel comme il faut ;
Mais quoi ? c'est tout : le reste me défaut,
J'entends cela qui m'est le plus duisant.
Mais que me vaut d'aller tant devisant ?
Venons au point : vous savez sans reproche
Que suis boiteux, au moins comment je cloche :
Mais je ne sais si vous savez comment
Je n'ai cheval, ni mule, ni jument.
Par quoi, Monsieur, je le vous fais savoir,
À celle fin que m'en fassiez avoir :
Ou il faudra (la chose est toute seure)
Que voise à pied, ou bien que je demeure.
Car en finer je ne m'attends d'ailleurs.
Raison pourquoi ? Il n'est plus de bailleurs,
Si non de ceux lesquels dormiraient bien.

1. Supplie.

Si vous suppli, le très cher Seigneur mien,
Baillez assez, mais ne veuillez dormir[1].
  Quand Désespoir me veut faire gémir,
Voici comment bien fort de lui me moque :
« Ô Désespoir, crois que sous une rocque[2],
Rocque bien ferme et pleine d'assurance,
Pour mon secours est cachée Espérance :
Si elle en sort, te donnera carrière,
Et pour ce donc recule-toi arrière. »
  Lors Désespoir s'en va saignant du nez,
Mais ce n'est rien, si vous ne l'échinez :
Car autrement jamais ne cessera
De tourmenter le Bourgeon, qui sera
Toujours Bourgeon, sans Raisin devenir,
S'il ne vous plaît de lui vous souvenir.

ÉPÎTRE FAITE POUR LE CAPITAINE RAISIN*

AUDIT SEIGNEUR DE LA ROCQUE

  En mon vivant je ne te fis savoir
Chose de moi, dont tu dusses avoir
Ennui ou deuil ; mais pour l'heure présente,
Très cher Seigneur, il faut que ton cœur sente
Par amitié, et par cette écriture,
Un peu d'ennui de ma male aventure.
Et m'attends bien qu'en maint lieu où iras,
À mes amis cette épître liras.
Je ne veux pas aussi que tu leur cèles,
Mais leur diras : « Amis, j'ai des nouvelles

1. En somme : Soyez bailleur, non pas bâilleur. 2. Roche. Jeu sur le nom du destinataire.

D'un malheureux que Vénus la déesse
A forbanni de soulas[1] et liesse. »
Tu diras vrai, car maux me sont venus
Par le vouloir d'impudique Vénus,
Laquelle fit, tant par mer que par terre,
Sonner un jour contre femmes la guerre,
Où trop tôt s'est maint chevalier trouvé
Et maint grand homme à son dam éprouvé.
Maint bon courtaud y fut mis hors d'haleine,
Et maint mouton y laissa de sa laine.
Bref, nul ne peut (soit par feu, sang, ou mine)
Gagner profit en guerre féminine :
Car leur ardeur est âpre le possible :
Et leur harnois haut et bas invincible.
  Quant est de moi, jeunesse pauvre et sotte
Me fit aller en cette dure flotte,
Fort mal garni de lances et écus.
Semblablement, le gentil dieu Bacchus
M'y amena accompagné d'andouilles,
De gros jambons, de verres, et gargouilles,
Et de bon vin versé en maint flacon ;
Mais j'y reçus si grand coup de faucon,
Qu'il me fallut soudain faire la poule,
Et m'enfuir (de peur) hors de la foule.
  Ainsi navré je contemple et remire
Où je pourrais trouver souverain mire[2] ;
Et prenant cœur autre que de malade
Vins circuir les limites d'Arcade,
La terre neuve, et la grand Tartarie,
Tant qu'à la fin me trouvai en Surie.
Où un grand Turc me vint au corps saisir,
Et sans avoir à lui fait déplaisir,
Par plusieurs jours m'a si très bien frotté
Le dos, les reins, les bras et le côté,

1. A banni, exclu de joie. 2. Médecin.

Qu'il me convint[1] gésir en une couche,
Criant les dents, le cœur, aussi la bouche,
Disant : « Hélas, ô Bacchus, puissant dieu,
M'as-tu mené exprès en ce chaud lieu,
Pour voir à l'œil, moi le petit Raisin,
Perdre le goût de mon proche cousin[2] ?
Si une fois puis avoir allégeance[3],
Certainement j'en prendrai bien vengeance :
Car je ferai une armée légère
Tant seulement de lances de fougère[4],
Camp de taverne, et pavois de jambons,
Et bœuf salé, qu'on trouve en mangeant bons,
Tant que du choc rendrai tes flacons vides,
Si tu n'y mets grand ordre et bonnes guides. »
  Ainsi j'élève envers Bacchus mon cœur,
Pource qu'il m'a privé de sa liqueur,
Me faisant boire en chambre bien serrée
Fade tisane, avecques eau ferrée[5],
Dont souvent fais ma grand soif étancher.
  Voilà comment, ô Monseigneur tant cher,
Sous l'étendard de Fortune indignée
Ma vie fut jadis prédestinée.
En fin d'écrit, bien dire le te veuil,
Pour adoucir l'aigreur de mon grand deuil[6]
(Car deuil caché en déplaisant courage
Cause trop plus de douleur et de rage,
Que quand il est par paroles hors mis,
Ou déclaré par lettre à ses amis),
Tu es des miens le meilleur éprouvé :
Adieu celui que tel j'ai bien trouvé.

1. Il me fallut. 2. Le vin est le proche cousin du raisin. 3. Soulagement. 4. Verres à boire. Les cendres de fougère entraient dans la fabrication du verre. 5. Eau où ont trempé des matières ferrugineuses. 6. Douleur.

ÉPITAPHE DE JEHAN SERRE*

EXCELLENT JOUEUR DE FARCES

Ci-dessous gît et loge en serre
Ce très gentil fallot[1] Jehan Serre,
Qui tout plaisir allait suivant,
Et grand joueur en son vivant,
Non pas joueur de dés ni quilles,
Mais de belles farces gentilles.
Auquel jeu jamais ne perdit,
Mais y gagna bruit et crédit,
Amour, et populaire estime,
Plus que d'écus, comme j'estime.
Il fut en son jeu si adextre[2],
Qu'à le voir on le pensait être
Ivrogne, quand il s'y prenait,
Ou badin[3], s'il l'entreprenait ;
Et n'eût su faire en sa puissance
Le sage, car à sa naissance
Nature ne lui fit la trogne
Que d'un badin ou d'un ivrogne.
Toutefois je crois fermement,
Qu'il ne fit oncq si vivement
Le badin, qui rit ou se mord,
Comme il fait maintenant le mort.
Sa science n'était point vile,
Mais bonne : car en cette ville
Des tristes tristeur[4] détournait,
Et l'homme aise en aise tenait.
Or bref, quand il entrait en salle
Avec une chemise sale,

1. Compagnon. 2. Adroit. 3. Personnage traditionnel de la farce. 4. Tristesse.

Le front, la joue et la narine
Toute couverte de farine,
Et coiffé d'un béguin d'enfant,
Et d'un haut bonnet triomphant,
Garni de plumes de chapons,
Avec tout cela, je réponds,
Qu'en voyant sa grâce niaise
On n'était pas moins gai ni aise,
Qu'on est aux champs Élyséens.
Ô vous, humains Parisiens,
De le pleurer pour récompense
Impossible est : car quand on pense
À ce qu'il soulait faire et dire,
On ne se peut tenir de rire.
Que dis-je ? on ne le pleure point ?
Si fait-on, et voici le point :
On en rit si fort en maints lieux,
Que les larmes viennent aux yeux.
Ainsi en riant on le pleure,
Et en pleurant on rit à l'heure.
Or pleurez, riez votre saoul,
Tout cela ne lui sert d'un soul[1] :
Vous feriez beaucoup mieux, en somme,
De prier Dieu pour le pauvre homme.

BALLADE D'UN QU'ON APPELAIT FRÈRE LUBIN[2]

Pour courir en poste à la ville,
Vingt fois, cent fois, ne sais combien,
Pour faire quelque chose vile,

1. Un sou. 2. Nom générique du moine mendiant.

Frère Lubin le fera bien.
Mais d'avoir honnête entretien,
Ou mener vie salutaire,
C'est à faire à un bon chrétien.
Frère Lubin ne le peut faire.

Pour mettre (comme un homme habile)
Le bien d'autrui avec le sien,
Et vous laisser sans croix ni pile[1],
Frère Lubin le fera bien.
On a beau dire : « je le tien[2] »,
Et le presser de satisfaire,
Jamais ne vous en rendra rien.
Frère Lubin ne le peut faire.

Pour débaucher par un doux style
Quelque fille de bon maintien,
Point ne faut de vieille subtile,
Frère Lubin le fera bien.
Il prêche en théologien,
Mais pour boire de belle eau claire,
Faites-la boire à votre chien,
Frère Lubin ne le peut faire.

Pour faire plutôt mal que bien,
Frère Lubin le fera bien :
Et si c'est quelque bonne affaire,
Frère Lubin ne le peut faire.

1. Sans argent. La croix et la pile sont les deux faces d'une pièce de monnaie. 2. Je le tiens (graphie conservée pour la rime).

BALLADE CONTRE CELLE QUI FUT S'AMIE*

Un jour récrivis[1] à m'amie
Son inconstance seulement,
Mais elle ne fut endormie
À me le rendre chaudement :
Car dès l'heure tint parlement
À je ne sais quel papelard,
Et lui a dit tout bellement :
« Prenez-le, il a mangé le lard. »

Lors six pendards ne faillent mie
À me surprendre finement,
Et de jour, pour plus d'infamie,
Firent mon emprisonnement.
Ils vinrent à mon logement ;
Lors se va dire un gros paillard :
« Par la morbieu, voilà Clément,
Prenez-le, il a mangé le lard. »

Or est ma cruelle ennemie
Vengée bien amèrement,
Revenge[2] n'en veux, ni demie :
Mais quand je pense voirement,
Elle a de l'engin[3] largement
D'inventer la science et l'art
De crier sur moi hautement ;
« Prenez-le, il a mangé le lard. »

Prince, qui n'eût dit[4] pleinement
La trop grand chaleur, dont elle art,

1. Écrivis en retour, répondis. 2. Revanche. 3. Talent. 4. Si l'on n'avait pas dit.

Jamais n'eût dit aucunement :
« Prenez-le, il a mangé le lard. »

RONDEAU RESPONSIF*

À UN AUTRE QUI SE COMMENÇAIT : « MAÎTRE CLÉMENT MON BON AMI »

En un rondeau sur le commencement
Un vocatif, comme « maître Clément »,
Ne peut faillir rentrer par huis ou porte :
Aux plus savants poètes m'en rapporte,
Qui d'en user se gardent sagement.

Bien inventer vous faut premièrement.
L'invention déchiffrer proprement,
Si que Raison, et Rime ne soit morte
En un rondeau.

Usez de mots reçus communément,
Rien superflu n'y soit aucunement,
Et de la fin quelque bon propos sorte ;
Clouez[1] tout court, rentrez de bonne sorte,
Maître passé serez certainement
En un rondeau.

1. Fermez (du verbe « clore »).

AUX DEMOISELLES PARESSEUSES D'ÉCRIRE À LEURS AMIS

Bonjour : et puis, quelles nouvelles ?
N'en saurait-on de vous avoir ?
S'en bref[1] ne m'en faites savoir,
J'en ferai de toutes nouvelles.

Puisque vous êtes si rebelles,
Bon vêpre, bonne nuit, bonsoir,
Bonjour.

Mais si vous cueillez des groselles[2],
Envoyez-m'en : car pour tout voir[3],
Je suis gros, mais c'est de vous voir
Quelque matin, mes demoiselles :
Bonjour.

DU BAISER DE S'AMIE

En la baisant m'a dit : « Ami sans blâme,
Ce seul baiser, qui deux bouches embasme[4],
Les arrhes sont du bien tant espéré. »
Ce mot elle a doucement proféré,
Pensant du tout[5] apaiser ma grand flamme.

1. Si rapidement. 2. Groseilles. Le sens de cette expression n'est pas sûr. On a dit « faire mâcher des groseilles » pour « infliger un affront », en raison de l'acidité de ce fruit. 3. Pour vrai, en toute vérité. 4. Embaume. 5. Complètement.

Mais le mien cœur adonc plus elle enflamme,
Car son haleine odorant plus que basme
Soufflait le feu qu'Amour m'a préparé
En la baisant.

Bref, mon esprit sans connaissance d'âme
Vivait alors sur la bouche à ma Dame,
Dont se mourait le corps enamouré :
Et si sa lèvre eût guère demouré
Contre la mienne, elle m'eût sucé l'âme
En la baisant.

D'UNE DAME, À UN IMPORTUN

Tant seulement ton repos je désire,
T'avertissant (puisqu'il faut le te dire)
Que je ne suis disposée à t'aimer :
Si pour cueillir tu veux doncques semer,
Trouve autre champ, et du mien te retire.

Bref, si ton cœur plus à ce chemin tire[1],
Il ne fera qu'augmenter son martyre,
Car je ne veux serviteur te nommer
Tant seulement.

Tu peux donc bien autre maîtresse élire ;
Que plût à Dieu qu'en mon cœur pusses lire,
Là où Amour ne t'a su imprimer.
Et m'ébahis (sans rien désestimer)
Comment j'ai pris la peine de t'écrire
Tant seulement.

1. Se dirige vers ce chemin, suit ce chemin.

CHANSON*

Dieu gard[1] ma maîtresse et régente,
Gente de corps, et de façon,
Son cœur tient le mien en sa tente
Tant et plus d'un ardent frisson.
S'on m'oit[2] pousser sur ma chanson
Son de voix, ou harpes doucettes,
C'est Espoir, qui sans marrisson[3]
Songer me fait en amourettes.

La blanche colombelle belle
Souvent je vais priant, criant ;
Mais dessous la cordelle d'elle[4]
Me jette un œil friant riant,
En me consommant[5], et sommant
À douleur, qui ma face efface :
Dont suis le réclamant amant,
Qui pour l'outrepasse[6] trépasse.

Dieu des amants, de mort me garde,
Me gardant, donne-moi bonheur,
En le me donnant, prends ta darde[7],
En la prenant, navre[8] son cœur,
En le navrant, me tiendras seur[9],
En seurté suivrai l'accointance,
En l'accointant, ton Serviteur
En servant aura jouissance.

1. Que Dieu garde. 2. Si l'on m'entend. 3. Tristesse. 4. Sous sa cordelette, c'est-à-dire en son pouvoir. 5. Consumant. 6. Pour terme ultime. 7. Ton dard. 8. Blesse. 9. Sûr.

CHANSON

Quand vous voudrez faire une Amie,
Prenez-la de belle grandeur,
En son esprit non endormie,
En son tétin bonne rondeur,
Douceur
En cœur,
Langage
Bien sage,
Dansant, chantant par bons accords,
Et ferme de cœur et de corps.

Si vous la prenez trop jeunette,
Vous en aurez peu d'entretien ;
Pour durer prenez la brunette
En bon point, d'assuré maintien.
Tel bien
Vaut bien
Qu'on fasse
La chasse
Du plaisant gibier amoureux :
Qui prend telle proie est heureux.

ÉPÎTRE AU ROI, DU TEMPS DE SON EXIL À FERRARE*

[PROFESSION DE FOI]

[…] De Luthériste ils m'ont donné le nom :
Qu'à droit[1] ce soit, je leur réponds que non.
Luther pour moi des cieux n'est descendu,
Luther en croix n'a pas été pendu
Pour mes péchés ; et tout bien avisé,
Au nom de lui ne suis point baptisé :
Baptisé suis au nom qui tant bien sonne,
Qu'au son de lui le Père éternel donne
Ce que l'on quiert[2] : le seul nom sous les cieux
En et par qui ce monde vicieux
Peut être sauf ; le nom tant fort puissant
Qu'il a rendu tout genou fléchissant,
Soit infernal, soit céleste, ou humain ;
Le nom par qui du seigneur Dieu la main
M'a préservé de ces grands loups rabis[3]
Qui m'épiaient dessous peaux de brebis.
  Ô seigneur Dieu, permettez-moi de croire
Que réservé m'avez à votre gloire :
Serpents tortus et monstres contrefaits
Certes sont bien à vostre gloire faits.
Puisque n'avez voulu donc condescendre
Que ma chair vile ait été mise en cendre,
Faites au moins, tant que serai vivant,
Que votre honneur soit ma plume écrivant ;
Et si ce corps avez prédestiné
À être un jour par flamme terminé,

1. À bon droit. 2. Demande. 3. Pleins de rage.

Que ce ne soit au moins pour cause folle,
Ainçois[1] pour vous, et pour votre parole ;
Et vous suppli[2], Père, que le tourment
Ne lui soit pas donné si véhément,
Que l'âme vienne à mettre en oubliance
Vous, en qui seul gît toute sa fiance[3],
Si que je puisse, avant que d'assoupir,
Vous invoquer jusqu'au dernier soupir.
Que dis-je ? Où suis-je ? Ô noble roi François,
Pardonne-moi, car ailleurs je pensois. […]

PSAUME CXIV

In exitu Israel de Aegypto.

Argument. De la délivrance d'Israël hors d'Égypte, et succinctement des principaux miracles que Dieu fit pour cela.

Quand Israël hors d'Égypte sortit,
Et la maison de Jacob se partit
D'entre le peuple étrange[4] :
  Juda fut fait la grand gloire de Dieu,
Et Dieu se fit Prince du peuple Hébreu,
Prince de grand louange.

La mer le vit, qui s'enfuit soudain,
Et contremont l'eau du fleuve Jourdain
Retourner fut contrainte.
  Comme moutons montagnes ont sailli[5],

1. Mais plutôt. 2. Supplie. 3. Confiance. 4. Se retira d'entre le peuple étranger. 5. Sauté.

Et si en ont les coteaux tressailli,
Comme agnelets en crainte.

Qu'avais-tu, mer, à t'enfuir soudain ?
Pourquoi amont, l'eau du fleuve Jourdain,
Retourner fus contrainte ?
  Pourquoi avez, monts, en moutons sailli ?
Pourquoi, coteaux, en avez tressailli,
Comme agnelets en crainte ?

Devant la face au Seigneur qui tout peut,
Devant le Dieu de Jacob, quand il veut,
Terre tremble craintive.
  Je dis le Dieu, le Dieu convertissant
La pierre en lac, et le rocher puissant
En fontaine d'eau vive.

François Ier

[ŒUVRES POÉTIQUES*]

RONDEAU

En la grand mer où tout vent tourne et vire
Je suis pour vrai la dolente navire[1]
De foi chargée et de regrets armée
Qui, pour quérir ta grâce renommée,
Ai tant souffert qu'on ne saurait écrire.

Les rames sont pensers de grief martyre,
C'est bien le pis, quant il faut que j'y tire,
Car trop souvent ont la nef abîmée
En la grand mer.

Mon triste cœur la voile je puis dire
Et le gros vent qui pour enfler aspire
Sont griefs soupirs, de chaleur enflammée.
Hélas ! Tu es la tramontane aimée
Et celle-là que plus voir je désire
En la grand mer.

1. Le navire endolori.

PRISON*

En ma prison m'est nié le pouvoir,
Le penser prompt travaille mon vouloir
Qui me fait dire, en mon adversité :
Ô fort désir ! Ô infélicité !
Tu rends mes yeux fontaines pour tout voir.

Ô sûr pilier pour à tous maux pourvoir,
Vie en tourment, douce erreur à savoir,
Bride, éperon de ma félicité,
En ma prison !

Et vos esprits, qu'amour veut recevoir,
Ombres vives après mort, par devoir,
Vu le bon bruit de votre fermeté,
Avec vos os qui ont tant mérité,
Faites silence et mon mal venez voir
En ma prison !

(*GRATIA QUAE TARDA EST INGRATA EST*[1])

Cœur à mouvoir plus fort à échauffer
Qu'un dur rocher et qu'une froide glace,
De quoi te sert de mon mal triompher
Et t'orgueillir de beauté qui tôt passe ?
Par vrai amour ton amour je pourchasse
De quoi ne m'as tant soit peu satisfait,

1. Traduite au vers 7, cette formule s'inspire d'une épigramme d'Ausone.

Grâce attendue est une ingrate grâce
Et bien n'est bien s'il n'est promptement fait.

(HUITAIN : *IURAVIT OCULOS ET DOLUERE MEI*[1])

Elle jura par ses yeux et les miens,
Ayant pitié de ma longue entreprise,
Que mes malheurs se tourneraient en biens,
Et pour cela me fut heure promise.

Je crois que Dieu les femmes favorise,
Car de quatre yeux qui furent parjurés
Rouges les miens devinrent, sans feintise,
Les siens en sont plus beaux et azurés.

(HUITAIN)

Dedans tes yeux sont canons, arquebuses ;
Dedans ta bouche est la ballotte[2] et vent ;
Ton cœur nourrit le feu que tu refuses ;
Pleines tes mains de cruauté souvent ;
Ton esperit[3] en embûches savant,
Faut-il chercher ailleurs une autre guerre ?
Plus on apprend à être décevant[4]
En te hantant[5], que la mer ni la terre.

1. Cette formule, dont le huitain constitue une longue paraphrase, s'inspire des *Amores* d'Ovide (III, 3). 2. Agitation (du verbe ballotter). 3. Esprit. 4. Trompeur. 5. Fréquentant.

Marguerite de Navarre

DIALOGUE EN FORME DE VISION NOCTURNE*

La Reine de Navarre
à l'âme de Madame Charlotte, sa nièce.

Répondez-moi, ô douce âme vivante,
Qui par la mort, qui les fols épouvante,
Avez été d'un petit corps délivre,
Lequel huit ans accomplis n'a su vivre,
Faisant des siens la vie trop dolente :

Dites comment en la cour triomphante
De votre Roi et Père êtes contente,
En déclarant comme amour vous enivre,
Répondez-moi.

Las, mon enfant, parlez à votre tante
Que vous laissez après vous languissante,
Fort désirant que peine à mort me livre.
Vie m'est mort par désir de vous suivre
Pour soulager ma douleur véhémente :
Répondez-moi.

L'âme de Madame Charlotte répond.

Contentez-vous, tante trop ignorante,
Puisqu'ainsi plaît à la bonté puissante
D'avoir voulu la séparation
Du petit corps, duquel l'affection
Vous en rendait la vue trop plaisante.

Je suis ici belle, claire et luisante,
Pleine de Dieu et de lui jouissante ;
N'en prenez deuil ni désolation :
Contentez-vous.

J'eusse bien pu des ans vivre soixante,
Mais mon époux m'en a voulu exempte,
Me tirant hors de tribulation
Par le mérite seul de sa passion ;
Merciez l'en, je vous supplie, tante,
Contentez-vous.

La Reine de Navarre réplique.

Contente suis du grand contentement
Que m'assurez avoir entièrement.
En ce je veux mon âme conforter,
Si que pour mal que je puisse porter
Je ne voudrais qu'il en fût autrement.

Mon esperit[1] contemple incessamment
Dieu joint à vous inséparablement,
Pour me garder de me déconforter :
Contente suis.

1. Esprit.

Mais mon vieux corps, lié si longuement
Au vôtre, sain ne se peut nullement
Jusqu'à la mort de son deuil déporter.
À lui m'en veux volontiers rapporter :
S'il veut souffrir, qu'il souffre ardentement :
Contente suis.

LE MIROIR DE L'ÂME PÉCHERESSE*

Moi qui étais nommée épouse et femme,
De vous aimée comme votre propre âme,
En dirai-je la vérité ? Oui.
Laissé vous ai, oublié et fui ;
Laissé vous ai, pour suivre mon plaisir ;
Laissé vous ai, pour un mauvais choisir ;
Laissé vous ai, source de tout mon bien ;
Laissé vous ai, en rompant le lien
Du vrai amour et loyauté promise ;
Laissé vous ai. Mais où me suis-je mise ?
Au lieu où n'a que malédiction.
Laissé vous ai, l'ami sans fiction,
L'ami de tous digne d'être estimé,
L'ami aimant premier[1] que d'être aimé.
Laissé vous ai, ô source de bonté,
Par ma seule mauvaise volonté.
Laissé vous ai, le beau, le bon, le sage,

1. Avant.

Le fort de bras et le doux de courage[1].
Laissé vous ai, et pour mieux me retraire[2]
De votre amour, ai pris votre contraire.
C'est l'Ennemi et le Monde et la Chair,
Qui sur la croix vous ont coûté si cher
Pour les convaincre[3], et mettre en liberté
Moi qui par eux longtemps avais été
Prisonnière, esclave et tant liée
Que ne pouvais plus être humiliée ;
Et de tous trois je me suis accointée[4]
Et de tous cas avec eux appointée[5] ;
Et propre amour[6] qui est trop fausse et feinte
A charité de vous en moi éteinte,
Tant que le nom de Jésus, mon époux,
Que paravant j'avais trouvé si doux,
Avais quasi en haine et fâcherie,
Et bien souvent en faisais moquerie.
Si on disait, en oyant un sermon :
« Il a bien dit », je répondais : « Ça mon[7]. »
La parole s'envolait comme plume.
À l'église n'allais que par coutume.
Tous mes beaux faits n'étaient qu'hypocrisie,
Car j'avais bien ailleurs ma fantaisie.
Il m'ennuyait d'ouïr de vous parler,
J'aimais bien mieux à mon plaisir aller.
 Pour faire court, tout ce que défendez,
Je le faisais ; et ce que commandez,
Je le fuyais, et le trouvais amer :
Tout par faute, mon Dieu, de vous aimer.

1. Cœur. 2. Retirer, abstraire. 3. Vaincre complètement. 4. Et avec tous trois je me suis liée. 5. Et de toutes choses je me suis accordée avec eux. 6. Amour de soi. 7. C'est vrai.

LA NAVIRE*

« Navire loin du vrai port ensablée,
Feuille agitée de l'impétueux vent,
Âme qui est de douleur accablée,

Tire-toi hors de ton corps non savant,
Monte à l'espoir, laisse ta vieille masse,
Sans regarder derrière viens avant.

Quand seras-tu de ton fol pleurer lasse ?
Quand auras-tu mis fin à ton soupir ?
Quand lairras-tu[1] ta triste et pâle face ?

Quand donra[2] Foi trêve à ton vain désir
Et quand fera ton œil tourner en haut
La Charité, où est le vrai plaisir ?

Ô aveuglée, à qui du tout défaut[3]
Ce qui à tous est le plus nécessaire,
T'arrêtes-tu à ce qui rien ne vaut ?

Ta complaisance complaît à l'Adversaire,
Qui tirer hors te veut de cœur et d'œil
La loi de Dieu par son vrai commissaire.

Or, cesse donc un peu l'extrême deuil
Que pour moi fais, et en moi t'éjouis,
Qui vrai amour fait saillir[4] du cercueil. »

1. Laisseras-tu. 2. Donnera. 3. Manque totalement. 4. Sortir.

Que je devins quand cette voix j'ouïs,
Je ne le sais[1], car soudain de mon corps
Furent mes sens d'étonnement fouis.

Ô quelle voix, qui par sur tous accords
Me fut plaisante, douce et très agréable,
Qui des vivants semblait, et non des morts.

Lors combattait ma douleur importable[2]
Contre la joie et contre la douceur
Que m'apportait cette voix amiable[3].

CHANSONS SPIRITUELLES*

CHANSON X*

Père, je viens à vous de loin,
Car nécessité et besoin
Me font demander votre grâce ;
Le demeurant du porcin groin[4]
D'amasser par faim j'avais soin,
Étant privé de votre face.

En moi-même, plein de douleurs,
J'ai dit : combien de serviteurs
Sont saoulés[5] de pain chez mon Père ?

1. Je ne sais ce que je devins. 2. Insupportable. 3. Aimable. 4. Les restes laissés par les pourceaux. 5. Rassasiés.

À lui j'irai en cris et pleurs ;
Il exaucera mes clameurs,
Car par sa bonté je l'espère.

Par quoi, Père piteux[1] et doux,
En ferme foi se rend à vous
L'indigne enfant, pécheur, prodigue ;
La larme à l'œil, à deux genoux,
Merci[2] vous crie devant tous,
Renonçant péché et sa ligue.

Père, devant vous j'ai péché[3],
Ni devant le Ciel n'est caché
Dont indigne fils me confesse ;
J'en suis tout sali et taché :
De moi ne peut être arraché
Si vous ne me tenez promesse.

C'est qu'il n'y a si grand pécheur,
S'il revient à vous de bon cœur,
Qu'il n'ait pardon de son offense :
Hélas, regardez ma douleur,
Qui de votre juste rigueur,
Père, appelle à votre clémence.

Las, donnez vertu à mon doigt
Pour recevoir l'anneau de foi,
Par lequel vous sois agréable ;
Couvrez ce corps d'Adam tout nu
Du vêtement si cher tenu
De votre charité louable.

Je suis venu pour demander
Grâce qui me peut amender,

1. Pitoyable. 2. Pardon. 3. « Péché » est ici un substantif.

Et faire aimer votre service,
Et ce qu'il vous plaît commander,
Et adieu aux vices mander,
M'offrant à vous en sacrifice.

Père, par le sang de l'Agneau
Refaites-moi homme nouveau ;
Et que je puisse en votre table
Manger la chair du tendre veau,
Qui moi laid fera venir beau
Par mutation admirable.

Si mon frère qui est dehors,
Oyant la musique et accords
Du festin de paix et concorde,
Se confiant en ses bras forts,
Murmure et se courrouce alors
De votre grand miséricorde,

Laissez-le louer ses bienfaits[1] ;
Mais moi qui vois les miens infects,
Et que par bonté paternelle
M'avez tiré dessous ce faix,
Avecques tous les saints parfaits
Je vous en rends grâce éternelle.

1. Bonnes actions.

Victor Brodeau

BLASON DES COULEURS*

Pour fermeté et deuil le noir est pris,
Le gris travail[1], le vert dénote espoir.
Le blanc est foi ainsi que j'ai appris,
Et le tanné montre le désespoir.
Le rouge veut pour soi venger avoir,
Mais l'incarnat toujours est en douleur.
Contentement porte jaune couleur
S'il est paillé, car l'orange se change.
Le violet d'amour est la chaleur
Et puis le bleu sur le jaloux se range.
De ces couleurs l'on m'en a donné deux,
Gris travaillant et vert qui donne espoir ;
Las du travail et d'espoir je me deuls[2]
Puisqu'autre bien que mal n'en puis avoir.

1. Épreuve. 2. Je m'afflige.

AU LECTEUR*

RECOMMANDATION DE CE PRÉSENT ŒUVRE ET DE L'AUTEUR D'ICELUI

Il est certain que toujours on souhaite
Ouïr louer ceux que d'amour parfaite
On aime. Or donc, amiable lecteur,
Si as amour au souverain recteur,
Qui est le vrai prophète Jésus-Christ,
Tu goûteras cestui petit écrit.
Petit je dis, de parole et d'essence,
Mais excellent et très grand de substance.
Car ce qui est en l'ombre très antique,
De l'avenir luisant et authentique,
Préfiguré de Jésus et sa mère ;
Ici Brodeau en langage sommaire
Si proprement a écrit et traité,
Qu'il n'est auteur, quel soit, ou ait été,
Qui en eût pu ou pourrait approcher
(Et sans aucun blâmer ni reprocher).
Or, lisez donc la chanson des saints Anges ;
C'est de Jésus les très belles louanges.
Espoir en bien.

RONDEAU À NOTRE SAUVEUR JÉSUS-CHRIST

Ô bon Jésus, qui pour le sauvement
Du genre humain, avez honteusement
En croix voulu douloureuse mort prendre ;

Veuillez sur moi votre grâce répandre.
Et me garder de tout encombrement.

J'ai tant de fois péché mortellement
En paroles, œuvres et pensement,
Qu'à grand peine j'ose merci prétendre,
Ô bon Jésus.
Mais je sachant que principalement
Pour les pécheurs garder de damnement,
Du ciel en terre il vous a plu descendre ;
Garni d'espoir, devers vous me viens rendre ;
Vous requêtant pardon très humblement,
Ô bon Jésus.

Hugues Salel

COUPLET DIALOGUÉ

PAR LEQUEL HONNÊTETÉ ENHORTE L'AUTEUR ÉCRIRE DES DAMES*

*H*onnêteté, la vertu vénérable,
*U*n de ces jours me dit : « Ami, entends,
*G*arde-toi bien, que si chose louable
*V*eux rédiger par écrit mémorable,
*Ê*tre tant sot ailleurs mettre ton temps,
*S*inon à dire / des dames la louange :
*S*ans y faillir, donne-leur la revenge. »
*A*donc je dis : « Dame, c'est dure charge. »
*L*ors me répond : « Oui, pour toi, étrange,
*E*t non pourtant, ton sens faut que si renge
*L*oyalement, moi-même t'en encharge. »
Honneur me guide
Lelas.

ÉPÎTRE DE DAME POÉSIE,

AU TRÈS CHRÉTIEN ROI FRANÇOIS, PREMIER DE CE NOM : SUR LA TRADUCTION D'HOMÈRE, PAR SALEL*

[…] À tous ceux-là (Sire, mais qu'il te plaise)
Je répondrai, non pour seul excuser
Ce traduisant, ni pour eux accuser,
Mais soutenant la publique querelle
Des translateurs, nourris de ma mamelle.
En premier lieu, c'est un inique fait
Vitupérer le labeur lequel fait
Que plusieurs arts, qui n'étaient en lumière,
Sont jà rendus en leur clarté première :
Et le savoir, autrefois tant couvert,
Est maintenant à chacun découvert.
Secondement, puisque c'est une peine
Qui grand travail et peu d'honneur amène,
(Car quoi que fasse un parfait traducteur,
Toujours l'honneur retourne à l'inventeur)
Devrait-on pas leur vouloir accepter
En bonne part, sans point les molester ?
Considérant, qu'ils n'ont entente[1] aucune,
Fors d'augmenter l'utilité commune.
Je voudrais bien que ces beaux repreneurs
Fussent un jour si bons entrepreneurs,
Que l'on vît d'eux et leur veine gentille
Quelque argument plus honnête et utile.
Certainement en lieu d'être censeurs
Il leur faudrait patrons et défenseurs.
Car on verrait, de leurs traits, la plupart

1. Dessein.

Prise d'ailleurs : et qui mettrait à part
Le larrecin (laissant leur Muse franche)
On trouverait la charte[1] toute blanche.
Et quant à ceux qui font petite estime
De translater, ou faire vers en rythme,
S'il leur plaisait un petit éprouver
Cet exercice, ils pourraient lors trouver
Leurs bons cerveaux si confus du désordre,
Qu'on les verrait souvent les ongles mordre,
Reconnaissant qu'il y a différence
Entre penser et mettre en apparence.
J'amènerais encor quelque raison
Pour cet effet : mais que vaut l'oraison,
Tant elle soit docte et bien terminée,
Ayant affaire à cervelle obstinée ?
Un seul confort que je prends en ceci
(Roi très puissant) amoindrit mon souci :
C'est qu'il ne faut défense préparer
Où l'on se peut un grand roi remparer,
Un roi François, qui, en vertu royale
Tous autres rois ou surpasse ou égale :
Le nom duquel fera mourir l'envie,
Donnant à l'œuvre une durable vie.
À toi s'adresse, à toi seul est vouée ;
Il suffira que de toi soit louée.
À tout le moins que tes clairvoyants yeux
Passent dessus : je ne quiers pas mieux.
A tant fait fin ton humble chambrière,
Faisant à Dieu très dévote prière,
Qu'en longue vie et saine te maintienne,
Et les fleurons de la fleur très chrétienne.

1. Page.

SONNET AU ROI

PRÉSENTÉ LE JOUR DE SON ENTRÉE À CHARTRES SOUS LE NOM DE MERCURE*

Du plus grand Dieu qui a sur tous pouvoir,
Envoyé suis à toi, Roi très puissant
Pour visiter ton règne[1] florissant
Et t'annoncer chose digne à savoir.

C'est que ta force et le royal devoir,
Dont tu nourris ton peuple obéissant,
Ont élevé sur le ciel ton Croissant,
Et sont les dieux très aisés de le voir.

Te promettant désormais en tous lieux
Favoriser tes desseins glorieux,
Par ces trois-ci, Paix, Justice, Victoire,

Qui guideront tes valeureuses mains
Et te rendront le plus grand des humains,
Faisant durer la lampe de ta gloire.

1. Royaume.

Nicolas Bourbon

*NUGAE**

AD LECTOREM

Quid dicis, bone lector, haec legendo?
Haec qui scripsit, erat sat ociosus :
O te, qui legis, ociosiorem.

[Traduction :

AU LECTEUR

Que dis-tu, bon lecteur, en lisant ce poème,
que celui qui l'a fait n'avait donc rien à faire?
Mais que dire de toi, qui es là à le lire!]

AD DOCTOS

Ite alio docti : non sunt haec carmina vobis
Facta, nec in vestras digna venire manus.
Hic nihil est prorsus caperata fronte legendum,
Vel quod Aristarchi lima severa notet.

Atque hunc ne tristis vexet censura libellum,
Pro titulo Nugas *ipse libenter habet.*
Haud facile excelso de monte revellitur ornus,
Cujus radices intima terra ligat.
Sic studium, teneros quo quisque exercuit annos,
Hoc placet, hoc sero dedidicisse potest.
Ergo mihi adflavit taleis aetatula lusus :
Aut legat, aut faciat, qui meliora volet.

(I, 3)

[Traduction :

AUX PÉDANTS

Passez outre, pédants, je n'écris pas pour vous
ces vers, qui de tomber en vos mains sont peu dignes.
Il n'est rien qui se lise ici le front ridé,
rien qui doive subir la lime d'Aristarque.
Pour qu'un triste censeur ne froisse mon livret,
lui-même volontiers se nomme *Bagatelles.*
Déraciner un orme en haut d'une colline,
Profondément planté, n'est certes pas facile.
Ainsi, le goût formé pendant notre jeunesse,
nous plaît bien trop, il est trop tard pour l'oublier.
Voici les vers rieurs de ma verte jeunesse.
S'ils vous plaisent, lisez, sinon, faites-en d'autres.]

DE BUDAEO

Ingenia ingeniis ut cedant Itala Gallis,
Budaei virtus unius una facit.
Gallicus Alcides hic est, utriusque Minervae
Perpetuus torrens, eloquiique parens.

(I, 227)

[Traduction :

SUR BUDÉ

Le génie italien est vaincu par la France,
par le génie de l'unique Budé,
notre Hercule gaulois, perpétuel torrent
de double science, et père d'éloquence.]

DE CONIUGUM MISERIIS

Felix ille quidem, quem nullus creditor angit,
Et qui connubium ferre, patique negat :
Et quem progenies secus ignem nulla micantem,
Quemque premit vastae nulla querela domus :
Conjugis est felix adventus, mors quoque felix :
Sed si nupta cito funere rapta cedit.
Si dos ampla manet, nullus si filius haeres,
Omnia sic certe sunt meliora tibi.
Si tibi formosa est uxor, communis habetur :
Si non formosa est, non placet illa tibi.
Forma tamen quaedam media est, qua nec tua semper
Foemina communis, nec tibi turpis erit.
Non tibi deformis, multis formosa placebit :
Si sapis, uxori sit stata forma tuae.

(II, 129)

[Traduction :

MISÈRE DES FEMMES

Heureux homme celui qui n'est pas étouffé
par de vils créanciers, ou par le mariage :
aucun enfant ne vient troubler son doux foyer,
aucune controverse en sa vaste demeure.
L'épouse est bienvenue, et bienvenue sa mort,
mais pourvu que ce soit une rapide mort,
qui laisse une ample dot, sans aucun héritier.
Dans ces conditions, tout ira mieux pour toi.
Si ton épouse est belle, on la dira publique.
Si elle ne l'est pas, elle ne te plaît pas.
Cependant si elle est d'une beauté moyenne,
elle ne sera pas publique, ni honteuse.
Un laideron déplaît, une belle plaît trop.
Sois sage, épouse donc une beauté moyenne.]

IN IANUM EFFOEMINATUM

Te video, cute curata, pexoque capillo,
Perfusum nardo, veste nitere nova,
Te video : atque scio tota quid in urbe feratur :
Nempe, parum Ianum vel nimis esse virum.

(III, 43)

[Traduction :

CONTRE UN JANUS EFFÉMINÉ

Je te vois, la peau nette, et le cheveu lissé,
inondé de parfum, en habit flambant neuf.
Je te vois, et je sais ce que chacun répète :
tu n'es guère viril, ou tu es trop Janus.]

QUAE LINGUARUM SIT PRAESTANTISSIMA

Si quando oritur (ut saepe fit) inter pocula
Contentio, quaenam sit praestantissima
Linguarum : alius tunc ut longe pulcherrimam
Hebraicam asserit, alius Grecam,
Latinam alius, nec deest meam qui Gallicam
Excellere clamitet sono atque gratia,
Germanicam sunt, et sunt qui Britannicam,
Et sunt aliis linguas alias qui praeferant.
At ego (ubi tandem facta loquendi est copia)
Sic dico : Quae Deum sonat, et coelestia,
Neque mentitur volens, ea lingua est optima
Et digna, quam linguae loquantur caeterae.

(VII, 49)

[Traduction :

QUELLE EST LA MEILLEURE
DES LANGUES

À table, bien souvent, s'élève le débat,
pour fixer au total la meilleure des langues.
L'hébraïque est pour l'un de toutes la plus belle,
pour l'autre ce sera certes la langue grecque ;
l'un défend le latin ; l'autre veut affirmer
du français l'excellence, et le son gracieux,
un autre l'allemand, et un autre l'anglais,
et d'autres vanteront d'autres langues encore.
Pour moi, quand vient enfin le moment de parler,
Je dis : celle qui dit le Seigneur et les Cieux,
qui ne ment pas sciemment, c'est la meilleure langue,
digne d'être parlée par toutes autres langues.]

☆

Litterae, seu eruditio, quid
   Quid litterae sint, et quid homini conferant,
Dicam : quaeso animadvertite.
   Iuveni stimulus ad virtutem sunt litterae,
Senique sunt solatium :
   Misero vero, atque pauperi, sunt refugium :
Adduntque honorem diviti.

(VIII, 142)

[Traduction :

Les Belles Lettres, la culture,
   ce qu'elles sont, ce qu'elles donnent,
je vais le dire : écoutez-moi.

Un dard de vertu pour le jeune ;
pour le vieillard, un réconfort ;
pour le miséreux un refuge ;
un surcroît d'honneur pour le riche.]

Maurice Scève

DÉLIE

OBJET DE PLUS HAUTE VERTU

I*

L'ŒIL trop ardent en mes jeunes erreurs
Girouettait, mal caut[1], à l'impourvue :
Voici (ô peur d'agréables terreurs)
Mon Basilisque avec sa poignant'vue
Perçant Corps, Cœur et Raison dépourvue,
Vint pénétrer en l'Âme de mon Âme.
Grand fut le coup, qui sans tranchante lame
Fait que, vivant le Corps, l'Esprit dévie[2],
Piteuse hostie au conspect de[3] toi, Dame,
Constituée Idole de ma vie.

XVII*

Plus tôt seront Rhône et Saône déjoints,
Que d'avec toi mon cœur se désassemble :
Plus tôt seront l'un et l'autre Monts joints,
Qu'avecques nous aucun discord s'assemble :
Plus tôt verrons et toi et moi ensemble

1. Imprudent. 2. Perd sa route (*via*) et sa vie (*vita*). 3. En présence de.

Le Rhône aller contremont lentement,
Saône monter très violentement,
Que ce mien feu, tant soit peu, diminue,
Ni que ma foi décroisse aucunement.
Car ferme amour sans eux est plus que nue.

XXII*

Comme Hécaté tu me feras errer
Et vif et mort cent ans parmi les Ombres :
Comme Diane au Ciel me resserrer,
D'où descendis en ces mortels encombres :
Comme régnante aux infernales ombres
Amoindriras ou accroîtras mes peines.
  Mais comme Lune infuse dans mes veines
Celle tu fus, es et seras DÉLIE,
Qu'Amour a jointe à mes pensées vaines
Si fort que Mort jamais ne l'en délie.

XXIV

Quand l'œil aux champs est d'éclairs ébloui,
Lui semble nuit quelque part qu'il regarde :
Puis peu à peu de clarté réjoui,
Des soudains feux du Ciel se contregarde.
  Mais moi conduit dessous la sauvegarde
De cette tienne et unique lumière,
Qui m'offusqua ma liesse première
Par tes doux rais aiguëment suivis,
Ne me perds plus en vue coutumière.
Car seulement pour t'adorer je vis.

LIX

Taire ou parler soit permis à chacun,
Qui libre arbitre à sa volonté lie,
Mais s'il advient qu'entre plusieurs quelqu'un
Te dise : Dame, ou ton Amant s'oublie,
Ou de la Lune il feint ce nom Délie
Pour te montrer, comme elle, être muable :
Soit loin de toi tel nom vitupérable,
Et vienne à qui un tel mal nous procure.
  Car je te cèle en ce surnom louable,
Pour ce qu'en moi tu luis la nuit obscure.

CXLI*

Comme des rais du Soleil gracieux
Se paissent fleurs durant la Primevère[1],
Je me recrée aux rayons de ses yeux,
Et loin et près autour d'eux persévère.
Si que[2] le Cœur, qui en moi la révère,
La me fait voir en celle même essence,
Que ferait l'œil par sa belle présence,
Que tant j'honore et que tant je poursuis :
  Par quoi de rien ne me nuit son absence,
Vu qu'en tous lieux, malgré moi, je la suis.

1. Printemps. 2. Si bien que.

CXLII

Celle pour qui je mets sens et étude
À bien servir, m'a dit en cette sorte :
« Tu vois assez que la grand servitude,
Où l'on me tient, me rend en ce point morte. »
Je pense donc, puisqu'elle tient si forte
La peine qu'a le sien corps seulement,
Qu'elle croira que mon entendement,
Qui pour elle a cœur et corps asservi,
Me fera dire être serf doublement,
Et qu'en servant j'ai amour desservi[1].

CXLIII*

Le souvenir, âme de ma pensée,
Me ravit tant en son illusif songe,
Que, n'en étant la mémoire offensée,
Je me nourris de si douce mensonge.
Or quand l'ardeur qui pour elle me ronge,
Contre l'esprit sommeillant se hasarde,
Soudainement qu'il s'en peut donner garde,
Ou qu'il se sent de ses flammes grevé,
En mon penser soudain il te regarde,
Comme au désert son Serpent élevé.

1. Mérité.

CXLIV

En toi je vis, où que tu sois absente :
En moi je meurs, où que soie[1] présent.
Tant loin sois-tu, toujours tu es présente :
Pour près que soie, encore suis-je absent.
Et si nature outragée se sent
De me voir vivre en toi trop plus[2] qu'en moi :
Le haut pouvoir, qui œuvrant sans émoi
Infuse l'âme en ce mien corps passible,
La prévoyant sans son essence en soi,
En toi l'étend, comme en son plus possible.

CXLV

Amour si fort son arc roide enfonça
Pour éprouver dessus moi sa puissance,
Que quand le trait délâché s'absconsa[3]
Au fond du cœur d'entière connaissance,
Sa pointe entra au dur de résistance :
Et là tremblant, si grand coup a donné,
Qu'en s'arrêtant le creux a résonné
De ma pensée alors de cures[4] vide.
Dont mon esprit de ce trouble étonné
Comme insensé, à toute heure outrecuide[5].

1. Sois (1re personne du subjonctif présent). 2. Beaucoup plus. 3. Se cacha. 4. Soins, soucis. 5. Quitte les bornes de la raison.

CXLVI

Donc admirant le grave de l'honneur,
Qui en l'ouvert de son front seigneurie,
Je priverai mon sort de ce bonheur,
Que je me feins[1] en ma joie périe ?
Ni pour espoir de mieux qui me supplie[2],
Si haut poursuivre en son cours cessera ?
Jamais tel los[3] son plus ne laissera,
Pour s'amoindrir à autres biens frivoles :
Et pour soulas[4] à son travail sera
L'Ambre souef[5] de ses hautes paroles.

CXLVII*

Le doux sommeil de ses tacites eaux
D'oblivion[6] m'arrosa tellement,
Que de la mère et du fils les flambeaux
Je me sentais éteints totalement,
Ou le croyais : et spécialement
Que la nuit est à repos inclinée.
Mais le jour vint, et l'heure destinée,
Où, revivant, mille fois je mourus,
Lorsque vertu en son zèle obstinée
Perdit au Monde Angleterre et Morus.

1. M'imagine. 2. Vienne en aide. 3. Louange, mérite. 4. Soulagement. 5. Doux, suave. 6. Oubli.

CXLVIII

Vois que l'Hiver tremblant en son séjour,
Aux champs tout nus sont leurs arbres faillis.
Puis le Printemps ramenant le beau jour,
Leur sont bourgeons, feuilles, fleurs, fruits saillis :
   Arbres, buissons et haies et taillis
Se crêpent lors en leur gaie verdure.
   Tant que sur moi le tien ingrat froid dure,
Mon espoir est dénué de son herbe :
Puis retournant le doux Ver[1] sans froidure,
Mon An se frise en son avril superbe.

CXLIX*

Et Hélicon ensemble et Parnassus,
Haut Paradis des poétiques Muses,
Se démettront en ce bas Causasus :
Où de Vénus les trois feintes Méduses
Par le naïf de tes grâces infuses
Confesseront (toutefois sans contrainte)
La Déité en ton esprit empreinte
Trésor des Cieux, qui s'en sont dévêtus
Pour illustrer Nature à vice astreinte,
Or[2] embellie de tes rares vertus.

1. Printemps. 2. Maintenant.

CLXIV

Comme corps mort vaguant en haute Mer,
Ébat des Vents et passe-temps des Ondes,
J'errais flottant parmi ce Gouffre amer,
Où mes soucis enflent vagues profondes.
Lors toi, Espoir, qui en ce point te fondes
Sur le confus de mes vaines merveilles,
Soudain au nom d'elle tu me réveilles
De cet abîme, auquel je périssais :
Et à ce son me cornant les oreilles[1],
Tout étourdi point ne me connaissais.

CLXV*

Mes pleurs clouant[2] au front ses tristes yeux,
À la mémoire ouvrent la vue instante,
Pour admirer et contempler trop mieux[3]
Et sa vertu et sa forme élégante.
Mais sa hautesse en majesté prestante
Par moi, si bas, ne peut être estimée.
Et la cuidant au vrai bien exprimée
Pour tournoyer[4] son moins, ou environ,
Je m'aperçois la mémoire abîmée
Avec Dathan au centre d'Abiron.

1. Et les oreilles me cornant à ce son. 2. Fermant. 3. Beaucoup mieux.
4. Parce que je tourne autour de, j'approche de.

CCVIII

Tu cours superbe, ô Rhône, florissant
En sablon d'or et argentines eaux,
Maint fleuve gros te rend plus ravissant,
Ceint de Cités et bordé de Châteaux,
Te pratiquant par sûrs et grands bateaux
Pour seul te rendre en notre Europe illustre.
  Mais la vertu de ma Dame t'illustre
Plus qu'autre bien qui te fasse estimer.
  Enfle-toi donc au parfait de son lustre,
Car fleuve heureux plus que toi n'entre en Mer.

CCXXI

Sur le Printemps que les Aloses montent,
Ma Dame et moi sautons dans le bateau,
Où les pêcheurs entre eux leur prise comptent,
Et une en prend : qui sentant l'air nouveau,
Tant se débat, qu'enfin se sauve en l'eau,
Dont ma Maîtresse et pleure et se tourmente.
  « Cesse, lui dis-je, il faut que je lamente[1]
L'heur du poisson, que n'as su attraper,
Car il est hors de prison véhémente,
Où de tes mains ne peux onc échapper. »

1. Déplore.

CCLIX

De toute Mer tout long et large espace,
De Terre aussi tout tournoyant circuit,
Des Monts tout terme en forme haute et basse,
Tout lieu distant, du jour et de la nuit,
Tout intervalle, ô qui par trop me nuit,
Seront remplis de ta douce rigueur.
Ainsi passant des Siècles la longueur,
Surmonteras la hauteur des Étoiles
Par ton saint nom, qui vif en ma langueur
Pourra partout nager à pleines voiles.

CCLX

Sur frêle bois d'outrecuidé plaisir
Nageai en Mer de ma joie aspirée,
Par un long temps et assuré plaisir
Bien près du Port de ma paix désirée.
Ores fortune envers moi conspirée
M'a éveillé cet orage outrageux,
Dont le fort vent de l'espoir courageux
Du vouloir d'elle et du Havre me prive,
Me contraignant sous cet air ombrageux
Vaguer en gouffre, où n'y a fond ni rive.

CCCXXX

Au centre heureux, au cœur impénétrable
À cet enfant sur tous les Dieux puissant,

Ma vie entra en tel heur misérable,
Que, pour jamais, de moi se bannissant,
Sur son Printemps librement fleurissant
Constitua en ce saint lieu de vivre[1],
Sans autrement sa liberté poursuivre
Où se nourrit de pensements funèbres :
Et plus ne veut le jour, mais la nuit suivre,
Car sa lumière est toujours en ténèbres.

CCCXLVI

À si haut bien de tant sainte amitié
Facilement te devrait inciter,
Sinon devoir ou honnête pitié,
À tout le moins mon loyal persister,
Pour uniment et ensemble assister
Là-sus[2] en paix en notre éternel trône.
   N'aperçois-tu de l'Occident le Rhône
Se détourner et vers Midi courir,
Pour seulement se conjoindre à sa Saône
Jusqu'à leur Mer, où tous deux vont mourir ?

CCCLXXVIII

La blanche Aurore à peine finissait
D'orner son chef d'or luisant et de roses,
Quand mon Esprit, qui du tout[3] périssait
Au fond confus de tant diverses choses,
Revint à moi sous les Custodes[4] closes

1. Décida de vivre en ce saint lieu. 2. Là-haut. 3. Totalement. 4. Rideaux.

Pour plus me rendre envers Mort invincible.
Mais toi qui as (toi seule) le possible
De donner heur à ma fatalité,
Tu me seras la Myrrhe incorruptible
Contre les vers de ma mortalité.

CCCXCVI

Le laboureur de sueur tout rempli
À son repos sur le soir se retire :
Le Pèlerin, son voyage accompli,
Retourne en paix et vers sa maison tire.
Et toi, ô Rhône, en fureur et grand ire
Tu viens courant des Alpes roidement
Vers celle-là, qui t'attend froidement
Pour en son sein tant doux te recevoir.
Et moi suant à ma fin grandement,
Ne puis ni paix ni repos d'elle avoir.

CDXLVI

Rien, ou bien peu, faudrait pour me dissoudre
D'avec son vif ce caduque mortel[1] :
À quoi l'Esprit se veut très bien résoudre,
Jà prévoyant son corps par la Mort tel,
Qu'avecques lui se fera immortel,
Et qu'il ne peut que pour un temps périr.
Doncques, pour paix à ma guerre acquérir,
Craindrai renaître à vie plus commode ?

1. D'avec son principe vital, sa vie, cette périssable condition mortelle qui est la mienne.

Quand sur la nuit le jour vient à mourir,
Le soir d'ici est Aube à l'Antipode.

MICROCOSME

[DIEU]*

Premier en son Rien clos se celait en son Tout,
Commencement de soi, sans principe et sans bout,
Inconnu, fors à soi, connaissant toute chose,
Comme toute de soi, par soi, en soi enclose :
Masse de Déité en soi-même amassée,
Sans lieu et sans espace en terme compassée[1],
Qui ailleurs ne se peut qu'en son propre tenir
Sans aucun temps prescrit, passé ou à venir,
Le présent seulement continuant présent
Son être de jeunesse et de vieillesse exempt :
Essence pleine en soi d'infinité latente,
Qui seule en soi se plaît et seule se contente,
Non agente, impassible, immuable, invisible
Dans son Éternité, comme incompréhensible,
Et qui de soi en soi étant sa jouissance
Consistait en Bonté, Sapience et Puissance.

1. Mesurée.

[LA MORT D'ABEL*]

Caïn tout forcené sur ce point se dispose
D'exécuter méchant l'acte qu'il se propose,
Feint sa face riant et qui sa joie sente,
Ainsi devant Abel allègre se présente,
Le saluant courtois le convie à l'ébat :
Et aux champs écartés le sang au cœur lui bat,
Pâlit d'ire et frémit, puis en soi s'évertue
Et d'un coup inhumain son frère (ha ! cruel) tue.
Ô Ciel, osas-tu voir telle inhumanité ?
Et toi, Terre maudite en telle iniquité,
Boire goutte et sucer le sang de l'Innocent,
Qui sur toi étendu rien plus que toi ne sent ?
Et vous, Limbes obscurs, vos Abîmes ouvrir
Pour l'âme de ce juste en vos ombres couvrir ?
Âme sainte (et s'il faut dire ores malheureuse)
T'en vas-tu seule errant sous terre ténébreuse,
Où l'épouvantement jà pâle te conduit
En l'éternel oubli, perpétuelle nuit
De la seconde mort à ceux qui sans soulas[1]
De leur lasseur[2] lassés ne seront sous toi las ?
Et sera dit que toi, premier juste du monde,
Étrennes les Enfers, lieu puant et immonde ?
Et pour toi jusque-là se vienne humilier
Le second Éternel pour hors t'en délier ?

1. Soulagement, consolation. 2. Lassitude.

Pernette du Guillet

ÉPIGRAMME XII

Le Corps ravi, l'âme s'en émerveille
Du grand plaisir qui me vient entamer,
Me ravissant d'Amour, qui tout éveille
Par ce seul bien, qui le fait Dieu nommer.
Mais si tu veux son pouvoir consommer,
Faut que partout tu perdes celle envie :
Tu le verras de ses traits s'assommer,
Et aux Amants accroissement de vie.

ÉPIGRAMME XIII*

L'heur de mon mal, enflammant le désir,
Fit distiller deux cœurs en un devoir :
Dont l'un est vif pour le doux déplaisir,
Qui fait que Mort tient l'autre en son pouvoir.
Dieu aveuglé, tu nous as fait avoir
Du bien le mal en effet honorable :
Fais donc aussi que nous puissions avoir
En nos esprits contentement durable !

CHANSON VII*

Qui dira ma robe fourrée
De la belle pluie dorée
Qui Daphnés enclose ébranla :
Je ne sais rien moins que cela.
  Qui dira qu'à plusieurs je tends
Pour en avoir mon passe-temps,
Prenant mon plaisir çà et là :
Je ne sais rien moins que cela.
  Qui dira que t'ai révélé
Le feu longtemps en moi celé
Pour en toi voir si force il a :
Je ne sais rien moins que cela.
  Qui dira que, d'ardeur commune
Qui les jeunes gens importune,
De toi je veux… et puis holà !
Je ne sais rien moins que cela.
  Mais qui dira que la Vertu,
Dont tu es richement vêtu,
En ton amour m'étincela[1] :
Je ne sais rien mieux que cela.
  Mais qui dira que d'amour sainte
Chastement au cœur suis atteinte,
Qui mon honneur onc ne foula :
Je ne sais rien mieux que cela.

1. Fut l'étincelle qui me fit t'aimer.

Louise Labé

SONNET II

Ô beaux yeux bruns, ô regards détournés,
Ô chauds soupirs, ô larmes épandues,
Ô noires nuits vainement attendues,
Ô jours luisants vainement retournés ;

Ô tristes plaints[1], ô désirs obstinés,
Ô temps perdus, ô peines dépendues[2],
Ô mille morts en mille rets tendues,
Ô pires maux contre moi destinés ;

Ô ris, ô front, cheveux, bras, mains et doigts ;
Ô luth plaintif, viole, archet et voix :
Tant de flambeaux pour ardre une femelle !

De toi me plains, que, tant de feux portant,
En tant d'endroits, d'iceux mon cœur tâtant,
N'en est sur toi volé quelque étincelle.

1. Plaintes. 2. Dépensées.

SONNET V

Claire Vénus, qui erres par les Cieux,
Entends ma voix qui en plaints chantera,
Tant que ta face au haut du Ciel luira,
Son long travail et souci ennuyeux.

Mon œil veillant s'attendrira bien mieux,
Et plus de pleurs te voyant jettera.
Mieux mon lit mol de larmes baignera,
De ses travaux voyant témoins tes yeux.

Donc des humains sont les lassés esprits
De doux repos et de sommeil épris.
J'endure mal tant que le Soleil luit ;

Et quand je suis quasi toute cassée,
Et que me suis mise en mon lit lassée,
Crier me faut mon mal toute la nuit.

SONNET VII

On voit mourir toute chose animée
Lorsque du corps l'âme subtile part.
Je suis le corps, toi la meilleure part :
Où es-tu donc, ô âme bien-aimée ?

Ne me laissez par si long temps pâmée,
Pour me sauver après viendrais trop tard.
Las ! ne mets point ton corps en ce hasard :
Rends-lui sa part et moitié estimée.

Mais fais, Ami, que ne soit dangereuse
Cette rencontre et revue amoureuse,
L'accompagnant, non de sévérité,

Non de rigueur, mais de grâce amiable,
Qui doucement me rende ta beauté,
Jadis cruelle, à présent favorable.

SONNET VIII

Je vis, je meurs ; je me brûle et me noie ;
J'ai chaud extrême en endurant froidure ;
La vie m'est et trop molle et trop dure ;
J'ai grands ennuis entremêlés de joie.

Tout à un coup je ris et je larmoie,
Et en plaisir maint grief tourment j'endure ;
Mon bien s'en va, et à jamais il dure ;
Tout en un coup je sèche et je verdoie.

Ainsi Amour inconstamment me mène ;
Et quand je pense avoir plus de douleur,
Sans y penser je me trouve hors de peine.

Puis quand je crois ma joie être certaine
Et être au haut de mon désiré heur,
Il me remet en mon premier malheur.

SONNET IX

Tout aussitôt que je commence à prendre
Dans le mol lit le repos désiré,
Mon triste esprit, hors de moi retiré,
S'en va vers toi incontinent se rendre.

Lors m'est avis que dedans mon sein tendre
Je tiens le bien où j'ai tant aspiré,
Et pour lequel j'ai si haut soupiré,
Que de sanglots ai souvent cuidé fendre.

Ô doux sommeil, ô nuit à moi heureuse !
Plaisant repos, plein de tranquillité,
Continuez toutes les nuits mon songe ;

Et si jamais ma pauvre âme amoureuse
Ne doit avoir de bien en vérité,
Faites au moins qu'elle en ait en mensonge.

SONNET XI

Ô doux regards, ô yeux pleins de beauté,
Petits jardins pleins de fleurs amoureuses,
Où sont d'Amour les flèches dangereuses,
Tant à vous voir mon œil s'est arrêté !

Ô cœur félon, ô rude cruauté,
Tant tu me tiens de façons rigoureuses,
Tant j'ai coulé de larmes langoureuses,
Sentant l'ardeur de mon cœur tourmenté !

Doncques, mes yeux, tant de plaisir avez,
Tant de bons tours par ses yeux recevez :
Mais toi, mon cœur, plus les vois s'y complaire,

Plus tu languis, plus en as de souci :
Or devinez si je suis aise aussi,
Sentant mon œil être à mon cœur contraire.

SONNET XIV

Tant que mes yeux pourront larmes épandre
À l'heur passé avec toi regretter,
Et qu'aux sanglots et soupirs résister
Pourra ma voix, et un peu faire entendre ;

Tant que ma main pourra les cordes tendre
Du mignard luth, pour tes grâces chanter ;
Tant que l'esprit se voudra contenter
De ne vouloir rien fors que toi comprendre,

Je ne souhaite encore point mourir.
Mais quand mes yeux je sentirai tarir,
Ma voix cassée, et ma main impuissante,

Et mon esprit en ce mortel séjour
Ne pouvant plus montrer signe d'amante,
Prierai la mort noircir mon plus clair jour.

Claude de Taillemont

DISCOURS DES CHAMPS FAËZ

À L'HONNEUR ET EXALTATION
DE L'AMOUR ET DES DAMES*

Ha, triste Écho, si tu en as pitié,
Dis-moi qui rend sous honnête amitié
Mon cœur content en adverse fortune!
Écho : une.
Qu'est-elle donc, puisque son accointance[1],
De mes travaux[2] étant la seule instance,
Douce me rend toute chose rebelle?
É : belle.
Mais que fera ma grande loyauté
Son cœur hautain, vu que pour sa beauté
Serf j'ai rendu le mien, si libre et franc.
É : franc.
Me sera point jamais tant gracieuse
Que, délivré de tristesse ennuyeuse,
Je soie un jour le bien vu et ouï?
É : oui.
Las qui fait donc, puisqu'ainsi tout se mue
Avec ennui et douleur inconnue,
À deux amants quelque aise recevoir?
É : se voir.

1. Fréquentation. 2. Souffrances.

LA TRICARITE

10*

Son vif esprit, don spécial des Dieux,
Pégase hautain, volant ici des Cieux
De son cerveau (un autre heureux Parnasse)
Piqua au roc, ou y frappa si fort
Qu'en veine ouvrit la source de ce sort[1],
Dont jusqu'à nous la douce liqueur passe.

Le miel des vers qui en douceur surpasse
Manne céleste, en témoin passerait
Quand au Soleil quelque besoin serait
Ajouter feux, petits rais de sa race :
Puis eux, auxquels donne goût avivant
Sont pour l'éther (tout autre mort) vivants.

34*

Ainsi nous font cueillir quelqu'haute connaissance
De la gloire et beauté de l'Éternelle essence
En eux les Cieux sereins par leurs feux radieux,
Qu'à la fraîche vigueur de ses beautés externes
L'on peut au vrai juger des raretés internes
De ma douce Vénus, au regard gracieux.
Ne jetez donc, amis, larmes de vos deux yeux
Si ores me voyez, vivant, mourir sur terre :
Car y mourant ainsi, telle et si douce guerre

1. Cours d'eau.

Me font subtils Démons alléchés de son mieux
Qu'encore revivant, il faut qu'en moi je meure
Pour après y avoir plus heureuse demeure.

82*

Du Basilic le regard venimeux
Pousse[1] de soi, selon le bruit[2] fameux,
Au corps humain une mort froide et lente.
Et d'elle hélas ! l'œil doux et gracieux
Un caut[3] amour si chaud et furieux
Que qui en meurt, mort encor violente.
Hé ! que ne suis d'Acier, ou d'Eau clair-lente[4]
Fin que[5], mirant ce qui me dépérit[6],
Elle, avec moi, par sa vue pérît
Ou fût en moi d'elle-même assaillante,
Vengeant ainsi mon extrême amitié[7],
Elle n'ayant d'elle-même pitié.

1. Instille. 2. La renommée. 3. Prudent. 4. L'eau claire d'un miroir. 5. Afin que (italianisme). 6. Tue. 7. Amour.

Les Blasons anatomiques du corps féminin

LE FRONT*

Front large et haut, front patent et ouvert,
Plat et uni, des beaux cheveux couvert :
Front qui est clair et serein firmament
Du petit monde, et par son mouvement
Est gouverné le demeurant[1] du corps,
Et à son veuil[2] sont les membres concords[3] :
Lequel je vois être troublé par nues,
Multipliant ses rides très menues,
Et du côté qui se présente à l'œil
Semble que là se lève le soleil.
Front élevé sur cette sphère ronde,
Où tout engin[4] et tout savoir abonde.
Front révéré, Front qui le corps surmonte
Comme celui qui ne craint rien fors honte.
Front apparent, afin qu'on pût mieux lire
Les lois qu'Amour voulut en lui écrire,
Ô front, tu es une table d'attente
Où ma vie est et ma mort très patente !

MAURICE SCÈVE

1. Le reste. 2. Sa volonté. 3. En accord. 4. Talent, intelligence.

L'ŒIL*

Œil, non pas œil, mais un soleil doré.
Œil comme Dieu de mes yeux honoré.
Œil qui ferait de son assiette et taille
Durer dix ans encor une bataille.
Œil me privant du regard qu'il me doit
Me voyant mieux que s'il me regardoit.
Œil sans lequel mon corps est inutile.
Œil par lequel mon âme se distille.
Œil, ô mon œil, disant je te veux bien,
Puisque de toi vient mon mal et mon bien.
Œil bel et net comme ciel azuré.
Œil reposé, constant et assuré.
Œil qui rirait en me voyant mourir,
Qui pleurerait ne m'osant secourir.
Œil de son fait lui-mêmes ébloui.
Œil qui dirait si sagement oui :
Mais à qui, œil ? À celui que savez.
Qui vous aura ? Vous, celle qui m'avez.
Œil, qui pour rendre un cœur de marbre uni
Ne daignerait se montrer qu'à demi.
Œil s'accordant au ris de la fossette
Que fait amour en joue vermeillette.
Œil où mon cœur s'était devant[1] rendu
Que lui eussiez le logis défendu.
Œil, si se veut tenir pensif et coi,
Qui fait sortir de soi je ne sais quoi,
Que l'on voit bien toutefois commander
Aux demandeurs de rien ne demander.

1. Avant.

Œil qui me donne, en y pensant, tant d'aise.
Œil, ô doux œil que si souvent je baise,
Voire mais, œil, j'entends que c'est en songe ;
Œil qui ne peut souffrir une mensonge.
Œil qui voit bien qu'à lui me suis voué.
Œil qui ne fut jamais assez loué.
Mais toutefois pour éviter envie,
Œil doux et beau, le propre de m'amie,
Œil, je suis vôtre, et de ce vous assure.
Écoutez-moi, mon œil, je vous conjure
Par Cupidon que vous avez tout nu,
Et par son arc qu'en vous ai reconnu,
Par le plaisir que l'un des miens aurait,
Si d'aventure à vous se mesurait.
Par tout mon bien, à l'ouverte fenestre
Que vous voyez à mon côté senestre,
Par la beauté de celle que savez,
Par le venin que vous me réservez,
Œil, dites-moi ce que vous répondîtes,
Découvrez-moi le signe que me fîtes
Quand on disait que mal serait assis
Le beau maintien de votre esprit rassis
Hors de la cour, s'il était entendu
En autre sens que ne l'avez rendu.
Déclarez-moi, s'il vous plaît, ce langage
Et n'en parlez rien qu'à votre avantage.

ANTOINE HEROËT

LE BEAU TÉTIN

Tétin refait[1], plus blanc qu'un œuf,
Tétin de satin blanc tout neuf,
Tétin qui fais honte à la Rose,
Tétin plus beau que nulle chose,
Tétin dur, non pas Tétin, voire,
Mais petite boule d'Ivoire,
Au milieu duquel est assise
Une Fraise ou une Cerise
Que nul ne voit, ne touche aussi,
Mais je gage qu'il est ainsi ;
Tétin donc au petit bout rouge,
Tétin qui jamais ne se bouge,
Soit pour venir, soit pour aller,
Soit pour courir, soit pour baller[2] :
Tétin gauche, Tétin mignon,
Toujours loin de son compagnon,
Tétin qui portes témoignage
Du demeurant du personnage,
Quand on te voit il vient à maints
Une envie dedans les mains
De te tâter, de te tenir ;
Mais il se faut bien contenir
D'en approcher, bon gré ma vie[3],
Car il viendrait une autre envie.
Ô Tétin, ni grand, ni petit,
Tétin mûr, Tétin d'appétit,
Tétin qui nuit et jour criez :
Mariez-moi tôt, mariez !
Tétin qui t'enfles, et repousses

1. En bon point. 2. Danser. 3. De bon gré, sur ma vie [sorte de jurement].

Ton gorgias[1] de deux bons pouces,
À bon droit heureux on dira
Celui qui de lait t'emplira,
Faisant d'un Tétin de pucelle
Tétin de femme entière et belle.

CLÉMENT MAROT

1. Gorgerette, collet.

Gilles Corrozet

LES FABLES D'ÉSOPE*

LE MAUVAIS CHERCHE OCCASION DE FAIRE MAL À L'INNOCENT

On dit en vulgaire langage :
Qui veut faire mal à son chien,
Présupposé qu'il n'en soit rien,
Toutefois dit qu'il a la rage.

DU LOUP ET DE L'AGNEAU

Un Loup tout gris, fin et malicieux[1]
Et un Agneau tout simple et débonnaire
Dans un ruisseau plaisant et gracieux
Buvaient tous deux selon leur ordinaire,
L'Agneau à val et le vieux Loup à mont,
Qui en fureur provoqué et semond[2]
Dit à l'Agneau : « Pouquoi troubles-tu tant
Ce beau ruisseau où me viens ébattant ? »
L'Agneau répond non pas à la volée[3] :
« Certes, Seigneur, je n'ai point l'eau troublée,

1. Méchant, mauvais. 2. Incité. 3. Non inconsidérément.

Je suis dessous et au-dessus vous êtes.
— Ton père un jour me fit telles molestes,
Ce dit le Loup, et pour lui tu mourras ;
Rien n'y vaudront prières et requestes,
À ce ruisseau jamais tu ne boiras. »

Lors l'étrangla nonobstant sa défense,
Là n'eut pouvoir juste allégation :
Ainsi les grands, sans qu'on leur fasse offense,
Font aux petits injuste oppression ;
Par quelque dol ou cavillation[1],
Par haut parler, par force ou par richesse
L'homme malin l'innocent tue et blesse ;
En telle ardeur de convoitise il entre
Que de ses biens se nourrit et engraisse,
Et de son sang se repaît à plein ventre.

1. Par quelque tromperie ou mauvaise chicane.

Théodore de Bèze

POEMATA

XVIII
*EPITAPHIUM STEPHANI DOLETI AURELII**

Ardentem medio rogo Doletum
Cernens Aonidum chorus sororum,
Carus ille diu chorus Doleto,
Totus ingemuit ; nec ulla prorsus
E sororibus est reperta cunctis,
Naias nulla, Driasue, Nereisue,
Quae non vel lachrymis suis, vel hausta
Fontis Pegasei studeret unda,
Crudeles adeo domare flammas.
Et jam totus erat sepultus ignis ;
Iam largo madidus Doletus imbre
Exemptus poterat neci videri :
Cum caelo intonuit seuerus alto
Diuorum pater ; et velut peraegre
Hoc tantum studium ferens sororum :
« At cessate, ait, et nouum colonum
Ne diutius inuidete caelo :
Caelum sic meus Hercules petiuit. »

[Traduction :

D'ÉTIENNE DOLET, D'ORLÉANS

Voyant Dolet brûler au milieu du bûcher,
les Muses firent chœur, ces Muses qu'il aima,
se mettant à gémir ; il n'en était aucune
parmi toutes ces sœurs, aucune Néréide
ni aucune Naïade, ou aucune Dryade,
qui de l'eau de Pégase ou de ses propres larmes
ne cherchât à dompter ces flammes tant cruelles.
Déjà le feu semblait étouffé sous les eaux,
et déjà, sous la pluie, entièrement trempé,
Dolet semblait pouvoir échapper à la mort.
Mais des hauteurs du ciel, une voix fort sévère
résonna : c'était lui, le père de tous dieux,
fâché de ces efforts déployés par les sœurs.
« Cessez donc ! leur dit-il, ce nouvel habitant,
n'essayez plus du tout de le ravir au ciel.
Car le Ciel, c'est ainsi qu'Hercule l'a gagné. »

LXX

*AD FIBULAM CANDIDAE**

Quaeso, fibulula illa, fibula illa,
Quae pectus dominae meae coerces,
Quae sinum niueum, measque flammas,
Illos quae globulos duos rubentes
Intra caeca iubes manere claustra :
Quaeso, fibula, ne mihi misello,
Istis ne miseris meis ocellis
Thesaurum hunc niueum inuidere pergas.
Nam quid commeruisse, quid patrasse
Pectus hoc niueum, sinusque candens,

Dignum carcere, vinculisque possit ?
Non cernis, rogo, non vides ut illae
Mammae, isti globuli duo laborent
Luctantes auide, suoque pulsu
Testentur, sibi non placere claustra ?
Non times, rogo, fibula, ista ne nix
Liquatur, nimio calore cocta ?
Pergis, fibula ? pergis innocentes
Intra vincula continere mammas ?
Meas divitias, opes, talenta
Non vis reddere, fibula ? At iubebit
Hoc tandem Venus ipsa : quippe et illam
Ausa es, pessima, vulnerare nuper,
Cum Martem cuperet suauiari.
Haec illa est Cytheræa, quae iubebit
Thesaurum hunc oculis meis patere,
Thesaurum hunc manibus meis patere,
Quem nunc inuidia premente celas.
Tunc tu, fibulula illa, fibula illa
Quae pectus Dominae meae negabas,
Ipsis sordida sordibus tegeris.

[Traduction :

À L'AGRAFE DE CANDIDE

De grâce, chère agrafe, agrafe, douce agrafe,
agrafe qui retiens le sein de ma maîtresse,
la neige de sa gorge et les feux de mon cœur,
agrafe qui retiens ces deux globes vermeils,
tous les deux prisonniers d'une aveugle prison.
De grâce, chère agrafe, à l'amant misérable,
aux yeux infortunés, mes yeux, mes tristes yeux,
cesse de refuser ce trésor de blancheur :
quel mal ont donc pu faire et quel crime accomplir
cette gorge de neige et ce sein éclatant,

qui puisse mériter la prison et les chaînes ?
Ne vois-tu pas hélas, agrafe, ces tétins,
ces globes qui tous deux ne cessent de souffrir,
dans leur lutte acharnée, dans ce choc continu,
témoignant, prisonniers, de leur grand déplaisir ?
Ne crains-tu pas, dis-moi, que cette neige enfin
fonde sous la cuisson d'un excès de chaleur ?
Tu continues, agrafe ? et ces pauvres tétins,
tu retiens prisonniers ces tétins innocents ?
Mes richesses, mes biens, mes lingots, mes trésors,
tu ne veux me les rendre, agrafe ? Cependant,
c'est Vénus à la fin qui t'y obligera,
car méchante, autrefois, tu osas la blesser,
cependant qu'avec Mars elle s'abandonnait.
C'est elle, Cythérée, qui te donnera l'ordre
De révéler enfin à mes yeux ce trésor,
De révéler enfin à mes mains ce trésor,
que tu caches ainsi d'une jalouse haine.
Alors, ma douce agrafe, agrafe, chère agrafe,
toi qui me refusais le sein de ma Maîtresse,
immonde, tu seras couverte d'immondices.]

XC
*THEODORUS BEZA, DE SUA IN CANDIDAM ET AUDEBERTUM BENEVOLENTIA**

Abest Candida : Beza, quid moraris ?
Audebertus abest : quid hic moraris ?
Tenent Parisii tuos amores,
Habent Aurelii tuos lepores,
Et tu Vezeliis manere pergis,
Procul Candidulaque, amoribusque,
Et leporibus, Audebertuloque ?
Immo, Vezelii, procul valete,
Et vale pater, et valete fratres :

Namque Vezeliis carere possum,
Et carere parente, et his, et illis :
At non Candidula, Audebertuloque.
Sed utrum, rogo, praeferam duorum ?
Utrum inuisere me decet priorem ?
An quenquam tibi, Candida, anteponam ?
An quenquam anteferam tibi, Audeberte ?
Quid si me in geminas secem ipse partes,
Harum ut altera Candidam reuisat,
Currat altera versus Audebertum ?
At est Candida sic auara, noui,
Ut totum cupiat tenere Bezam ;
Sic Bezae est cupidus sui Audebertus,
Beza ut gestiat integro potiri :
Amplector quoque sic et hunc et illam,
Ut totus cupiam videre utrumque,
Integrisque frui integer duobus.
Praeferre attamen alterum necesse est :
O duram nimium necessitatem !
Sed postquam tamen alterum necesse est,
Priores tibi defero, Audeberte :
Quod si Candida forte conqueratur,
Quid tum ? basiolo tacebit imo.

[Traduction :

THÉODORE DE BÈZE : SON AFFECTION POUR CANDIDE ET AUDEBERT

Candide n'est pas là : Bèze, pourquoi rester ?
Audebert est absent : pourquoi rester ici ?
Paris a ton amante, Orléans ton plaisir,
et toi, tu veux rester ici, à Vézelay,
loin de Candide, la mignonne, ton amour,
et loin de ton plaisir, Audebert, ton mignon !
Allons donc ! Vézelay, adieu, à tout le monde,

adieu, mon père, adieu, adieu aussi mes frères :
car, je puis me passer de Vézelay, ma ville,
me passer de mon père et des uns et des autres,
mais non de mes mignons, Candide et Audebert.
Mais je voudrais savoir qui des deux je préfère,
à qui dois-je accorder ma première visite ?
Puis-je te préférer quiconque, ma Candide ?
Puis-je, cher Audebert, te préférer personne ?
Et si je me coupais en deux parties égales ?
La première partie s'en irait voir Candide,
et l'autre s'en irait retrouver Audebert.
Mais Candide est avare, et certes, je le sais :
elle veut posséder son Bèze tout entier ;
et de son Bèze aussi Audebert est jaloux :
il veut le posséder lui aussi tout entier.
C'est pourquoi je m'en vais embrasser l'un et l'autre,
désireux de les voir tout entier, tous les deux,
de jouir tout entier des deux entièrement.
Mais il faut cependant préférer l'un ou l'autre :
Cette nécessité me paraît trop cruelle !
Mais s'il faut à la fin préférer l'un des deux,
c'est toi, cher Audebert, des deux, mon préféré :
et si jamais Candide entend se plaindre à moi,
d'un baiser doux et long, je lui ferme la bouche.]

ABRAHAM SACRIFIANT

SATAN, *en habit de moine**

Je vais, je viens, jour et nuit je travaille,
Et m'est avis, en quelque part que j'aille,
Que je ne perds ma peine aucunement.
Règne le Dieu en son haut firmament,
Mais pour le moins la terre est toute à moi,

Et n'en déplaise à Dieu ni à sa Loi.
Dieu est aux cieux par les siens honoré :
Des miens je suis en la terre adoré,
Dieu est au ciel : et bien, je suis en terre.
Dieu fait la paix, et moi je fais la guerre.
Dieu règne en haut : et bien, je règne en bas.
Dieu fait la paix, et je fais les débats[1].
Dieu a créé et la terre et les cieux :
J'ai bien plus fait : car j'ai créé les dieux.
Dieu est servi de ses Anges luisants,
Ne sont aussi mes Anges reluisants ?
Il n'y a pas jusques à mes pourceaux
À qui je n'aie enchâssé les museaux.
Tous ces paillards, ces gourmands, ces ivrognes
Qu'on voit reluire avec leurs rouges trognes,
Portant saphirs, et rubis des plus fins,
Sont mes suppôts, sont mes vrais Chérubins.
Dieu ne fit onc chose tant soit parfaite,
Qui soit égale à celui qui l'a faite :
Mais moi j'ai fait, dont vanter je me puis,
Beaucoup de gens pires que je ne suis.
Car quant à moi je crois et sais très bien
Qu'il est un Dieu, et que je ne vaux rien :
Mais j'en sais bien à qui totalement
J'ai renversé le faux entendement,
Si que les uns (qui est un cas commun)
Aiment trop mieux servir mille dieux qu'un,
Les autres ont fantaisie certaine
Que de ce Dieu l'opinion est vaine.
Voilà comment depuis l'homme premier[2]
Heureusement[3] j'ai suivi ce métier,
Et poursuivrai, quoi qu'en doive advenir,
Tant que pourrai cet habit maintenir.
Habit encor en ce monde inconnu,

1. Disputes. 2. Adam. 3. Avec succès.

Mais qui sera un jour si bien connu,
Qu'il n'y aura ni ville ni village
Qui ne le voie à son très grand dommage.
Ô froc, ô froc, tant de maux tu feras,
Et tant d'abus en plein jour couvriras !
Ce froc, ce froc un jour connu sera,
Et tant de maux au monde apportera,
Que si n'était l'envie dont j'abonde,
J'aurais pitié moi-même de ce monde.
Car moi qui suis de tous méchants le pire,
En le portant moi-même je m'empire [...].

☆

SATAN*

Ennemi suis de Dieu et de nature,
Mais pour certain cette chose est si dure,
Qu'en regardant cette unique amitié
Bien peu s'en faut que n'en aie pitié.

ABRAHAM

Hélas Isac !

ISAAC

Hélas père très doux,
Je vous supplie, mon père, à deux genoux,
Avoir au moins pitié de ma jeunesse.

ABRAHAM

Ô seul appui de ma faible vieillesse !
Las mon ami, mon ami, je voudrais

Mourir pour vous cent millions de fois,
Mais le Seigneur ne le veut pas ainsi.

ISAAC

Mon père hélas, je vous crie merci.
Hélas, hélas, je n'ai ni bras ni langue
Pour me défendre, ou faire ma harangue!
Mais, mais, voyez, ô mon père, mes larmes,
Avoir ne puis ni ne veux autres armes
Encontre vous : je suis Isac, mon père,
Je suis Isac, le seul fils de ma mère :
Je suis Isac, qui tiens de vous la vie :
Souffrirez-vous qu'elle me soit ravie ?
Et toutefois, si vous faites cela
Pour obéir au Seigneur, me voilà,
Me voilà prêt, mon père, et à genoux,
Pour souffrir tout, et de Dieu, et de vous.
Mais qu'ai-je fait, qu'ai-je fait pour mourir ?
Hé Dieu, hé Dieu, veuille me secourir !

PSAUMES

PSAUME XLVII*

Cantique de réjouissance, chanté quand l'Arche fut posée en Jérusalem, laquelle était le témoignage de l'alliance faite avec le Seigneur, et par même moyen en figure de la venue de Jésus-Christ en son Église, par lequel

Dieu est réconcilié aux hommes. Par quoi le Prophète passe plus outre, déclarant qu'en cette alliance seraient compris non seulement les Juifs, mais aussi les empires et plus puissants royaumes de la terre, qui connaîtraient le vrai Dieu pour leur Souverain Seigneur et Roi.

Sous notre pouvoir
Il nous fera voir
Les peuples battus :
Peuples abattus,
Et humiliés
Mettra sous nos pieds.
C'est lui qui à part
A mis notre part,
De Jacob l'honneur :
Auquel le Seigneur
S'est montré sur tous
Amiable et doux.
Or donc le voici,
Qui s'en vient ici,
À grands cris de voix :
À son de hautbois,
Voyons arrivant
Le grand Dieu vivant.
Chantez-moi, chantez
De Dieu les bontés :
Chantez, chantez-moi
Notre puissant Roi :
Car il est le Dieu
Régnant en tout lieu.
Sages et discrets[1],
Chantez ses secrets :
Car tous les gentils
Tient assujettis,

1. Capables de discernement.

uers De tout l'v ni uers.

Sous

Au trône monté
De sa sainteté.
    Les princes puissants,
S'assujettissant,
Vers lui sont venus,
Pour être tenus
Peuple du Dieu saint
Qu'Abraham a craint.
    Car Dieu en sa main,
Comme Souverain
De ce monde entier,
Porte le bouclier
Élevé sur tout
Jusqu'au dernier bout.

Louis des Masures

L'ÉNÉIDE DE VIRGILE,

PRINCE DES POÈTES LATINS, TRANSLATÉE DE LATIN EN FRANÇAIS*

Dieux qui tenez de tant d'âmes là-bas
L'empire haut : vous âmes taciturnes,
Chaos ensemble aux ténèbres nocturnes,
Et Phlégéthon, lieux de silence coie,
De déclarer autorisé je sois
Ce qu'ai ouï, par vous me soit licite
Que tant de cas je découvre et récite
Qui sont plongés de la grand'terre au fond,
Et sous l'obscur des abîmes profonds.
Or allaient-ils sous la nuit seule et sombre,
D'obscurité couverts, par l'épaisse ombre.
Du Roi Pluton par les vides manoirs,
Par les pays et règnes creux et noirs.
Ainsi qu'au temps d'une incertaine lune,
Quand la lumière est fort anguste et brune,
On va parmi un grand bois ténébreux,
Étant déjà couvert d'un air ombreux
Par Jupiter, le ciel qui plus ne luit,
Et la couleur ôte aux choses la nuit[1].
Devant l'entrée, à la gueule première
De l'Orque ouvert, la plaine coutumière
À son repaire, et le vengeur souci.

1. Inversion du sujet : la nuit ôte la couleur aux choses.

La maladie infirme et pâle aussi,
Vieillesse triste et frémissante crainte,
Et faim, souvent à mal faire contrainte,
Orde[1] indigence y est, faces énormes,
Et à les voir, pour vrai, terribles formes,
Mort, et labeur, et le dur somme ensemble,
Parent de mort à qui bien il ressemble,
L'éjouissance au cœur d'un malin veuil[2].
Puis guerre y est la mortifère, au seuil
Sur l'opposite, et les couches de fer
Des dires[3] sœurs Euménides d'enfer,
Pareillement s'est mise et arrangée
En cet endroit, la discorde enragée,
Qui ses cheveux serpentins tout autour
Reliés porte en un sanglant atour.

ÉPITAPHE DE DIANE BAUDOIRE, SA FEMME

Diane, en couche, se sentant
De la rude mort assaillie,
Et déjà du tout lui étant
La vive parole faillie[4] :
À son mari de main pâlie

Montre un beau fils, produit à l'heure,
Comme voulant dire « Ne pleure
Avecques l'adieu d'un baiser,

1. Sale. 2. Volonté. 3. Terribles. 4. Ayant presque perdu l'usage de la parole.

Ce bel enfant qui te demeure,
Sera pour ton deuil apaiser. »

DAVID COMBATTANT*

SATAN

Je veille sans séjour : toujours je suis en quête.
Je fais sur les mortels mainte heureuse conquête.
J'ai sur le monde entier merveilleuse puissance,
Qui tout et près et loin me rend obéissance.
Prince suis de ce monde, et du Roi supernel[1]
Je suis, régnant en bas, ennemi éternel.
Dieu est en son armée au ciel entre ses Anges :
Moi, je suis au milieu de mes monstres étranges,
En cette terre basse, auxquels est en tout lieu
La sacrée avarice, et leur ventre pour dieu.
Leur dieu, leur dieu je suis. Dieu a les âmes saines
De ses élus, et j'ai mes illusions vaines.
Dieu règne en la lumière, et en la Vérité :
Je suis régnant au faux, et en l'obscurité.
Immuable il se tient : moi, qui à lui m'oppose,
Je fais, dont je me ris, mainte métamorphose,
Si qu'obscur, imitant ma dignité première,
Souvent je me transforme en Ange de lumière,
Dont je fais mille maux : et accroire je donne
Que souvent, sous abus d'une intention bonne,
À Dieu désobéir, ce soit à Dieu complaire,

1. Supérieur, céleste.

Que mal semble être bien, bien n'être au mal contraire,
Dont le monde se range à son opinion.
Et souvent Israël de son Dieu l'union
A par moi délaissée, abusé de faux songes,
De visages masqués, de fables, de mensonges [...].

☆

DAVID

Je vois du Philistin la stature orgueilleuse.
Sans toi, mon Dieu, mon Roi, me serait périlleuse
La bataille entreprise, et n'aurais qu'espérer[1],
S'il fallait des humains les forces conférer[2].
Il est grand sans mesure, et je suis enfant tendre.
Armé d'airain luisant je le vois là m'attendre,
Je n'ai qu'un rocher simple : il tient la hache au poing.
Il a glaive et pavois[3], moi pour tirer de loin,
J'ai seulement ma fronde, et ma faible houlette.
Il semble le lion, moi la brebis seulette.
Mais, ô Dieu tout-puissant, non en ma force, non,
Je ne viens, ni m'y fie : ains[4], Seigneur, en ton nom,
En toi seul suis-je fort, soutenant ta querelle.
Invincible est quiconque entre au combat pour elle.

GOLIATH

Est-ce le combattant que l'on m'envoie ici ?
Est-ce pour un berger ? est-ce pour tout ceci
Que j'ai tant attendu ? Ce poil blond reluisant,
Ce visage douillet, mieux lui serait duisant[5]
Se parfumer le chef de musc, de myrrhe, et d'ambre,

1. Je n'aurais rien à espérer. 2. Comparer. 3. Grand bouclier long.
4. Mais. 5. Approprié.

Faire aux dames l'amour[1] au requoi[2] d'une chambre,
Ou, puisqu'il est berger, au flageolet[3] s'ébattre,
Que venir en campagne un Goliath combattre.
Or viens çà, pastoureau. Qui t'envoie ? es-tu ivre ?
Es-tu privé de sens, ou ennuyé de vivre ?
Qui te meut de venir ?

DAVID

C'est afin que j'allège
Israël, par ton sang maudit et sacrilège.

GOLIATH

Ô le fort combattant, pour à force alléger
La peine d'Israël ! Mais çà, dis-moi, berger,
Me tiens-tu pour un chien, que des pierres tu portes,
Ensemble ce bâton ? Viens, qu'avec ces mains fortes
Je démembre ton corps : combien que[4] point de compte
Je ne fasse de toi, et que ce me soit honte
Toucher chose qui m'est en estime de rien,
Si[5] seras-tu viande aux oiseaux et aux chiens.

DAVID

Tu as bel aboyer, mâtin, que je tiens pire
Qu'un chien vil enragé : car (je te le veux dire)
Tu as, ô malheureux, défié notre armée,
Qui est du Dieu vivant. Tu as la main armée,
Tu as la hache au poing, tu as glaive et pavois :
Moi, garni seulement des armes que tu vois,
Je viens au nom de Dieu, du Dieu des exercites[6],
Du grand Dieu d'Israël, contre qui trop petites
Sont les forces de toi. Par lui, comme une bête,

1. Faire la cour. 2. Coin. 3. Sorte de flûte à bec. 4. Bien que.
5. Cependant. 6. Dieu Sabbaoth, dieu des armées.

Tu viendras en mes mains, et t'ôterai la tête.
Par lui ferai les corps des Philistins méchants
Paître aux oiseaux du ciel, et aux bêtes des champs,
Afin que près et loin sache la terre toute
Qu'Israël a un Dieu, et qu'ici nul ne doute
Que notre Dieu puissant, non par glaive ni lance,
Donne victoire aux siens, mais par autre vaillance,
Dont tes gens aujourd'hui en ruine cherront :
Mais premier dessous moi tomber ils te verront,
Et le verra ensemble Israël à ses yeux.

GOLIATH

Que maudit à jamais sois-tu de tous nos dieux.
Or[1] va sous les enfers.

Il le pense frapper de sa hache, et faut d'atteinte.

DAVID

Il a failli son coup.

GOLIATH

Me feras-tu tourner, et retourner beaucoup ?
Si[2] t'aurai-je.

DAVID

Il s'oublie : il est tout aveuglé
De fureur : il se perd : son pas est déréglé.
Seigneur, dresse ma main.

David tire son coup. Goliath tombe avec la pierre au front. David court, et se met sur lui.

1. Maintenant. 2. Cependant.

TROUPE D'ISRAËL

Victoire en Dieu.

DEMIE TROUPE D'ISRAËL

Victoire.

TROUPE PHILISTINE

Tout est perdu.

L'ÉCUYER

Fuyons.

DEMIE TROUPE PHILISTINE

Fuyons ce territoire.

GOLIATH, *par terre.*

Je dépite le ciel : je dépite et déteste
En mourant, s'il est rien de déité céleste.
Le père soit maudit, maudite soit la mère
Dont je fus onques né, pour souffrir mort amère.
Maudit soit Israël, maudite soit ma race,
Quand il faut qu'en ce point un berger me terrasse.

Cependant David lui tire son épée, et lui en coupe la tête.

DAVID, *tenant la tête coupée.*

À toi, Seigneur, qui ton peuple visites,
Soit à toi seul, ô Dieu des exercites,
À toi, qui es mon glaive et mon écu,

À toi, qui as le Philistin vaincu,
À toi, qui mets les ennemis en route[1],
Honneur sans fin, gloire et puissance toute :
Qui le petit et humble oublié n'as,
Qui du plus grand l'orgueil as rué bas,
Qui les hauteurs et puissances humaines
En un instant à rien réduis et mènes.
C'est à toi seul, non à moi, qui rien suis,
Toi, en qui tout, et sans qui rien ne puis,
C'est à toi seul, mon Dieu, ma force, à toi,
C'est toi à qui la victoire je dois.
Qu'à te louer à jamais s'habilite
Et vive en toi ton peuple Israélite.

1. Déroute.

Étienne Forcadel

DISSENSION DES QUATRE ÉLÉMENTS

SUR LEUR PRÉÉMINENCE,
AVEC L'ORDONNANCE DE DIEU,
À CHARLES MONSIEUR FILS DU ROI CHARLES 9e*

LA TERRE

La Terre suis, la plus sûre et constante
Des éléments, tout bon fruit produisant.
De moi forma la Déité puissante
Un Dieu mortel plus que l'or reluisant.
J'ai en mon cœur trésors, pierres élites[1]
Et sur mon corps, cités, tours et limites,
De qui[2] le rond et circuit des Cieux,
Qui honteux sont au printemps gracieux,
Comme mal pairs[3] à ma verte louange.
J'ai plains[4] et monts, et bois solacieux[5].
Donques sous moi tous les plus hauts je range.

1. Pierres précieuses. 2. Sous-entendre « provient ». 3. Mal appariés. 4. Plaines. 5. Agréables.

L'EAU

Terre, j'ai l'or, corail, la perle ronde,
L'un et l'autre ambre, et vaincs le feu ardent.
Le beau dauphin se crêpe[1] sous mon onde,
En haute mer mes voiles regardant.
Par mon effet, ton pré rit et fleuronne,
Et sur tes rocs ma fontaine résonne.
Au ciel je monte, et du ciel je descends,
Rosée, neige, en moyens bien deux cents.
Les nus poissons je couvre en la froidure
De fin cristal, comme fleur qui mieux sens
Dans le jardin de la mère Nature.

L'AIR

Tant délié je suis de mon essence,
Qu'œil ne me peut bonnement accointer[2].
La fière mer je fais par violence
D'un tourbillon çà et là tourmenter.
Un seul moment sans moi nul ne peut vivre.
Le corps mortel à la terre se livre ;
L'esprit est d'air, et au ciel destiné.
Maint oiselet en moi s'est promené,
Et si[3] conçois vents, nues, et tonnerre,
Ou serein suis comme argent affiné,
Ce qui me fait gloire sur vous acquerre[4].

1. S'agite. 2. Connaître, reconnaître. 3. Pourtant. 4. Acquérir.

LE FEU

Ha, dit le Feu, le souverain des Dieux
Bien aperçut mon los inconvincible[1] :
Plus haut me mit, plus beau, plus radieux,
Plus près des Cieux, connu mais invisible.
Foudre, soleil, et l'enfer détestable
De mon pouvoir ont le leur admirable.
À tous je rends le goût plus savoureux.
Le venin chasse et l'hiver froidureux.
Consumer puis par rigueur la machine
Du monde rond ; en ce jour dangereux
Il apparra[2] que je suis le plus digne.

DIEU

Quand je créai ce qui est un grand œuvre,
Lune, Soleil, Astres au firmament,
Mer, Terre, Feu, Air, et Ciel qui tout cœuvre[3],
Par un discord accord fis proprement.
La harpe d'or de sacre destinée
Tel harmonie a sur vous ordonnée.
Feu, tu serais sans l'onde ruiné.
L'eau, élément liquide, abandonné
Des autres trois, en vain prince se vante.
Bref, ensuivez ce qu'ai prédestiné.
Souvent de trop chacun se mécontente.

1. Ma louange insurmontable. 2. Apparaîtra. 3. Couvre.

ENCOMIE DE L'ŒIL,

À FAÇON D'ÉNIGME*

À Monsieur de Lansac

Vous qui savez quelles sont mes valeurs,
Et qui voyez mon rond de trois couleurs,
Écrivez-moi comme je suis au long,
Car je vois tout et si[1] ne me vis onc.
Çà et là cours, sans pieds suis et sans voix.
J'ai ma maison moins grande qu'une noix,
Sous un bel arc qui est de poil bâti.
J'ai un voisin de mêmes assorti,
De teint pareil, et même portraiture,
Qui comme moi en miroir se figure.
Je dis miroir naturel cristallin.
J'ai un pouvoir sorcier assez malin.
Sans fer, esprits, herbe, pierre, ni charmes,
Ennemi sent le divin de mes armes :
Je dis divin, car suis fait en tel art
Que presque j'ai une âme tout à part.
Par grand douleur me réduis en fontaine,
Autant en fais si grande joie me mène ;
J'outre le fond, sans moiteur, des rivières,
Et dans les cœurs mets les amours premières.
Sans les toucher mieux au tendre les touche
Que le trait d'or d'Amour, qui se rebouche.
Je perce encor les sept hautes planètes,
Et le ciel peint à la nuit de bluettes[2],
Si que sans moi l'astrologie est vaine.
Sur terre et mer en instant me promène.
Je n'aperçois aucun autre élément.

1. Cependant. 2. Petites étincelles.

Chaud ou froideur je ne crains bonnement.
L'esprit entend, après moi qui tant vaux,
Le vrai savoir de sept arts libéraux.
Sans qui[1] tout teint exquis est sans valeur,
Soit célestin, soit d'or ; toute couleur
Seul me délecte, et me peint, comme Flore
Ses prés éteints les émaille et restaure
En mille fleurs, sur lesquelles je vole,
Et leur beauté peu ou point ne viole.
Rien ne me peut assouvir en ce monde.
Si onc advient qu'à dormir je me fonde,
Je tue cil qui avec moi repose,
Ou, pour le moins, comme mort je l'expose.
Et quand je meurs, je fais là mon tombeau,
Où paravant j'ai vécu clair et beau.

1. Et sans moi (relatif de liaison).

Pontus de Tyard

ERREURS AMOUREUSES*

SONNET

Quelqu'un voyant la belle portraiture
De ton visage en un tableau dépeinte,
S'émerveillait de chose si bien feinte
Et qui suivait de si près la nature.

Hélas (pensais-je) Amour par sa pointure
A mieux en moi cette beauté empreinte,
Cette beauté tant cruellement sainte
Que, l'adorant, elle me devient dure :

Car ce tableau par main d'homme tracé
Au fil des ans pourrait être effacé
Ou obscurci, perdant sa couleur vive ;

Mais la mémoire empreinte en ma pensée
De sa beauté ne peut être effacée
Au laps du temps, au moins tant que je vive.

CHANT

J'ai passé plusieurs ans du temps de ma jeunesse
Sans connaissance avoir de deuil[1] ou de tristesse :
Lors était ma pensée
De toute affection délivre[2] et dispensée.

Sans passion d'esprit en ce temps-là j'étais,
Mon regard franchement[3] en tout lieu je jetais ;
Et moins de liberté
N'avait, que mes deux yeux, ma franche volonté.

Mais les Dieux envieux de mon aise et repos
M'attitrèrent un jour un archer à propos,
Qui, décochant sa flèche
Et tirant à mon cœur, lui fit piteuse brèche.

L'outrage qu'il a fait à mon cœur martyré,
De regret infini à la mort m'a tiré ;
Et m'est cette mort telle
Que mourant je suis vif en douleur immortelle.

Au moins si j'espérais aucun allègement,
L'espérance serait soulas[4] à mon tourment ;
Et la douteuse attente
Mettrait quelque confort au mal qui me tourmente.

Mais mon cœur trop navré[5] est privé de pouvoir,
Voire d'oser encor à son grief mal pourvoir ;
Et si sait[6] la manière
Pour retourner en bref en sa santé première.

1. Douleur. 2. Libre. 3. Librement. 4. Soulagement. 5. Blessé.
6. Et pourtant il sait.

Il faut (me dit Amour, Amour qui fit la plaie)
Qu'avant que de santé bonne espérance j'aie,
En tel endroit je blesse
Une Dame sans pair et mortelle Déesse.

Et pour l'atteindre au lieu où doit être blessée,
Me faut viser au cœur et poindre sa pensée,
Et qu'elle sente ainsi
Un pareil deuil au mien et un pareil souci.

Alors elle pourra par son deuil mesurer
Combien elle m'a fait de travail endurer
En sa dure prison ;
Et, pour avoir santé, m'octroira guérison.

Mais, las, de quoi me sert d'avoir la connaissance
Du moyen de guérir, s'il n'est en ma puissance
De recouvrer et prendre
Ce qui peut ma santé en un instant me rendre ? […]

SONNET

Luth, sûr témoin et fidèle confort[1]
De mes soupirs et travaux languissants,
De qui souvent les accords ravissants
M'ont fait souffrir en mourant double mort,

Tu as longtemps avec moi plaint le tort
Des deux doux yeux, soleils éblouissants,
Qui, d'éclairer mes ténèbres puissants,
Me refusaient le fruit de leur effort.

1. Réconfort.

Va, bienheureux ; et si ces blanches mains
Et si ces bras célestement humains
Te daignent tant honorer de te prendre,

Soient en tes sons si doucement déduits[1]
Les coutumiers accords de mes ennuis
Que mon amour elle puisse comprendre.

SONNET

Sont-ce ces prés où ma Déesse affable,
Comme Diane allégrement troussée,
Chantait un chant de ma peine passée
Et s'en rendait soi-même pitoyable ?

Est-ce cet Orme où d'un ris amiable[2],
Disant : « Adieu, gloire de ma pensée »,
Mignardement à mon col enlacée,
Elle me fut d'un baiser favorable ?

Et da, où est (ô prés défleurés) donc
Le beau tapis qui vous ornait adonc
Et l'honneur gai (Orme) de ta verdure ?

Languissez-vous pour ma Nymphette absente ?
Donques sa vue est-elle assez puissante
Pour, comme moi, vous donner nourriture ?

1. Exposés, développés. 2. Aimable.

RECUEIL DES NOUVELLES ŒUVRES POÉTIQUES

SONNET

Père du doux repos, Sommeil père du songe,
Maintenant que la nuit, d'une grande ombre obscure,
Fait à cet air serein humide couverture,
Viens, Sommeil désiré, et dans mes yeux te plonge.

Ton absence, Sommeil, languissamment allonge
Et me fait plus sentir la peine que j'endure.
Viens, Sommeil, l'assoupir et la rendre moins dure,
Viens abuser mon mal de quelque doux mensonge.

Jà le muet Silence un escadron conduit
De fantômes ballant[1] dessous l'aveugle nuit,
Tu me dédaignes seul qui te suis tant dévot !

Viens, Sommeil désiré, m'environner la tête,
Car, d'un vœu non menteur, un bouquet je t'apprête
De ta chère morelle et de ton cher pavot.

1. Dansant.

Jacques Peletier

L'AMOUR DES AMOURS

XIV*

Comme un contraire est joint à son divers,
Le chaud le froid, le sec l'humeur maintient ;
Le bien le mal, le fort le faible tient ;
Et tout ensemble accomplit l'Univers :

Ainsi Amour, soit loyal, soit pervers,
Soit feint, soit vrai, au Royaume appartient
Du grand Esprit qui les cœurs entretient,
En illustrant le droit par le revers.

L'un en a joie, et l'autre peine et cure ;
L'un le connaît pour Dieu, l'autre le nie ;
L'un le dit fils de Vénus et Mercure,

L'autre de Mars ; l'un de Pore et Pénie.
Aux uns il est loyal et sans cautelle[1],
Tel qu'est le mien, mais il a trop haute aile.

1. Ruse.

XVI

D'elle il y a aux autres différence
Autant ou plus que n'a l'or de la mine
Tout frais extrait, que le feu examine[1],
Contre l'airain de lustre et d'apparence ;

Il se produit de sa grand'préférence,
Quand dedans soi si rondement chemine,
Infinité de traits, dont se termine
Et s'accomplit une Circonférence.

Et tout ainsi qu'en l'ardente chandelle
Les lustres clairs saillent du moins beau d'elle,
De tout son corps sort un feu circulaire,

Dont la splendeur fait des étoiles l'une ;
Et ceux en ont jugement oculaire
Qui sont vivant au-dessus de la Lune.

XLII

Ô Ciel puissant ! ô Univers immense !
Ô Tout qui es enclos en ta rondeur !
Ô hauteur claire ! ô noire profondeur !
Ô un ! ô deux, dont tout l'Œuvre commence !

Ô mouvements ! ô première semence !
Ô ! si je suis de toute la grandeur
Quelque seul point, que j'aie au moins tant d'heur
D'avoir ma part d'un seul point de clémence.

1. Éprouve.

Brûle mon feu, ô feu plus vertueux ;
Noyez mon eau, ô flots plus fluctueux ;
Revenge-moi de l'Air, ô Terre gloute[1] ;

Revenge-moi, ô Mort, de celle-là
Qui de pitié n'a une seule goutte,
Et tant se plaît à perdre ce qu'elle a.

LXXIII*

Si tu n'es Vent, Amour, donques qu'es-tu ?
En haut, en bas à ton gré tu me pousses ;
Deçà, delà m'ébranlent tes secousses ;
Je suis ton arbre, et je suis ton fétu.

Or nu je suis, or de feuilles vêtu ;
Or tu m'es coi, ores tu te courrouces ;
Or rudes sont, or tes haleines douces ;
Tu as d'éteindre et d'allumer vertu.

Tu es Zéphyr, et mes ris sont tes fleurs ;
Tu es un Austre, et tes eaux sont mes pleurs ;
Tu es Borée, et mon cœur est ta glace ;

Tu es Cécie, et ta Nue je suis.
Tu ne fais rien, bref, que le Vent ne fasse,
Fors que tu peux entrer sans t'ouvrir l'huis[2].

1. Gloutonne. 2. Sans que l'on t'ouvre la porte.

LA ROSÉE

Quand le Soleil fait les jours
Plus grands par ses longs séjours
Et que de sa lampe claire
Par l'air serein il éclaire,
Ses chauds rayons dessécheurs
Hument les moites fraîcheurs
Et font que dedans la terre
La froidure se resserre.
Puis quand sur l'humide soir
La chaleur se vient rasseoir,
La Terre peu à peu pousse
Une vapeur fraîche et douce,
Et par les conduits divers
Que le Jour avait ouverts,
Les moiteurs dehors s'émeuvent ;
Mais bien haut monter ne peuvent ;
Car la débile tiédeur
Ne peut tirer la froideur,
Qui retombe en gouttelettes,
Comme tremblantes perlettes :
Desquelles sont diaprés
Les champs, les buissons, les prés.
Mais le matin qui s'allume
À l'heure à l'heure[1] la hume,
Comme les ébats plaisants
S'en vont dès les jeunes ans,
Et la beauté virginale
Dès la tendreur matinale.

1. Sur-le-champ, aussitôt.

LE FRIMAS

Mais quand du froid la rigueur
Passe du chaud la vigueur,
Souvent la Terre évapore
Une humeur qui s'incorpore
En l'air la refroidissant
Et tôt la convertissant
En une drue gelée,
Qui Frimas est appelée.
Si haut que Pluie il n'est pas,
Ni que Rosée si bas,
Mais sur les arbres prend place,
Et en drageons il se glace ;
Car le Soleil trop lointain
Ne le peut tirer hautain,
Et contre lui sa froidure
Longuement résiste et dure.

LA LUNE*

Sœur de Phébus, la plus proche des Terres,
Ornant la nuit de noir emmantelée,
Plus que les six légèrement tu erres
L'oblique tour de la voie étoilée.
Tu reluis la plus évidente
Du Ciel, après la lampe ardente
De ton Frère, qui te renflamme,
Tous les mois, de nouvelle flamme.

Tant plus de lui te départs et t'éloignes,
Puis il te rend à luire disposée ;
Et lors ses rais en plein rond tu empoignes,
Quand tu lui es de droit fil opposée.
Puis te refait à la rapproche,
Un vide obscur, qui se recroche[1],
Demeurant claire la partie
Que tu tiens vers lui convertie.

Non que ton lustre en soit plus grand ou moindre,
Car soit qu'au loin tu sois acheminée,
Ou qu'avec lui tu te viennes conjoindre,
Tu es toujours demie illuminée ;
Et en quelque céleste place,
Tu montres toujours pleine face,
Et au regard de l'une ou l'une,
Tu es toujours en interlune.

Divers aspects, faisant du Ciel le cerne[2],
Tu vas cueillant des uns et puis des autres,
En recevant ce que chacun décerne,
Ou vents, ou froids, ou tonnerres, ou austres[3].
Or ton rond se rougit ou dore,
Ou de pâle ou blanc se colore ;
Et bref tu te montres diverse
Au gré de l'air que l'œil traverse.

Au demi-tour de ton cours luminaire
Assez souvent te nuit la Terre ombreuse,
Qui t'entrerompt la faveur ordinaire
Du Frère tien, et te rend ténébreuse ;
Et par elle tu es noircie
Comme elle est par toi obscurcie,

1. Se recourbe. 2. Tour. 3. Austers, vents du midi.

Lorsque tu viens en Diamètre
Entre elle et le Soleil te mettre.

De l'Océan la violence roide
Avecques toi en tournoyant tu vires,
Car toi étant comme lui moite et froide
Par sympathie il vire quand tu vires.
Qui plus est, il suit ta lumière
D'une mesure coutumière :
Car comme tes feux apparoissent[1],
Ses eaux appetissent ou croissent.

Des corps mouvants les moelles et veines
Sont à ton cours visiblement enclines :
Quand tu es pleine, aussi sont-elles pleines,
Et vont à moins ainsi que tu déclines.
Même quand tu te renouvelles,
Les avertineuses cervelles
À leurs intervalles reviennent
Et de ton nom leur nom retiennent.

En leurs forêts les animaux sauvages
Et les oiseaux au vague tu gouvernes ;
Les poissons muts[2], ès liquides rivages,
Les froids serpents, en leurs orbes[3] cavernes.
Et ton changeant[4] nous signifie
Le temps qui se diversifie,
Et des choses les longues suites
Par si divers chemins conduites.

1. Apparaissent. 2. Muets. 3. Sombres, obscures. 4. Ton changement.

LA SAVOIE

[PROJET ET REGRET D'UNE LOUANGE DU JARDINAGE*]

Or en ce lieu faut que je dissimule
Le désireux vouloir qui me stimule,
Et si n'était mon plus urgent projet,
Je m'ébattrais en ce joyeux sujet :
Je chanterais de l'heureux jardinage
Le grand plaisir et l'utile ménage.
Tout le premier ici serait nommé
Le Chou feuillu, et encor le pommé,
Et la Laitue en sa rondeur serrée,
Et pour l'hiver notre Endive enterrée ;
L'Hysope et Menthe et le Thym savoureux ;
Roses, Œillets, propres aux amoureux ;
La Marguerite et purpurine et blanche,
Et du haut Lis la fleur naïve et franche ;
Le Basilic et Spic[1], dont l'odeur point,
Et le Souci, dont la fleur ne faut point ;
Le Romarin, la soueve[2] Marjolaine ;
Fenouil, Anis, qui font bonne l'haleine.
Je n'oublierais le douceâtre Chervis,
La Pastenade[3] et l'Asperge avec lui ;
J'ajouterais les Citrouilles au nombre,
La Courge fade et l'humide Concombre.
Puis les Câpriers je rendrais bien plantés
Au long des Rocs, d'un long Soleil hantés.
J'apporterais en un pays étrange

1. Lavande. 2. Suave. 3. Panais.

De celle plante à Phébus consacrée,
Dont la couronne aux Poètes agrée,
J'en parlerais pour l'entretènement[1]
Du doux ombrage, et de maint ornement,
Des promenoirs, des treilles entrouvertes,
Des triples fleurs de Jossemin[2] couvertes.
De ces beautés je pourrais deviser,
Et en leurs lieux et temps les diviser :
Aux Citoyens[3] j'apprendrais leur plaisance,
Aux Laboureurs leur domestique aisance ;
Mais en ces lieux il faut avoir respect[4]
Que l'art trop grand à Nature est suspect.

1. Entretien. 2. Jasmin. 3. Citadins. 4. Considérer.

Jean Dorat

*IN D. MARGARITAM REGINAM NAVARRAE**

Qualis quadrigis raptus ab igneis
Sublime Vates in liquidum aethera
Venit, manu flammante frenos
Ignipedum moderans equorum,

Cum fulguranti lapsa Senis sinu
Vestis supinas decidit in manus
Vatis minoris, flammeosque
Visa cadens rutilare tractus

A tergo, ut olim quum ruit, aut procul
Visum superne proruere incitum
Sydus, serena nocte, longos
Pone trahens per inane sulcos,

Sic nunc amictus Margaris horridos
Grauata, fecis participes suae
Natalis, exuto veterno et
Corporeae grauitate molis,

Sublimis orbes attigit igneos,
Nitens quaternis ad Superos rotis :
Spe cum Fideque et Charitate,
Vique malae patiente sortis.

His vecta sursum Diua iugalibus,
Iam nunc beatis coetibus interest,
Regina non paruae Nauarrae,
Sed patuli solidique regni.

[Traduction de Ronsard :

Ainsi que le ravi Prophète
Dans une brûlante charrette
Haut élever en l'air s'est vu,
D'un bras enflammé, par le vide
Guidant l'étincelante bride
De ses chevaux aux pieds de feu :

Lorsque de ce Vieillard la robe
Qui du sein flambant se dérobe
Coula dans les bras attendant
Du jeune Prophète, et glissante
Par le vague fut rougissante
Loin derrière en sillons ardents :

Comme on voit une étoile émue
Qui tombe, ou qui tomber est vue
Du ciel, sous une claire nuit,
Attraînant derrière sa fuite
Une longue flambante suite
De longs traits de feu qui la suit :

Ainsi MARGUERITE fâchée
De sa robe humaine, entachée
Du premier vice naturel,
Ruant bas de prompte allégresse
Le voile engourdi de paresse
De son gros fardeau corporel :

Disposte au ciel est arrivée
Sur quatre roues élevée,
Foi, Espérance, Charité,
Et Patience dure et forte
Qui courageusement supporte
Toute maligne adversité.

D'un tel chariot soutenue
Faite Déesse elle est venue
En la troupe du Roi des Rois,
Qu'ores elle embrasse et contemple,
Reine d'un monde bien plus ample
Que n'était pas son Navarrois.]

DE REGE HENRICO

*IN EQUO VEREDO AD CALETES VECTO**

Duo viatores

— Quem tam citato fert leuis impetu
Sublimem in auras Persea Pegasus?
— Henricus est, quem fert volantem
Nunc equus ad domitos Caletes.

— Nunquid resectae Gorgonis in manu
Colla, et cruentae exuuias quatit?
— Non colla, sed raptum Medusae
Ille quatit spolium Britannae.

— Quis iunctus illi purpureo volat
Fulgens galero, et purpurea stola?
— Non tu sacrum noscis galerum
Mercurii, similesque vultus?

— Num Perseo iste Mercurius dedit
Falcatum et ensem, et verba salubria ?
— Quidni ? dedit sed fratris ensem,
Ipse suos monitus salubres.

[Traduction :

LE ROI HENRI ALLANT À CALAIS
SUR UN PALEFROI

Deux voyageurs.

— Quel est donc ce Persée que le léger Pégase
porte haut dans les airs d'une si vive allure ?
— C'est Henri qui, porté par un cheval, s'envole
aujourd'hui vers Calais réduit à soumission.
— N'est-ce pas la dépouille et la tête tranchée
de la Gorgone en sang qu'il brandit dans sa main ?
— Non, ce n'est pas ce chef que tu le vois brandir,
mais la dépouille ôtée à la Méduse anglaise.
— Qui donc s'est joint à lui et vole étincelant
sous son chapeau de pourpre et sa robe de pourpre ?
— Ne reconnais-tu pas ce chapeau consacré
et ces traits tout pareils à ceux du dieu Mercure ?
— Est-ce que ton Mercure a donné à Persée
l'épée recourbée et les mots salutaires ?
— Pourquoi non ? Mais l'épée dont il lui a fait don
est de son frère ; et siens les avis salutaires.]

Marc-Antoine Muret

ELEGIA*

Scire cupis, quae sit votorum summa meorum,
Et quae praecipue viuere sorte velim?
Non ego tecta mihi Phrygiis innixa columnis,
Diuitis aut auri pondera mille petam,
Non ab Erythraeo repetendas littore conchas,
Aut quae centenus iugera taurus aret,
Sed tecum longae traducere tempora vitae,
Securumque tuo semper amore frui.
Tunc ego purpureos possim contemnere reges,
Praeque mea sors est, dicere, vestra nihil,
Si me candidulis incinctum, vita, lacertis
In tepido teneas confoueasque sinu,
Me nunc mellitis mulcens sermonibus et nunc
Continuo fixis impete basiolis,
Semotum strepitu dominaeque tumultibus urbis,
Versantem valido pinguia rura boue.
Sic tecum, mea lux, vitae traductus inerti
Viuere si possim, nil prius esse putem.
Tecum ego per montes, tecum per deuia tesqua,
Et curram nullo per loca tacta pede :
Post, ubi currendo fuerit lassatus uterque,

Fessa in graminea membra reponet humo,
Et rursum certamen erit linguisque, labrisque,
Quae vel Chaonias vincere possit aues :
Forsitan et quiddam post basia multa sequetur,
Multo illis quod sit dulcius et melius.
Non ego tunc loculi metuam grauioris amantes.
Seruandae bona sunt rura pudicitiae :
Balnea non illic, non sunt populosa theatra,
Non quicquid mentes sollicitare potest,
Sed nemora, et placido currentes murmure riui,
Demulcensque rudi carmine pastor oues.
Porro deterior nobis cum venerit aetas,
Sparserit et cana tempora nostra niue,
Tunc curare cutem, genioque litare decebit,
Dum fuerint vitae stamina rupta meae :
Nam mea tu, sed non longum mansura superstes,
In tumulo condes ossa minuta breui :
Deinde ubi te pariter saeua mors impia falce
Laeserit, et iuris iusserit esse sui,
Quo nos, te poni tumulo mandabis eodem :
Inscriptum lapidi carmen et istud erit :
Cor fuerat binis unum, mens una, viator,
Quorum nunc unus contegit ossa lapis.

[Traduction :

Tu veux savoir quel est le plus cher de mes vœux
et quel genre de vie aurait ma préférence ?
Ce n'est pas un palais aux colonnes de marbre,
ni mille lingots d'or que j'ambitionnerais,
les coquilles qu'on va chercher dans la mer Rouge,
ou les arpents de terre que labourent cent bœufs,
mais mener bien plutôt avec toi longue vie
et jouir en sûreté toujours de ton amour.
Je pourrais, méprisant les rois vêtus de pourpre,
leur dire : « Votre sort n'est rien auprès du mien »,
si, m'entourant, ma vie, de tes jolis bras blancs,

tu me tenais et réchauffais sur ton sein tiède,
me caressant tantôt de paroles de miel
et tantôt de baisers sans fin recommencés,
tandis que, loin du bruit et de l'agitation
de la ville maîtresse, avec un bœuf puissant
je m'emploierais à labourer de grasses terres.
Si je pouvais, désoccupé, vivre avec toi,
rien ne me semblerait meilleur, ô ma lumière.
Avec toi je courrai par les monts, les déserts,
avec toi par des lieux que nul pied n'a touchés.
Puis, lorsque, de courir, tous deux nous serons las,
nous referons sur l'herbe nos membres fatigués,
pour un nouveau combat de langues et de lèvres,
que n'égaleraient pas les colombelles même.
Après mille baisers viendra peut-être chose
bien plus douce et meilleure. Alors je ne craindrai
ceux qui sont amoureux d'un endroit plus austère :
à garder la pudeur les champs sont très propices.
En ces lieux pas de bains, de populeux théâtres,
rien qui puisse venir solliciter les âmes,
mais des bois, des ruisseaux doucement murmurants,
le chant rude du pâtre enchantant ses brebis.
Puis, quand seront venues les atteintes de l'âge,
qui auront répandu sur nos tempes leur neige,
alors il me faudra prendre soin de ma peau
et faire à mon génie offrande en sacrifice,
jusqu'à ce que les fils de ma vie soient rompus.
Tu mettras (sans devoir me survivre longtemps)
dans un petit tombeau mes menus ossements.
Puis, quand la rude mort, de sa cruelle faux,
t'aura prise toi-même et soumise à sa loi,
tu voudras reposer dans le même tombeau
que moi, et sur la pierre inscrits seront ces mots :
Passant, n'eurent qu'un cœur, qu'une âme, les deux êtres
dont cette unique pierre couvre aujourd'hui les os.]

Épigrammes

VIII. *MARGARIDI**

Dum te, Margari, basiare conor,
Labris protinus inuident ocelli,
Aspectuque tui carere nolunt.
Quod si contuitu beare ocellos
Tentarim, labra protinus repugnant,
Quae ad sese iste tuus vocat, trahitque
Candor, purpureo natans in ore,
Ut ferrum Herculeus trahit lapillus.
O vis eximiae superba formae,
Quae me vel mihi dissidere cogit.

[Traduction :

À MARGUERITE

Quand je veux te donner des baisers, Marguerite,
incontinent mes yeux sont jaloux de mes lèvres
et, de te regarder, refusent qu'on les prive.
Et si j'entends leur procurer l'heur de ta vue,
incontinent voici que protestent mes lèvres,
attirées par l'éclat de ta bouche de rose,
ainsi que par l'aimant est attiré le fer.
Ô superbe pouvoir de la beauté extrême,
par qui même avec moi je suis en désaccord.]

IX. *EIDEM*

Sic age, pugnando teneri pascuntur amores,
Inuade insanis unguibus ora mihi :
Et turba nostros, audax, laceraque capillos,
Atque interiecta gaudia veste nega.
Illa etenim o quanto magis est perfecta voluptas,
Quae cupiente quidem, sed renuente venit !

[Traduction :

À LA MÊME

Allons, les doux amours se paissent de combats.
De tes ongles furieux assaille mon visage,
dérange, audacieuse, et tire mes cheveux,
et dénie par l'obstacle d'une robe ma joie.
Combien est, en effet, plus parfait le plaisir,
où désir mais refus prennent ensemble part.]

Jean Tagaut

ODE VI
LE JOUR DE CARÊME-PRENANT*

Tout le plaisir passe,
Le deuil nous menace
Qui fuit pas à pas
L'aise déréglée
Souvent aveuglée
D'un trompeur appas.

Vous qui chantez ore
Riez plus encore,
En vos gais repas :
Toujours l'importune
Volage fortune
Ne vous rira pas.

Riez sans envie,
Je ne vous envie
Ce votre bonheur :
Car plus je m'éjoie
De vous voir en joie
Et moi en douleur.

Je ne veux point être
De mon deuil le maître,
Aussi je ne puis :
Ma longue détresse
Plus et plus m'oppresse
Quand le deuil je fuis.

Ma plaie cruelle
Jà se renouvelle
Puisque le ciel rit,
À tous favorable,
Fors au misérable
Qui d'amour périt.

Or que se réveille
La joyeuse veille
Du jeûne ennuyeux,
Seul en ma chambrette
Ma flamme secrète
Je découvre aux cieux.

Je pleure, je crie,
Suivant fâcherie,
Tristesse et tourment ;
Je maudis ma vie
Qui me fut ravie
Si cruellement.

Tu me l'as emblée[1],
Tu me l'as volée
Par ton œil sorcier,
Ô dure obstinée,
Pour m'occire née
Par ton cœur d'acier.

1. Ravie.

Mais tu es, ô fière,
Serve prisonnière
D'un feint amoureux ;
C'est la récompense,
Là, c'est la vengeance
Qui me rend heureux.

Encore verrai-je,
Ainsi l'espéré-je,
Qu'il te laissera ;
Et lors abusée,
Ma dure laissée
Se repentira.

Jacques Tahureau

SONNETS, ODES, ET MIGNARDISES À L'ADMIRÉE

LXXIX*

Toute une nuit sur un lit étendu
Près ton giron, ma gaillarde Nymphette,
J'entrenouais ma friande languette
Avec ton dard mollettement tendu :

Ores[1] tout gai à ton blanc col pendu
Je remordais la rondeur fermelette
De ton beau sein, or ta cuisse grassette,
Glissant sur toi lentement éperdu :

Mais quand ce vint au point de jouissance,
Te défendant d'une aigre résistance,
Ton cœur félon me boucha ce doux pas :

Ô moi chétif[2] ! plus chétif que Tantale !
Quand d'une faim misérablement pâle
Je meurs béant auprès de mon repas.

1. Ores… or : Tantôt… tantôt. 2. Malheureux.

LXXX*

Après avoir fort longtemps pourchassé
Un doux moyen pour avec toi me joindre,
Et soulageant le mal qui me vient poindre,
Me voir aussi de tes bras enlacé :

Il s'est offert, j'ai été embrassé
De tes chaînons, dont pour mes feux éteindre
Nu contre nu tu n'as cessé d'étreindre
Mon corps chétif, pesantement lassé :

Et toutefois plus ta lascive grâce
Se variait pour échauffer ma glace,
Tant plus j'étais froidement languissant.

L'amour, hélas ! qui trop forte me dompte
M'empêche ainsi (trop misérable honte)
D'être de toi doucement jouissant.

ORAISON PLUS QUELQUES VERS

VI
CONTR'AMOUR*

Quelle fureur tenaillant les esprits
Fait tristement sangloter tant de cris

À ces sots que l'amour transporte ?
Quel vain souci dont ils vont soupirant
Les fait brûler, glacer, vivre en mourant,
Enrager de douleur si forte ?

Pauvre aveuglé, pauvre sot amoureux,
Pauvre transi, pauvre fol langoureux,
Pauvre insensé, quelle furie
Te fait ainsi languissant vainement
Passer en deuil, et combler de tourment
Ta pauvre et misérable vie ?

Mais, pauvre sot, il ne te suffit pas
En un moment sentir mille trépas
Pour ce fol amour qui t'attise,
Il faut encore en brouiller à milliers
Et mille et mille et mille vains papiers,
Témoins de ta lourde sottise :

Et puis tu dis qu'un amoureux ne peut
Se dépêtrer librement quand il veut
Des lacs qui retiennent son âme :
Tu dis que c'est un si plaisant malheur
Qu'on n'en saurait refuser la douleur,
Quoi qu'en soit cruelle la flamme :

On ne saurait de vrai la refuser
Quand de son gré l'on s'y veut abuser,
Causant soi-même son martyre :
Que peut servir au blessé le conseil
Quand dédaignant du Barbier[1] l'appareil
Lui-même ses plaies désire.

Est-ce pas bien se défaire d'un lacs
Quand s'y mêlant de jambes et de bras

1. Souvent le barbier faisait office de chirurgien.

Toujours plus fort on s'y avance?
Est-ce pas bien à bon port se ranger
Quand d'un naufrage évitant le danger
Au milieu d'un gouffre on s'élance?

Tel en son mal est l'amoureux transi,
Contre raison toujours plus endurci
Tant plus la raison le conseille :
De peur de voir, il ferme ses deux yeux,
De peur d'ouïr ses actes vicieux
Il bouche obstiné son oreille.

Remontrez-lui que tous ses beaux écrits,
Ses pleurs, soupirs, ses regrets et ses cris
Servent à sa Dame de fable,
Plus que jamais d'encre il regâtera
Et de clameurs follement jettera,
Trop plus qu'auparavant moquable.

Remontrez-lui qu'il n'est rien qui soit tant
Léger, volage, à tous sens inconstant,
Qu'est une amante en sa promesse,
De plus en plus il se lairra[1] piper,
Et, dépourvu de tout bon sens, tromper
Mal appris en l'amour traîtresse.

Remontrez-lui comme il n'est plus à soi
Et que pour prendre en son cœur tant d'émoi
Il vit sous une autre puissance,
De plus en plus en l'amour tourmenté
On le verra perdre sa liberté,
Flatté d'une vaine espérance.

Jamais la nuit il ne peut sommeiller,
Jamais le jour il ne saurait veiller

1. Laissera.

Sans penser en mille tristesses :
S'il veut aller, il ne peut faire un pas,
Et s'il s'arrête, en mille et mille hélas
Il pleure ses folles détresses.

Quand il faut rire il se fond tout en deul[1],
Il cherche autrui, il veut être tout seul,
Se bannissant de compagnie :
Il meurt de faim, il ne saurait manger,
Il courbe au faix, et ne veut s'alléger
Du pesant fardeau qui l'ennuie.

S'il veut tenir secrète sa douleur,
Un regard triste, une blême pâleur,
Une contenance égarée,
Un parler froid et fort mal assuré
Montrent assez du pauvre adoulouré[2]
L'âme d'amour alangourée[3].

Tantôt il veut ses cheveux frisotter,
Se parfumer, se tiffer[4], mignoter[5],
Polir ses mains et son visage :
Cette façon tout soudain lui déplaît,
Et, de lui-même ennemi ne se plaît
Qu'à forcener en son courage[6].

S'il aperçoit qu'un autre ait la faveur
De ses amours, lors mangé de rancœur,
Tout écumant de frénésie,
Il crèvera de son heur envieux
Et martelant son cerveau furieux
Il brûlera de jalousie.

1. Deuil. 2. Endolori. 3. Alanguie. 4. Se parer. 5. Se pomponner. 6. Qu'à sombrer dans la folie de son cœur.

Fuyons, fuyons à ces amours cuisants,
Gardons-nous bien le meilleur de nos ans
En erreurs si folles dépendre[1] :
Fuyons ces sots, leurs larmes et leurs cris,
Et travaillons à faire des écrits
Où nos neveux[2] puissent apprendre.

1. Dépenser. 2. Nos descendants.

Joachim du Bellay

L'OLIVE

X*

Ces cheveux d'or sont les liens, Madame*,
Dont fut premier ma liberté surprise
Amour la flamme autour du cœur éprise,
Ces yeux le trait, qui me transperce l'âme,

Forts sont les nœuds, âpre, et vive la flamme,
Le coup, de main à tirer bien apprise,
Et toutefois j'aime, j'adore et prise
Ce qui m'étreint, qui me brûle, et entame.

Pour briser donc, pour éteindre, et guérir
Ce dur lien, cette ardeur, cette plaie,
Je ne quiers fer, liqueur ni médecine,

L'heur, et plaisir, que ce m'est de périr
De telle main, ne permets que j'essaie
Glaive tranchant, ni froideur, ni racine.

LXI*

Allez, mes vers, portez dessus vos ailes
Les saints rameaux de ma plante divine,
Seul ornement de la terre Angevine,
Et de mon cœur les vives étincelles.

De votre vol les bornes seront telles,
Que dès l'aurore, où le Soleil décline,
Je vois déjà le monde, qui s'incline
À la beauté des beautés immortelles.

Si quelqu'un né sous amoureuse étoile
Daigne éclaircir l'obscur de votre voile,
Priez, qu'Amour lui soit moins rigoureux :

Mais s'il ne veut ou ne peut concevoir
Ce que je sens, souhaitez-lui de voir
L'heureux objet, qui m'a fait malheureux.

CXIII*

Si notre vie est moins qu'une journée
En l'éternel, si l'an qui fait le tour
Chasse nos jours sans espoir de retour,
Si périssable est toute chose née,

Que songes-tu mon âme emprisonnée ?
Pourquoi te plaît l'obscur de notre jour,
Si pour voler en un plus clair séjour,
Tu as au dos l'aile bien empennée ?

Là, est le bien que tout esprit désire,
Là, le repos où tout le monde aspire,
Là, est l'amour, là, le plaisir encore.

Là, ô mon âme au plus haut ciel guidée !
Tu y pourras reconnaître l'Idée
De la beauté, qu'en ce monde j'adore.

RECUEIL DE POÉSIE

DIALOGUE D'UN AMOUREUX ET D'ÉCHO*

Piteuse Écho, qui erres en ces bois,
Réponds au son de ma dolente[1] voix.
D'où ai-je pu ce grand mal concevoir,
Qui m'ôte ainsi de raison le devoir ? De voir.
Qui est l'auteur de ces maux advenus ? Vénus.
Comment en sont tous mes sens devenus ? Nus.
Qu'étais-je avant qu'entrer en ce passage ? Sage.
Et maintenant que sens-je en mon courage[2] ? Rage.
Qu'est-ce qu'aimer, et s'en plaindre souvent ? Vent.
Que suis-je donc, lors que mon cœur en fend ? Enfant.
Qui est la fin de prison si obscure ? Cure[3].
Dis-moi, quelle est celle pour qui j'endure ? Dure.
Sent-elle bien la douleur, qui me point ? Point.
Ô que cela me vient bien mal à point !

1. Plaintive. 2. Cœur. 3. Souci.

Me faut-il donc (ô débile entreprise)
Lâcher ma proie, avant que l'avoir prise ?
Si[1] vaut-il mieux avoir cœur moins hautain,
Qu'ainsi languir sous espoir incertain.

À UNE DAME*

J'ai oublié l'art de pétrarquiser.
Je veux d'amour franchement deviser,
Sans vous flatter, et sans me déguiser.
  Ceux qui font tant de plaintes
N'ont pas le quart d'une vraie amitié,
Et n'ont pas tant de peine la moitié,
Comme leurs yeux, pour vous faire pitié,
  Jettent de larmes feintes.

Ce n'est que feu de leurs froides chaleurs,
Ce n'est qu'horreur de leurs feintes douleurs,
Ce n'est encor' de leurs soupirs et pleurs
  Que vents, pluie, et orages.
En bref, ce n'est, à ouïr leurs chansons,
De leurs amours, que flammes et glaçons,
Flèches, liens, et mille autres façons
  De semblables outrages.

De vos beautés, ce n'est que tout fin or,
Perles, cristal, marbre, et ivoire encor,
Et tout l'honneur de l'Indique[2] trésor,
  Fleurs, lis, œillets, et roses.
De vos douceurs, ce n'est que sucre et miel,
De vos rigueurs n'est qu'aloès, et fiel,

1. Cependant il vaut mieux. 2. Indien.

De vos esprits, c'est tout ce que le ciel
Tient de grâces encloses. [...]

Pour faire fin, je vous prie excuser
Mon amitié, qui ne peut abuser,
Et mon esprit, qui ne saurait user
De plus belle harangue :
Puisque vos yeux appris à décevoir[1]
De ma parole empêchent le devoir,
Et que les miens éblouis de les voir
Font office de langue.

Si je n'ai peints mes ennuis sur le front,
Et les assauts que vos beautés me font,
Ils sont pourtant gravés au plus profond
De ma volonté franche :
Non comme un tas de vains admirateurs,
Qui font souvent par leurs soupirs menteurs
Et par leurs vers honteusement flatteurs
Rougir la carte[2] blanche.

Désormais donc (Amour) si tu m'en crois,
Adresse là ton petit arc Turquois,
Tes petits traits, et ton petit carquois
Et telles mignardises :
Présente-les à la légère foi
D'un plus savant, mais moins aimant que moi,
Qui n'ait jamais rien éprouvé de toi,
Que ces belles feintises.

Si toutefois tel style vous plaît mieux,
Je reprendrai mon chant mélodieux,
Et volerai jusqu'au séjour des Dieux
D'une aile mieux guidée.

1. Tromper. 2. Page.

Là dans le sein de leurs divinités
Je choisirai cent mille nouveautés,
Dont je peindrai vos plus grandes beautés
  Sur la plus belle Idée.

ŒUVRES DE L'INVENTION DE L'AUTEUR

LA MONOMACHIE DE DAVID ET DE GOLIATH*

[…] Ô Dieu guerrier, Dieu que je veux chanter,
Je te suppli', tends les nerfs de ma lyre :
Non pour le Grec, ou le Troyen vanter,
Mais le Berger que tu voulus élire :
Ce fut celui qui s'opposant à l'ire
Du Philistin méprisant ta hautesse,
Montra combien puissante se peut dire
Dessous ta main une humble petitesse.

Toi, qui armé du saint pouvoir des cieux
Devant l'honneur et les yeux de la France
Domptas jadis l'orgueil ambitieux,
Qui sa fureur perdit au camp d'outrance :
Puisque tu as de ce Dieu connaissance,
Qui des plus grands a la gloire étouffée,
Écoute-moi, qui louant sa puissance
Te viens ici ériger un trophée.

Le Philistin, et le peuple de Dieu
S'étaient campés sur deux croppes[1] voisines.
Ici était assis le camp Hébreu :
Là se montraient les tentes Philistines :
Quand un guerrier flambant d'armes insignes,
Sorti du camp du barbare exercite[2],
Vint défier, et par voix, et par signes
Tous les plus forts du peuple Israélite.

Vingt et vingt fois ce brave Philistin
Était en vain sorti hors de sa tente,
Et nul n'aspire à si riche butin :
Dont Saül pleure et crie et se tourmente.
Où est celui (disait-il) qui se vante
De s'opposer à si grand vitupère[3] ?
À celui-là ma fille je présente,
Et affranchis la maison de son père.

Ô Israël, jadis peuple indompté !
Où était lors cette grande vaillance,
Dont tu avais tant de fois surmonté
Les plus gaillards par le fer de ta lance ?
Las, il faut bien que quelque tienne offense
Eût provoqué la vengeance divine,
Puisque ton cœur eut si faible défense
Contre une audace et gloire Philistine.

On voit ainsi de peur se tapissant
Par les buissons les humbles colombelles,
Qui ont de loin vu l'aigle ravissant
Tirer à mont, et fondre dessus elles.
Alors ce fier avec sifflantes ailes
Ores le haut, ores le bas air tranche,

1. Collines. 2. Armée. 3. Honte.

Et craquetant de ses ongles cruelles,
Rôde à l'entour de l'épineuse branche.

Tel se montrait ce Guerrier animé :
Et qui eût vu la grandeur de sa taille,
Il eût jugé ou un colosse armé
Ou une tour démarcher en bataille.
Son corps était tout hérissé d'écaille :
D'airain était le reste de ses armes.
Le fer adonc, et l'acier, et la maille
N'étaient beaucoup usités aux alarmes.

Son heaume fut comme un brillant éclair,
Sur qui flottait un menaçant panache :
Nembroth[1] était portrait en son boucler[2] :
Sa main branlait l'horreur d'une grand'hache.
Ainsi armé, par cent moyens il tâche
Son ennemi à la campagne attraire[3] :
Mais Israël en ses tentes se cache,
Épouvanté d'un si fier adversaire. [...]

LA LYRE CHRÉTIENNE*

Moi celui-là, qui tant de fois
Ai chanté la Muse charnelle,
Maintenant je hausse ma voix
Pour sonner ma Muse éternelle.
De ceux-là qui n'ont part en elle,
L'applaudissement je n'attends :
Jadis ma folie était telle,
Mais toutes choses ont leur temps.

1. Nemrod, le fondateur de l'empire babylonien. 2. Bouclier. 3. Attirer l'ennemi sur le champ de bataille.

Si les vieux Grecs et les Romains
Des faux Dieux ont chanté la gloire,
Serons-nous plus qu'eux inhumains,
Taisant du vrai Dieu la mémoire ?
D'Hélicon[1] la fable notoire
Ne nous enseigne à le vanter :
De l'onde vive[2] il nous faut boire,
Qui seule inspire à bien chanter.

Chasse toute divinité
(Dit le Seigneur) devant la mienne :
Et nous chantons la vanité
De l'idolâtrie ancienne
Par toi, ô terre Égyptienne !
Mère de tous ces petits Dieux,
Les vers de la Lyre chrétienne
Nous semblent peu mélodieux.

Jadis le fameux inventeur
De la doctrine Académique[3]
Chassait le poète menteur
Par les lois de sa république.
Où est donc l'esprit tant cynique,
Qui ose donner quelque lieu
Aux chansons de la lyre ethnique[4],
En la république de Dieu ?

Si notre Muse n'était point
De tant de vanités coiffée,
La Sainte voix, qui les cœurs point,
Ne serait par nous étouffée.

1. Massif montagneux de Boétie, séjour des Muses, selon Hésiode. 2. Non pas l'eau de la fontaine Hippocrène, autour de laquelle se réunissaient les Muses, mais l'eau vive du Seigneur. 3. Périphrase désignant Platon. 4. Païenne.

Ainsi la grand troupe échauffée
Avec son vineux Evoé[1]
Étranglait les chansons d'Orphée
Au son du cornet enroué.

Celui-là, qui dit, que ces vers
Gâtent le naïf[2] de mon style,
Il a l'estomac de travers,
Préférant le doux à l'utile :
La plaine heureusement fertile,
Bien qu'elle soit veuve de fleurs,
Vaut mieux, que le champ inutile
Émaillé de mille couleurs.

Si nous voulons emmieller
Nos chansons de fleurs poétiques,
Qui nous gardera de mêler
Telles douceurs en nos cantiques ?
Convertissant à nos pratiques
Les biens trop longtemps occupés
Par les faux possesseurs antiques,
Qui sur nous les ont usurpés. [...]

LES ANTIQUITÉS DE ROME

III*

Nouveau venu qui cherches Rome en Rome,
Et rien de Rome en Rome n'aperçois,

1. Cri des Bacchantes. 2. Le naturel.

Ces vieux palais, ces vieux arcs que tu vois,
Et ces vieux murs, c'est ce que Rome on nomme.

Vois quel orgueil, quelle ruine : et comme
Celle qui mit le monde sous ses lois
Pour dompter tout, se dompta quelquefois,
Et devint proie au temps, qui tout consomme.

Rome de Rome est le seul monument,
Et Rome Rome a vaincu seulement.
Le Tibre seul, qui vers la mer s'enfuit,

Reste de Rome. Ô mondaine inconstance !
Ce qui est ferme, est par le temps détruit,
Et ce qui fuit, au temps fait résistance.

XIV

Comme on passe en été le torrent sans danger,
Qui soulait[1] en hiver être roi de la plaine,
Et ravir par les champs d'une fuite hautaine
L'espoir du laboureur, et l'espoir du berger :

Comme on voit les couards animaux outrager
Le courageux lion gisant dessus l'arène[2],
Ensanglanter leurs dents, et d'une audace vaine
Provoquer l'ennemi qui ne se peut venger :

Et comme devant Troie on vit des Grecs encor
Braver les moins vaillants autour du corps d'Hector :
Ainsi ceux qui jadis soulaient, à tête basse,

1. Avait l'habitude. 2. Le sable.

Du triomphe Romain la gloire accompagner,
Sur ces poudreux tombeaux exercent leur audace,
Et osent les vaincus les vainqueurs dédaigner.

XV

Pâles Esprits, et vous Ombres poudreuses,
Qui jouissant de la clarté du jour
Fîtes sortir cet orgueilleux séjour,
Dont nous voyons les reliques cendreuses :

Dites Esprits (ainsi les ténébreuses
Rives de Styx non passable au retour,
Vous enlaçant d'un trois fois triple tour,
N'enferment point vos images ombreuses)

Dites-moi donc (car quelqu'une de vous
Possible encor se cache ici dessous)
Ne sentez-vous augmenter votre peine,

Quand quelquefois de ces coteaux Romains
Vous contemplez l'ouvrage de vos mains
N'être plus rien qu'une poudreuse plaine ?

XXV

Que n'ai-je encore la harpe Thracienne[1],
Pour réveiller de l'enfer paresseux
Ces vieux Césars, et les Ombres de ceux
Qui ont bâti cette ville ancienne ?

1. La harpe d'Orphée, le poète thrace, qui alla aux Enfers rechercher Eurydice.

Ou que je n'ai celle Amphionienne[1],
Pour animer d'un accord plus heureux
De ces vieux murs les ossements pierreux,
Et restaurer la gloire Ausonienne[2] ?

Pussé-je au moins d'un pinceau plus agile
Sur le patron de quelque grand Virgile
De ces palais les portraits façonner :

J'entreprendrais, vu l'ardeur qui m'allume,
De rebâtir au compas de la plume
Ce que les mains ne peuvent maçonner.

LES REGRETTS

I*

Je ne veux point fouiller au sein de la nature
Je ne veux point chercher l'esprit de l'univers,
Je ne veux point sonder les abîmes couverts,
Ni dessiner du ciel la belle architecture.

Je ne peins mes tableaux de si riche peinture,
Et si hauts arguments ne recherche à mes vers :
Mais suivant de ce lieu les accidents divers,
Soit de bien, soit de mal, j'écris à l'aventure.

1. La harpe d'Amphion, dont les accents surent animer les pierres et bâtir ainsi la ville de Thèbes. 2. Italienne.

Je me plains à mes vers, si j'ai quelque regret,
Je me ris avec eux, je leur dis mon secret,
Comme étant de mon cœur les plus sûrs secrétaires.

Aussi ne veux-je tant les peigner et friser,
Et de plus braves nom ne les veux déguiser,
Que de papiers journaux, ou bien de commentaires.

II

Un plus savant que moi (Paschal) ira songer
Avecques l'Ascréan dessus la double cime[1] :
Et pour être de ceux dont on fait plus d'estime,
Dedans l'onde au cheval[2] tout nu s'ira plonger.

Quant à moi, je ne veux pour un vers allonger,
M'accourcir le cerveau : ni pour polir ma rime,
Me consumer l'esprit d'une soigneuse lime,
Frapper dessus ma table, ou mes ongles ronger.

Aussi veux-je (Paschal) que ce que je compose
Soit une prose en rime, ou une rime en prose,
Et ne veux pour cela le laurier mériter.

Et peut-être que tel se pense bien habile,
Qui trouvant de mes vers la rime si facile,
En vain travaillera, me voulant imiter.

1. Allusion à Hésiode et au mont Parnasse. 2. La source Hippocrène, jaillie du sabot de Pégase, source d'inspiration poétique, selon la légende.

VI

Las, où est maintenant ce mépris de Fortune ?
Où est ce cœur vainqueur de toute adversité,
Cet honnête désir de l'immortalité,
Et cette honnête flamme au peuple non commune ?

Où sont ces doux plaisirs, qu'au soir sous la nuit brune
Les Muses me donnaient, alors qu'en liberté
Dessus le vert tapis d'un rivage écarté
Je les menais danser aux rayons de la Lune ?

Maintenant la Fortune est maîtresse de moi,
Et mon cœur qui soulait[1] être maître de soi,
Est serf de mille maux et regrets qui m'ennuient[2].

De la postérité je n'ai plus de souci,
Cette divine ardeur, je ne l'ai plus aussi,
Et les Muses de moi, comme étranges[3] s'enfuient.

IX*

France mère des arts, des armes, et des lois,
Tu m'as nourri longtemps du lait de ta mamelle :
Ores[4], comme un agneau qui sa nourrice appelle,
Je remplis de ton nom les antres et les bois.

Si tu m'as pour enfant avoué[5] quelquefois,
Que ne me réponds-tu maintenant, ô cruelle ?

1. Avait l'habitude de. 2. Tourmentent. 3. Étrangères. 4. Maintenant. 5. Reconnu.

France, France réponds à ma triste querelle[1] :
Mais nul, sinon Écho, ne répond à ma voix.

Entre les loups cruels j'erre parmi la plaine,
Je sens venir l'hiver, de qui la froide haleine
D'une tremblante horreur fait hérisser ma peau.

Las, tes autres agneaux n'ont faute de pâture,
Ils ne craignent le loup, le vent, ni la froidure :
Si[2] ne suis-je pourtant le pire du troupeau.

XII

Maintenant je pardonne à la douce fureur[3],
Qui m'a fait consumer le meilleur de mon âge,
Sans tirer autre fruit de mon ingrat ouvrage,
Que le vain passe-temps d'une si longue erreur.

Maintenant je pardonne à ce plaisant labeur,
Puisque seul il endort le souci qui m'outrage,
Et puisque seul il fait qu'au milieu de l'orage,
Ainsi qu'auparavant je ne tremble de peur.

Si les vers ont été l'abus de ma jeunesse,
Les vers seront aussi l'appui de ma vieillesse,
S'ils furent ma folie, ils seront ma raison.

S'ils furent ma blessure, ils seront mon Achille,
S'ils furent mon venin, le scorpion utile,
Qui sera de mon mal la seule guérison.

1. Plainte. 2. Cependant. 3. Comme « folie » au vers 11, le mot peut s'entendre au sens ordinaire de déraison, mais il évoque surtout la théorie néo-platonicienne de l'inspiration. Cf. Préface p. 13-14.

XXXI

Heureux qui, comme Ulysse, a fait un beau voyage,
Ou comme celui-là qui conquit la toison[1],
Et puis est retourné, plein d'usage et raison,
Vivre entre ses parents le reste de son âge !

Quand reverrai-je hélas, de mon petit village
Fumer la cheminée, et en quelle saison
Reverrai-je le clos de ma pauvre maison,
Qui m'est une province, et beaucoup davantage ?

Plus me plaît le séjour qu'ont bâti mes aïeux,
Que des palais Romains le front audacieux,
Plus que le marbre dur me plaît l'ardoise fine :

Plus mon Loire Gaulois, que le Tibre Latin,
Plus mon petit Liré[2], que le Mont Palatin,
Et plus que l'air marin la douceur Angevine.

LXXIX

Je n'écris point d'amour, n'étant point amoureux,
Je n'écris de beauté, n'ayant belle maîtresse,
Je n'écris de douceur, n'éprouvant que rudesse,
Je n'écris de plaisir, me trouvant douloureux :

Je n'écris de bonheur, me trouvant malheureux,
Je n'écris de faveur, ne voyant ma Princesse,
Je n'écris de trésors, n'ayant point de richesse,
Je n'écris de santé, me sentant langoureux :

1. Jason. 2. Lieu où du Bellay passa son enfance.

Je n'écris de la cour, étant loin de mon Prince,
Je n'écris de la France, en étrange[1] province,
Je n'écris de l'honneur, n'en voyant point ici :

Je n'écris d'amitié, ne trouvant que feintise,
Je n'écris de vertu, n'en trouvant point aussi,
Je n'écris de savoir, entre les gens d'Église.

LXXXVI*

Marcher d'un grave pas, et d'un grave sourcil,
Et d'un grave souris à chacun faire fête,
Balancer tous ses mots, répondre de la tête,
Avec un Messer non[2], ou bien un Messer si :

Entremêler souvent un petit Et cosi
Et d'un Son Servitor contrefaire l'honnête,
Et comme si l'on eût sa part en la conquête,
Discourir sur Florence, et sur Naples aussi :

Seigneuriser chacun d'un baisement de main,
Et suivant la façon du courtisan Romain,
Cacher sa pauvreté d'une brave apparence :

Voilà de cette cour la plus grande vertu,
Dont souvent mal monté, mal sain, et mal vêtu,
Sans barbe et sans argent on s'en retourne en France.

1. Étrangère. 2. Non Monsieur ; oui, Monsieur ; et ainsi ? ; je suis votre serviteur.

XCI

Ô beaux cheveux d'argent mignonnement retors !
Ô front crêpe[1], et serein ! et vous face dorée !
Ô beaux yeux de cristal ! ô grand bouche honorée,
Qui d'un large repli retrousses tes deux bords !

Ô belles dents d'ébène ! ô précieux trésors,
Qui faites d'un seul ris toute âme enamourée !
Ô gorge damasquine en cent plis figurée !
Et vous beaux grands tétins, dignes d'un si beau corps !

Ô beaux ongles dorés ! ô main courte, et grassette !
Ô cuisse délicate ! et vous jambe grossette,
Et ce que je ne puis honnêtement nommer !

Ô beau corps transparent : ô beaux membres de glace !
Ô divines beautés ! pardonnez-moi de grâce,
Si pour être mortel, je ne vous ose aimer.

1. Ridé.

DEUX LIVRES DE L'ÉNÉIDE DE VIRGILE*

LE SIXIÈME LIVRE

[...] Dieux des Enfers, et vous paisibles ombres,
Toi vieil Chaos, et vous rivages sombres
De Phlégéthon, ne me soit défendu
De raconter ce que j'ai entendu :
Permettez-moi découvrir le bas monde,
Et les secrets de la terre profonde.
Parmi l'horreur des images ombreuses,
Par le désert des maisons ténébreuses,
Et par le vague, où jamais il ne luit,
Ils cheminaient sous l'éternelle nuit :
Comme l'on va sous une lueur brune
Par les forêts, au décours de la Lune,
Quand Jupiter couvre d'ombre les cieux,
Et la nuit rend tout obscur à nos yeux.
Devant le porche et la gueule première
Du noir séjour, avaient fait leur litière
Les tristes Pleurs, les Soucis punissants,
Et ce qui rend les membres pâlissants.
Là fut Vieillesse à la soigneuse chère,
La Peur, la Faim, mauvaise conseillère,
La Pauvreté de crasse toute pleine
(Horreur à voir), puis la Mort et la Peine :
Les vains Plaisirs là-dedans tiennent fort,
Et le Sommeil, le germain de la Mort.
De l'autre part est la Guerre homicide,
Les lits de fer de la troupe Euménide,

Discorde folle en tresses recueillant
Ses longs serpents, sous un fronteau sanglant. [...]

POEMATUM LIBRI QUATUOR

*AD LECTOREM**

Cum tot natorum casto sociata cubili
Musa sit ex nobis Gallica facta parens,
Miraris Latinam sic nos ardere puellam,
Et veteris, Lector, rumpere iura tori.
Gallica Musa mihi est, fateor, quod nupta marito :
Pro Domina colitur Musa Latina mihi.
Sic igitur (dices) praefertur adultera nuptae ?
Illa quidem bella est, sed magis ista placet.

[Traduction :

AU LECTEUR

Sur ce lit vertueux, depuis notre union,
J'ai reçu tant d'enfants de la Muse française
que cette passion pour la Muse latine,
et l'alliance rompue, t'étonnent, ô lecteur.
Cette Muse française est pour moi une épouse,
et la Muse latine est comme une maîtresse.
— Préférer, diras-tu, l'adultère à l'épouse !
— Celle-ci est jolie, mais l'autre me plaît mieux.]

AD VENEREM

Bella per Aemathios non hic ciuilia campos
Fraternas acies, arma virumque cano.
Nec quoque fert animus mutatas dicere formas,
Raptoris Stygii nec memorantur equi.
Aeneadum genitrix causa est mihi carminis una :
Materiam vati da, Venus alma, tuo.
Tu quoque Faustinam nobis, formosa, dedisti :
Qua nihil est tota pulchrius Ausonia.
Hac mihi sublata, periit mihi pristinus ardor ;
Et quicquid mentis vel fuit ingenii.
Redde ergo ingenium solitasque in carmina vires,
Faustinam potius sed mihi redde, precor.

[Traduction :

À VÉNUS

Je ne chanterai pas les plaines d'Émathie,
des frères les conflits, la guerre, le héros.
Et je n'ai pas de goût pour les métamorphoses,
ni pour le ravisseur stygien des chevaux.
Des Ennéades mère, et cause de ces vers,
inspire ton poète, ô Vénus nourricière.
C'est toi aussi, beauté, qui nous donnas Faustine :
il n'est rien de plus beau dans toute l'Ausonie.
Mais on me l'a ravie : j'ai perdu toute ardeur
et tout ce que j'avais d'esprit et de talent.
Rends-moi donc mon talent, et mon inspiration,
ou plutôt, je t'en prie, rends-moi donc ma Faustine.]

*SUI IPSIUS**

Clara progenie et domo vetusta
(Quod nomen tibi sat meum indicarit)
Natus, contegor hac, viator, urna.
Sum Bellaius et poeta : iam me
Sat nosti, puto. Num bonus poeta,
Hoc versus tibi sat mei indicarint.
Hoc solum tibi sed queam, viator,
De me dicere : me pium fuisse,
Nec laesisse pios. Pius si et ipse es,
Manes laedere tu meos caueto.

[Traduction :

DE LUI-MÊME

Né d'un illustre sang, d'une antique maison
(et cela, mon nom seul suffit à le montrer),
je suis enseveli dans cette urne, passant.
Mon nom est Du Bellay, et je suis un poète.
Tu me connais assez. Si je fus bon poète
cela, je crois, mes vers te le diront assez.
Mais il est une chose, à mon sujet, passant
que te dire je puis : je fus un homme pieux,
et n'en blessai jamais. Si toi-même tu l'es,
garde-toi de jamais attenter à mes mânes.]

*XENIA, SEU ILLUSTRIUM QUORUNDAM NOMINUM ALLUSIONES**

IANUS MONLUCIUS,

EPISCOPUS VALENTINUS

Ex montis lucique trahis quod nomine nomen,
Monluci, haud temere nec tibi sorte venit.
Montibus Aonides gaudent, pia Numina Lucis :
Tu simul et Musas et colis ipse Deos.

[Traduction :

JEAN DE MONLUC,

ÉVÊQUE DE VALENCE

Si ton nom vient de mont et aussi de *lucus* [le bois sacré]
Monluc, assurément, ce n'est pas un hasard.
Les Muses sur les monts et les dieux dans les bois
se plaisent volontiers, et toi, tu les honores.]

CHRISTOPHORUS TUANUS COELIUS,

IN SENATU PARIS. PRESES

Omnia cum teneas ciuilis munia vitae,
Cumque tuo lateant omnia iura sinu,
Legibus antiqui vel quae sanxere Quirites,
Vel quae Pontificum turba verenda tulit,
Cum patrias etiam leges edictaque Regum,
Cum teneas Galli iura vetusta fori :
Denique cum nil sit quod non, vir maxime, noris,
Diuinumque tibi cum sit et ingenium,
Quis tibi cognomen magni de nomine Panos,
E coelo Agnomen quis neget esse tibi ?

[Traduction :

CHRISTOPHE DE THOU DE CÉLI,

PREMIER PRÉSIDENT DU PARLEMENT DE PARIS

Sachant tous les emplois en cette vie civile,
tous les secrets du droit dans les plis de ta toge,
consignés dans les lois par les anciens Quirites
ainsi que les nombreux vénérables Pontifes,
connaissant les édits des rois, de la patrie,
les usages anciens du tribunal français,
connaissant tout enfin, ô toi, ô très grand homme,
et ayant qui plus est un esprit tout divin,
tu as un nom qui vient assurément de Pan [tout],
et un surnom — qui le niera ? — qui vient du ciel.]

OLIVARIUS MAGNIUS

Magnius es ingenio, quamvis sis corpore parvus,
Hinc etiam magno contigit esse tibi.
Utque trahit Magnes occulto numine ferrum
Sic duros animos Magnius ipse trahit.

[Traduction :

OLIVIER DE MAGNY

Tu es grand par l'esprit, bien que petit de corps,
Et c'est pourquoi le sort t'a fait être *Magnus* [grand].
L'aimant [*Magnes*] tire le fer par une force occulte,
Magny attire ainsi les esprits exigeants.]

Olivier de Magny

LES GAIETÉS

VII
À DENIS DURANT*

Toutes les fois que j'aperçois
Ma nymphelette auprès de toi,
Qui te tend à demi-farouche
Sa petite vermeille bouche,
Lorsque captive sous ta main
Je te vois, fièrement humain,
Forcer sa lèvre cramoisie
À te donner de l'ambroisie :
Toutes les fois que j'aperçois
Ces douces faveurs, je conçois
Un regret si chaud, qu'il renflamme
Tous les sentiments de mon âme,
Non point pour la voir plaindre tant
De quoi tu la vas baisottant,
Ni pour la voir encor en peine
De quoi sa défense est si vaine,
Et moins pour encore la voir
Contre toi si fort s'émouvoir,
Mais d'un chaud regret qui renflamme
Tous les sentiments de mon âme,

Pour me voir privé du moyen
D'avoir jamais un pareil bien.

XXXIII
À CLAUDE MARTIN*

Le Poète est bien misérable,
Qui tâchant se rendre admirable
Pour dérober l'œuvre d'autrui,
N'invente jamais rien de lui :
Et plus misérable s'il cuide
Ou qu'un Catulle ou qu'un Ovide,
Ou qu'un Jean Second seulement
S'épargnent pour son jugement[1],
Comme s'on ne savait élire
L'accord discordant de la lyre,
Et juger ou traître ou parfait
Le pauvre larrecin qu'il fait.
Mais d'autant plus heureux j'estime
Celui qui d'un vers légitime
Parmi quelque œuvre du tout sien
Imite un auteur ancien :
Et d'un chant qui ne peut déplaire,
Contente aussi bien le vulgaire
Que le savant, et l'un autant
Que l'autre presque il fait content.
Entremêlant à sa doctrine
Ne sais quelle grâce divine,
Qui peut ravir, et les forêts
Et les campagnes de Cérès.
Celui-là, Martin, ne doit craindre

1. Lui épargneront les jugements.

L'envieux qui le cuide poindre,
Et ne peut longuement penser
Par où sa vengeance avancer :
Car ni les Muses ni les Grâces,
Qui lui font remarquer leurs traces,
Ne le laissent longtemps songer
Pour son offense revenger.
  Là donques Martin, ne te fâche,
Et ne crains celui qui m'attache[1],
Quoique d'un trop poignant effort
Il s'efforce à me faire tort.
Car je vois déjà son envie
Qui se bande contre sa vie,
L'une qui dans l'autre se paît,
L'autre qui dans elle se plaît,
Et qui d'une fureur extrême
Le forcent se gêner soi-même. […]

LES SOUPIRS

SONNET XXIX*

Je l'aime bien, pource qu'elle a les yeux
Et les sourcils de couleur toute noire,
Le teint de rose, et l'estomac d'ivoire,
L'haleine douce, et le ris gracieux.

1. Me fâche.

Je l'aime bien, pour son front spacieux,
Où l'amour tient le siège de sa gloire,
Pour sa faconde et sa riche mémoire,
Et son esprit plus qu'autre industrieux.

Je l'aime bien pource qu'elle est humaine,
Pource qu'elle est de savoir toute pleine,
Et que son cœur d'avarice n'est point.

Mais qui me fait l'aimer d'une amour telle,
C'est pour autant qu'el' me tient bien en point,
Et que je dors quand je veux avec elle.

SONNET LXIV*

M. Holà, Charon, Charon, nautonier infernal.
C. Qui est cet importun qui si pressé m'appelle ?
M. C'est l'esprit éploré d'un amoureux fidèle,
Lequel pour bien aimer n'eut jamais que du mal.

C. Que cherches-tu de moi ? M. Le passage fatal.
C. Qui est ton homicide ? M. Ô demande cruelle !
Amour m'a fait mourir. C. Jamais dans ma nacelle,
Nul sujet à l'amour je ne conduis à val.

M. Et de grâce, Charon, reçois-moi dans ta barque.
C. Cherche un autre nocher, car ni moi ni la Parque
N'entreprenons jamais sur ce maître des dieux.

M. J'irai donc malgré toi, car j'ai dedans mon âme
Tant de traits amoureux, et de larmes aux yeux,
Que je serai le fleuve, et la barque, et la rame.

SONNET C*

Ne me punis, Seigneur, ni me donne la mort,
Si j'adore çà-bas une humaine figure :
Tu l'as faite ainsi belle, et si c'est ta facture,
Comme en l'aimant ainsi te puis-je faire tort ?

Je sais que les erreurs te déplaisent bien fort,
Mais c'est pour apaiser sa rebelle nature,
Qui nous fait dans le cœur une grande blessure,
Sans nous donner après remède ni confort.

Si quelqu'un veut fuir, évitant sa victoire,
Du soleil qu'il voyait, il voit une nuit noire,
Et reste si confus qu'il perd sa liberté.

S'il te plaît donc, Seigneur, que plus on ne l'adore,
Et que pour elle ainsi tant d'ennui nous dévore,
Fais sa douceur plus grande, ou moindre sa beauté.

SONNET CXLVII*

Paschal, je vois ici ces courtisans romains
Ne faire tous les jours que masques et boubances[1],
Que joutes et festins, et mille autres dispenses[2],
Ou pour leur seul plaisir, ou bien pour les putains.

Je vois un Ganymède avoir entre ses mains
Le pouvoir de donner offices et dispenses,

1. Mascarades et bombances. 2. Dépenses.

Toute sorte de brefs[1], d'indults[2], et d'indulgences,
Et faire impunément mille actes inhumains.

Je vois cet Innocent qui mendiait naguère,
Pour avoir dextrement jouxté par le derrière,
Maintenant vivre au rang des plus grands demi-dieux.

Je vois le vice infect qui les vertus assomme,
Je vois régner l'envie, et l'orgueil odieux,
Et voilà, mon Paschal, des nouvelles de Rome.

SONNET CLXXV*

Je ne dirai jamais les causes de ma peine,
Mais trop bien à jamais je dirai que je suis
Le misérable auteur de mes propres ennuis,
Causant moi-même en moi cette angoisse inhumaine.

Mon mal vient de mon bien, et le deuil que je mène
Naît d'un plaisir parfait qu'obtenir je ne puis,
Ayant mes pauvres sens si malement réduits
Qu'ils se meurent de soif auprès de la fontaine.

J'avais tant poursuivi qu'on m'avait accordé
Le bon tour que j'avais longuement demandé,
Mais quand ce vint au point que je le pouvais prendre,

Je devins impotent, et ne sus faire rien,
De sorte que privant moi-même de mon bien,
Je privai mon espoir pour jamais d'y prétendre.

1. Rescrit du pape, d'importance moindre que la bulle, statuant sur des matières diverses. 2. Privilège spécial accordé par le pape, permettant de passer outre le droit commun.

Pierre de Ronsard

LES QUATRE PREMIERS LIVRES DES ODES

À CALLIOPE*

Descends du ciel, Calliope, et repousse
Tous les ennuis de ce tien nourrisson,
Soit de ton luth, ou soit de ta voix douce,
Ou par le miel qui coule en ta chanson.

Par toi je respire,
C'est toi qui ma lyre
Guides et conduis ;
C'est toi, ma princesse,
Qui me fais sans cesse
Fol comme je suis.

Certainement avant que né je fusse,
Pour te chanter tu m'avais ordonné ;
Le ciel voulut que cette gloire j'eusse
D'être ton chantre avant que d'être né.

La bouche m'agrée
Que ta voix sucrée
De son miel a pu[1],

1. Repu, nourri.

Laquelle en Parnase
De l'eau de Pégase[1]
Gloutement[2] a bu.

Heureux celui que ta folie amuse !
Ta douce erreur ne le peut faire errer,
Voire et si doit[3] t'ayant pour guide, ô Muse,
Hors du tombeau tout vif se déterrer.

Ton bien sans dessertes[4]
Tu m'as donné certes,
Qui n'eus jamais soin
D'apprendre la lettre,
Toutefois mon mètre
S'entend d'assez loin.

Dieu est en nous et par nous fait miracles,
Si que[5] les vers d'un poète écrivant,
Ce sont des dieux les secrets et oracles,
Que par sa bouche ils poussent en avant.

Si dès mon enfance
Le premier de France
J'ai pindarisé,
De telle entreprise
Heureusement prise
Je me vois prisé.

Chacun n'a pas les Muses en partage,
Ni leur fureur tout estomac[6] ne point,
À qui le ciel a fait tel avantage
Cacher son bruit sous l'obscur ne doit point.

1. L'eau de la fontaine Hippocrène, jaillie sous le sabot du cheval Pégase. Le Parnasse est le séjour des Muses et d'Apollon, dieu de l'inspiration poétique. 2. Goulûment. 3. Et même ainsi il doit. 4. Sans mérites, sans que j'aie rien fait pour le mériter. 5. Si bien que. 6. Poitrine.

Durable est sa gloire,
Et de sa mémoire
Volage est le nom,
Comme vent grand erre[1]
Par mer et par terre
Épand son renom.

C'est toi qui fais que j'aime les fontaines
Tout éloigné de ce monstre ignorant,
Tirant mes pas par les roches hautaines
Après les tiens que je suis adorant.

Tu es ma liesse,
Tu es ma Déesse,
Mes souhaits parfaits ;
Si rien je compose,
Si rien je dispose,
En moi tu le fais. [...]

À CASSANDRE*

Ma petite colombelle,
Ma petite toute belle,
Mon petit œil, baisez-moi,
D'un baiser qui longtemps dure
Poussez hors la peine dure
De mon amoureux émoi.

Quand je vous dirai : Mignonne,
Sus, venez, que l'on me donne

1. À vive allure.

Neuf baisers tant seulement,
Baillez-m'en trois seulement,

Tels que donne la pucelle
Qui n'a senti l'étincelle
D'amour, à quelque ennuyant ;
Puis de rigueur toute pleine
Laissez-moi en cette peine,
D'un pied frétillard fuyant.

Comme un taureau, quand on cache
Sa jeune amoureuse vache,
Court après pour la revoir,
Je courrai pour vous ravoir.

D'une main maîtresse et forte
Vous prendrai de telle sorte
Que l'aigle l'oiseau tremblant ;
Lors prisonnière modeste,
De me redonner le reste
Adonc vous ferez semblant.

Mais en vain serez pendante
Toute à mon col, attendante
(Tenant un peu l'œil baissé)
Pardon de m'avoir laissé.

Car en lieu des six, adonques
J'en demanderai plus qu'onques
Le ciel de chandelles n'eut,
Plus que d'arène[1] poussée
Aux bords, quand l'eau courroucée
Contre les rives s'émeut.

1. Sable.

LE CINQUIÈME LIVRE DES ODES

ODE À MICHEL DE L'HOSPITAL*

ANTISTROPHE 16

Elles, tranchant les ondes bleues,
Vinrent du creux des flots chenus,
Ainsi que neuf petites nues
Parmi les peuples inconnus,
Où dardant leurs flammes subtiles,
Du premier coup ont agité
Le cœur prophète des Sibylles
Époint de leur divinité,
Si bien que leur langue comblée
D'un son horriblement obscur,
Chantait aux hommes le futur,
D'une bouche toute troublée.

ÉPODE

Après par tout l'univers
Les réponses prophétiques
De tant d'oracles antiques
Furent écrites en vers ;
En vers se firent les lois,

Et les amitiés des Rois
Par les vers furent acquises ;
Par les vers on fit armer
Les cœurs, pour les animer
Aux vertueuses emprises[1].

STROPHE 17

Au cri de leurs saintes paroles
Se réveillèrent les Devins,
Et disciples de leurs écoles
Vinrent les Poètes divins,
Divins, d'autant que la nature
Sans art librement exprimaient,
Sans art leur naïve écriture
Par la fureur ils animaient.
Eumolpe vint, Musée, Orphée,
L'Ascréan, Line, et celui-là
Qui si divinement parla,
Dressant pour les Grecs un trophée.

ANTISTROPHE

Eux, piqués de la douce rage
Dont ces Femmes les tourmentaient,
D'un démoniacle courage
Les secrets des Dieux racontaient ;
Si que[2] paissant par les campagnes
Les troupeaux dans les champs herbeux,
Les Démons et les Sœurs compagnes
La nuit s'apparaissaient à eux,
Et loin sur les eaux solitaires,

1. Entreprises. 2. Si bien que.

Carolant en rond par les prés,
Les promouvaient Prêtres sacrés
Et leur apprenaient les mystères.

ÉPODE

Après ces Poètes saints,
Avec une suite grande,
Arriva la jeune bande
Des vieux Poètes humains ;
Dégénérant des premiers,
Comme venus les derniers,
Par un art mélancolique
Trahissaient[1] avec grand soin
Leurs vers, éloignés bien loin
De la sainte ardeur antique.

STROPHE 18

L'un sonna l'horreur de la guerre
Qu'à Thèbes Adraste conduit,
L'autre comme on tranche la terre,
L'autre les flambeaux de la nuit ;
L'un sur la flûte départie
En sept tuyaux siciliens
Chanta les bœufs, l'autre en Scythie
Fit voguer les Thessaliens ;
L'un fit Cassandre furieuse,
L'un au ciel poussa les débats
Des Rois chétifs, l'autre plus bas
Traîna la chose plus joyeuse.

1. Tiraient, étiraient laborieusement.

ANTISTROPHE

Par le fil d'une longue espace,
Après ces Poètes humains
Les Muses soufflèrent leur grâce
Dessus les Prophètes Romains,
Non pas comme fut la première
Ou comme la seconde était,
Mais comme toute la dernière
Plus lentement les agitait.
Eux toutefois pinçant la lyre
Si bien s'assouplirent les doigts
Qu'encor les fredons de leur voix
Jusqu'aujourd'hui l'on entend bruire.

ÉPODE

Tandis l'Ignorance arma
L'aveugle fureur des Princes,
Et leurs aveugles provinces
Contre les Sœurs anima.
Jà déjà les enserrait,
Mais plutôt les enferrait,
Quand les Muses détournées
Voyant du fer la rayeur[1],
Haletantes de frayeur
Dans le ciel sont retournées.

1. L'éclat des armes.

LES AMOURS

XXVI*

Plus tôt le bal de tant d'astres divers
Sera lassé, plus tôt la terre et l'onde[1],
Et du grand Tout l'âme en tout vagabonde
Animera les abîmes ouverts ;

Plus tôt les cieux des mers seront couverts,
Plus tôt sans forme ira confus le monde,
Que je sois serf d'une maîtresse blonde,
Ou que j'adore une femme aux yeux verts.

Car cet œil brun qui vint premier[2] éteindre
Le jour des miens, les sut si bien atteindre
Qu'autre œil jamais n'en sera le vainqueur ;

Et quand la mort m'aura la vie ôtée,
Encor là-bas je veux aimer l'Idée
De ces beaux yeux que j'ai fichés au cœur.

XLII*

Avant qu'Amour, du Chaos ocieux[3]
Ouvrît le sein, qui couvait la lumière,

1. Sous-entendre : seront lassés. 2. Emploi adverbial. 3. Inerte.

Avec la terre, avec l'onde première,
Sans art, sans forme, étaient brouillés les cieux.

Ainsi mon tout errait séditieux
Dans le giron de ma lourde matière,
Sans art, sans forme, et sans figure entière,
Alors qu'Amour le perça de ses yeux.

Il arrondit de mes affections
Les petits corps en leurs perfections,
Il anima mes pensers de sa flamme.

Il me donna la vie et le pouvoir,
Et de son branle il fit d'ordre mouvoir
Les pas suivis du globe de mon âme.

CX*

Ce ris plus doux que l'œuvre d'une abeille,
Ces doubles lis doublement argentés,
Ces diamants à double rang plantés
Dans le corail de sa bouche vermeille,

Ce doux parler qui les mourants éveille,
Ce chant qui tient mes soucis enchantés,
Et ces deux cieux sur deux astres entés,
De ma Déesse annoncent la merveille.

Du beau jardin de son printemps riant
Naît un parfum, qui même l'orient
Embaumerait de ses douces haleines.

Et de là sort le charme d'une voix,
Qui tout ravis fait sauteler les bois,
Planer les monts, et montagner les plaines.

CXXV*

Que lâchement vous me trompez, mes yeux,
Énamourés d'une figure vaine :
Ô nouveauté d'une cruelle peine,
Ô fier destin, ô malice des cieux.

Faut-il que moi, de moi-même envieux,
Pour aimer trop les eaux d'une fontaine,
Je brûle après une image incertaine,
Qui pour ma mort m'accompagne en tous lieux ?

Et quoi, faut-il que le vain de ma face
De membre à membre amenuiser me fasse,
Comme une cire aux rais de la chaleur ?

Ainsi pleurait l'amoureux Céphiside,
Quand il sentit dessus le bord humide,
De son beau sang naître une belle fleur.

ODE
À CASSANDRE*

Mignonne, allons voir si la rose
Qui ce matin avait déclose[1]

1. Déclore : ouvrir.

Sa robe de pourpre au soleil,
A point perdu, cette vêprée,
Les plis de sa robe pourprée
Et son teint au vôtre pareil.
   Las, voyez comme en peu d'espace[1],
Mignonne, elle a dessus la place,
Las, las, ses beautés laissé choir !
Ô vraiment marâtre Nature,
Puisqu'une telle fleur ne dure
Que du matin jusques au soir.
   Donc, si vous me croyez, mignonne,
Tandis que votre âge fleuronne
En sa plus verte nouveauté,
Cueillez, cueillez votre jeunesse :
Comme à cette fleur, la vieillesse
Fera ternir votre beauté.

LE BOCAGE

ODELETTE
À JOACHIM DU BELLAY, ANGEVIN*

Écoute, Du Bellay, ou les Muses ont peur
De l'enfant de Vénus, ou l'aiment de bon cœur,
Et toujours pas à pas accompagnent sa trace ;
Car si quelqu'un ne veut les amours dédaigner,

1. En peu d'espace de temps, en peu de temps.

Toutes à qui mieux mieux le viennent enseigner,
Et sa bouche mielleuse emplissent de leur grâce.

Mais celui-là qui met les amours à dédain,
Fût-il leur nourrisson, l'abandonnent soudain,
Et plus ne lui font part de leur gentille veine :
Ains Clio lui défend de ne se plus trouver
En leur danse, et jamais ne venir abreuver
Sa bouche non amante en leur belle fontaine.

Certes, j'en suis témoin ; car, quand je veux louer
Quelque homme ou quelque Dieu, soudain je sens nouer
Ma langue à mon palais, et ma gorge se bouche ;
Mais quand je veux d'amour ou écrire ou parler,
Ma langue se dénoue, et lors je sens couler
Ma chanson d'elle-même aisément en la bouche.

ODE, OU SONGE,

À FRANÇOIS DE REVERGAT*

Du malheur de recevoir
Un étranger sans avoir
De lui quelque connaissance,
Tu as fait l'expérience,
Ménélas, ayant reçu
Pâris dont tu fus déçu ;
Et moi je la viens de faire,
Sot, qui ai voulu retraire
Tout soudain un étranger
Dans ma chambre, et le loger.
Il était minuit, et l'Ourse
De son char tournait la course

Entre les mains du Bouvier,
Quand le Somme vint lier
D'une chaîne miélière[1]
Mes yeux clos sous la paupière.
  Jà je dormais en mon lit
Lorsque j'entr'ouïs le bruit
D'un qui frappait à ma porte
Et heurtait de telle sorte
Que mon dormir s'en alla.
Je demandai : « Qu'est-ce là
Qui fait à mon huis sa plainte ?
— Je suis enfant, n'aye crainte »,
Ce me dit-il, et adonc
Je lui desserre le gond
De ma porte verrouillée.
  « J'ai la chemise mouillée
Qui me trempe jusqu'aux os »,
Ce disait ; « car sur le dos
Toute nuit j'ai eu la pluie ;
Et pour ce je te supplie
De me conduire à ton feu
Pour m'aller sécher un peu. »
  Lors je pris sa main humide,
Et par pitié je le guide
En ma chambre, et le fis seoir
Au feu qui restait du soir ;
Puis allumant des chandelles,
Je vis qu'il portait des ailes,
Dans la main un arc turquois[2]
Et sous l'aisselle un carquois.
Adonc en mon cœur je pense
Qu'il avait grande puissance
Et qu'il fallait m'apprêter
Pour le faire banqueter.

1. Douce comme le miel. 2. Arc à double courbure, à la façon turque.

Cependant il me regarde
D'un œil, de l'autre il prend garde
Si son arc était séché ;
Puis me voyant empêché[1]
À lui faire bonne chère,
Me tire une flèche amère
Droit dans l'œil, et qui de là
Plus bas au cœur dévala,
Et m'y fit telle ouverture
Qu'herbe, n'enchanté murmure[2]
N'y serviraient plus de rien.
Voilà, Revergat, le bien
(Mon Revergat qui embrasses
L'heur des Muses et des Grâces),
Le bien qui m'est survenu
Pour loger un inconnu.

LES HYMNES

LES DÉMONS*

[...] Les uns vont habitant les maisons ruinées,
Ou des grandes cités les places détournées
En quelque coin à part, et hurlent toute nuit
Accompagnés de chiens, d'un effroyable bruit.
Vous diriez que des fers ils traînent par la rue,
Éclatant[3] une voix en complaintes aiguë,

1. Occupé. 2. Qu'aucune herbe ni incantation. 3. Faisant retentir.

Qui réveillent les cœurs des hommes sommeillants,
Et donnent grand frayeur à ceux qui sont veillants.
Les autres sont nommés par divers noms, Incubes,
Larves, Lares, Lémurs, Pénates et Succubes,
Empouses, Lamiens, qui ne vaguent pas tant
Comme les aérins ; sans plus vont habitant
Autour de nos maisons, et de travers se couchent
Dessus notre estomac, et nous tâtent et touchent ;
Ils remuent de nuit bancs, tables et tréteaux,
Clefs, huis, portes, buffets, lits, chaises, escabeaux,
Ou comptent nos trésors, ou jettent contre terre
Maintenant une épée, et maintenant un verre ;
Toutefois au matin on ne voit rien cassé,
Ni meuble qui ne soit en sa place agencé.
On dit qu'en Norouègue[1] ils se louent à gages,
Et font, comme valets, des maisons les ménages,
Ils pansent les chevaux, ils vont tirer du vin,
Ils font cuire le rôt, ils serancent[2] le lin,
Ils ferrent[3] la filasse et les robes nettoient
Au lever de leur maître, et les places baloient[4].
Or' qui voudrait narrer les contes qu'on fait d'eux,
De tristes, de gaillards, d'horribles, de piteux,
On n'aurait jamais fait, car homme ne se treuve
Qui toujours n'en raconte une merveille neuve.
Les autres moins terrains sont à part habitants
Torrents, fleuves, ruisseaux, les lacs et les étangs,
Les marais endormis et les fontaines vives,
Or' paraissant sur l'eau et ores sur les rives ;
Tant que les aérins ils n'ont d'affections,
Aussi leur corps ne prend tant de mutations :
Ils n'aiment qu'une forme, et volontiers icelle
Est du nombril en haut d'une jeune pucelle
Qui a les cheveux longs, et les yeux verts et beaux,
Contre-imitant l'azur de leurs propres ruisseaux.

1. Norvège. 2. Peignent à l'aide du séran. 3. Cardent. 4. Balayent.

Pource ils se font nommer Naïades, Néréides,
Les filles de Téthys, les cinquante Phorcides,
Qui errent par la mer sur le dos des dauphins,
Bridant les esturbots, les fouches et les thins,
Aucunefois vaguant tout au sommet des ondes,
Aucunefois au bas des abîmes profondes.
Ils sont ni plus ni moins que les autres Démons,
Les uns pernicieux, les autres doux et bons.
Ils font faire à la mer en un jour deux voyages,
Ils apaisent les flots, ils mouvent les orages,
Ils sauvent les bateaux, ou font contre un rocher
Périr quand il leur plaît la nef et le nocher. [...]

Ils craignent tous du feu la lumière très belle,
Et, pour ce, Pythagore ordonna que sans elle
On ne priât les Dieux ; mais plus que les flambeaux,
Ni que les vers charmés[1], ils craignent les couteaux
Et s'enfuient bientôt s'ils voient une épée,
De peur de ne sentir leur liaison coupée.
Ce que souventefois j'ai de nuit éprouvé,
Et rien de si certain contre eux je n'ai trouvé.

Un soir vers la minuit, guidé de la jeunesse
Qui commande aux amants, j'allais voir ma maîtresse
Tout seul, outre le Loir, et, passant un détour
Joignant une grand croix, dedans un carrefour,
J'ouïs, ce me semblait, une aboyante chasse
De chiens qui me suivait pas à pas à la trace ;
Je vis auprès de moi sur un grand cheval noir
Un homme qui n'avait que les os, à le voir,
Me tendant une main pour me monter en croupe ;
J'avisai tout autour une effroyable troupe
De piqueurs qui couraient une Ombre, qui bien fort
Semblait un usurier qui naguère était mort,
Que le peuple pensait pour sa vie méchante
Être puni là-bas des mains de Rhadamante.

1. Incantations.

Une tremblante peur me courut par les os,
Bien que j'eusse vêtu la maille sur le dos
Et pris tout ce que prend un amant que la Lune
Conduit tout seul de nuit pour chercher sa fortune,
Dague, épée et bouclier, et par sur tout un cœur
Qui naturellement n'est sujet à la peur.
Si fussé-je étouffé d'une crainte pressée
Sans Dieu, qui promptement me mit en la pensée
De tirer mon épée et de couper menu
L'air tout autour de moi avecque le fer nu :
Ce que je fis soudain, et sitôt ils n'ouïrent
Siffler l'épée en l'air que tous s'évanouirent,
Et plus ne les ouïs ni bruire ni marcher,
Craignant peureusement de se sentir hacher
Et tronçonner le corps, car, bien qu'ils n'aient veines,
Ni artères, ni nerfs, comme nos chairs humaines,
Toutefois comme nous ils ont un sentiment,
Car le nerf ne sent rien, c'est l'esprit seulement. [...]

HYMNE DES ASTRES*

[...] L'un est né laboureur et, malgré qu'il en aie,
Aiguillonne ses bœufs et fend de mainte plaie
Avec le soc aigu l'échine des guérets,
Pour y semer les dons de la mère Cérès ;
L'autre est né vigneron, et d'une droite ligne
Dessus les monts pierreux plante la noble vigne,
Ou taille les vieux ceps, ou leur bêche les pieds,
Ou rend aux échalas les provins mariés.
L'un pêche par contrainte (ainsi vous plut, Étoiles)
Et, conduisant sur l'eau ses rames et ses voiles,
Traîne son ret maillé, et ose bien armer
Son bras pour assommer les monstres de la mer ;

Aucunefois il plonge, et sans reprendre haleine
Épie les Tritons jusqu'au fond de l'arène[1],
Aucunefois il tend ses friands[2] hameçons
Et sur le bord dérobe aux fleuves leurs poissons.
L'autre se fait Chasseur, et perd dans son courage
Le soin de ses enfants et de tout son ménage,
Pour courir par les bois après quelque sanglier
Ou pour faire les loups aux dogues étrangler,
Et languit s'il n'attache à sa porte les têtes
Et les diverses peaux de mille étranges bêtes.
  L'un va dessous la terre et fouille les métaux
D'or, d'argent et de fer, la semence des maux,
Que nature n'avait, comme très sage mère,
(Pour notre grand profit) voulu mettre en lumière ;
Puis devient alchimiste et multiplie en vain
L'or ailé, qui sitôt lui vole de la main.
L'autre par le métier sa navette promène
Ou peigne les toisons d'une grossière laine,
Et diriez que d'Arachne il est le nourrisson.
L'un est graveur, orfèvre, entailleur et maçon.
Trafiqueur, lapidaire et mercier, qui va querre
Des biens à son péril en quelque étrange terre.
Aux autres vous donnez des métiers bien meilleurs
Et ne les faites pas maréchaux ni tailleurs,
Mais philosophes grands, qui par longues études
Ont fait un art certain de vos incertitudes,
Auxquels avez donné puissance d'écouter
Vos mystères divins, pour nous les raconter. [...]

1. Jusqu'aux fonds sableux. 2. Gourmands.

HYMNE DE L'ÉTERNITÉ*

Rempli d'un feu divin qui m'a l'âme échauffée,
Je veux mieux que jamais, suivant les pas d'Orphée,
Découvrir les secrets de Nature et des Cieux,
Recherchés d'un esprit qui n'est point ocieux[1] ;
Je veux, s'il m'est possible, atteindre à la louange
De celle qui jamais pour les ans ne se change,
Mais bien qui fait changer les siècles et les temps,
Les mois et les saisons et les jours inconstants,
Sans jamais se muer, pour n'être point[2] sujette,
Comme Reine et maîtresse, à la loi qu'elle a faite.
L'œuvre est grand et fâcheux, mais le désir que j'ai
D'attenter un grand fait[3] m'en convie à l'essai ;
Puis je la veux donner à une qui mérite
Qu'avec l'Éternité sa gloire soit écrite.
Donne-moi donc de grâce, immense Éternité,
Pouvoir de raconter ta grande déité,
Donne l'archet d'airain et la lyre ferrée,
D'acier donne la corde et la voix acérée,
Afin que ma chanson dure aussi longuement
Que tu dures au Ciel perpétuellement :
Toi la Reine des ans, des siècles et de l'âge[4],
Qui as eu pour ton lot tout le Ciel en partage,
La première des Dieux, où bien loin de souci
Et de l'humain travail qui nous tourmente ici
Par toi-même contente et par toi bienheureuse,
Sans faire rien tu vis en tous biens plantureuse.
Tout au plus haut du Ciel dans un trône doré
Tu te sieds en l'habit d'un manteau coloré

1. Oisif. 2. Parce qu'elle n'est point. 3. De tenter une grande action.
4. Du temps.

De pourpre rayé d'or, duquel la broderie
De tous côtés s'éclate en riche pierrerie,
Et là, tenant au poing un grand sceptre aimantin,
Tu établis tes lois au sévère Destin,
Qu'il n'ose outrepasser, et que lui-même engrave
Fermes au front du Ciel, ainsi qu'à toi esclave,
Faisant tourner sous toi les neuf temples voûtés
Qui dedans et dehors cernent de tous côtés,
Sans rien laisser ailleurs, tous les membres du monde,
Qui gît dessous tes pieds comme une boule ronde. [...]
  Nous autres journaliers, nous perdons la mémoire
Des temps qui sont passés, et si[1] ne pouvons croire
Ceux qui sont à venir, comme étant imparfaits
Et d'une masse brute inutilement faits,
Aveuglés et perclus de la sainte lumière,
Que le péché perdit en notre premier père;
Mais ferme tu retiens dedans ton souvenir
Tout ce qui est passé, et ce qui doit venir,
Comme haute Déesse éternelle et parfaite,
Et non ainsi que nous de masse impure faite.
  Tu es toute dans toi, ta partie et ton tout,
Sans nul commencement, sans milieu, ni sans bout,
Invincible, immuable, entière et toute ronde,
N'ayant partie en toi qui dans toi ne réponde,
Toute commencement, toute fin, tout milieu,
Sans tenir aucun lieu, de toutes choses lieu,
Qui fais ta déité du tout par tout étendre,
Qu'on imagine bien et qu'on ne peut comprendre.
  Je te salue, Déesse au grand œil tout-voyant,
Mère du grand Olympe au grand tour flamboyant,
Grande Mère des Dieux, grande Reine et Princesse;
Si je l'ai mérité, concède-moi, Déesse,
Concède-moi ce don, c'est qu'après mon trépas

1. Et ainsi.

(Ayant laissé pourrir ma dépouille çà-bas)
Je puisse voir au Ciel la belle Marguerite,
Pour qui j'ai ta louange en cet hymne décrite.

NOUVELLE CONTINUATION DES AMOURS

ODE

Celui qui est mort aujourd'hui
Est aussi bien mort que celui
Qui mourut aux jours du déluge :
Autant vaut aller le premier
(Puisqu'il le faut) que le dernier
Devant le parquet du grand juge.
Incontinent que l'homme est mort,
Pour jamais, ou longtemps, il dort
Au creux d'une tombe enfouie[1],
Sans plus parler, ouïr, ni voir ;
Hé, quel bien saurait-on avoir
En perdant les yeux et l'ouïe !
Or l'âme, selon le bienfait
Qu'hôtesse du corps elle a fait,
Monte au ciel, sa maison natalle ;
Mais le corps, nourriture à vers,
Dissous de veines et de nerfs
N'est plus qu'une ombre sépulcrale.

1. Fouie, creusée.

Il n'a plus esprit ni raison,
Emboîture[1], ni liaison,
Artère, pouls, ni veine tendre,
Cheveu en tête ne lui tient,
Et, qui plus est, ne lui souvient
D'avoir jadis aimé Cassandre.
» Le mort ne désire plus rien.
Donc cependant que j'ai le bien
De désirer vif, je demande
D'être toujours sain et dispos ;
Puis, quand je n'aurai que les os,
Le reste à Dieu je recommande.
Homère est mort, Anacréon,
Pindare, Hésiode et Bion,
Et plus n'ont souci de s'enquerre
Du bien et du mal qu'on dit d'eux :
Ainsi après un siècle ou deux
Plus ne sentirai rien sous terre.
» Mais de quoi sert le désirer,
» Sinon pour l'homme martyrer !
» Le désir n'est rien que martyre,
» Car content n'est le désireux,
» Et l'homme mort est bienheureux :
» Heureux qui plus rien ne désire.

ODE

Quand je dors je ne sens rien,
Je ne sens ni mal ni bien,
Plus je ne me puis connaître,
Je ne sais ce que je suis,

1. Articulation.

Ce que je fus, et ne puis
Savoir ce que je dois être ;
  J'ai perdu le souvenir
Du passé, de l'avenir,
Je ne suis que vaine masse
De bronze en homme gravé[1],
Ou quelque terme élevé
Pour parade en une place.
  Toutefois je suis vivant,
Repoussant mes flancs de vent,
Et si perds[2] toute mémoire :
Voyez donc que je serai
Quand mort je reposerai
Au fond de la tombe noire !
  L'âme volant d'un plein saut
À Dieu s'en ira là-haut
Avecque lui se résoudre ;
Mais ce mien corps enterré,
Sillé d'un sommeil ferré[3],
Ne sera plus rien que poudre[4].

1. Sculpté en forme d'homme. 2. Et pourtant je perds. 3. Fermé, les yeux fermés, d'un sommeil de fer. 4. Poussière.

ŒUVRES

ÉLÉGIE À LOÏS DES MASURES TOURNISIEN*

Comme celui qui voit du haut d'une fenêtre
Alentour de ses yeux un paysage champêtre
D'assiette différent, de forme et de façon,
Ici une rivière, un rocher, un buisson
Se présente à ses yeux, et là s'y représente
Un tertre, une prairie, un taillis, une sente,
Un verger, une vigne, un jardin bien dressé,
Une ronce, une épine, un chardon hérissé ;
Et la part que son œil vagabond se transporte,
Il découvre un pays de différente sorte,
De bon et de mauvais : Des Masures, ainsi
Celui qui lit les vers que j'ai portraits ici,
Regarde d'un trait d'œil mainte diverse chose,
Qui bonne et mauvaise entre en mon papier enclose.
Dieu seul ne faut jamais, les hommes volontiers
Sont toujours de nature imparfaits et fautiers.
Mon livre est ressemblable à ces tables friandes,
Qu'un prince fait charger de diverses viandes,
Le mets qui plaît à l'un à l'autre est déplaisant,
Ce qui est sucre à l'un est à l'autre cuisant,
L'un aime le salé, l'autre aime la chair fade,
L'un aime le rôti, l'autre aime la salade,
L'un aime le vin fort, l'autre aime le vin doux,
Et jamais le banquet n'est agréable à tous ;
Le prince toutefois qui librement festie
Ne s'en offense point, car la plus grand'partie

De ceux qui sont assis au festin sont allés
De franche volonté, sans y être appelés.
Ainsi ni par édit, ni par statut publique,
Je ne contrains personne à mon vers poétique;
Le lise qui voudra, l'achète qui voudra;
Celui qui bien content de mon vers se tiendra,
Me fera grand plaisir; s'il advient au contraire,
Masures, c'est tout un! je ne saurais qu'y faire.
Je m'étonne de ceux de la nouvelle foi,
Qui pour me haut-louer disent toujours de moi :
« Si Ronsard ne cachait son talent dedans terre,
Or parlant de l'amour, or parlant de la guerre,
Et qu'il voulût du tout chanter de Jésus-Christ,
Il serait tout parfait; car il a bon esprit,
Mais Satan l'a séduit, le père des mensonges,
Qui ne lui fait chanter que fables et que songes. »
Ô pauvres abusés que le cuider savoir[1]
Plus que toute l'Église a laissé décevoir!
Tenez-vous en vos peaux et ne jugez personne :
Je suis ce que je suis, ma conscience est bonne,
Et Dieu, à qui le cœur des hommes apparaît,
Sonde ma volonté et seul il la connaît.
Ô bienheureux Lorrains, que la secte Calvine,
Et l'erreur de la terre à la vôtre voisine
Ne déprava jamais! d'où serait animé
Un poussif Allemand dans un poêle enfermé
À bien interpréter les saintes Écritures
Entre les gobelets, les vins et les injures?
Y croie qui voudra, Ami, je te promets
Par ton bel Amphion de n'y croire jamais. [...]

---

1. Le fait de croire savoir.

SONNET*

Quelle nouvelle fleur apparaît à nos yeux ?
D'où vient cette couleur, si plaisante et si belle ?
Et d'où vient cette odeur passant la naturelle,
Qui parfume la terre et va jusques aux cieux ?

La rose, ni l'œillet, ni le lis gracieux,
D'odeur ni de couleur ne sont rien auprès d'elle :
Aux jardins de Poissy croît cette fleur nouvelle,
Laquelle ne se peut trouver en autres lieux.

Le printemps et les fleurs ont peur de la froidure,
Cette divine fleur est toujours en verdure,
Ne craignant point l'hiver qui les herbes détruit :

Aussi Dieu pour miracle en ce monde l'a mise,
Son printemps est le ciel, sa racine est l'Église,
Sa foi et œuvres sont ses feuilles et son fruit.

CONTINUATION DU DISCOURS DES MISÈRES DE CE TEMPS*

[...] De Bèze, je te prie, écoute ma parole,
Que tu estimeras d'une personne folle ;
S'il te plaît toutefois de juger sainement,

Après m'avoir ouï tu diras autrement.
La terre qu'aujourd'hui tu remplis toute d'armes
Y faisant fourmiller grand nombre de gendarmes,
Et d'avares soudards[1], qui du pillage ardents,
Naissent dessous ta voix, tout ainsi que des dents
Du grand serpent thébain les hommes, qui muèrent
Le limon en couteaux, dont ils s'entretuèrent,
Et nés et demi-nés se firent tous périr,
Si qu'un même soleil les vit naître et mourir.
De Bèze, ce n'est pas une terre gothique,
Ni une région tartare ni scythique,
C'est celle où tu naquis, qui douce te reçut,
Alors qu'à Vézelay ta mère te conçut,
Celle qui t'a nourri[2], et qui t'a fait apprendre
La science et les arts dès ta jeunesse tendre
Pour lui faire service et pour en bien user,
Et non, comme tu fais, afin d'en abuser.
Si tu es envers elle enfant de bon courage,
Ores que tu le peux, rends-lui son nourrissage[3],
Retire tes soldats et au lac genevois
(Comme chose exécrable) enfonce leur harnois.
Ne prêche plus en France une Évangile armée,
Un Christ empistolé tout noirci de fumée,
Portant un morion[4] en tête, et dans la main
Un large coutelas rouge du sang humain.
Cela déplaît à Dieu, cela déplaît au Prince ;
Cela n'est qu'un appât qui tire la province[5]
À la sédition, laquelle dessous toi
Pour avoir liberté ne voudra plus de Roi. [...]

1. De soldats avides, cupides. 2. Élevé. 3. Restitue-lui le bienfait de l'éducation que tu as reçue d'elle. 4. Sorte de casque. 5. Le royaume.

[PROFESSION DE FOI]

[...] Un jour en te voyant aller faire ton prêche,
Ayant dessous un reître[1] une épée au côté :
« Mon Dieu, ce dis-je lors, quelle sainte bonté !
Quelle Évangile, hélas ! quel charitable zèle !
Qu'un Prêcheur porte au flanc une épée cruelle !
Bientôt avec le fer nous serons consumés,
Puisqu'on voit de couteaux les Ministres armés. »
Et lors deux Surveillants, qui parler m'entendirent,
Avec un haussebec[2] ainsi me répondirent :
« Quoi, parles-tu de lui, qui seul est envoyé
Du ciel, pour enseigner le peuple dévoyé ?
Ou tu es un Athée, ou quelque bénéfice
Te fait ainsi vomir ta rage et ta malice,
Puisque si arrogant tu ne fais point d'honneur
À ce Prophète saint envoyé du Seigneur ! »
Adonc je répondis : « Appelez-vous Athée
La personne qui point n'a de son cœur ôtée
La foi de ses aïeux ? qui ne trouble les lois
De son pays natal, les peuples ni les Rois ?
Appelez-vous Athée un homme qui méprise
Vos songes contrefaits, les monstres de l'Église ?
Qui croit en un seul Dieu, qui croit au Saint-Esprit,
Qui croit de tout son cœur au Sauveur Jésus-Christ ?
Appelez-vous Athée un homme qui déteste
Et vous et vos erreurs comme infernale peste ?
Et vos beaux Prédicants, qui subtils oiseleurs
Pipent le simple peuple, ainsi que bateleurs,
Lesquels enfarinés au milieu d'une place
Vont jouant finement leurs tours de passe-passe,
Et afin qu'on ne voie en plein jour leurs abus

1. Grand manteau descendant jusqu'aux pieds tel qu'en portaient les reîtres allemands. 2. Mouvement méprisant de la bouche ou du menton.

Soufflent dedans les yeux leur poudre d'oribus.
Votre poudre est crier bien haut contre le Pape,
Déchiffrant[1] maintenant sa Tiare et sa chape,
Maintenant ses pardons, ses bulles et son bien,
Et plus vous criez haut, plus êtes gens de bien. » [...]

REMONTRANCE AU PEUPLE DE FRANCE*

[...] Certes, si je n'avais une certaine foi[2]
Que Dieu par son esprit de grâce a mise en moi,
Voyant la Chrétienté n'être plus que risée,
J'aurais honte d'avoir la tête baptisée,
Je me repentirais d'avoir été Chrétien
Et comme les premiers je deviendrais Païen.
La nuit j'adorerais les rayons de la Lune,
Au matin le Soleil, la lumière commune,
L'œil du monde, et si Dieu au chef porte des yeux,
Les rayons du Soleil sont les siens radieux,
Qui donnent vie à tous, nous maintiennent et gardent,
Et les faits des humains en ce monde regardent.
Je dis ce grand Soleil, qui nous fait les saisons
Selon qu'il entre ou sort de ses douze maisons,
Qui remplit l'univers de ses vertus connues,
Qui d'un trait de ses yeux nous dissipe les nues,
L'esprit, l'âme du monde, ardent et flamboyant,
En la course d'un jour tout le ciel tournoyant,
Plein d'immense grandeur, rond, vagabond et ferme,

1. Décriant, dénigrant. 2. Une foi certaine, assurée.

Lequel tient dessous lui tout le monde pour terme,
En repos sans repos, oisif et sans séjour,
Fils aîné de Nature, et le père du jour.
J'adorerais Cérès, qui les blés nous apporte,
Et Bacchus, qui le cœur des hommes réconforte,
Neptune, le séjour des vents et des vaisseaux,
Les Faunes, et les Pans, et les Nymphes des eaux,
Et la Terre, hôpital de toute créature,
Et ces Dieux que l'on feint ministres de Nature.
Mais l'Évangile saint du Sauveur Jésus-Christ
M'a fermement gravé une foi dans l'esprit,
Que je ne veux changer pour une autre nouvelle,
Et dussé-je endurer une mort très cruelle.
De tant de nouveautés je ne suis curieux ;
Il me plaît d'imiter le train de mes aïeux ;
Je crois qu'en Paradis ils vivent à leur aise,
Encor qu'ils n'aient suivi ni Calvin ni de Bèze.
Dieu n'est pas un menteur, abuseur ni trompeur ;
De sa sainte promesse il ne faut avoir peur,
Ce n'est que vérité, et sa vive parole
N'est pas comme la nôtre incertaine et frivole.
« L'homme qui croit en moi, dit-il, sera sauvé. »
Nous croyons tous en toi, notre chef est lavé
En ton nom, ô Jésus ! et dès notre jeunesse
Par foi nous espérons en ta sainte promesse. […]

LES QUATRE SAISONS DE L'AN

HYMNE DE L'HIVER

[...] Toute philosophie est en deux divisée,
L'une est aiguë, ardente, et prompte et avisée
Qui, sans paresse ou peur, d'un vol audacieux
Abandonne la terre et se promène aux Cieux.
Hardis furent les cœurs qui les premiers montèrent
Au Ciel, et d'un grand soin les Astres affrontèrent.
Là, sans avoir frayeur des cloîtres enflammés,
Du monde où tant de corps divers sont enfermés
Par leur vive vertu s'ouvrirent une entrée,
Et virent dans le sein la Nature sacrée.
Ils épièrent Dieu, puis ils furent après
Si fiers que de conter aux hommes ses secrets,
Et d'un esprit vainqueur eurent la connaissance
De ce qui n'est point né, de ce qui prend naissance,
Et en pillant le Ciel, comme un riche butin,
Mirent dessous leurs pieds Fortune et le Destin.
L'autre Philosophie habite sous la nue,
À qui tant seulement cette terre est connue,
Sans se pousser au Ciel ; le cœur qui lui défaut
Ne lui laisse entreprendre un voyage si haut.
Elle a pour son sujet les négoces civiles,
L'équité, la justice, et le repos des villes ;
Et au chant de sa lyre a fait sortir des bois
Les hommes forestiers, et leur bailla des lois ;
Elle sait la vertu des herbes et des plantes,
Elle va dessous terre aux crevasses béantes

Tirer l'argent et l'or, et chercher de sa main
Le fer qui doit rougir en notre sang humain.
Puis, afin que le peuple ignorant ne méprise
La vérité précieuse après l'avoir apprise,
D'un voile bien subtil (comme les peintres font
Aux tableaux animés) lui couvre tout le front,
Et laisse seulement tout au travers du voile
Paraître ses rayons comme une belle étoile,
Afin que le vulgaire ait désir de chercher
La couverte beauté dont il n'ose approcher.
Tel j'ai tracé cet Hymne, imitant l'exemplaire
Des fables d'Hésiode et de celles d'Homère. [...]

LE SEPTIÈME LIVRE DES POÈMES

ODELETTE

Cependant que ce beau mois dure,
Mignonne, allons sur la verdure,
Ne laissons perdre en vain le temps ;
L'âge glissant qui ne s'arrête,
Mêlant le poil de notre tête,
S'enfuit ainsi que le Printemps.
Donc cependant que notre vie
Et le temps d'aimer nous convie,
Aimons, moissonnons nos désirs,
Passons l'Amour de veine en veine,

Incontinent la mort prochaine
Viendra dérober nos plaisirs.

SONNETS POUR HÉLÈNE

Le Premier Livre

XXVIII

Vous me dîtes, maîtresse, étant à la fenêtre,
Regardant vers Montmartre et les champs d'alentour :
« La solitaire vie et le désert séjour
Valent mieux que la Cour, je voudrais bien y être.

À l'heure mon esprit de mes sens serait maître,
En jeûne et oraisons je passerais le jour ;
Je défierais les traits et les flammes d'Amour,
Ce cruel de mon sang ne se pourrait repaître »,

Quand je vous répondis : « Vous trompez[1] de penser
Qu'un feu ne soit pas feu pour se couvrir de cendre ;
Sur les cloîtres sacrés la flamme on voit passer :

Amour dans les déserts comme aux villes s'engendre.
Contre un Dieu si puissant, qui les Dieux peut forcer,
Jeûnes ni oraisons ne se peuvent défendre. »

1. Vous faites erreur.

Le Second Livre

XXIV

Quand vous serez bien vieille, au soir à la chandelle,
Assise auprès du feu, dévidant et filant,
Direz, chantant mes vers, en vous émerveillant :
« Ronsard me célébrait du temps que j'étais belle. »

Lors vous n'aurez servante oyant telle nouvelle,
Déjà sous le labeur à demi sommeillant,
Qui au bruit de Ronsard ne s'aille réveillant,
Bénissant votre nom de louange immortelle[1].

Je serai sous la terre, et fantôme sans os
Par les ombres myrteux je prendrai mon repos,
Vous serez au foyer une vieille accroupie,

Regrettant mon amour et votre fier dédain.
Vivez, si m'en croyez, n'attendez à demain ;
Cueillez dès aujourd'hui les roses de la vie.

XLV*

« Il ne faut s'ébahir, disaient ces bons vieillards
Dessus le mur troyen, voyant passer Hélène,

1. Célébrant votre nom dont la louange est immortelle.

Si pour telle beauté nous souffrons tant de peine,
Notre mal ne vaut pas un seul de ses regards.

Toutefois il vaut mieux, pour n'irriter point Mars,
La rendre à son époux afin qu'il la remmène,
Que voir de tant de sang notre campagne pleine,
Notre havre gagné, l'assaut à nos remparts. »

Pères, il ne fallait (à qui la force tremble)
Par un mauvais conseil les jeunes retarder :
Mais et jeunes et vieux vous deviez tous ensemble

Et le corps et les biens pour elle hasarder.
Ménélas fut bien sage, et Pâris, ce me semble,
L'un de la demander, l'autre de la garder.

LES DERNIERS VERS

SONNET I*

Je n'ai plus que les os, un squelette je semble,
Décharné, dénervé, démusclé, dépulpé[1],
Que le trait de la mort sans pardon a frappé,
Je n'ose voir mes bras que de peur je ne tremble.

Apollon et son fils, deux grands maîtres ensemble,
Ne me sauraient guérir, leur métier m'a trompé,

1. Dépouillé de pulpe, de chair.

Adieu, plaisant Soleil, mon œil est étoupé,
Mon corps s'en va descendre où tout se désassemble.

Quel ami me voyant en ce point dépouillé
Ne remporte au logis un œil triste et mouillé,
Me consolant au lit et me baisant la face,

En essuyant mes yeux par la mort endormis ?
Adieu, chers compagnons, adieu, mes chers amis,
Je m'en vais le premier vous préparer la place.

SONNET II*

Méchantes nuits d'hiver, nuits filles de Cocyte
Que la Terre engendra, d'Encelade les sœurs,
Serpentes d'Alecton, et fureur des fureurs,
N'approchez de mon lit, ou bien tournez plus vite.

Que fait tant le Soleil au giron d'Amphitrite ?
Lève-toi, je languis accablé de douleurs ;
Mais ne pouvoir dormir c'est bien de mes malheurs
Le plus grand, qui ma vie et chagrine et dépite.

Seize heures pour le moins je meurs les yeux ouverts,
Me tournant, me virant de droit et de travers,
Sur l'un sur l'autre flanc je tempête, je crie.

Inquiet je ne puis en un lieu me tenir,
J'appelle en vain le jour, et la mort je supplie,
Mais elle fait la sourde et ne veut pas venir.

SONNET V

Quoi! mon âme, dors-tu engourdie en ta masse?
La trompette a sonné, serre bagage, et va
Le chemin déserté que Jésus-Christ trouva,
Quand tout mouillé de sang racheta notre race.

C'est un chemin fâcheux, borné de peu d'espace,
Tracé de peu de gens, que la ronce pava,
Où le chardon poignant[1] ses têtes éleva;
Prends courage pourtant, et ne quitte la place.

N'appose point la main à la mansine[2] après
Pour ficher ta charrue au milieu des guérets,
Retournant coup sur coup en arrière ta vue :

Il ne faut commencer, ou du tout s'employer,
Il ne faut point mener, puis laisser la charrue.
Qui laisse son métier n'est digne du loyer[3].

SONNET VI*

Il faut laisser maisons et vergers et jardins,
Vaisselles et vaisseaux que l'artisan burine,
Et chanter son obsèque en la façon du Cygne
Qui chante son trépas sur les bords Méandrins.

C'est fait, j'ai dévidé le cours de mes destins,
J'ai vécu, j'ai rendu mon nom assez insigne :

1. Piquant. 2. Le manche de la charrue. 3. Salaire, récompense.

Ma plume vole au Ciel pour être quelque signe[1],
Loin des appâts mondains qui trompent les plus fins.

Heureux qui ne fut onc, plus heureux qui retourne
En rien comme il était, plus heureux qui séjourne
D'homme fait nouvel ange auprès de Jésus-Christ,

Laissant pourrir çà-bas sa dépouille de boue,
Dont le sort, la fortune et le destin se joue,
Franc des liens du corps pour n'être qu'un esprit.

1. Constellation.

Jean-Antoine de Baïf

L'AMOUR DE FRANCINE

SONNET

Rossignol amoureux, ébat de la ramée,
Qui, haut ore, ore bas attrempant[1] un chanter,
Possible[2] comme moi essaies d'enchanter
Le gentil feu qu'allume en toi ta mieux aimée :

S'il y a quelque amour dans ton cœur allumée
Qui cause ta chanson, viens ici te jeter
Dans mon giron, afin que nous puissions flatter
La pareille douleur de notre âme enflammée.

Rossignol, si tu l'es, aussi suis-je amoureux.
» C'est un soulas[3] bien grand entre deux malheureux
» De pouvoir en commun leurs malheurs s'entredire.

Mais, oiseau, nos malheurs, je crois, ne sont égaux,
Car tu dois recevoir la fin de tes travaux,
Mais je n'espère rien qu'à jamais un martyre.

1. Tempérant, réglant, tantôt haut, tantôt bas. 2. Peut-être. 3. Soulagement.

CHANSONNETTES MESURÉES

Voici le vert et beau mai
Conviant à tout soulas,
Tout est riant, tout est gai,
Roses et lis vont fleurir.
Rions, jouons et sautons :
Ébattons-nous tous à l'envi de la saison.
Roses et lis cueillir faut
Pour lacer de beaux chapeaux[1],
De beaux bouquets et tortis[2]
Dont réparés[3] chanterons :
Rions, jouons et sautons :
Ébattons-nous tous à l'envi de la saison.
Neige et frimas ne sont plus ;
Calme et douce rit la mer ;
Le vent hideux se tient coi ;
L'air drille[4] d'un doux zéphyr.
Rions, jouons et sautons :
Ébattons-nous tous à l'envi de la saison.
En toutes parts les oiseaux
Vont joyeux dégoisotant,
Vont pleins d'amour s'ébaudir
En la forêt, sur les eaux.
Rions, jouons et sautons :
Ébattons-nous tous à l'envi de la saison.

1. Couronnes. 2. Guirlandes. 3. Parés, ornés. 4. Brille.

☆

À la fontaine je voudrais
Avec ma belle aller jouer.
Là dedans l'eau nous irions tous deux rafraîchir
Notre amour trop ardent.
Mille douceurs, mille bons mots, mille plaisirs,
Mille gentils amoureux jeux se feraient là,
Mille baisers, mille doux embrassements là nous nous [donnerions.
À la fontaine je voudrais
Avec ma belle aller jouer.
Là dedans l'eau nous irions tous deux rafraîchir
Notre amour trop ardent.
Nous irions par le fleuri pré courir aux fleurs,
Cueillerions l'or fin et l'argent et le pourprin,
Chapelets ronds et bouquets, chaînes et tortis nous y lie-[rions.
À la fontaine je voudrais
Avec ma belle aller jouer.
Là dedans l'eau nous irions tous deux rafraîchir
Notre amour trop ardent.
Si le destin le nous permet, que feignons-nous ?
Que n'allons-nous jouir heureux de si beaux [dons ?
Et le printemps nous y convie, et de notre âge la saison.
À la fontaine je voudrais
Avec ma belle aller jouer.
Là dedans l'eau nous irions tous deux rafraîchir
Notre amour trop ardent.
Pèse bien : qu'est-ce du monde, ô mon amour [doux ?
Si l'amour manque et la plaisance, ce n'est rien ;

Du désir donc et du plaisir recueillons, belle, le doux [fruit.
À la fontaine je voudrais
Avec ma belle aller jouer.
Là dedans l'eau nous irions tous deux rafraîchir
Notre amour trop ardent.

PSAUME I*

L'heur suit l'homme entier, qui ne s'est abandonné
Aux entreprises des méchants :
Et qui ne s'arrête au chemin tors[1] des malins,
Et qui ne hante les moqueurs :
De qui le cœur est en la loi de notre DIEU
Sa loi repensant nuit et jour.
Il fleurira comme une plante verdissant
Au bord du fuyant ruisselet :
Qui porte son fruit en la saison tous les ans,
Sans perdre son feuillage vert :
De sorte qu'heureux en ce qu'il déseignera[2]
Toujours se verra prospérer :
Non les méchants qui passeront éparpillés,
Ainsi que bourriers[3] par le vent.
Car les dévoyés entre les bons n'oseront
Se montrer au grand jugement :
Où DIEU, connaissant quel chemin le juste suit,
Le train du mauvais damnera.

1. Tortueux. 2. Projettera. 3. Petits amas de paille.

Les heurs du prud'homme qui ne s'est point promené
Dedans le complot des méchants,
Ni s'est arrêté dans la voie des forfaiteurs,
Ni des moqueurs au banc assis
Mais dont le cœur est en la loi du bon Seigneur
Et de nuit et jour songe en sa loi,
Et doit tout enfin être qu'est un arbre vert,
Planté joignant le[1] cours des eaux :
Qui son riant fruit en sa saison doit donner,
Sa feuille point ne flétrira :
Et mêmes[2] heureux tout le beau fruit qu'il fera
Heureusement le parfera.
Non ainsi pervers non non ainsi : mais comme est
La balle qu'un vent poussera.
Par quoi ne sourdront[3] les méchants au jugement
Ni dans l'assemblée des élus.
Mais Dieu connaît bien quel chemin les Justes vont,
Et des méchants le train périt.

Tout bonheur est en l'homme, et qui ne se promène
Au complot malheureux des pervers éhontés,
Et qui point ne s'arrête en la voie qui mène
À la perdition les méchants indomptés,
Et qui ne va se seoir au banc de gausserie[4]
Des Riards débordés à toute moquerie ;
Mais de qui le vouloir est en la loi divine,
Qu'il repense et repense et de jour et de nuit.
Comme l'arbre il sera près de l'onde argentine
D'un beau ruisseau planté, qui rapporte son fruit,
Son fruit en sa saison, dont ne chet[5] le feuillage ;
Et tout ce qu'il produit vient avec avantage.

1. À proximité du. 2. Même. 3. Ne se lèveront, ne se relèveront (latin : *resurgent*). 4. Moquerie, raillerie. 5. Tombe.

Les méchants effrontés ne feront pas de même :
Plutôt seront comme est la balle que le vent
Loin éparpillera. Pour ce en malheur extrême
Les mauvais déplorés ne sourdront pas devant
Le jugement de Dieu ; ni en la compagnie
Des Justes ne viendront ceux de mauvaise vie.
Car le Seigneur très bon daigne bien reconnaître
Des Justes le chemin, le remarque et le sait.
Leur manière de vivre il fera bien paraître,
À qui fera le bien guerdonnant[1] le bienfait.
Mais le train des pervers malheureux et damnable
Périra devant Dieu comme désagréable.

1. Récompensant.

Rémy Belleau

LES ODES D'ANACRÉON TÉIEN,

TRADUITES DE GREC EN FRANÇAIS

PETITES INVENTIONS

TRADUCTION DE QUELQUES SONNETS DE P. DE RONSARD*

QUE LÂCHEMENT VOUS ME TROMPEZ MES YEUX

Quam me decipitis maligne ocelli,
Fallacis memores figurae ocelli,
Heu nimisque ferox, ferumque fatum
Voto supplice nescium moueri,
Astrorum scelus heu nimis cruentum :
Si fontis leuiter fluentis undas
Fallaci nimis ore fontis undas
Amaui, proprio perustus igne,
Tabescam ne ideo miser ! sequacem
Imprudens iuuenis sequutus umbram !
O dii quod genus istud est furoris !
Amans ut peream, simulque perdam
Quem mendax vacuis imago flammis

Membratim extenuet? propinquiore
Flaua liquitur ut vapore cera!
Sic flebat liquidam imminens in undam
Narcissus, subitum repente florem
Cum vidit moriente se, renasci.

LE VER LUISANT DE NUIT

*À Guillaume Aubert**

Jamais ne se puisse lasser
Ma Muse de chanter la gloire
D'un Ver petit, dont la mémoire
Jamais ne se puisse effacer :
D'un Ver petit, d'un Ver luisant,
D'un Ver sous la noire carrière
Du ciel qui rend une lumière
De son feu le ciel méprisant.
Une lumière qui reluit
Au soir, sur l'herbe roussoyante[1],
Comme la tresse rayonnante
De la courrière de la nuit[2].
D'un Ver tapi sous les buissons,
Qui au laboureur prophétise,
Qu'il faut, que pour faucher aiguise
Sa faux, et fasse les moissons.
Gentil prophète et bien appris,
Appris de Dieu qui te fait naître
Non pour néant, ains[3] pour accroître
Sa grandeur, dedans nos esprits!
Et pour montrer au laboureur
Qu'il a son ciel dessus la terre,

1. Couverte de rosée. 2. Périphrase désignant la lune. 3. Mais.

Sans que son œil vaguement erre
En haut, pour apprendre le heur[1]
Ou de la tête du Taureau,
Ou du Cancre[2], ou du Capricorne,
Ou du Bélier qui de sa corne
Donne ouverture au temps nouveau[3].
Vraiment tu te dois bien vanter
Être seul ayant la poitrine
Pleine d'une humeur[4] cristalline
Qui te fait voir, et souhaiter
Des petits enfants seulement,
Ou pour te montrer à leur père,
Ou te pendre au sein de leur mère
Pour lustre[5], comme un diamant.
Vis donc, et que le pas divers
Du pied passager ne t'offense,
Et pour ta plus sûre défense
Choisis le fort des buissons verts.

DICTAMEN METRIFICUM

*DE BELLO HUGUENOTICO ET REISTRORUM PIGLAMINE AD SODALES**

Tempus erat quo Mars rubicundum sanguine spadam
Ficcarat crocho, permutarat botilla,
Ronflabatque super lardum, vacuando barillos,
Gaudebatque suum ad solem distendere ventrem,

1. Le sort. 2. Cancer. 3. C'est-à-dire au printemps. 4. Un liquide, une substance. 5. Lumière.

Et conni horridulum Veneris gratare pilamen,
Vulcanique super pileum attacare penachium,
Nam Jovis interea clochitans, dum fulmen aguisat
Et resonare facit patatic patatacque sonantes
Enclumas, tornat candens dum forcipe ferrum
Martellosque menat, celeres menat ille culatas
Et forgeronis forgat duo cornua fronti,
Sic tempus passabat ovans cornando bonhomum
Artes oblitus solis, Divumque bravadas,
Non corcelletos, elmos, non amplius arma,
Nil nisi de bocca Veneris Mars basia curat
Basia quæ divos faciunt penetrare cabassum.
Omnia ridebant securum, namque canailla
Frantopinorum[1] *spoliata domumque reversa*
Agricolam aculeo tauros piccare sinebat,
Et cum musetta festis dansare diebus
In rondum, ombroso patulæ sub tegmine fagi,
Denique pastillos parvos tartasque coquebat
Pax cælo delapsa, novam sponsando brigatam
Cervellos hominum ecce venit picquare tavanus,
Hunc muscam guespam veteres dixere vilani
Asper acerba sonans quo tota exterrita silvis
Diffugiunt armenta : furit mugitibus æther
Concussus, fratrum fremuerunt claustra minorum,
Ecce venit, veniensque replet tinnitibus urbes :
Infernus quid sit, paradisus, quidve diablus
Quidve fides, quid religio, quid denique cælum
Omnes scire volunt, per psalmos, per catechismos
Omnibus æternæ fitur spes una salutis.
Incagant primum Papæ, rubeisque capellis,
Evesquis, pretris, parvos semando libellos,
Succratis populumque rudem amorçando parollis
Postea sancta nimis, sed garulla predicantum

1. Les « frantaupins » constituaient des milices rurales crées sous Charles VII, réputées pour leurs pillages et rapines.

Turba subit, qua turbidior non visitur usquam,
Infernum turbavit enim cælumque solumque,
Et dedit innumeros flammis, et piscibus escam
Nec pluris faciunt Pantoufflam sacrosanctam,
Quam faciunt veteres rognosa in calce savatas.

[Traduction :

BAUME VERSIFIQUE

SUR LA GUERRE HUGUENOTIQUE ET LE PILLAGE DES REÎTRES. AUX CAMARADES.

C'était l'époque où Mars avait donc raccroché
son glaive rouge sang, préférant la bouteille.
Il ronflait sur son lard, épuisant les barils,
fier de tendre au soleil son ventre, de gratter
le poil ébouriffé du con de sa Vénus,
et de mettre un panache au bonnet de Vulcain.
Cependant le boiteux de Jupiter s'applique,
les foudres et l'enclume, et patatic et toc.
Le fer incandescent il tourne avec sa pince,
fait danser les marteaux, mais l'autre pour son front
à rapides culées, forge deux belles cornes.
Mars triomphait ainsi, encornant le bonhomme,
Oubliant le Soleil, les prouesses des dieux,
Heaumes et corselets, et tout autre armement.
Quel est son seul souci ? Les baisers de Vénus,
Qui incitent les dieux à fourrer le « cabas ».
Tout riait sans danger, même les Frantaupins,
canailles dépouillées, étaient rentrés chez eux,
laissant le paysan piquer ses gras taureaux,
et danser dans la ronde au son de la musette,
sous le couvert ombreux d'un assez large hêtre.
Enfin, tout en cuisant pâtés et tartelettes,
venue du ciel, la Paix promet une brigade

d'un genre tout nouveau. Mais voici qu'un Taon vient
et pique les cerveaux, et cette mouche-guêpe,
agressive, stridente, effraie tous les troupeaux,
qui fuient dans les forêts : les airs en sont troublés,
et les Frères mineurs, dans leurs cloîtres tremblèrent.
Ce Taon vient et remplit la ville de ses cris :
qu'est-ce donc que l'enfer, le paradis, le diable,
la foi, la religion, qu'est-ce donc que le ciel,
tous veulent le savoir, par psaumes, catéchismes,
pour tous enfin l'espoir du salut éternel.
On va chier sur le pape et sur les chapeaux rouges,
les évêques, curés ; on sème des libelles,
attirant le bas peuple avec des mots sucrés.
Viennent les prédicants, plus que saints, mais bavards,
des trublions pareils, nul n'en a jamais vu.
Ils ont troublé l'enfer, et le Ciel et la terre,
livré beaucoup de gens aux poissons ou aux flammes,
et ne font pas plus cas de la sainte Pantoufle
qu'ils ne font d'un chausson en un mauvais sabot.]

BERGERIE

TENOT, BELLOT

BELLOT

[…] C'est de longtemps, Tenot, Tenot, que la fortune
Est comme par destin entre nous deux commune,
Un misérable soin[1] toujours sur notre chef,
Importun, amoncelle un monde de méchef[2].

1. Souci. 2. Malheur.

TENOT

Hé qui serait heureux quand en notre province
Cité contre cité, et prince contre prince,
Le noble, le marchand, le soldat, l'artisan,
Le Juge, l'Avocat, le Serf, le courtisan,
Le maître, l'écolier, l'orateur, le poète,
Le prêtre, le reclus, la simple femmelette,
S'arment contre leur sang, et pris d'ambition,
Dedans leur estomac font la sédition ?

BELLOT

Aussi ne vois-tu pas, que depuis que la France
Couve dedans son sein le meurtre et la vengeance,
La France ensorcelée et surprise d'erreur,
De guerre, de famine, et de peste, et de peur,
France le petit œil et la perle du monde,
Est maintenant stérile, au lieu d'être féconde ?
Et comme malgré soi, dépite elle produit,
Par colère et dédain, son herbage et son fruit ?

TENOT

Ne vois-tu des forêts le plus épais feuillage,
Qui ne porte sinon à regret son ombrage ?
Les Faunes, les sylvains, de tous côtés épars,
Se mussant[1], ont quitté leurs forêts aux soudars[2].

BELLOT

Il n'y a dans ces bois lieu tant soit solitaire,
Qui ne sente de Mars la fureur ordinaire :
Vous le savez taillis, et vous coteaux bossus,

1. Se cachant. 2. Soldats.

Prés, monts, jardins et bois, et vous antres moussus,
Qui mille fois le jour répondez à mes plaintes,
Plaintes qu'on lit au flanc de ces ormes empreintes :
Nymphes vous le savez, et vous qui habitez,
Satyres, dans les creux de ces obscurités,
Même le beau cristal de ces vives fontaines,
Le murmure en coulant par ces herbeuses plaines.

LES AMOURS

ET NOUVEAUX ÉCHANGES DES PIERRES PRÉCIEUSES : VERTUS ET PROPRIÉTÉS D'ICELLES*

DISCOURS

Recherchant curieux la semence première,
La cause, les effets, la couleur, la matière,
Le vice et la vertu de ce trésor gemmeux,
J'ai saintement suivi la trace de ces vieux[1]
Qui premiers ont écrit que les vertus secrètes
Des pierres s'écoulaient de l'influx des planètes.
Autres plus avisés, mus d'autre opinion,
Renvoient cette bourde à la religion
Et mystères sacrés des prêtres de Chaldée,
Qui ont cette cabale en l'Égypte fondée,
Afin d'entretenir les peuples ignorants

1. Les Anciens, en l'occurrence, Orphée, Dioscoride, Pline et Solin.

Sous telles vanités et signes apparents,
Pour les épouvanter et les tenir en crainte
De quelque opinion, fût-elle vraie ou feinte.
Mais craignant offenser le reste précieux
Des monuments sacrés et les cendres des vieux,
J'ai bien voulu les suivre, en imitant la trace
Et les pas mesurés du vieil chantre de Thrace[1],
Non pour vous déguiser dessous un masque feint
La simple vérité, qui ne se cache point,
Mais bien pour admirer la noble architecture
De ce gemmeux trésor, miracle de Nature,
Qui a mis et renclos d'effets divins et forts
Tant de rares vertus dedans ces petits corps. [...]

LA PIERRE LUNAIRE*,

DITE SÉLÉNITÉS OU 'ΑΦΡΟΣΈΛΗΝΟΣ

Et toi, pierre, qui vas croissant,
Rajeunissant et vieillissant[2],
Ainsi que la vite courrière[3]
En ses déguisements nouveaux,
Qui mène au galop ses moreaux
Au ciel, par la noire carrière,

Resteras-tu sans quelque honneur ?
Non, non, je serai le sonneur
De tes vertus, pierre gentille,
Et dirai en mes vers comment

1. Orphée. 2. Il s'agit, comme l'explique Dioscoride, de « la pierre Sélénite, qu'aucuns appellent Aphroselenon, parce que de nuit elle représente la figure de la lune, et croît et décroît selon icelle ». 3. Représentation poétique de Séléné, déesse de la lune, de son char et de ses noirs coursiers (« ses moreaux »).

Par un secret enfantement
De la Lune on te pense fille.

Car si dessous un air serein
La Lune a le visage plein,
Cette pierre est pleine et entière ;
S'elle est en son croissant nouveau,
La pierre croît, enfle sa peau ;
Chute en décours, elle s'altère[1].

Or on conte que de l'humeur
De l'écume et de la sueur
De la Lune elle prit sa vie,
Lorsqu'en Latmie s'écartant
Ses baisers allait départant
Au dormeur[2] qui l'avait ravie.

Puis ce qui renaît de la mer,
Du feu, de la terre, et de l'air,
Est une entresuite éternelle :
Rien ne périt, tant seulement
Par un secret échangement
Reprend une forme nouvelle.

La terre se détrempe en eau,
Dont le plus net et le plus beau
Se fait air ; ce qui peut se traire
De l'air plus subtil se fait feu,
Puis s'épaissit, et peu à peu
Retourne en sa masse ordinaire.

De là se retrame le cours
Et l'ordre, qui roule toujours,

1. Si la lune décroît dans son cours, la pierre s'altère. 2. Aimé de Séléné, Endymion sombra dans un sommeil éternel, au creux du mont Latmos.

Des corps, que cette ménagère
Nature défait et refait,
Tant seulement change le trait
Et l'air de l'image première.

Bref, au monde rien ne se perd,
Tout s'y ménage, tout y sert :
De la mort vient la renaissance,
L'un de l'autre emprunte le corps,
Puis mourant, par nouveaux accords
Recherche nouvelle alliance.

Or cette pierre a le pouvoir
De faire aisément concevoir
L'amour d'une maîtresse belle ;
S'on la porte en nouveau croissant,
On dit qu'elle va guérissant
Et le poumon et la ratelle[1].

Elle est blanchissante en couleur
Dessous un petit[2] de rousseur ;
Elle est en feuillage étendue[3],
Son lustre est clair et transparent ;
L'Arabe la va retirant
Du fond de l'arène menue[4].

1. Rate. 2. Un peu. 3. Cette pierre peut être étendue en lames, comme le verre. 4. Au fond du sable fin.

Jean de la Péruse

MÉDÉE

ACTE V*

LA NOURRICE

Fuis-t'en d'ici, fuis-t'en ma nourriture[1] chère,
Fuis-t'en, mais vitement, Glauque et le Roi son père,
Et le Palais Royal, sont déjà tout en feu,
Pour le mortel présent que de toi ils ont eu.

MÉDÉE

Quoi fuir ? quand[2] déjà en fuite je serais
Pour voir de si beaux jeux encor je reviendrais.
Il sont donques brûlés, ô désirés propos :
J'aurai dorénavant en mon esprit repos.
On ne dira jamais, courageuse Médée,
Que sans te revenger un méchant t'ait blessée.
Que reste il plus, sinon que massacrer les fils
Qu'avec ce déloyal, malheureuse, je fis.

1. Ma chère enfant que j'ai élevée. 2. Quand bien même.

LA NOURRICE

Dieux immortels, avez-vous donc envie
De mettre à mort ceux qui par vous ont vie ?

MÉDÉE

Ils mourront, ils mourront, ton cœur est trop couard.
Vrai est qu'ils sont mes fils, mais Jason y a part.
Jupiter qu'est ceci ? quels flambeaux noirs m'étonnent ?
Quelles rages d'Enfer de si près me talonnent ?
Quels feux, et quels fléaux, quelle bande de nuit
Ainsi de toutes parts sifflante me circuit[1] ?
Quel serpent est ici ? quell'horrible Mégère ?
Quelle ombre démembrée ? ha, ha, ha, c'est mon frère,
Je le vois, je l'entends, il veut prendre vengeance
De moi, cruelle sœur, il veut punir l'outrance
Que je lui fis à tort, il est ores recors[2]
Que trop bourrellement[3] je démembrai son corps.
Non, non, mon frère, non : voici ta récompense.
Jason, traître, me fit te faire cette offense.
Voici, voici ses fils, renvoie les Furies,
Renvoie ces flambeaux, sans que tu m'injuries :
La main qui te meurtrit même te vengera
Pour mon frère tué, mon fils tué sera.
Tiens donc, frère, voici pour apaiser ton ire,
Je t'offre corps pour corps. Je t'en vais l'un occire.
J'ai ouï quelque bruit, on nous vient courir sus.
Nourrice, prends ce corps, allons, fuyons lassus[4]
Au plus haut du logis. Que te servent ces larmes ?

1. M'enveloppe. 2. Il se souvient maintenant. 3. Cruellement, à la manière d'un bourreau. 4. Là-haut.

JASON

Sus, sus, après amis, sus, chacun coure aux armes,
Allons, qu'on mette bas promptement la maison,
Et qu'on venge l'injure, et l'énorme poison.

MÉDÉE

Tous tes propos sont vains, tu ne me saurais nuire,
Car Phebe[1] mon aïeul me garde de ton ire :
Menace donc ton saoul, quand voudrai m'en aller
Le chariot ailé me guidera par l'air.
Tiens, voilà un des fils.

JASON

L'autre au moins me demeure,
Ou je meure avec lui.

MÉDÉE

Sans toi je veux qu'il meure.

JASON

Qu'il vive, je te pri' par celui même flanc
Qui le porta.

MÉDÉE

Non, non, il mourra, c'est ton sang.

1. Phébus Apollon.

JASON

Hélas ! moi malheureux, malheureuse ma vie :
Ô Dieux que vous avez dessus mon bien envie.
Qu'ai-je donques forfait ? quel est mon si grand tort ?

MÉDÉE

Tiens voilà l'autre fils. Or[1] l'un et l'autre est mort,
Encore vivras-tu, mais proche est la journée
Qu'ès[2] ruines d'Argo t'attend ta destinée.
Tandis mon chariot en l'air m'emportera,
Et en ce triste[3] espoir ton esprit languira,
Pauvre, seul, sans enfants, sans beau-père, et sans femme.
Qui aura désormais de faux[4] amant le blâme,
À l'exemple de toi, se garde du danger
Par qui j'apprends mon sexe à se pouvoir venger.

ŒUVRES POÉTIQUES

ÉTRENNES

À UNE DAMOISELLE DONT LES LETTRES CAPITALES PORTENT LE NOM

Celui qui dans un corps souhaitera de voir
Honneur, grâce, vertu, douceur, beauté, savoir,
Arrête ici son pas : et il verra dans une

1. Maintenant. 2. Que dans les. 3. Sinistre. 4. Infidèle.

Reluire tous les biens d'esprit, corps et fortune.
La voie, et ayant vu qu'il n'est lieu sous les Cieux
Où il y ait amas de dons plus précieux,
Tout soudain il dira : vraiment elle devance,
Et d'esprit et de corps, tout le reste de France ;
Dieu aussi la fit telle, afin que les humains
Entendissent par là combien peuvent ses mains ;
La nature y ouvra, prodiguant ses richesses,
Afin que les humains connussent ses largesses ;
Même chacun des Dieux, à qui mieux le pouvait,
Orna corps et esprit du meilleur qu'il avait :
Tout le Ciel, désirant la combler d'excellence,
Totalement vida la corne d'abondance.
Heureuse et plus qu'heureuse en qui gît si grand heur !
Et plus heureux encor qui gagnera son cœur !

SONNET AUX MUSES

Adieu vous dis, Muses Aoniennes,
Vos musements m'ont par trop arrêté.
Vos beaux guerdons[1], sont-ce pas pauvreté,
Langueur, souci, ennuis, travaux et peines ?

Et puis vantez vos eaux Pégasiennes !
Puis promettez une immortalité !
Adieu, adieu : je n'ai que trop été
Repu du vent de vos promesses vaines.

Las ! qu'ai-je dit ? ô Muses ! revenez,
Et avec moi, s'il vous plaît, vous tenez,
Car désormais vous seules je veux suivre :

1. Récompenses.

Sachant très bien qu'au monde tout périt,
Fors seulement les seuls biens de l'esprit,
Qui l'homme mort après la mort fait vivre.

Jacques Grévin

L'OLYMPE*

Olympe, c'est pour vous que ce deuil je soupire,
C'est pour vous, mon Olympe, et votre cruauté
Est cause que je suis sans repos tourmenté,
C'est seulement par vous que la mort je désire.

Seule vous me causez ce douloureux martyre.
Votre divine grâce et parfaite beauté
Seule me déroba ma douce liberté,
Et si[1] seule elle fait que mon tourment empire.

Seule vous me pouvez donner allègement,
Mettant fin aux soupirs et à ce dur tourment,
Rendre ma liberté et me donner la vie.

Mon Olympe, venez, venez me secourir,
Ou faites tout au moins que je puisse mourir
Aux pieds de la beauté qui m'a l'âme ravie.

☆

1. Ainsi.

Puisqu'il est arrêté, par fatale ordonnance,
Que je meure en tes bras, Paris, et que la mort
Jà-jà me bien-heurant[1] me pousse sur le bord
Pour allenter[2] ma soif au fleuve d'oubliance,

Puisqu'il est arrêté que pour la récompense
De ma grand'fermeté je sentirai l'effort
Des trois fatales Sœurs[3] qui ont filé mon sort,
Je me plais de mourir au plus beau de la France,

Et te supplie, Paris, que sur mes os couverts,
Pour un long souvenir soient engravés ces vers,
Témoins aux successeurs de ma fidèle flamme :

CI-GÎT SOUS CETTE TOMBE UN POÈTE CLERMONTOIS
OPINIÂTRE AMANT, QUI, MOURANT UNE FOIS,
SE SENTIT BIENHEUREUX D'ENDURER POUR SA DAME.

☆

Jodelle, mes Sonnets ne sont que simple prose*,
Que l'Amour accourcit selon son bon avis,
Et moi, comme le feu qui émeut mes esprits
S'allume ou s'attiédit, le rythme j'en compose.

Cil qui feignant l'amour, en son esprit dispose
De montrer par ses vers ce qu'il a bien appris
Afin de s'acquérir du vert laurier le prix,
Remâche les secrets de la Métamorphose :

Mais moi que l'Amour tient dès longtemps prisonnier,
Captif comme un forçaire au joug de son collier,
Je n'écris la grandeur, mais le mal qui me blesse ;

1. Assurant désormais mon bonheur. 2. Soulager. 3. Les Parques.

Et je n'estime pas un homme être amoureux
Qui farde affectément ses beaux vers orgueilleux,
Entant qu'il[1] ne le peut pensant à sa Maîtresse.

LA GÉLODACRYE*

Qu'est-ce de cette vie ? un public échafaud[2],
Où celui qui sait mieux jouer son personnage,
Selon ses passions échangeant le visage,
Est toujours bienvenu et rien ne lui défaut.

Encor qui se peut bien déguiser comme il faut,
Prêt à servir un Roi, représentant un page,
Ou lui donner conseil s'il faut faire le sage,
Celui, de jour en jour, s'avancera plus haut.

Ainsi souventes fois l'on voit sur un théâtre
Un comte, un duc, un roi à mille jeux s'ébattre,
Et puis en un instant un savetier nouveau ;

Et cil qui maintenant banni de sa province
N'était sûr de soi-même, or' gouverner un Prince,
Après avoir passé derrière le rideau.

☆

1. Dans la mesure où il. 2. Estrade, scène.

Je ne ris de ce monde et n'y trouve que rire,
Je le pleure et si[1] rien ne doit être pleuré,
J'y espère et si rien ne doit être espéré,
Je vois tout être entier et rien n'est qui n'empire.

J'y reprends toute chose et n'y vois que redire,
Je me plains de ce temps et rien n'est empiré ;
Je redoute un désastre et tout est assuré,
Je vois la paix partout et tout bouillonne d'ire.

Je déplore mes ris, je me ris de mes pleurs,
Je ris mon passe-temps, je pleure mes douleurs,
Tout me tire à pleurer, tout à rire m'excite.

Dont vient cela, Mouret ? c'est pourtant que[2] je veux
Entreprendre tout seul les ouvrages de deux,
Ore[3] de Démocrite et ore d'Héraclite.

☆

Que ne suis-je échangé en une source claire
Distillant à jamais un grand ruisseau de pleurs
Pour tant d'impiétés, de meurtres, de malheurs,
Qui à toujours pleurer ne me font rien qu'attraire[4] ?

Nature me devait au côté gauche faire
Une rate engrossie et de doubles largeurs,
Pour rire incessamment les bouillantes fureurs
De ceux-là qui tant bien se savent contrefaire.

1. Cependant. 2. Parce que. 3. Ore… ore : Tantôt, tantôt. 4. M'entraînent toujours à pleurer.

Je vois journellement un grand sot ignorant[1],
Tout vieil et tout cassé, aux grandeurs aspirant,
Et discourir tout seul de l'ordre de l'Église ;

Reprendre un gouverneur, prédire assurément
Par la sédition le subit changement,
Et ne veut toutefois que je Gélodacryse[2].

CÉSAR

ACTE CINQUIÈME*

MARC BRUTE

Le Tyran est tué, la liberté remise,
Et Rome a regagné sa première franchise[3].
Ce Tyran, ce César, ennemi du Sénat,
Oppresseur du pays, qui de son Consulat
Avait fait héritage, et de la République
Une commune vente en sa seule pratique,
Ce bourreau d'innocents, ruine de nos lois,
La terreur des Romains, et le poison des droits,
Ambitieux d'honneur, qui montrant son envie
S'était fait appeler Père de la Patrie,
Et Consul à jamais, à jamais Dictateur,
Et pour comble de tout, du surnom d'Empereur.

1. Le pape. 2. Que je pleure en riant (à moins que ce ne soit l'inverse). 3. Liberté.

Il est mort ce méchant, qui décelant sa rage
Se fit impudemment élever une image
Entre les Rois, aussi il a eu le loyer[1]
Par une même main qu'eut Tarquin le dernier.
Respire donc à l'aise, ô liberté Romaine,
Respire librement sans la crainte inhumaine
D'un Tyran convoiteux. Voilà, voilà la main,
Dont ore est affranchi tout le peuple Romain.

CASSIUS

Citoyens, voyez ci cette dague sanglante,
C'est elle, Citoyens, c'est elle qui se vante
Avoir fait son devoir, puisqu'elle a massacré
Celui qui méprisait l'Aruspice sacré,
Se vantant qu'il pouvait, malgré tous les plus sages,
Changer à son vouloir les assurés présages.
Nous avons accompli, massacrant ce félon,
Ce que le grand Hercule accomplit au lion,
Au sanglier d'Érymanthe, et en l'hydre obstinée
Monstre sept fois têtu, et vengeance ordonnée
Par Junon sa marâtre. Allez donc, Citoyens,
Reprendre maintenant tous vos droits anciens.

DÉCIME BRUTE

Puissent pour tout jamais ainsi perdre la vie
Ceux qui trop convoiteux couveront une envie
Pareille à celle-là : puissent pour tout jamais
Perdre d'un pareil coup leur gloire et leurs beaux faits.
Ainsi, ainsi mourront, non de mort naturelle,
Ceux qui voudront bâtir leur puissance nouvelle
Dessus la liberté : car ainsi les tyrans
Finent[2] le plus souvent le dessein de leurs ans.

1. La récompense. 2. Finissent.

CASSIUS

Allons au Capitole, allons en diligence,
Et premiers en prenons l'entière jouissance.

MARC ANTOINE

J'invoque des Fureurs la plus grande fureur.
J'invoque le Chaos de l'éternelle horreur,
J'invoque l'Achéron, le Styx et le Cocyte,
Et si quelque autre Dieu sous les enfers habite,
Juste vengeur des maux, je les invoque tous,
Homicides cruels, pour se venger de vous.
Hé, Traîtres ! est-ce donc l'amitié ordonnée
De dérober la vie à qui vous l'a donnée ?
Avez-vous su si bien épier la saison
Pour mettre en son effet la feinte trahison
Conçue dès longtemps dedans votre poitrine
Seule qui nous enfante une orgueilleuse Érynne !
J'atteste ici le Ciel, seul juste balanceur
De tout notre fortune et libéral donneur,
Des victoires, des biens, de l'heur, et de la vie,
Qu'ainsi ne demourra[1] cette faute impunie,
Tant qu'Antoine sera non moins juste que fort.
Et vous, braves soldats, voyez, voyez quel tort
On vous a fait, voyez, cette robe sanglante
C'est celle de César qu'ores je vous présente :
C'est celle de César magnanime Empereur,
Vrai guerrier entre tous, César qui d'un grand cœur
S'acquit avecque vous l'entière jouissance
Du monde : maintenant a perdu sa puissance,
Et gît mort étendu, massacré pauvrement
Par l'homicide Brute.

1. Demeurera.

LE PREMIER SOLDAT

Armons-nous sur ce traître,
Armes, armes, soldats, mourons pour notre maître,
Si jamais nous avons croisé les ennemis
Aux froissis des harnois, si nous nous sommes mis
Quelquefois au danger d'une tranchante épée,
Lorsque nous poursuivions la route de Pompée,
C'est maintenant soldats qu'il nous faut hasarder,
Voire plus promptement que n'est le commander.

MARC ANTOINE

Sus donques, suivez moi et donnez témoignage
De votre naturel et de votre courage
Pour César, ne craignant de tomber au danger
De votre propre mort pour la sienne venger.
Moi, je vais remontrer à ce peuple de Rome
Quels malheurs nous promet la perte d'un tel homme,
Si elle n'est vengée ainsi qu'il appartient.

LES ÉBAHIS

SCÈNE III*

ANTOINE

Et, par Dieu, je ne m'en puis taire :
Depuis que ce badin, mon maître,

Est amoureux, on ne peut être
En repos dedans la maison ;
Il y a toujours à foison
Assez de matière nouvelle
Pour abêtir une cervelle.
  Jouant tout seul son personnage,
Où il devise du ménage
Qu'il doit tenir ci en après[1] ;
Et même, il n'est pas des retraits
Qu'il ne leur ordonne leur place.
Maintenant il lave sa face,
Maintenant frisant ses cheveux,
Il vous contrefait l'amoureux
Avec une petite chatte,
Que par paroles il afflatte[2]
Ainsi qu'une jeune tendrette ;
Or[3] il dit : Voilà la chambrette
Où Madelon saura comment
On l'engendra premièrement ;
Puis tout en un coup furieux,
Grinçant les dents, roulant les yeux,
Criant si haut que tout en tremble,
Il nous fait venir tous ensemble :
Guillaume, viens-ci me peigner,
Toi, va-t'en chez le cuisinier,
Toi, va-t'en chez le porte-chappe[4],
Et toi, va-t'en voir si ma cape,
Mon grand saie[5] et mon vieil pourpoint
Sont raccoutrés à mon appoint[6].
Quant à moi, comme plus fidèle,
Je sers de porter la nouvelle
De son état à Madeleine ;
Et la nouvelle plus certaine,

1. Dorénavant. 2. Flatte. 3. Tantôt. 4. Titre que prenaient à Paris les maîtres-cuisiniers. 5. Sorte de casaque. 6. Ont été ajustés à ma taille.

Comme je puis apercevoir,
Est qu'elle ne le veut avoir,
Selon sa manière de faire.
Et de cela je m'en veux taire ;
J'entends un petit mieux mon cas,
Car vraiment je ne serais pas
Le bienvenu par ce moyen.

Étienne Jodelle

CLÉOPÂTRE CAPTIVE*

ACTE IV

CLÉOPÂTRE

Antoine, ô cher Antoine ! Antoine, ma moitié !
Si Antoine n'eût eu des cieux l'inimitié,
Antoine, Antoine, hélas ! dont le malheur me prive,
Entends la faible voix d'une faible captive,
Qui de ses propres mains avait la cendre mise
Au clos de ce tombeau n'étant encore prise ;
Mais qui, prise et captive à son malheur guidée,
Sujette et prisonnière en sa ville gardée,
Ore[1] te sacrifie, et, non sans quelque crainte
De faire trop durer en ce lieu ma complainte,
Vu qu'on a l'œil sur moi, de peur que la douleur
Ne fasse par la mort la fin de mon malheur,
Et afin que mon corps, de sa douleur privé,
Soit au Romain triomphe en la fin réservé.
Triomphe, dis-je, las ! qu'on veut orner de moi,
Triomphe, dis-je, las ! que l'on fera de toi
Il ne faut plus désor[2] de moi que tu attendes

1. Maintenant. 2. Désormais.

Quelques autres honneurs, quelques autres offrandes.
L'honneur que je te fais, l'honneur dernier sera
Qu'à son Antoine mort Cléopâtre fera.
Et, bien que, toi vivant, la force et violence
Ne nous ait point forcé d'écarter l'alliance,
Et de nous séparer, toutefois je crains fort
Que nous nous séparions l'un de l'autre à la mort,
Et qu'Antoine, Romain, en Égypte demeure,
Et moi, Égyptienne, dedans Rome je meure.
Mais, si les puissants dieux ont pouvoir en ce lieu
Où maintenant tu es, fais, fais que quelque Dieu
Ne permette jamais qu'en m'entraînant d'ici
On triomphe de toi en ma personne ainsi ;
Ains[1] que ce tien cercueil, ô spectacle piteux,
De deux pauvres amants ! nous raccouple tous deux,
Cercueil qu'encore un jour l'Égypte honorera,
Et peut-être à nous deux l'épitaphe fera :
« Ici sont deux amants qui, heureux en leur vie,
D'heur, d'honneur, de liesse, ont leur âme assouvie.
Mais, enfin, tel malheur on les vit encourir,
Que le bonheur des deux fut de bientôt mourir. »
Reçois, reçois-moi donc, avant que César parte,
Que plutôt mon esprit que mon honneur s'écarte :
Car entre tout le mal, peine, douleur, encombre,
Soupirs, regrets, soucis, que j'ai soufferts sans nombre,
J'estime le plus grief[2] ce bien petit de temps
Que de toi, ô Antoine ! éloigner je me sens.

1. Mais. 2. Douloureux.

SONNETS À LA REINE MÈRE

III*

Tu n'as pas seulement de notre Paix souci,
Soit pour l'avoir bien su rechercher, et bien faire,
Soit pour la préserver du trouble en son contraire,
Mais notre guerre en main tu as pris tout ainsi :

J'entends guerre licite, et non celle qu'ici
Un mal d'esprit a pu sinistrement attraire,
Pour du lien commun d'un seul Dieu nous distraire,
D'un seul Christ, d'un seul Roi, d'un seul pays aussi.

Le Havre où ton avis tout seul poussa l'armée,
De ton cœur, de ton heur, de ton droit animée,
Les soldats enflammés et guerdonnés[1] par toi :

Les blessés recueillis, le lieu que tu ordonnes,
Où la vie honorable après l'honneur leur donnes,
Montrent que nous avons en une Reine un Roi.

V

Dieu, Madame, a permis en vengeant nos malices,
Nos piques et nos torts, nos abus obstinés,
Que deux partis se soient l'un sur l'autre acharnés,
Faisant par nous sur nous exercer ses justices.

1. Récompensés.

De là les maux, les torts, les hontes, les supplices,
Les péchés, les prisons, les travaux destinés
Étaient à l'un et l'autre, afin qu'aiguillonnés
Nous fussions de remords de nos haines et vices :

Mais la paix, la bonté du Roi, cette union
Commune, pour reprendre à ta suasion
Le Havre, l'étranger chasser hors les provinces,

Se désarmant font foi de ton futur bonheur,
Et qu'au double entre nous refleurira l'honneur
De Dieu, du Roi, de toi, de France, et de ses Princes.

CONTRE LES MINISTRES DE LA NOUVELLE OPINION

IV*

C'est aux ministres seuls, ministres des misères
(Peux-je dire) et des maux, et des torts inhumains
Que nous souffrons par eux, qui branlant en leurs mains
Notre fatal brandon[1], se sont faits nos Mégères :

C'est aux ministres donc que les justes colères,
Soit de moi, soit de tant de diserts écrivains
Se doivent adresser, montrant lâches et vains
D'esprit tous les fauteurs de si faux ministères.

1. Torche.

Seuls ils ont machiné, dressé, tramé, conduit,
Dénombré leur pouvoir par Églises instruit,
Des vivres, des moyens, des surprises commodes,

Donné le jour auquel le Roi prendre on devait,
Qui des leurs dès longtemps et fort loin se savait,
Même c'est ce qu'entre eux ils nommaient leurs synodes.

XVIII

Que de ce siècle horrible on me peigne un tableau,
Par ordre y ordonnant l'étrange momerie
Où tout vice, tout crime, erreur, peste, furie,
De son contraire ait pris le masque et le manteau :

Aux peuples et aux Rois dessous maint faux flambeau
Qui les yeux éblouit et les cœurs enfurie,
Soit de ces masques faux l'énorme tromperie
Conduite, et pour momon[1] porte à tous un bandeau :

L'injustice prendra le beau masque d'Astrée[2],
En science sera l'ignorance accoutrée,
Sous le masque de Christ, d'humblesse et charité,

Satan, ambition, sédition félonne
Marcheront, et n'était la chance que Dieu donne,
Leurs faux dés piperaient tout heur et vérité.

1. Momerie, mascarade. 2. Déesse de la Justice.

LES AMOURS*

IX

Amour vomit sur moi sa fureur et sa rage,
Ayant un jour du front son bandeau délié,
Voyant que ne m'étais sous lui humilié
Et que ne lui avais encore fait hommage;

Il me saisit au corps, et en cet avantage
M'a les pieds et les mains garrotté et lié :
De l'or de vos cheveux, plus qu'or fin délié,
Il s'est voulu servir pour faire son cordage.

Puis donc que vos cheveux ont été mon lien,
Madame, faites-moi, je vous prie, tant de bien,
Si ne voulez souffrir que maintenant je meure,

Que j'aie pour faveur un bracelet de vous,
Qui puisse témoigner dorénavant à tous
Qu'à perpétuité votre esclave demeure.

XXX*

Comme un qui s'est perdu dans la forêt profonde
Loin de chemin, d'orée, et d'adresse, et de gens :
Comme un qui en la mer grosse d'horribles vents,
Se voit presque engloutir des grands vagues de l'onde :

Comme un qui erre aux champs, lorsque la nuit au
[monde
Ravit toute clarté, j'avais perdu longtemps
Voie, route, et lumière, et presque avec le sens[1],
Perdu longtemps l'objet, où plus mon heur[2] se fonde.

Mais quand on voit (ayant ces maux fini leur tour)
Aux bois, en mer, aux champs, le bout, le port, le jour,
Ce bien présent plus grand que son mal on vient croire.

Moi donc qui ai tout tel en votre absence été,
J'oublie en revoyant votre heureuse clarté,
Forêt, tourmente, et nuit, longue, orageuse, et noire.

CONTR'AMOURS

V*

Myrrhe brûlait jadis d'une flamme enragée,
Osant souiller au lit la place maternelle :
Scylle jadis tondant la tête paternelle,
Avait bien l'amour vraie en trahison changée :

Arachne ayant des Arts la Déesse outragée,
Enflait bien son gros fiel d'une fierté rebelle :
Gorgon s'horribla bien[3], quand sa tête tant belle
Se vit de noirs serpents en lieu de poil chargée :

1. La raison. 2. Bonheur. 3. Devint fort horrible.

Médée employa trop ses charmes, et ses herbes,
Quand brûlant Créon, Creuse, et leurs palais superbes,
Vengea sur eux la foi par Jason mal gardée.

Mais tu es cent fois plus, sur ton point de vieillesse,
Pute, traîtresse, fière, horrible, et charmeresse,
Que Myrrhe, Scylle, Arachne, et Méduse, et Médée.

VI

Ô traîtres vers, trop traîtres contre moi,
Qui souffle en vous une immortelle vie,
Vous m'appâtez, et croissez mon envie,
Me déguisant tout ce que j'aperçois.

Je ne vois rien dedans elle pourquoi
À l'aimer tant ma rage me convie :
Mais nonobstant ma pauvre âme asservie
Ne me la feint telle que je la vois.

C'est donc par vous, c'est par vous, traîtres carmes[1],
Qui me liez moi-même dans mes charmes,
Vous son seul fard, vous son seul ornement,

Jà si longtemps faisant d'un Diable un Ange,
Vous m'ouvrez l'œil en l'injuste louange,
Et m'aveuglez en l'injuste tourment.

1. Poèmes (du latin *carmina*, qui signifie aussi charmes).

DIX SONNETS TIRÉS DE LA PRIAPÉE*

VI

Ah ! Je le savais bien qu'elle a la fesse molle,
La Paillarde qu'elle est, et que mon V. batteur
À son C. effondré ne ferait point de peur !
C. qui va distillant une moiteuse colle,

Que te sert-il d'user de si prompte Bricole,
D'un mouvement paillard et d'un soupir trompeur,
Témoignant que mon V. lui muguette le cœur ?
Mon V. vague dedans comme en une gondole !

C'est une étable à V. et tout V. passager,
Quelque gros train qu'il ait, au large y peut loger,
Et n'est pas bien reçu s'il a petit bagage ;

Et pour parler au vrai des honneurs de son C.,
Il est aussi dolent, sans un V. de ménage,
Qu'un aveugle égaré qui n'a point de bâton.

X*

Comment pourrais-je aimer un sourcil hérissé,
Un poil roux, un œil rouge, au teint de couperose,
Un grand nez, plus grand'bouche, incessamment déclose,
Pour gêner mon esprit de ces lèvres sucé ?

Une gorge tannée, un col si mal dressé,
Un estomac étique, un tétin dont je n'ose
Enlaidir mon sonnet, et, qui est pire chose,
Une bouquine[1] aisselle, un corps mal compassé,

Un dos qui ressemblait d'une Mort le derrière,
Le ventre besacier, la cuisse héronnière,
Et même quant au reste… Ah, fi! sonnet, tais-toi!

C'est trop pour démontrer à tous quelle déesse,
Tant le Ciel, se moquant de l'amour et de moi,
Dévorait les beaux ans de ma verte jeunesse.

1. Qui tient du bouc.

Jean de la Taille

SAÜL LE FURIEUX*

ACTE III

LA PYTHONISSE

Ô Démons tout-sachants épars dessous la Lune,
Si j'ai jamais de vous reçu faveur aucune,
Si je vous ai toujours dignement honorés,
Si je ne vous ai point dans un cerne[1] enserrés,
Venez tous obéir à ma voix conjurée :
Vous aussi que je tiens dans ma Bague sacrée,
Comme esclaves esprits, si j'ai appris de vous
Tout ce que j'ai voulu, venez me servir tous :
Et vous Diables lesquels fîtes au premier homme
Goûter à ses dépens de la fatale Pomme,
Vous, gloire des Enfers, Satan et Belzébus,
Qui faites aux humains commettre tant d'abus,
Et toi Léviathan, Bélial, Belphégore,
Tous, tous je vous appelle : et vous Anges encore
Que l'arrogance fit avecques Lucifer
Culbuter de l'Olympe au parfond de l'enfer :
Si je vous ai voué dès le berceau mon âme,

1. Cercle.

Si de vous seuls dépend de ma vie la trame,
Venez faire un grand fait, faisant venir d'en bas
L'esprit d'un qui faisait de vous si peu de cas :
Montrez votre puissance à la semence humaine,
Montrez si la Magie est une chose vaine :
Le faisant malgré lui, voire malgré son Dieu,
Et les Anges aussi, revenir en ce lieu :
Montrez si vous savez contraindre la Nature,
Et si chaque élément cède à votre murmure :
Montrez que vous pouvez les cieux ensanglanter,
Les Astres, et Phébus, et la Lune enchanter.
Venez donc m'aïder : ainsi la grand'lumière
N'illumine jamais la journée dernière[1],
En laquelle ici bas on n'habitera plus,
Dieu damnant les mauvais, et sauvant ses élus :
Ainsi jamais, jamais ne vienne ce Messie
Duquel on vous menace en mainte prophétie.

LA FAMINE, OU LES GABÉONITES*

ACTE V

LE MESSAGER

Après que les enfants furent en croix liés,
On leur pertuise[2], hélas, d'un fer pointu les pieds,

1. Le jour du Jugement dernier. 2. Perce.

Et l'une et l'autre main, si fort, que les bourreaux
Faisaient sur les gros clous rebondir les marteaux.
Le bois geint sous l'acier : tout autour la montaigne
Double le son des clous, et toute la croix saigne,
Et par force le fer d'entrer dedans persiste,
Tant que le peuple ému de pitié se contriste,
Crie, meugle et maudit la famine, laquelle
Est cause d'exploiter une cruauté telle,
De laquelle l'horreur fait au Soleil blaffatre[1],
Offusquer ses rayons d'une nue noirâtre :
  Mêmes en l'air je vis s'en plaindre les oiseaux,
Et les cèdres pleurer de leurs sacrés coupeaux[2].
Mais quand j'aurais ici cent bouches et cent langues
Dont je pusse à la fois déployer cent harangues,
Je ne pourrais encor suffisamment vous dire
Le deuil et crève-cœur, et douloureux martyre
De Rezefe[3], en vos maux la fidèle compagne.
Dès qu'elle vit de loin le haut de la montagne
Qui fourmillait de gens, et toute furieuse
Elle se met en voie, et si fort s'en alla
Qu'elle passe à courir puis ceux-ci, puis ceux-là.
Aux fenêtres des toits les mères de Sion
La regardaient aller avec compassion.
Elle vous fend la foule, et se hâte de sorte
Qu'enfin près de ses maux son pied vite la porte,
Elle voit les gibets dont sa peur vient à croître
Et de plus en plus près son malheur apparaître :
Mais quand ell'vit ses fils indignement traités,
Et misérablement à la croix tourmentés,
Quand elle vit leurs chefs qui sur l'épaule chéent[4],
Leurs visages mourants, et leurs bouches qui béent
À la mort, et les yeux qui nagent à leur fin,
Elle s'arrêta là, comme un rocher Alpin,

1. Blafard. 2. Sommet d'une montagne. 3. Leur mère. 4. Du verbe choir, tomber.

Que ni foudres, ni vents, ni les pluies qui roulent
Journellement du ciel aucunement ne croulent,
Immuable, chenu, horrible et plein de neige ;
Ainsi Rezefe était.

ANAGRAMMATISMES

AUX NOMS RETOURNÉS D'AUCUNS GRANDS SEIGNEURS ET DAMES

I
AU ROI, SUR SA DEVISE[1]

La Justice et piété
Tu portes sur tous rois ;
Si ton peuple a été
Troublé par dures lois,
Ores que tu es roi,
Chasse la dure loi[2].

II
À LA REINE CATHERINE DE MÉDICIS

Puisque par votre prudence
Vous avez bien mérité

1. *Justitia et pietate.* 2. Anagramme de Charles de Valois.

D'avoir grande autorité
Vers votre fils et la France,
À bon droit votre nom dit :
Dame, ici est en crédit.

III

À LA TRÈS ILLUSTRE PRINCESSE MARGUERITE DE VALOIS

Quand or la vertu aurait
À prendre une forme d'homme,
Ta semblance elle prendrait,
Puisque tu es ainsi comme
Ton nom donne témoignage :
De vertus royal image.

Anne de Marquets

SONNETS SPIRITUELS*

DU JOUR DE NOËL

Aujourd'hui Jésus-Christ en terre prend naissance,
Afin que nous puissions quelquefois[1] naître aux cieux;
Et pour nous agrandir, voire nous faire dieux,
Il s'apetisse et prend notre humaine substance.

Las! il se vient soumettre à l'extrême indigence,
Nous voulant départir[2] ses trésors précieux;
Et pour nous donner joie et repos gracieux,
Il choisit de bon cœur douleur, peine et souffrance.

Il cache sous la chair sa claire Déité,
Pour nous illuminer de céleste clarté;
Et pour nous donner vie entière et perdurable,

Il lui plaît d'éprouver les rigueurs de la mort:
Bref, afin que par lui l'homme soit libre et fort,
Il se vient faire serf, infirme et misérable.

1. Un jour. 2. Distribuer.

POUR LE MERCREDI DES CENDRES

On nous met ce jourd'hui sur le chef de la cendre,
En signe qu'il nous faut notre orgueil abaisser,
Macérer notre corps et nos aises laisser,
Et qu'il nous faut mourir et au cercueil descendre.

Afin donc que la mort ne nous puisse surprendre,
Et qu'un remords trop tard ne nous vienne presser,
Amendons notre vie, et tâchons sans cesser,
En repoussant le mal, le bien choisir et prendre.

Car il ne suffit pas de laisser nos méfaits,
Il les faut transmuer en louables bienfaits,
Employer en vertu ce qui servait au vice,

Au sang de Jésus-Christ nos cœurs purifier,
Ne présumer de nous, ains[1] en Dieu nous fier :
Voilà comme on acquiert pardon, grâce et justice.

POUR LE JEUDI SAINT*

Le cygne, quand il meurt, chante fort doucement :
Ainsi Christ ce jourd'hui, sentant sa mort prochaine,
Discourt avec les siens en douceur souveraine,
Leur laissant sa faveur et paix en testament ;

Et, pour les consoler de son département,
Leur promet l'Esprit Saint, et qu'après mainte peine,

1. Mais.

Ils auront avec lui jouissance certaine
D'un plaisir qui au Ciel dure éternellement.

Puis pour eux et pour nous il prie Dieu son Père,
Surtout voulant qu'entre eux y ait amour sincère :
C'est la marque, dit-il, que vous serez des miens ;

Celui qui n'aime point, en la mort il demeure,
« Quiconque a charité, Dieu fait en lui demeure.
L'amour pur et sincère est source de tous biens. »

POUR LE VENDREDI SAINT

Hélas, voici le jour funèbre et lamentable,
Que d'une pierre noire il nous faut bien marquer,
Puisque nous y voyons les méchants s'attaquer
À Christ, l'unique Fils du grand Dieu redoutable.

Encore que sa mort nous soit si profitable
Qu'elle seule nous peut des enfers révoquer[1],
Si[2] doit-elle à gémir nos âmes provoquer,
Par contemplation dévote et charitable :

Car il faut compatir avecques notre chef,
Vu même qu'il n'a mal, souffrance ni méchef[3],
Que pour nous acquérir vie et gloire éternelle.

Que s'il répand pour nous tout son sang précieux,
Devons-nous point, pensant à sa peine cruelle,
Répandre mainte larme et du cœur et des yeux ?

1. Rappeler. 2. Cependant. 3. Malheur.

POUR LE JOUR DE L'ASSOMPTION NOTRE-DAME*

Je suis, disait la Vierge, ainsi haut exaltée
Que le cèdre au Liban, qu'en Sion le cyprès,
Qu'en Cades le palmier, et que la rose auprès
Des murs de Jéricho, sur hauts tiges plantée.

Par ces comparaisons nous est représentée
La gloire de Marie, et le haut siège exprès
Que Dieu lui fit dresser, du sien tout au plus près,
Quand au céleste mont elle fut transportée.

Elle se dit aussi, à bon droit, odorante
Ainsi que cinnamome et baume précieux,
Ou bien ainsi que myrrhe, en odeur excellente,

Vu qu'elle a parfumé et la terre et les cieux :
Car sa perfection plaît à Dieu et aux hommes,
Christ en est amoureux, et ravis nous en sommes.

Nostradamus

LES PROPHÉTIES

CENTURIE I, § 1*

Étant assis de nuit secret étude,
Seul, reposé sur la selle d'airain,
Flamme exiguë sortant de solitude
Fait proférer qui n'est à croire vain.

CENTURIE I, § 25*

Perdu, trouvé, caché de si long siècle,
Sera pasteur demi-Dieu honoré :
Ains[1] que la Lune achève son grand cycle[2],
Par autres vœux sera déshonoré.

1. Avant. 2. Cycle rime avec siècle, car les deux mots sont homonymes dans la langue de Nostradamus.

CENTURIE I, § 42*

Le dix Calendes d'Avril le fait Gnostique
Ressuscité encor par gens malins :
Le feu éteint, assemblée diabolique
Cherchant les ords Adamant et Psellin.

CENTURIE II, § 13*

Le corps sans âme plus n'être en sacrifice,
Jour de la mort mise en nativité :
L'esprit divin fera l'âme félice,
Voyant le verbe en son éternité.

CENTURIE II, § 45

Trop le ciel pleure l'Androgyn procréé.
Près de ce ciel sang humain répandu.
Par mort trop tarde grand peuple recréé.
Tard et tôt vient le secours attendu.

CENTURIE III, § 35

Du plus profond de l'Occident d'Europe,
De pauvres gens un jeune enfant naîtra,

Qui par sa langue séduira grande troupe,
Son bruit au règne d'Orient plus croîtra.

CENTURIE IV, § 47

Le Noir farouche, quand aura essayé
Sa main sanguine par feu, fer, arcs tendus,
Trestous[1] le peuple sera tant effrayé
Voir les plus grands par col et pieds pendus.

PRÉSAGES

SUR AVRIL 1563*

En débats Princes, et Chrétienté émue.
Gentils étranges, siège à Christ molesté.
Venu très mal, prou bien, mortelle vue.
Mort Orient, peste, faim, mal-traité.

1. Tout entier.

SUR AOÛT 1564*

Déluge près, peste bovine, neuve
Secte fléchir, aux hommes joie vaine.
De loi sans loi, mis au devant pour preuve.
Appât, embûche, et déçus[1] couper veine.

SUR JUIN 1566*

Les blés trop n'abonder, de tous autres fruits force :
L'été, printemps humides, hiver long, neige, glace :
L'Orient mis en armes : la France se renforce :
Mort de bétail, prou miel : aux assiégés la place.

SUR SEPTEMBRE 1566*

Armes, plaies cesser : mort de séditieux :
Le père Liber grand, non trop abondera :
Malins seront saisis par plus malicieux :
France plus que jamais victrix[2] triomphera.

1. Trompés. 2. Victorieuse.

SUR NOVEMBRE 1566*

L'ennemi tant à craindre retirer en Thracie,
Laissant cris, hurlements, et pille désolée :
Cesser bruit mer et terre, religion marcie[1]
Joviaux mis en route[2] : toute secte affolée.

1. Chavigny donne « murtrie », qui ne rime pas. Brind'amour propose de lire « marcie », qui signifie flétrie. 2. Déroute.

Florent Chrétien

APOLOGIE*,

ou défense d'un homme chrétien, pour imposer silence aux sottes répréhensions de M. Pierre Ronsard, soi disant non seulement Poète, mais aussi maître des Poétastres. Par laquelle l'Auteur répond à une Épître secrètement mise au devant du Recueil de ses nouvelles Poésies. 1564.

Parler souvent de Dieu, sans croire à l'Évangile :
L'appeler Tout-puissant, et nier son pouvoir :
Lire les Testaments sans faire leur vouloir.
Autoriser[1] sur Christ le Pape et le Concile :

Prier le saint Esprit, et le rendre inutile :
Blâmer les assassins, et chacun décevoir[2] :
Désirer une paix, et tâcher d'émouvoir
À mille cruautés la commune civile :

Se dire obéissant des Seigneurs et des Rois,
Et rompre cependant de nature les lois,
Et dépiter de Dieu la foudre et le tonnerre,

1. Privilégier plutôt que celle du Christ l'autorité du pape et du concile. 2. Tromper.

Au reste contrefaire un peu l'homme de bien,
Et de son Athéisme accuser le Chrétien
C'est la religion que tient Messire Pierre.

LA VÉNERIE*

Premier Livre

Les meilleurs Écuyers, qui, en cette science,
Hantant les jeux de prix, ont plus d'expérience,
Jugent un bon cheval par les marques ici :
Le front haut, élevé, le col plus accourci,
Les membres forts et grands, la tête haute et brave,
Et penchant de côté sa contenance grave,
Le sourcil large et beau, force crins descendants
Du sommet de la tête, et sur le front pendants,
L'œil prompt et fort ardent, les paupières sanguines,
Courte oreille, grand bouche, ouvertes les narines ;
Le col épais de crins, et mollement voûté,
Tout ainsi que le haut d'un morion[1] crêté ;
Grand corps et larges reins, poitrine ample et épaisse,
Double échine au milieu, qui les fesses engraisse,
Grosse queue et crépue, et les cuisses auprès
Musculeuses du tout[2] et fortes : puis après
Les pieds droits, grêles, longs, les jambes non charnues,
Mais, ainsi qu'à un cerf, sèches, fortes, menues ;

1. Casque. 2. Totalement.

Le talon fait en rond, la corne ronde aussi,
Haute, dure et solide. Il faut marquer ainsi
Un cheval généreux, propre pour la bataille,
Compagnon assidu du maître qui travaille.

VIDI FABRI PIBRACII TETRASTICHA*

III

Cum lucis ortu mox labores incipe,
Veneratus ante numen aeternum Dei :
Post vespere orto, desitus postquam labos,
Colas eundem, sic et annum transigas.

LXXIV

Vel falsa saepe, aut vana saltem dicere,
Hominem necesse est obloquentem plurima :
Brevis loquela veritatis proxima est,
Ut fabularum inanium loquacitas.

XCVIII

Risum aemulare, si libet, Democriti :
Nam totus orbis iste vanitas mera est :

Humana tangant attamen te, et lacrumis
Lacrumare nostra incommoda Heracliticis.

CV

Saltationum non amans, vitet choros :
Nam qui esse non vult, frustra adit convivium :
Ne pelagus adeat qui timens periculi est :
Si vis loqui quae sentias, Aulam fuge.

III

᾿Ηοῖς φανείσης, αὐτίκ᾿ ἔργων ἄρχεο,
Σέβας γεραίρων ἀφθίτου κοσμήτορος·
῞Οταν τε δύντος ἡλίου λήξεις πόνων,
Θεὸν αὖθις ὕμνει, ὧς δ᾿ ἔτος παρέρχεο.

LXXIV

Λαλῶν ἄμετρα καὶ λαβρηγορῶν ἀνὴρ,
Μάταια βάζει πολλάκις καὶ ψεύδεα·
Βραχὺς λόγος γὰρ τὴν ἀλήθειαν φιλεῖ,
Πολυλαλιὴ δὲ ψεύδεσιν μύθοις ἴση.

XCVIII

Δημοκρίτου μὲν, εἰ δοκεῖ, γελαστέα·
Κάγκλαζε μακρὸν, πάντα γὰρ γελαστέα

'Αλλ' ἔσθ' ὅτ' ἀνθρώπειος ἀνθρώπων κακὰ
Τοῖς 'Ηρακλείτου δακρύοις ὀδύρεο.

CV

Μισῶν χορείας μὴ προσελθέτω χοροὶς,
Μηδ' ἐς τὸ δεῖπνον πᾶς ὁ μή χρήζων βορᾶς,
Μηδ' ἐς θάλασσαν φευξοκίνδυνος μόλοι,
Μηδ' αὖ ἐς αὐλὴν πᾶς λέγων τάπερ φρονεῖ.

Étienne de La Boétie

VERS FRANÇAIS

À MARGUERITE DE CARLE,

SUR LA TRADUCTION DES PLAINTES
DE BRADAMANT AU XXXII.
CHANT DE LOUIS ARIOSTE*

[...] Ainsi je n'ai onc aimé de changer
En notre langue aucun œuvre étranger :
J'aime trop mieux de moi-mêmes écrire
Quelque œuvre mien, encore qu'il soit pire.
Et quelquefois, ô ma grand Marguerite,
Si je traduis, ma plume s'en dépite,
D'être asservie à tourner un ouvrage
Qui n'est pas mien en quelque autre langage :
Mais à ce coup, par ton commandement,
Je t'ai tourné le deuil de Bradamant :
Bien qu'à tourner ma Muse soit craintive,
Si tu le veux si[1] faut-il qu'elle suive.
Pour te servir, il n'est rien impossible
Aux grands efforts de mon cœur invincible :
Car pour te rendre en tout obéissance,
Mon grand désir m'en donne la puissance,

1. Cependant.

Je tournerais pour toi non pas des vers,
Mais bien je crois tout le monde à l'envers.
Et fallût-il à mon aide appeler
La triste[1] Hécate, et hardi me mêler
Parmi l'horreur des magiques secrets,
Et de Merlin les mystères sacrés.
J'irais chercher les herbes recelées
Pour le sorcier aux Thessales vallées.
Je tournerais et l'un et l'autre pôle
Pour obéir à ta forte parole :
Pour obéir à un clin de tes yeux,
Je tournerais dessus dessous les cieux.
Bref si par toi il était ordonné,
Tout de ma main je crois serait tourné.
Ma volonté envers toi obstinée,
Celle sans plus ne peut être tournée[2].

Sonnets

XVI

Hélas combien de jours, hélas combien de nuits
J'ai vécu loin du lieu, où mon cœur fait demeure !
C'est le vingtième jour que sans jour je demeure,
Mais en vingt jours j'ai eu tout un siècle d'ennuis.

Je n'en veux mal qu'à moi, malheureux que je suis,
Si je soupire en vain, si maintenant j'en pleure,

1. Sinistre. 2. Comprendre : ma volonté seule ne peut être détournée de toi.

C'est que, mal-avisé, je laissai en mal'heure
Celle-là que laisser nulle part je ne puis.

J'ai honte que déjà ma peau décolorée
Se voit par mes ennuis de rides labourée :
J'ai honte que déjà les douleurs inhumaines

Me blanchissent le poil sans le congé du temps :
Encor moindre je suis au compte de mes ans,
Et déjà je suis vieux au compte de mes peines.

XX

Je ne croirai jamais que de Vénus sortisse
Un tel germe que toi : or ta race j'ai su,
Ô enfant sans pitié : Mégère t'a conçu,
Et quelque louve après t'a baillé pour nourrice.

Petit monstre malin, c'est ta vieille malice,
Qui te tient accroupi : aucun ne t'a reçu
Des hommes ni des Dieux que tu n'aies déçu[1],
Et encor ne se trouve aucun qui te punisse.

Ô traître, ô boutefeu, donc ta rage assouvie[2]
Ne fut ni sera onc des maux de notre vie !
Je sais bien que de toi je ne me puis défaire.

Et puisqu'ainsi il va, je vois bien désormais,
Que tant que je vivrai je ne serai jamais
Saoul de te dire mal, ni toi saoul de m'en faire.

1. Trompé. 2. Comprendre : ta rage ne fut ni ne sera jamais assouvie.

VINGT-NEUF SONNETS*

XXIV

Or[1] dis-je bien, mon espérance est morte.
Or est-ce fait de mon aise et mon bien.
Mon mal est clair : maintenant je vois bien,
J'ai épousé la douleur que je porte.

Tout me court sus : rien ne me réconforte,
Tout m'abandonne et d'elle je n'ai rien,
Sinon toujours quelque nouveau soutien,
Qui rend ma peine et ma douleur plus forte.

Ce que j'attends, c'est un jour d'obtenir
Quelques soupirs des gens de l'avenir :
Quelqu'un dira dessus moi par pitié :

Sa dame et lui naquirent destinés,
Également de mourir obstinés,
L'un en rigueur, et l'autre en amitié.

1. Maintenant.

Pey de Garros

*PSAUMES DE DAVID VIRATZ EN RHYTHME GASCOUN**

PSAUME VI

En ta huro no m'corrégiscas,
En ta rauco no m'arguiscas ;
Més Seno pren de my pietat :
Ton secos au prop de my sia,
E deliure de malauzia
Mon praube cos débilitat.

Io n'e nat os per me sostengue,
Io n'e vigo qi posca tengue ;
Don la mya Amna es ses repaus ;
Mes tu las, o mon Diu, mon Meste
Deqi a quant contra my vos este
Goardant ton corrosat prepaus ?

Las, ta cara ent'a my revira ;
Ma vita de perilh retira,
Hé, per l'amo de ta bontat,
E midericordia lauzada
Qe la persona desbarjada
Torne au camin de saubetat.

Perqé tu sçabes, qe l'extrema
Lina de viue nos destrema
De tu l'arbrembansa e renom :
Qina sera la boca arida
Deguens la hossa sepelida
Qui magnificara ton nom ?

A sospira no m'esparañi,
En arriu de plos mon lheyt bañi ;
E deqia que jo sentiré
De mon diu l'ajuda pezenta ?
De lermas cada neyt vertenta
Tota ma coca agoazaré.

L'humo deus œilhs tant m'amareja,
Qe juxta m'goarda que no y veja :
Mos Enemicz d'aute costat
Usantz de minas truphanderas,
M'an en mila modas maneras
Avilhuit de la mitat.

Arre de my hugetz ven d'hora
Gent d'iniquitat obradora,
Pux qe Diu a mon plan auzit.
En ma reqesta aphectionada,
E oration humiliada ;
M'a recebut, e exauzit.

E pertant honan de vergoña,
E de mau acarada troña
Hujan, trebollatz de lous sens,
Los qi de m'perde machinauan
E los qi volontés anauan
A l'entrepreza d'etz cossens.

[Traduction :

Ne me châtie pas dans ta fureur,
ne me regarde pas avec ta voix rauque ;
mais Seigneur prends-moi en pitié :
que ton secours soit auprès de moi,
et délivre de maladie
mon pauvre corps débilité.

Je n'ai aucun os pour me soutenir
ni de vigueur qui puisse résister ;
ainsi mon Âme est sans repos ;
mais elle est à toi, ô mon Dieu, mon Maître ;
jusques à quand veux-tu être contre moi,
et garderas-tu ta résolution courroucée ?

Hélas ! tourne vers moi ton visage ;
retire ma vie du péril,
fais par l'amour de ta bonté,
et par ta miséricorde vantée,
que la personne dévoyée
rentre dans la voie du salut.

Car tu sais qu'à l'extrême
limite de la vie s'efface en nous
de toi le souvenir et renom ;
quelle sera la bouche desséchée
ensevelie dans la fosse
qui glorifiera ton nom ?

Je ne m'épargne pas à soupirer,
je baigne mon lit d'un ruisseau de pleurs.
À quel moment éprouverai-je
l'aide pesante de mon Dieu ?
Au cours de chaque nuit j'arroserai
toute ma couche de larmes.

L'humeur des yeux m'est si amère
que j'ai peine à y voir encore :
mes ennemis, d'autre part,

usant de mines moqueuses,
m'ont, en mille façons et manières,
fait vieillir de moitié.

Arrière de moi sur l'heure, fuyez
hommes artisans d'iniquité,
puisque Dieu m'a bien écouté
en ma requête affectionnée
et ma prière humiliée ;
il m'a accueilli et exaucé.

Et maintenant qu'ils soient confondus de honte,
qu'ils fuient la face de travers,
et les sens bouleversés,
ceux qui avaient machiné ma perte,
ou qui volontiers allaient
complices de leurs entreprises.]

POESIAS

CHANSON

Mon ardent co vo com & me declara
S'arrephresqui de costa la hont clara :
Més sa m'hé puou qan' aqui jo seré
Iuxta la hont de set jo moriré.

Aqui seran mas calos mes cozentas,
Mon hoec mes caut, mas ardos mes ardentas ;
Veze la hont no goarix pas mon mau :
Iuxta la hont de set jo moriré.

Sa grand'beutat, a l'argent parangona,
Se mustra a totz; mes l'ayga es ta pregona
Que solament deux œilhs l'ateñeré.
Iuxta la hont de set jo moriré.

Qu'aucun me ditz que d'era jo m'absente
E lo co m'ditz q'a era jo m'prezente :
Mouri, ditz et, mes que langui nos vau.
Prop de la hont de set mori m'en vau.

Apropria, o hont ta clara e dossa phacia,
Per m'agoazà de l'ayga de ta gratia ;
Ou lo segond Tantalot jo m'diré
Iuxta la hont de set jo moriré.

Ma votz dolenta, au pregond ahonsada,
S'en torna a my tau com s'en era anada :
La sola mort espera donq me qau.
Prop de la hont de set mori m'en vau.

Per acabà ma deshortuna trista,
En un moment estarida jo e vista
Ma clara hont : las ! ara on beuré ?
Prop de la hont de set jo moriré.

[Traduction :

Mon cœur ardent veut, comme il me le déclare,
se rafraîchir près de la fontaine claire :
mais j'ai peur, lorsque je serai arrivé
contre la source, de mourir de soif.

Là, mes chaleurs seront plus cuisantes,
mon feu plus brûlant, mes ardeurs plus cruelles ;
voir la fontaine ne guérit pas mon mal :
contre la fontaine je vais mourir de soif.

Sa grande beauté, pareille à celle de l'argent,
se montre à tous; mais l'eau est si profonde
que je l'attendrai des yeux seulement.
Contre la fontaine je mourrai de soif.

Quelqu'un me dit de m'éloigner d'elle,
et le cœur me dit qu'à elle je me présente :
mourir, dit-il, mais languir il ne veut :
près de la fontaine je vais mourir de soif.

Approche, ô fontaine, ta pure et douce face,
pour m'arroser de l'eau de ta faveur;
ou je me dirai un second Tantale.
Contre la fontaine je mourrai de soif.

Ma voix plaintive, enfoncée dans la profondeur,
revient vers moi comme elle était partie :
il me faut donc espérer en la seule mort.
Près de la fontaine je vais mourir de soif.

Pour terminer ma triste infortune,
j'ai vu en un moment desséchée
ma claire fontaine; las! où boire maintenant?
Près de la fontaine je mourrai de soif.]

Guy du Faur de Pibrac

LES QUATRAINS

III

Avec le jour commence ta journée,
De l'Éternel le saint nom bénissant :
Le soir aussi ton labeur finissant,
Loue-le encor, et passe ainsi l'année.

VI

Tout l'univers n'est qu'une cité ronde,
Chacun a droit de s'en dire bourgeois,
Le Scythe et More autant que le Grégeois,
Le plus petit que le plus grand du monde.

VII

Dans le pourpris[1] de cette cité belle
Dieu a logé l'homme comme en lieu saint,

1. Enceinte, espace.

Comme en un temple, où lui-même s'est peint
En mil endroits de couleur immortelle.

XVI

Au ciel n'y a nombre infini d'Idées :
Platon s'est trop en cela mécompté.
De notre Dieu la pure volonté
Est le seul moule à toutes choses nées.

XL

L'oiseleur caut[1] se sert du doux ramage
Des oisillons, et contrefait leur chant :
Aussi, pour mieux décevoir[2], le méchant
Des gens de bien imite le langage.

LVIII*

Le malheur est commun à tous les hommes,
Et mêmement aux Princes et aux Rois :
Le sage seul est exempt de ses lois,
Mais où est-il, las, au siècle où nous sommes ?

1. Rusé. 2. Tromper.

LIX

Le sage est libre enferré de cent chaînes,
Il est seul riche et jamais étranger,
Seul assuré au milieu du danger,
Et le vrai Roi des fortunes humaines.

LX

Le menacer[1] du Tyran ne l'étonne :
Plus se roidit quand plus est agité :
Il connaît seul ce qu'il a mérité,
Et ne l'attend, hors de soi, de personne.

LXXIV

Parler beaucoup on ne peut sans mensonge
Ou, pour le moins, sans quelque vanité :
Le parler bref convient à vérité,
Et l'autre est propre à la fable et au songe.

XC

Fuis jeune et vieux de Circé le breuvage ;
N'écoute aussi des Sirènes les chants,
Car, enchanté, tu courrais par les champs,
Plus abruti qu'une bête sauvage.

1. Les menaces.

XCVIII

Ris, si tu veux, un ris de Démocrite,
Puisque le monde est pure vanité :
Mais quelquefois, touché d'humanité,
Pleure nos maux des larmes d'Héraclite.

C

Je t'apprendrai, si tu veux, en peu d'heure,
Le beau secret du breuvage amoureux :
Aime les tiens, tu seras aimé d'eux ;
Il n'y a point de recette meilleure.

CV

Ne voise[1] au bal, qui n'aimera la danse,
Ni au banquet qui ne voudra manger,
Ni sur la mer qui craindra le danger,
Ni à la Cour qui dira ce qu'il pense.

CIX

Aime l'État tel que tu le vois être :
S'il est royal, aime la Royauté ;

1. N'aille.

S'il est de peu[1], ou bien communauté[2],
Aime l'aussi, quand Dieu t'y a fait naître.

CXIII

L'état moyen est l'état plus durable :
On voit des eaux le plat pays noyé,
Et les hauts monts ont le chef foudroyé :
Un petit tertre est sûr et agréable.

CXXVI

Plus on est docte, et plus on se défie
D'être savant, et l'homme vertueux
Jamais n'est vu être présomptueux.
Voilà des fruits de ma philosophie.

CINQ SONNETS*

LUCRÈCE ROMAINE

Sous l'effort malheureux de l'impudique force,
Mon corps resta vaincu, et mon esprit vainqueur.

1. Oligarchique. 2. Républicain.

Le Sang du coup mortel, dont je navrai mon cœur,
Expia le plaisir de la charnelle amorce.

Je fis voir au Romain que la Dame qu'on force
(Bien qu'il semble qu'entier lui demeure l'honneur)
Excuser l'on ne doit, si son forcé malheur,
Éteindre par sa mort de sa main ne s'efforce.

Ainsi donc j'effaçai l'effort qu'on m'avait fait,
Et vengeant de ma main en moi l'autrui forfait,
Je me donnai la mort pour preuve d'innocence.

Nulle par mon exemple impudique vivra,
Et nulle à son honneur honteuse survivra :
Qui survit son honneur, il a part à l'offense.

Jean Passerat

SUR LA COMPARAISON DES CERFS ET DES AMOUREUX

SONNET

Le Cerf et l'amoureux, d'une diverse flamme
Qu'allume un même Dieu, sont égaux en malheur :
L'un souffre maint travail[1], l'autre mainte douleur :
L'un court après sa biche, et l'autre après sa Dame.

En ardeur, et au rut, l'un crie, et l'autre brame :
L'un vit toujours en crainte, et l'autre a toujours peur :
L'un est suivi d'Envie, et l'autre du Chasseur :
L'un est léger de corps, l'autre est léger de l'âme.

Ô Cerfs à quatre pieds, nous sommes vos parents[2],
Nous les Cerfs à deux pieds qu'Amour a rendu bêtes :
Mais vous faites tomber vos cornes tous les ans,

Nous n'avons pas ce bien, dont plus heureux vous êtes
Car depuis qu'une fois sont cornus les Amants,
Jamais ne font tomber les cornes de leurs têtes.

1. Mainte épreuve. 2. Nous sommes apparentés.

ÉLÉGIE IV

D'UN AMANT PARLANT À UNE PORTE

L'humide nuit, nourrice des Amours
A jà[1] parfait la moitié de son cours :
L'oiseau crêté[2] déjà le jour salue.
Et je demeure encore emmi[3] la rue.
Devant un huis[4] inhumain étendu
J'ai trop longtemps mon bonheur attendu.
Gonds, et verrous, et toi Porte fermée,
Permettez-moi de voir ma bien-aimée.
Porte m'amie, hélas ! souvienne-toi
De mon mérite et de ma ferme foi.
De maintes fleurs j'ai la place semée
En ton honneur, et si[5] t'ai parfumée
De bonne odeur : j'ai baisé ton loquet
Y attachant tous les soirs un bouquet,
Quand humblement te faisais ma prière
Afin d'avoir secours en ma misère.
J'ai repassé cent et cent fois le jour
Par devant toi pour te faire la cour.
Tu as ouï le matin des aubades,
Lais, virelais, et chansons, et ballades.
J'ai trembloté, j'ai martelé des dents
Au cœur d'hiver, pensant entrer dedans.
Témoins en sont les Astres et la Lune,
Qui ont souvent pitié de ma fortune.
   Huis envieux, qui caches les beautés,
Si sur ton seuil j'ai rompu mes côtés,
Fais-moi ce bien que léans je demeure

1. Déjà. 2. Le coq, évidemment. 3. Au milieu de. 4. Porte. 5. Ainsi.

Tant seulement quelque demi quart d'heure.
Ois comme il pleut : ton guichet soit ouvert
Au pauvre Amant pour le mettre à couvert.
Porte cruelle, et quasi aussi dure
Que celle-là pour qui la mort j'endure,
Tu fais la sourde, et je perds mes propos.
Va, ton marteau ne te laisse en repos :
Toujours sur toi vienne souffler la Bise,
Tombe la grêle, et la foudre te brise.
Autre peinture on ne lise en tes ais[1]
Que des gibets, et cornus marmousets :
Les chiens passant y fassent leur ordure :
Toujours sois-tu sujette à toute injure.
Sot que je suis ! qu'est-ce que je maudis ?
Pardonne-moi, Porte, je m'en dédis :
Je n'en puis mais, si je t'ai dit outrage :
Ce n'est pas moi, c'est l'amoureuse rage
Qui contraint l'homme, insensé, furieux,
De blasphémer la puissance des Dieux.
Faisons la paix : Porte, je te pardonne :
Pardonne-moi, et ouvre-toi, Mignonne.
Si tu ne veux, atteinte de pitié
T'ouvrir du tout[2], ouvre-toi à moitié,
Ou deux fois moins : je trouverai passage,
Amour m'a fait si maigre à cet usage.
Je ne crains point d'être vu, ni surpris :
Amour rusé m'a ses ruses appris.
À tout le moins que ma voix trouve place
Par quelque fente et petite crevasse,
Tant qu'elle puisse à Madame venir,
Pour de mes maux lui faire souvenir.
Ha ! j'ai espoir de meilleure aventure.
On vient à l'huis, on touche à la serrure.
Je suis trompé : l'huis ainsi que devant[3]

1. Planches. 2. Complètement. 3. Avant.

Demeure clos : c'était le bruit du vent,
Qui avec lui ce bel espoir emporte.
Adieu l'espoir, et au diable la porte !

SONNET

La femme et le procès sont deux choses semblables.
L'une parle toujours, l'autre n'est sans propos :
L'une aime à tracasser, l'autre hait le repos :
Tous deux sont déguisés, tous deux impitoyables.

Tous deux par beaux présents se rendent favorables :
Tous deux les suppliants rongent jusques à l'os :
L'une est un profond gouffre : et l'autre est un chaos
Où s'embrouille l'esprit des hommes misérables.

Tous deux sans rien donner prennent à toutes mains :
Tous deux en peu de temps ruinent les humains :
L'une attise le feu, l'autre allume les flammes :

L'un aime le débat, et l'autre les discords :
Si Dieu doncques voulait faire de beaux accords,
Il faudrait qu'aux procès il mariât les femmes.

SONNET

À LA LUNE

Ô bel œil de la nuit, ô la fille argentée,
Et la sœur du Soleil et la mère des mois :

Ô princesse des monts, des fleuves, et des bois
Dont la triple puissance en tous lieux est vantée.

Puisque tu es, Déesse, au plus bas Ciel montée[1],
D'où les piteux regrets des amants tu reçois,
Dis, Lune au front cornu, as-tu vu quelquefois
Une âme qui d'Amour fût si fort tourmentée ?

Si doncques ma douleur vient ton cœur émouvoir,
Tu me peux secourir, ayant en ton pouvoir
Des songes emplumés la bande charmeresse.

Choisis l'un d'entre tous qui les maux d'un amant
Sache mieux contrefaire[2], et l'envoie en dormant
Représenter ma peine à ma fière maîtresse.

1. La lune est, dans cette cosmologie, au plus bas des sept ciels de l'univers.
2. Figurer.

Claude Gauchet

[LE BONHEUR EST DANS LE PRÉ : LE FAUCHEUR]

[…] Il[1] jette sur son dos la besace garnie
Et sa tranchante faux de ses queusses[2] munie ;
Puis marchant à grands pas, veut le temps regagner,
Afin qu'au frais du jour il puisse besogner.
Venu, de son fardeau se décharge l'épaule
Et pend son déjeuner au branchage d'un saule,
Met ses outils au pied ; après se dépouillant,
Prend sa faux par la pointe et s'en va l'affilant.
Il entre au fort du pré, ne craignant la rosée
Dont l'herbe reluisante est si fort arrosée ;
Il va tout au travers et, ses jambes ouvrant,
À beaux bras étendus, va le fond découvrant ;
Puis, se tournant en rond, à petits pas s'avance,
Rouant autour de lui sa faux à grand puissance,
Son ouvrage ordonnant, d'une telle façon
Comme on voit tourniller le têt d'un limaçon[3].
Quand la faim le travaille, importune, et le presse,

1. Le faucheur. 2. Pierres à aiguiser. 3. Qu'on voit la coquille d'un escargot faire des tours.

Il fouille en sa besace et son ouvrage laisse
Jusqu'après déjeuner, puis il se couche bas,
Faisant de poire cuite et de pain son repas.
Du soleil cependant la chaleur jà cuisante,
Approchant du midi, se montre plus ardente,
Et le hâle drillant[1] se voit de toutes parts
Ondoyer comme l'eau sur les seigles épars,
Sur les blés hérissés et dessus les aveines[2],
L'honneur d'un bon pays et des fertiles plaines.
À tant[3] le chaud du jour ennuyeux au faucheur
Lui fait user le front et affadir le cœur ;
Il met bas le pourpoint et, plus fort de courage
Pour avoir déjeuné, se remet à l'ouvrage ;
Et là suant, soufflant, il travaille, et souvent
Désire l'haleiner[4] d'un mollet petit vent.
Quand il est demi-jour et que la faim le presse,
Derechef pour dîner son ouvrage il délaisse,
Attendant Marion, qui doit lui apporter
Du fromage et du lard pour sa croûte en frotter.
Étant là parvenue, elle met à l'ombrage
Son petit cas, avec un pot plein de potage.
Puis, bénissant le bien qui procède des cieux,
Ils donnent gloire à Dieu, sans se désirer mieux.
Du linge il ne veut point, ni de claire vaisselle ;
L'herbe lui sert de table et de nappe et de selle ;
Il ne veut point de fard à son repas petit ;
Sa sauce est le travail qui lui donne appétit.
De connil[5], de perdrix, ni d'exquise viande,
Bien content de son lard, jamais il ne demande ;
Avecque Marion, il prend un gai repas
Et d'être empoisonné par ses mains ne craint pas.
Entre les sobres mets, demi-heure ils devisent
De leur petit ménage ou de ce qu'ils s'avisent.

1. L'éclat chaud et comme tremblant du soleil. 2. Avoines. 3. Alors.
4. Le souffle. 5. Lapin.

Puis chacun d'eux étant de peu rassasié
Et ayant humblement les cieux remercié,
Marion au faucheur le bon vêpre désire[1]
Et droit à la maison contente se retire. [...]

1. Souhaite le bonsoir.

Nicolas Rapin

LES PLAISIRS DU GENTILHOMME CHAMPÊTRE*

Vivez contents, ô gentilshommes,
En paix, en joie et en santé,
Estimant vos fruits et vos pommes
Plus que ne fait ses grosses sommes
L'usurier de peur tourmenté.

Si vous n'avez auprès d'un Prince
Les états et les pensions
Pour gouverner quelque province,
Aussi personne ne vous pince[1]
Et n'observe vos actions.

Vous ne cherchez point l'artifice
Pour attraper un don du Roi,
Ou pour voler un bénéfice,
Ou pour faire vendre un office,
Contre la raison et la loi.

Vous n'êtes point en une salle
À vous moquer d'un étranger,
Et par trahison déloyale
D'un compagnon qui vous égale
Ne tâchez point à vous venger.

1. Critique moqueusement.

Si vous n'êtes auprès des Dames
À danser et faire l'amour,
Aussi ne sentez-vous les flammes
Et l'ennui dont ces pauvres âmes
Sont tourmentées nuit et jour.

Aussi n'avez-vous point la peine
De vous friser tout le matin,
De faire bien sentir l'haleine
Et chaque jour de la semaine
Changer de velours et satin ;

De godronner votre chemise
Et toujours y porter la main,
De vous habiller à la guise
Tantôt d'un Seigneur de Venise,
Tantôt d'un Chevalier romain.

Vivez donc aux champs, gentilshommes ;
Vivez sains et joyeux cent ans,
Francs du malheur des autres hommes
Et des factions où nous sommes
En un si misérable temps.

Puissiez-vous laisser en vieil âge
Vos enfants sans dissension,
Votre fils aîné hors de page[1],
Se contentant de l'avantage
Des fiefs en la succession.

☆

1. Sorti de l'apprentissage, de la minorité.

Me faut-il donc quitter ces solitaires roches,
Ces coteaux verdoyants, ce goulet[1], et ce bois,
Et ce friche, et ces prés, et la plaisante voix
D'Écho qui me répond de ces vallées proches,

Pour retourner ouïr un triste son de cloches,
Un bruit perpétuel d'hommes et de charrois,
Pour ne voir plus de l'air qu'entre deux hauts parois,
Et un mélange épais de mules et de coches ?

Oh, que je vive ici sans honneur et sans nom,
Plutôt qu'aller gagner un immortel renom
Et quitter pour si peu la liberté rustique.

Il me plaît de mourir en un exil si doux
Loin du bruit du Palais et toujours près de vous,
Qui me serez et Prince, et peuple, et République.

ODE SAPPHIQUE RIMÉE*

Vous qui les ruisseaux d'Hélicon fréquentez,
Vous qui les ruisseaux solitaires hantez,
Et le fond des bois, curieux de choisir
    L'ombre et le loisir.

Qui vivant bien loin de la fange et du bruit
Et de ces grandeurs que le peuple poursuit,

1. Passage par où une eau s'écoule.

Estimez les vers que la Muse après vous
Trempe de miel doux.

Élevez vos chants, redoublez votre ardeur,
Soutenez vos voix d'une brusque verdeur,
Dont l'accord montant d'ici jusques aux cieux
Irrite les dieux.

Notre grand Ronsard, de ce monde sorti,
Les efforts derniers de la Parque a senti :
Ses faveurs n'ont pu le garantir enfin
Contre le Destin.

Lui qui put des ans et de l'âge vaincus
Susciter Clovis, Pharamond et Francus
Qu'un pareil cercueil recélait, et leur los
Moindre que leurs os ;

Lui qui put des morts rallumer le flambeau
Et le nom des Rois retirer du tombeau,
Imprimant ses vers par un art maternel[1]
D'un style éternel :

Bien qu'il eût neuf Sœurs qui soulaient le garder,
Il ne put les trois de là-bas retarder,
Qu'il ne soit forcé de la fière Clothon,
Hôte de Pluton.

Maintenant bien près de la troupe des grands
Fondateurs guerriers de la gloire des Francs,
On le voit pensif paravant qu'aborder[2]
Son luth accorder.

Mais sitôt qu'on l'oit réciter de ses vers,
Virgile au combat cède les lauriers verts,

1. Digne d'une mère. 2. Avant d'aborder.

Orphée, et Linus, et Homère font lieu
Ainsi qu'à un Dieu.

Il leur va contant comme lors de son temps
Nos civils discords allumés de vingt ans
Partout ont rempli le Royaume d'erreur,
D'armes et d'horreur.

Il va leur chantant le péril et danger
Du Troyen Francus, valeureux étranger,
Qui devait aux bords de la Seine à bon port
Élever un fort ;

Jà le Rhin fourchu se couvrait de vaisseaux,
Et la Loire enflait le canal de ses eaux
Sous ce grand guerrier qui d'Hyante avait pris
L'ardeur à mépris.

Jà Paris montrait le sommet de ses tours,
Quand le sort rompit le milieu de son cours :
Il ne plut aux Dieux que d'un homme fût fait
Œuvre si parfait.

Ainsi d'Apelles de la Parque surpris
Fut jadis laissé le tableau de Cypris,
Nul depuis n'osant la besogne attenter
Pour la remonter.

Qui de nous pourra renouer ce tissu,
Concevant l'ardeur que son âme a conçu ?
Qui de nous pourra de ce docte portrait
Contrefaire un trait ?

Grand Démon français, digne chantre des Dieux,
Qui premier passa la louange des vieux[1] ;

1. Des Anciens.

Sans second, sans pair, de la Grèce vainqueur,
Prince du saint chœur ;

Vendômois harpeur, qui mourant ne mourras,
Mais de loin nos pleurs à ton aise verras,
Ois ce saint concert et retiens avec toi
L'ombre de ton Roi.

Puisse ton tombeau léger être à tes os,
Et pour immortel monument de ton los
Les œillets, le lis et lierre à maint tour
Croissent à l'entour.

Simon Goulart

Je cours, et n'en puis plus ; j'écoute, et je suis sourd ;
Je vois, je ne vois rien ; je parle, et mot ne sonne ;
Je tiens, et ne tiens rien ; j'aime trop ma personne,
Et si[1] ne l'aime point ; je suis discret et lourd.

Je cours après le monde, et demeure tout court
En suivant Jésus-Christ ; quand volupté raisonne
Je l'entends ; et n'ois point le soulas[2] que me donne
La douce voix de Christ, qui après moi accourt.

Les biens de Dieu je vois, mais des yeux de la chair.
Propos vains je profère, et ne fais que chercher
La vie dans la mort, vérité dans un songe.

M'aimant sans aimer Dieu, je me haïs à mort.
Étant sage sans Christ, je suis serf de mensonge.
Las, Seigneur, lève-toi et brise ce discord.

☆

1. Et pourtant. 2. Soulagement, plaisir, joie.

Viens, douce-rude mort, embrasse, laisse-moi ;
Tire-moi dans les cieux, puisqu'en Christ je me fonde.
Fuis-t'en, car j'aime encor la demeure en ce monde.
Attends que résolu je sois en cet émoi.

Sus, allons, demeurons ; courage, hélas ! et quoi,
Serai-je ici toujours ? en la fosse profonde
Me faut-il dévaler ? cette machine ronde
M'est plaisante et fâcheuse ; et si ne sais[1] pourquoi.

Oh, qu'heureux je serai si Dieu veut que je meure !
S'il lui plaît que çà-bas[2] encore je demeure,
Ainsi soit : car son nom ma langue chantera.

Par lui, j'aime la mort qui me guide à la vie ;
De moi, je n'ai d'entrer au tombeau creux envie ;
Mais ta grâce, ô mon Dieu, mon vouloir domptera.

☆

Laisse-moi, mon Seigneur ; non, ne me laisse pas,
Ains parle à mon esprit qui désire te suivre.
Non, ne me sonne mot, ains ta main me délivre,
Et jusques au tombeau guide toujours mes pas.

Non, ne me guide point ; ains m'empoigne en tes bras
Pour m'élever à toi, de la terre délivre.
Non, ne m'élève point, car je désire vivre,
Et t'honorer encor : diffère mon trépas.

Non, ne diffère point ; préviens-moi de bonne heure.
Et, soit que mort je vive ou que vivant je meure,
Assiste, enseigne, guide, empoigne ton servant,

1. Et pourtant je ne sais. 2. Ici-bas.

Pour l'élever du monde en ta gloire céleste,
Afin que ce discord plus mon cœur ne moleste,
Ains de son bien les fruits il aille recevant.

Guy Le Fèvre de la Boderie

DIVERS MÉLANGES POÉTIQUES

SONNET*

On croit qu'au temps jadis le Poète de Thrace
De son luth sonoreux mut des bêtes les sens,
Et les fleuves courants retint par ses accents,
Voire les rochers sourds mut à suivre sa trace.

Si qu'on dit[1] qu'aux tons doux de sa lyre de grâce
Les arbres en un rond s'assemblèrent contents
Pour ombrager son chef contre l'ardeur du temps
Et lui servir de tente au milieu de la place.

Mais par son beau parler les cœurs il rendit doux
De sauvages cruels, et les tempéra tous
Avec sa docte voix, il enseigna Justice

Et en un rassembla les fiers hommes épars,
Car Pasteur fut Orphée enfermant en ses parcs
Des sauvages les mœurs dessous lois de police[2].

1. Si bien qu'on dit. 2. Lois politiques.

LA GALLIADE*

[…] Dieu qui tout a créé, qui tout clôt et consomme,
Pour l'homme fit le monde, et pour lui seul fit l'homme.
Pour l'homme chaque Ciel parachève son cours,
Pour l'homme le Soleil fait les ans et les jours,
Pour l'homme sont ouverts les yeux de la nuit brune,
Pour l'homme s'embellit la face de la Lune,
Pour l'homme les vents forts meuvent et purgent l'air,
Pour l'homme les oiseaux s'y en viennent voler ;
Pour l'homme seul la Mer s'enfle et se vient étendre,
Pour l'homme de ses bras la Terre elle vient prendre,
Pour l'homme elle soutient les navires errants,
Pour l'homme elle nourrit tous les poissons courants ;
Pour l'homme seul descend la pluie et la rosée ;
Pour l'homme la Terre est de fleuves arrosée,
Pour l'homme elle produit sa semence et ses fruits,
Pour l'homme le Soleil les rend et mûrs et cuits,
Pour l'homme les métaux elle cache en son ventre,
Pour l'homme maint ruisseau de mainte source y entre,
Pour l'homme elle se vêt et d'herbes et de fleurs,
Pour l'homme elle se peint de dix mille couleurs,
Pour l'homme elle met hors[1] bois et forêts ombreuses,
Pour l'homme sur ses monts paissent troupes nom-
[breuses ;
Pour l'homme est fait le Bœuf afin de labourer,
Pour l'homme le Cheval pour la selle endurer,
Pour l'homme le Chameau naît à labeur et peine,
Pour l'homme la Brebis porte sur soi la laine ;

1. Produit.

Pour l'homme cueille aux fleurs et la manne et le miel
L'Abeille ménagère, ains[1] la fille du Ciel ;
Les Anges, la Nature et tout cela en somme
Qui est, qui vit, qui sent, qui raisonne, est pour l'homme.
    Mais Dieu qui est par soi, en soi, de soi content,
Qui seul se sent, se voit, seul se meut et s'entend,
Qui a tous biens en soi et en soi se repose,
N'avait point de besoin qu'en plein jour fût éclose
Du Monde la rondeur ; il est son jour, son œil,
Son Air, sa Terre et Mer, son Ciel et son Soleil ;
Rien il n'a retenu de toutes créatures
Fors les hommes sans plus, et leurs volontés pures ;
En un cœur humble et net un esprit repentant
Est son vrai sacrifice et qui lui plaît autant
Que le reste du monde, et non point les offrandes
De Taureaux, ni de Boucs, ni Hécatombes grandes :
Cela ne veut-il point, l'homme est son seul objet,
L'homme à qui la Nature et le Monde est sujet. [...]

HYMNES ECCLÉSIASTIQUES

JE TE SALUE, ÉTOILE DE LA MER*

Je te salue, Étoile de la mer,
        De Dieu la mère et la nourrice,
Toi que toujours la Vierge on doit nommer,
        Et du Ciel la porte propice.

1. Ou plutôt.

En recevant ce salut de haut prix,
Porté par la bouche de l'Ange,
Fonde-nous tous en la paix des Esprits,
Changeant d'Ève le nom étrange.

Fais délier les coupables liés,
Donne aux aveugles lumière,
Chasse nos maux si qu'ils[1] soient oubliés,
Et pour nos biens fais ta prière.

Montre-toi Mère au grand Roi couronné,
Que par toi à nos cris réponde
Cil[2] qui pour nous a permis d'être né,
Et d'être ton Fils en ce monde.

Ô Vierge unique, ô des Vierges la fleur,
Vierge entre toutes pacifique,
Chacun de nous absous de crime et pleur
Rends doux, débonnaire et pudique.

De pure vie impètre-nous[3] l'octroi,
Et nous apprête sûre voie,
Si que voyant Jésus-Christ notre Roi,
Toujours ayons ensemble joie.

Au Père Dieu louange et tout honneur,
Et gloire à notre Christ suprême,
Avec l'Esprit de tout soulas donneur,
À tous les trois un honneur même.

1. De sorte qu'ils. 2. Celui. 3. Obtiens-nous.

Blaise de Vigenère

PSAUMES PÉNITENTIELS TOURNÉS EN PROSE MESURÉE

DOMINE, NE IN FURORE TUO

PSAUME VI

Le prophète se trouvant alité d'une très grave maladie, invoque Dieu à son besoin. Reconnaît que l'ayant offensé, à bon droit il a mérité son courroux : puis touché de l'appréhension de la mort, implore sa miséricorde ; et le supplie de le pardonner, et lui restituer sa santé. Enfin, s'assurant d'être exaucé, se reconsole et réjouit, au contemps[1] de ses adversaires.

Seigneur,

1. Ne me corrige en ta fureur ; — et ne me châtie en ton ire.
2. Aie compassion de moi, — qui suis si grièvement malade : — guéris-moi, Seigneur, car mes os — sont étonnés d'un bout à l'autre.
3. Et mon âme est en grand émoi ; — mais toi, jusques à quand sera-ce ?
4. Tourne-toi devers moi, mon Dieu ; — garantis mon âme, et me sauve, — par ton infinie bonté.

1. Mépris.

5. Car en la mort il n'y a nul, — qui puisse avoir de toi mémoire : mais en l'Enfer, où est celui, — qui confessera ta louange ?
6. Le gémir m'a fort travaillé ; — je laverai chaque nuitée, — mon lit, et ma couche de pleurs ; — et les baignerai de mes larmes.
7. Mon œil s'est offusqué d'angoisse ; — et suis envieilli au milieu — de tous mes mortels adversaires.
8. Retirez-vous de moi arrière, — vous tous, ouvriers d'iniquité ; — car Dieu a écouté ma plainte.
9. Il a exaucé ma prière ; — il a reçu mon oraison.
10. Tous mes contraires[1] soient surpris — de honte et frayeur véhémente : — éperdus, qu'ils tournent le dos ; — et s'enfuient à vauderoutte[2].

DE PROFUNDIS

PSAUME CXXIX

Ici encore les Israélites, sous lesquels est désignée l'Église catholique du Christ, se complaignent de leur longue captivité, et reconnaissent que c'est à bon droit qu'ils sont ainsi châtiés pour leurs démérites et transgressions ; mais Dieu étant tout miséricordieux, ils espèrent qu'il leur remettra leurs offenses, et les réintégrera en leur première liberté. Tout ceci tend mystiquement à la délivrance de l'âme pécheresse de la servitude du commun ennemi, qui se devait effectuer à l'avènement du Messie.

Cantique des graduations

1. Adversaires. 2. En déroute.

1. De ces lieux profonds égarés, — j'ai crié à toi Seigneur Dieu ; — Seigneur exauce ma prière.
2. Tes oreilles soient ententives — à la voix de mon oraison.
3. Si tu prends garde à nos offenses, — qui est-ce qui subsistera ?
4. Pour autant que tu es propice, — et t'appartient de pardonner, — j'ai en ta loi mis mon attente.
5. Mon attente est en sa parole ; — mon âme a espéré en Dieu.
6. De la garde du point du jour, — jusques à la nuit toute close, — qu'Israël espère au Seigneur.
7. Car en lui est miséricorde ; — toute rédemption est en lui.
8. Il rachètera Israël — de toutes ses vieilles offenses.

LE PSAUTIER DE DAVID TOURNÉ EN PROSE MESURÉE, OU VERS LIBRES*

DOMINE NE IN FURORE TUO

PSAUME VI

Alité d'une fort grave maladie, il invoque Dieu à son besoin ; reconnaît que l'ayant offensé, à bon droit il a mérité son courroux : Puis touché de l'appréhension de la mort, implore sa miséricorde ; et le supplie de lui pardonner, et lui restituer sa santé. Enfin, l'assurant d'être exaucé, se reconsole et réjouit au contemps de ses adversaires.

Psaume de David pour chanter sur les instruments à l'octave.

1. Seigneur, ne me tance en ton ire, — ne me corrige en ta fureur.
2. Use-moi de miséricorde — qui suis rempli d'infirmité : — guéris-moi Seigneur par ta grâce, — car mes os sont tout étonnés.
3. Et mon âme est fort partroublée[1] ; — mais toi Seigneur jusques à quand — m'affligeras-tu en la sorte ?
4. Retourne-toi donc, et délivre — mon âme Seigneur : sauve-moi — pour l'amour de ta grand'clémence.
5. Car en la mort il n'y a nul — qui puisse avoir de toi mémoire : — et en l'Enfer où est celui — qui confessera ta louange ?
6. Le gémir m'a fort travaillé ; — je laverai chaque nuitée — mon lit et ma couche de pleurs, — et les baignerai de mes larmes.
7. Mon œil s'est d'angoisse ébloui : — et parmi tous mes adversaires — je suis vieilli avant mes jours.
8. Retirez-vous de moi arrière, — vous tous ouvriers d'iniquité : — car Dieu a écouté la plainte — de mes pleurs et gémissements.
9. Il a exaucé ma prière : — et a reçu mon oraison.
10. Puissent rougir de male honte — partroublés d'une forte peur, — tous ceux-là qui me persécutent : — éperdus qu'ils tournent le dos, — et s'enfuient à vau de routte[2].

1. Très troublée. 2. En déroute.

OMNES GENTES PLAUDITE MANIBUS

PSAUME XLVI ; HÉBR. 47.

Il invite tous les peuples et nations de la terre à célébrer Dieu, qui les doit un jour appeler à la vraie et parfaite connaissance de sa parole, et à la communion générale des Israélites, qui est l'Église des fidèles, sous le règne spirituel du commun Rédempteur Jésus-Christ, dont il touche ici prophétiquement la triomphante résurrection, son Ascension au Ciel, et victoire sur le péché, la mort, et l'Enfer.

Au principal Musicien, Cantique des enfants de Coré[1].

1. Tous peuples et nations — claquez des mains ; et en joie — chantez gaiement à Dieu.
2. Car c'est le Seigneur souverain ; — grand Roi sur toute la terre.
3. Qui a en notre pouvoir — réduit les peuples étranges[2] ; — et mis les gents sous nos pieds.
4. Choisis pour son héritage — il nous a ; et de Jacob — qu'il a eu si agréable, — donné tout le plus exquis. SELAH[3].
5. Le Seigneur en grand triomphe — s'en est remonté là-haut, — avec grand bruit de trompettes.
6. Chantez donc à notre Dieu — de beaux Psaumes et Cantiques : — chantez à notre grand Roi, — sur les Hautbois et violes.

1. Chantres ou portiers du temple. 2. Étrangers. 3. Pause.

7. Car le Dieu est le souverain — sur tout le rond de la terre ; — chantez-lui dévotement
8. Sans fin désormais son règne — sur les gents s'établira ; — il est assis en son trône.
9. Avec le Dieu d'Abraham, — les principaux chefs des peuples — se sont rangés ; car les dieux — puissants boucliers de la terre, — sont grandement exaltés.

Clovis Hesteau de Nuysement

LES ŒUVRES POÉTIQUES

ODE À MONSIEUR*

STROPHE

J'avais déjà par trois fois
Sur la Thracienne[1] lyre
Couché l'archet et les doigts
Pour vos louanges redire,
Quand le démon qui m'attire
Sous les prophétiques lois,
Se masquant d'une feinte ire,
M'ôta la main et la voix.

ANTISTROPHE

Trois fois le céleste chœur
Qui sur Pinde[2] se récrée
M'avait entamé le cœur
D'une sagette[3] sacrée ;

1. C'est-à-dire orphique. 2. Montagne consacrée au « céleste chœur » des Muses. 3. Flèche.

Lui, tenant ma langue ancrée,
Me dit enflé de rigueur :
« Attends qu'en triomphe Astrée[1]
L'amène trois fois vainqueur. »

ÉPODE

Mon âme horriblant[2] mes sens
Comme une antique prophète,
Pour mieux humer les accents
Du Dieu qui la tient sujette,
Sous l'image se posa
Et votre heur prophétisa.

ENCHANTEMENTS*

[...] Pour d'un blâme éternel charger mon inhumaine,
Je me veux rendre serf d'une éternelle peine ;
Et pour vaincre son ire et mon Astre fatal,
Je veux or' éprouver et le bien et le mal.
Je veux prier les Dieux, et pour m'être propices,
Je les veux honorer de vœux et sacrifices,
Peignant leur nom sacré sur le front de mes vers.
Et pour à mon besoin recourir aux enfers,
Je veux prier Pluton ; et plus cruel encore,
Je me veux rendre Turc, ou Juif, ou Scythe, ou More :
Ainsi pour me venger des deux[3] je m'aiderai.
Et si ce n'est assez je me transformerai
En loup, en ours, en tigre, en lion, en panthère ;
Et d'ongles, et de dents, tout bouillant de colère,

1. Justice. 2. Terrifiant. 3. « Son ire et mon Astre fatal ».

Je l'épouvanterai, lui imprimant la peur
Dessus son front superbe, et le regret au cœur.
Mais si cela ne sert qu'à la rendre plus fière,
Je veux tôt retourner à ma forme première,
Me faisant Frère, ou moine, ou Ermite des bois,
Pour m'ôter hors du joug de ses injustes lois.
Si je suis Cordelier, j'irai parmi la presse
Prêcher la cruauté, le dédain, la rudesse
D'une qui ne se plaît qu'à nourrir mes douleurs,
Feignant d'être sans yeux et sourde en mes malheurs,
Bien que je sois contraint par ses flammes jumelles
De publier qu'elle est la plus belle des belles,
Et que ce sont ses yeux qui nous donnent le jour ;
Mais je dirai qu'elle est rebelle encontre Amour.
Et si je me fais Moine outré de violence,
J'armerai tous les saints contre elle à ma vengeance,
Et par celle qui tient les foudres dans le Ciel
Je ferai radoucir l'âpre aigreur de son fiel.
Ou afin qu'elle sente à quoi elle est sujette,
Je lui ferai tirer mainte dure sagette[1]
Par saint Sébastien, et saint Antoine aussi
Réchauffera son sein de glaçons endurci.
Et si outre ces deux l'ire me précipite,
Tant que je sois forcé de m'aller rendre Ermite,
Avec l'éternel pleur, et les soupirs ardents,
Je materai mon corps et dehors et dedans,
Tellement qu'à la fin mes misères journalles[2]
Induiront à pitié les âmes infernales.
Puis si l'ardent destin s'obstine contre moi,
Comme un vieil pèlerin que l'outrageuse loi
D'un sévère tyran fait errer par le monde,
Je courrai çà et là sur la terre et sur l'onde,
Compagnon des soupirs, des pleurs, et des sanglots,
Portant la glace au sein, et le feu dans les os,

1. Flèche. 2. Quotidiennes.

Fuyant les lieux aimés, le repos et le somme,
Sans cesse racontant le feu qui me consomme,
Et sans cesse louant la grâce et les beautés
De celle qui me paît de mille cruautés,
Sans cesse adorant l'œil et la divine face
Que je ne puis haïr pour chose que je fasse,
Car plus elle me hait, me méprise et me fuit,
Plus pour elle mon cœur se renflamme, et détruit.
Et si le changement du lieu de ma naissance,
Si des pays lointains la rude connaissance,
Si les barbares mœurs des peuples étrangers,
Si les fiers animaux, si tant d'autres dangers
Qui souvent en errant nous dérobent la vie,
Et mille et mille maux, dont la vie est suivie,
Ne peuvent quelque peu mon ardeur alenter[1],
Ou que le Ciel se plaise à me voir tourmenter,
J'irai par les cités, çà et là pour m'ébattre,
Et comme un charlatan autour de son Théâtre
Amasse tout un peuple, ainsi plein de langueur
J'accorderai ma lyre, et dirai la rigueur
D'une belle rebelle, en qui seule mon âme
Se nourrit et détruit, se renglace et r'enflamme ;
D'une qui près de moi me rend tout langoureux,
Et qui fuyant de moi me rend tout amoureux.
Ainsi donc je dirai ce qui me désespère,
Montrant naïvement[2] aux amants la vipère
Qui me ronge le cœur et me suce le sang,
Me soufflant (à mon dam) son venin dans le flanc,
Ordonnant pour recette à qui aime la vie
Ne s'approcher jamais de ma fière ennemie.
Néanmoins s'il advient qu'elle écoute mes cris,
Par mes signes piteux et mes tristes écrits
J'espère de fléchir sa folle outrecuidance,
Ou bien tous mes desseins n'auront nulle puissance.

1. Calmer. 2. Clairement.

Mais si mon amour pure et mon candide feu
Sont encor méprisés, devenant peu à peu
Horrible, furieux, et cherchant la vengeance,
Je ferai preuve[1] enfin de l'art de Négromance.
Je ferai pénitence, et me confesserai
De mes péchés commis, je me sustenterai
De pain bis et eau pure ; et sans aucune joie,
L'œil en pleurs, j'errerai par une obscure voie
Durant neuf jours entiers, lesquels parachevés,
Avec la langue lasse, et les yeux aggravés[2],
Nu, je m'irai baigner dans les vives fontaines,
Criant : « Pitié, pitié, mon cœur brûle et mes veines ! »
Puis avec les cheveux horriblement dressés,
La barbe rebuffée, et les sourcils froncés,
Le front pâlement sombre et la voix effroyable,
D'écailles tout couvert, farouche, épouvantable,
Tenant un livre au poing de peaux d'enfants morts-nés,
Ayant la tête nue, et les deux bras ornés
De chapeaux de Pervenche[3], allumant un vieil cierge,
J'irai chercher de nuit la cire pure et vierge,
Pour en faire une image où sera le portrait
De celle qui mon cœur a hors de moi soustrait.
Puis il faut que j'en fasse une qui me ressemble
Pour les mêmes effets, et les joignant ensemble,
De cent mille aiguillons, je les transpercerai.
Lors, seul avec un chien, loin je m'écarterai
En quelque lieu recoi[4], éloigné de demeures,
D'où je ne puisse au moins ouïr sonner les heures.
Et là, tenant l'image à côté d'un grand feu,
Je la consacrerai, lui piquant peu à peu
Le cœur, en appelant du Ciel et de la Terre
Les esprits qui pourront m'aider en cette guerre [...].

1. Je ferai l'essai. 2. Alourdis, accablés. 3. Fleur vulnéraire. 4. Solitaire.

Guillaume du Bartas

LA SEMAINE

[LE CHAOS*]

Ce premier monde était une forme sans forme,
Une pile confuse, un mélange difforme,
D'abîmes un abîme, un corps mal compassé,
Un Chaos de Chaos, un tas mal entassé,
Où tous les éléments se logeaient pêle-mêle,
Où le liquide avait avec le sec querelle,
Le rond avec l'aigu, le froid avec le chaud,
Le dur avec le mou, le bas avec le haut,
L'amer avec le doux : bref durant cette guerre
La terre était au ciel et le ciel en la terre.
La terre, l'air, le feu se tenaient dans la mer ;
La mer, le feu, la terre étaient logés dans l'air ;
L'air, la mer et le feu dans la terre ; et la terre
Chez l'air, le feu, la mer. Car l'Archer du tonnerre,
Grand maréchal de camp, n'avait encor donné
Quartier à chacun d'eux. Le ciel n'était orné
De grands touffes de feu ; les plaines émaillées
N'épandaient leurs odeurs ; les bandes écaillées
N'entrefendaient les flots ; des oiseaux les soupirs
N'étaient encor portés sur l'aile des zéphyrs.
Tout était sans beauté, sans règlement, sans flamme.

Tout était sans façon, sans mouvement, sans âme ;
Le feu n'était point feu, la mer n'était point mer,
La terre n'était terre, et l'air n'était point air ;
Ou si jà se pouvait trouver en un tel monde
Le corps de l'air, du feu, de la terre et de l'onde,
L'air était sans clarté, la flamme sans ardeur,
Sans fermeté la terre, et l'onde sans froideur.
Bref, forge en ton esprit une terre qui, vaine,
Soit sans herbe, sans bois, sans mont, sans val, sans plaine,
Un ciel non azuré, non clair, non transparent,
Non marqueté de feu, non voûté, non errant :
Et lors tu concevras quelle était cette terre,
Et quel ce ciel encor où régnait tant de guerre.
Terre et ciel que je puis chanter d'un style bas,
Non point tels qu'ils étaient, mais tels qu'ils n'étaient pas.

[HYMNE À LA NUIT*]

Mais d'autant qu'on ne sent plaisir qui ne déplaise
Si sans nul intervalle on s'y plonge à son aise,
Que celui seulement prise la sainte paix
Qui longtemps a porté de la guerre le faix,
Et que des noirs corbeaux l'opposé voisinage
Des cygnes caystrins rend plus blanc le plumage,
L'Architecte du monde ordonna qu'à leur tour
Le jour suivît la nuit, la nuit suivît le jour.
La nuit, pour tempérer du jour la sécheresse,
Humecte notre ciel et nos guérets engraisse.
La nuit est celle-là qui charme nos travaux,
Ensevelit nos soins, donne trêve à nos maux.
La nuit est celle-là qui de ses ailes sombres
Sur le monde muet fait avecque les ombres
Dégoutter le silence et couler dans les os

Des recrus animaux un sommeilleux repos.
Ô douce Nuit, sans toi, sans toi l'humaine vie
Ne serait qu'un enfer, où le chagrin, l'envie,
La peine, l'avarice et cent façons de morts
Sans fin bourrèleraient[1] et nos cœurs et nos corps.
Ô Nuit, tu vas ôtant le masque et la feintise
Dont sur l'humain théâtre en vain on se déguise
Tandis que le jour luit ; ô Nuit alme[2], par toi
Sont faits du tout[3] égaux le bouvier et le Roy,
Le pauvre et l'opulent, le Grec et le Barbare,
Le Juge et l'accusé, le savant et l'ignare,
Le maître et le valet, le difforme et le beau.
Car, Nuit, tu couvres tout de ton obscur manteau.
Celui qui condamné pour quelque énorme vice
Recherche sous les monts l'amorce d'avarice
Et qui, dans les fourneaux, noirci, cuit et recuit
Le soufre de nos cœurs, se repose la nuit.
Celui qui, tout courbé, le long des rives tire
Contre le fil du fleuve un trafiquant navire
Et, fondant tout en eau, remplit les bords de bruit,
Sur la paille étendu, se repose la nuit.
Celui qui d'une faux mainte fois émoulue
Tond l'honneur bigarré de la plaine velue,
Se repose la nuit, et dans les bras lassés
De sa compagne perd tous ses travaux[4] passés.
Seuls, seuls les nourrissons des neuf doctes pucelles[5],
Cependant que la nuit de ses humides ailes
Embrasse l'Univers, d'un travail gracieux,
Se tracent un chemin pour s'envoler aux cieux,
Et plus haut que le Ciel d'un docte vol conduisent
Sur l'aile de leurs vers les humains qui les lisent.

1. Tortureraient. 2. Nourricière. 3. Complètement. 4. Oublie toutes ses peines. 5. Les poètes, nourrissons des Muses.

[LE PEUPLEMENT DE LA MER*]

L'Éternel eût en vain orné le ciel de feux,
Les plaines de moissons, les monts de bois touffus,
Séparé l'air du feu et la terre de l'onde,
S'il n'eût peuplé soudain de corps vivants le monde.
Voilà pourquoi ce jour il commence animer
Les nageurs citoyens de la venteuse mer,
Des étangs engourdis et des fuyantes ondes,
Qui par les champs féconds se roulent vagabondes,
Rendant tant de poissons en forme si divers
Qu'on voit comme plongé dans les eaux l'univers.
L'onde a comme le ciel lune, soleil, étoiles.
Neptun' non moins que l'air abonde en hirondelles.
La mer a tout ainsi que l'élément voisin,
Sa rose, son melon, son œillet, son raisin,
Son ortie poignante[1], et cent mille autres plantes,
Ainsi que vrais poissons dans ses ondes vivantes.
Elle a son hérisson, son bélier, son pourceau,
Son lion, son cheval, son éléphant, son veau.
Elle a même son homme, et, ce que plus j'admire,
De ses gouffres profonds quelquefois elle tire
Son moine et son prélat, et les jetant à bord,
En fait montre aux humains qui vivent sous le Nord.
Esprits vraiment divins, à qui les premiers âges
Doivent l'invention des plus subtils ouvrages,
N'a-vous pris le patron[2] de vos meilleurs outils
Dans le flottant giron de la perse Thétis ?
Qui tantôt dans les flots, ore contre des roches,
Produit fécondement des aiguilles, des broches,
Des panaches, des coins, des pinceaux, des marteaux,
Des tuyaux, des cornets, des rasoirs, des couteaux,

1. Piquante. 2. N'avez-vous pris le modèle.

Des scies et des jougs ; et comme si Neptune,
Panopée, Triton, Leucothée et Portune,
Tenaient registre ouvert, Nature fit sous l'eau
Des calamars garnis d'encre, plume et couteau.

[DIEU CONTEMPLE SON OUVRAGE*]

Le Peintre qui, tirant un divers paysage,
A mis en œuvre l'art, la nature et l'usage
Et qui d'un las pinceau sur si docte portrait
A, pour s'éterniser, donné le dernier trait,
Oublie ses travaux, rit d'aise en son courage[1]
Et tient toujours ses yeux collés sur son ouvrage.
Il regarde tantôt par un pré sauteler
Un agneau qui toujours, muet, semble bêler.
Il contemple tantôt les arbres d'un bocage,
Ore le ventre creux d'une grotte sauvage,
Ore un petit sentier, ore un chemin battu,
Ore un pin baise-nue, ore un chêne abattu.
Ici par le pendant d'une roche couverte
D'un tapis damassé, moitié de mousse verte,
Moitié de vert lierre, un argenté ruisseau
À flots entrecoués précipite son eau,
Et qui courant après, or sus, or sous la terre,
Humecte, divisé, les carreaux d'un parterre.
Ici l'arquebusier, de derrière un bois vert,
Affûté[2], vise droit contre un chêne couvert
De bisets[3] passagers. Le rouet[4] se débande,
L'amorce vole en haut d'une vitesse grande.

1. Cœur. 2. À l'affût. 3. Pigeons sauvages. 4. La roue de l'arquebuse.

Un plomb environné de fumée et de feu,
Comme un foudre éclatant, court par le bois touffu.
Ici deux bergerots sur l'émaillé rivage
Font à qui mieux courra pour le prix d'une cage.
Un nuage poudreux s'émeut dessous leurs pas ;
Ils marchent et de tête et de pieds et de bras ;
Ils fondent tout en eau ; une suivante presse
Semble rendre en criant plus vite leur vitesse.
Ici deux bœufs suants de leurs cols harassés
Le coutre fend-guéret traînent à pas forcés.
Ici la pastourelle à travers une plaine,
À l'ombre, d'un pas lent son gras troupeau ramène :
Cheminant elle file, et, à voir sa façon,
On dirait qu'elle entonne une douce chanson.
Un fleuve coule ici, là naît une fontaine[1] ;
Ici s'élève un mont, là s'abaisse une plaine ;
Ici fume un château, là fume une cité ;
Et là flotte une nef sur Neptune irrité.
Bref, l'art si vivement exprime la nature
Que le Peintre se perd en sa propre peinture,
N'en pouvant tirer l'œil, d'autant qu'où plus avant
Il contemple son œuvre, il se voit plus savant.
  Ainsi ce grand ouvrier, dont la gloire fameuse
J'ébauche du pinceau de ma grossière muse,
Ayant ces jours passés d'un soin non-soucieux,
D'un labeur sans labeur, d'un travail gracieux,
Parfait de ce grand Tout l'infini paysage,
Se repose ce Jour, s'admire en son ouvrage,
Et son œil, qui n'a point pour un temps autre objet,
Reçoit l'espéré fruit d'un si brave projet
(Si le bégaiement de ma froide éloquence
Peut parler des projets d'une si haute Essence).
  Il voit ore comment la mer porte-vaisseaux
Pour hommage reçoit de tous fleuves les eaux.

1. Source.

Il voit que d'autre part le Ciel ses ondes hume,
Sans que le tribut l'enfle ou le feu la consume.
Il voit de ses bourgeois les fécondes amours ;
De ses flux et reflux il contemple le cours,
Sur qui le front cornu de l'Étoile voisine,
D'un aspect inconstant, et nuit et jour domine.
Il œillade tantôt les champs passementés
Du cours entortillé de fleuves argentés.
Ore il prend son plaisir à voir que quatre frères
Soutiennent l'Univers par leurs efforts contraires,
Et comme l'un par temps en l'autre se dissout
Tant que de leur débat naît la paix de ce Tout.
Il s'égaie tantôt à contempler la course
Des cieux glissant autour de la Croix et de l'Ourse,
Et comme sans repos, or sus, or sous les eaux,
Par chemins tout divers ils guident leurs flambeaux.
Ore il prend ses ébats à voir comme la flamme,
Qui cerne ce grand Tout, rien de ce Tout n'enflamme ;
Comme le corps glissant des non-solides airs
Peut porter tant d'oiseaux, de glaçons et de mers ;
Comme l'eau, qui toujours demande la descente,
Entre la terre et l'air se peut tenir en pente ;
Comme l'autre élément se maintient ocieux,
Sans dans l'eau s'effondrer, ou sans se joindre aux cieux.
Or son nez à longs traits odore une grand' plaine,
Ou commence à flairer l'encens, la marjolaine,
La cannelle, l'œillet, le nard, le romarin,
Le serpolet, la rose, et le baume, et le thym.
Son oreille or se plaît de la mignarde noise
Que le peuple volant par les forêts dégoise ;
Car bien que chaque oiseau, guidé d'un art sans art,
Dans les bois verdoyants tienne son chant à part,
Si n'ont-ils[1] toutefois tous ensemble pour verbe
Que du Roi de ce Tout la louange superbe,

1. Pourtant ils n'ont.

Et bref, l'oreille, l'œil, le nez du Tout-Puissant
En son œuvre n'oit rien, rien ne voit, rien ne sent,
Qui ne prêche son los[1], où ne luise sa face,
Qui n'épande partout les odeurs de sa grâce.
Mais plus que tous encor les humaines beautés
Tiennent du Tout-Puissant tous les sens arrêtés :
L'homme est sa volupté, l'homme est sa sainte image,
Et pour l'amour de l'homme il aime son ouvrage.

LA SECONDE SEMAINE

[CAÏN ET ABEL*]

Cependant les humains d'une race féconde
Commencent à peupler un petit coin du monde.
Caïn naît, Abel naît ; et le soin ménager
Rend bouvier celui-là, et celui-ci berger.
Abel, qui veut avoir toujours prêt le fromage
Et le lait nourricier, les brebis dessauvage[2],
Pour en faire un troupeau qui, rendu familier,
Ait pour garde un mâtin et pour guide un bélier.
L'autre, aspirant plus haut, donne bien peu de trêve
À ses robustes nerfs ; et, voyant que la fève,
L'ers, le riz, le lupin, la lentille et le pois,
Brûlé, languit parmi les broussailles des bois,
Il en prend quelques grains, puis ès meilleures terres,
Qu'il purge de chardons, de ronces et de pierres,

1. Sa louange. 2. Domestique.

Séparés, il les sème, et couvre, embesogné,
Son espoir encor mort du champ égratigné.
   Par les proches moissons connaissant que la peine
Mise en si peu de fonds n'est ingratement vaine,
Pour rompre un plus grand champ et cueillir plus de
[grains
Sans mettre si souvent en besogne ses mains,
Flatteur, il apprivoise une pucelle Vache,
Et puis à chaque corne un osier il attache,
Qui triplement retors tient pour coutre fendant
D'un grand Rhinocéros ou la corne ou la dent.
   L'un jà riche en bétail, l'autre en blondes javelles,
Ils dressent deux autels sur deux croupes jumelles,
Où l'un humblement saint, va d'un piteux accent
De l'Olympe étoilé les étages perçant ;
L'autre fait retentir d'une bouche hypocrite
Un discours tout fondé sur son propre mérite ;
Et sur le vif gazon offrent au Souverain
L'un l'honneur de son parc, l'autre un grand tas de grain.
   Dieu qui sonde les reins et qui, juge, examine
Le vouloir plus que l'acte, et le cœur que la mine,
Le don d'Abel accepte, et rejette, offensé,
Le profane présent de son frère insensé,
Qui, sentant les effets de la fureur divine,
Se dépite, se bat, se ronge, se chagrine.
« Que te sert-il, Caïn, ô Caïn, que te sert
(Dit-il en soupirant) d'avoir premier ouvert
Le fécond amarry[1] de la première mère
Et salué, premier, Adam du nom de père ?
Que te sert-il d'avoir (biens, hélas ! malheureux)
Le cœur haut, l'esprit grand, les membres vigoureux,
Si cette femmelette en homme déguisée
De la terre et du ciel est plus que toi prisée ?
Que te sert d'occuper et nuit et jour tes mains

1. La féconde matrice.

Pour pénible nourrir le reste des humains,
Et d'avoir inventé d'une adresse subtile,
Plus pour eux que pour toi, des Arts le plus utile,
Si ce stupide enfant, ce fainéant, qui vit
De tes tièdes sueurs, la gloire te ravit ?
Ôte, ôte-moi ce sot ; fais tôt[1] et ne te laisse
Plus fouler sous les pieds ; ce croissant mont abaisse ;
Éteins ce feu naissant et répète[2] le droit
Que la vertu t'acquiert et Nature te doit. »
  Toujours dans son esprit ce conseil il rumine ;
Pour le mettre en effet[3] cent fois il s'achemine,
Et cent fois se retient, à bon droit empêché
Par l'horreur de la peine et l'horreur du péché.
  Mais attirant un jour d'une voix flatteresse
Son frère au beau milieu d'une forêt épaisse
Où le pasteur n'avait empreint encor ses pas,
Ni la Chèvre broute-feuille pour son repas,
Il empoigne à deux mains un caillou que trois hommes
Ne pourraient soulever au siècle que nous sommes,
Et roidissant ses bras, le foudroie, inhumain,
Dessus le juste chef de son faible germain[4].
  La face du meurtri dans la bauge s'imprime.
Le sang versé requiert vengeance d'un tel crime.
L'écrabouillé cerveau saute aux yeux du meurtrier,
Et Phébus tourne bride à son fumant destrier
Pour ne voir ce malheur. L'étonné parricide
Sent les fouets écorcheurs de plus d'une Euménide.
Les paniques terreurs, les furieux remords
Lui causent sans mourir mille espèces de morts.
Il se musse[5] le jour, il vague la nuit sombre ;
Il fuit ses doux parents ; il a peur de son ombre ;
Ce qu'il voit lui fait peur ; il craint tout ce qu'il oit,
Et semble que ce Tout soit pour sa fuite étroit.

1. Agis vite. 2. Réclame, revendique. 3. Le réaliser. 4. Frère. 5. Se cache.

Madeleine et Catherine des Roches

LES ŒUVRES*

Madeleine des Roches

SONNET V

Pleurant amèrement mon douloureux servage
Qui tient mon corps mal sain, mon esprit en souci,
Le cœur comblé d'amer, le visage transi,
Cachant l'ombre de vie en une morte image,

Je cherche vainement qui l'esprit me soulage ;
Le Médecin du corps j'éprouve vain aussi ;
D'un front saturnien, d'un renfrogné sourcil,
Je trouve tout ami en amitié volage.

Voyant donc mes malheurs croître en infinité,
N'éprouvant rien qu'ennui, peine, et adversité,
Un céleste désir élève ma pensée,

Disant : il ne faut plus en la poudre[1] gésir ;
Il faut chercher au Ciel le bienheureux plaisir,
N'espère pas salut en une nef cassée.

1. La poussière, la terre.

ÉPITAPHE DE FEU MAÎTRE FRANÇOIS EBOISSARD,

SEIGNEUR DE LA VILLÉE, SON MARI

Veux-tu savoir passant, quel a été mon être?
Sache que la nature, et fortune, et les Cieux,
Noble, riche, et savant autrefois m'ont fait naître,
Me rendant possesseur de leurs dons précieux.

Après avoir vécu d'une louable vie,
Je fus pris d'un catère[1], et maintenant le sort
Des Parques me guérit de cette maladie :
Je mourais en ma vie, et je vis en ma mort.

Je fus trente ans Breton; vingt et huit mon épouse
Me retint dans Poitiers lié de chaste amour.
Mon âme devant Dieu maintenant se repose,
Et mon corps en ce lieu attend le dernier jour.

Mon corps n'est pas tout seul sous cette froide tombe;
Le cœur de ma compagne y gît avec le mien.
Jamais de son esprit notre amitié ne tombe;
La mort ne tranche point un si ferme lien.

Ô Dieu, dont la vertu dedans le Ciel enclose
Enclôt même le Ciel; veuillez que ma moitié
Toutes ses actions heureusement dispose,
Honorant pour jamais notre sainte amitié.

1. Paralysie.

Catherine des Roches

CHANSON DES AMAZONES

Nous faisons la guerre
Aux Rois de la terre,
Bravant les plus glorieux,
Par notre prudence
Et notre vaillance ;
Nous commandons en maints lieux,
Domptant les efforts
Des plus hardis et forts,
D'un bras victorieux.

Nous chassons les vices,
Par les exercices
Que la vertu nous apprend,
Fuyant comme peste
Le brandon moleste[1]
Qui autour du cœur se prend ;
Car la pureté
De notre chasteté
Pour jamais le défend.

Nous tenons les hommes,
Des lieux où nous sommes,
Tous empêchés[2] à filer ;

1. Le flambeau fâcheux. 2. Occupés à filer, comme Hercule, auprès d'Omphale.

Leur lâche courage[1]
D'un plus bel ouvrage
N'est digne de se mêler ;
Si quelqu'un de vous
S'en fâche contre nous
Qu'il vienne quereller.

À MA QUENOUILLE

Quenouille mon souci, je vous promets et jure
De vous aimer toujours, et jamais ne changer
Votre honneur domestic pour un bien étranger,
Qui erre inconstamment et fort peu de temps dure.

Vous ayant au côté je suis beaucoup plus sûre
Que si encre et papier se venaient arranger
Tout à l'entour de moi ; car pour me revenger
Vous pouvez bien plutôt repousser une injure.

Mais quenouille m'amie, il ne faut pas pourtant
Que pour vous estimer, et pour vous aimer tant
Je délaisse du tout[2] cette honnête coutume

D'écrire quelquefois ; en écrivant ainsi,
J'écris de vos valeurs, quenouille mon souci,
Ayant dedans la main, le fuseau, et la plume.

1. Cœur. 2. Absolument.

LES SECONDES ŒUVRES

Madeleine des Roches

LA MÊME VILLE AU ROI*

Sire, si mon obéissance,
Et mon loyal déportement[1],
Mérite quelque récompense,
Je vous requiers un Parlement.

À vous, mon Roi, je me veux plaindre,
Et vous conter ici, comment
Je crains ceux qui me devraient craindre,
Par faute d'un bon Parlement.

Mes voisins me font tant d'injure
Que je désire incessamment
Guérir la peine que j'endure,
Par le moyen d'un Parlement.

Mon âme éperdue s'envole,
Je perds presque tout sentiment;
Mais je prendrai cœur et parole,
Si je reçois un Parlement.

La belle et sainte vierge Astrée[2]
Ne serait plus si longuement

1. Comportement. 2. Allégorie de la justice.

Sans visiter cette contrée,
S'il y avait un Parlement.

L'on verrait le mutin rebelle
Craindre le juste châtiment
Et cette superbe Rochelle[1]
Obéir à mon Parlement.

Doncques, Sire, je vous supplie
Avoir pitié de mon tourment,
Et me donner l'âme, et la vie,
En me donnant un Parlement.

Il est vrai que la grâce est grande ;
Mais ce n'est pour moi seulement
C'est pour vous que je la demande,
Qui serez chef du Parlement.

Vous ferez châtier le vice,
Par un Royal commandement ;
Las ! s'il vous plaît, que je me venge,
Donnez-moi donc un Parlement.

Par la parole toute chose
Est faite sous le firmament :
Voilà pourquoi je me dispose
De requérir un Parlement.

Je l'eus du Roi Charles septième,
Et le gardai heureusement :
Plaisez-vous donc, faire de même,
Et me rendez mon Parlement.

1. Place forte aux mains des huguenots.

Catherine des Roches

LA PUCE*

Petite puce frétillarde,
Qui d'une bouchette mignarde
Suçotez le sang incarnat
Qui colore un sein délicat,
Vous pourrait-on dire friande
Pour désirer telle viande ?
Vraiment, nenni. Car ce n'est point
La friandise qui vous point[1],
Et si[2] n'allez à l'aventure
Pour chercher votre nourriture.
Mais pleine de discrétion,
D'une plus sage affection,
Vous choisissez place honorable
Pour prendre un repas agréable.
Ce repas seulement est pris
Du sang le siège des Esprits[3].
Car désirant être subtile,
Vive, gaie, prompte, et agile,
Vous prenez d'un seul aliment
Nourriture et enseignement.
On le voit par votre allégresse,
Et vos petits tours de finesse,
Quand vous sautelez en un sein

1. Importe. 2. Ainsi. 3. Au sens médical : substances légères, qui naissent dans le sang et animent le corps.

Fuyant la rigueur d'une main :
Quelquefois vous faites la morte,
Puis d'une ruse plus accorte,
Vous fraudez le doigt poursuivant
Qui pour vous ne prend que du vent.
Ô mon Dieu, de quelle manière
Vous fuyez cette main meurtrière,
Et vous cachez aux cheveux longs
Comme Syringue[1] entre les joncs !
Ah ! que je crains pour vous, Mignonne,
Cette main superbe et félonne.
Hé ! pourquoi ne veut-elle pas
Que vous preniez votre repas ?
Votre blessure n'est cruelle,
Votre pointure[2] n'est mortelle,
Car en blessant, pour vous guérir,
Vous ne tuez pour vous nourrir.
Vous êtes de petite vie :
Mais aimant la Géométrie
En ceux que vous avez époint,
Vous tracez seulement un point,
Où les lignes se viennent rendre.
Encore avez-vous su apprendre
Comment en Sparte les plus fins
Ne se laissaient prendre aux larcins.
Vous ne voulez être surprise
Quand vous avez fait quelque prise,
Vous vous cachez subtilement
Aux replis de l'accoutrement.
Puce, si ma plume était digne
Je décrirais votre origine,
Et comment le plus grand des Dieux,
Pour la Terre quittant les Cieux

1. Nymphe changée en roseau par le dieu Pan (Ovide, *Métamorphoses*, I, 695 *sq.*). 2. Piqûre.

Vous fit naître, comme il me semble,
Orion et vous tout ensemble.
Mais il faudra que tel écrit
Vienne d'un plus gentil Esprit.
De moi je veux seulement dire
Vos Beautés, et le grand martyre
Que Pan souffrit en vous aimant,
Avant qu'on vît ce changement,
Et que votre face divine
Prît cette couleur ébénine,
Et que vos blancs pieds de Thétis
Fussent si grêles et petits.
Puce, quand vous étiez Pucelle,
Gentille, sage, douce, et belle
Vous mouvant d'un pied si léger
Pour sauter et pour voltiger,
Que vous eussiez pu d'Atalante
Devancer la course trop lente ;
Pan voyant vos perfections,
Sentit un feu d'affections
Désirant votre mariage.
Mais quoi ? Votre vierge courage
Aima mieux vous faire changer
En Puce, afin de l'étranger[1],
Et que perdant toute espérance
Il rompît sa persévérance.
Diane sut votre souhait,
Vous le voulûtes, il fut fait :
Elle voila votre figure
Sous une noire couverture.
Depuis fuyant toujours ce Dieu,
Petite, vous cherchez un lieu
Qui vous serve de sauvegarde,
Et craignez que Pan vous regarde.

1. Éloigner.

Bien souvent la timidité
Fait voir votre dextérité,
Vous sautelez à l'impourvue
Quand vous soupçonnez d'être vue,
Et de vous ne reste sinon
La Crainte, l'Adresse, et le Nom.

Robert Garnier

HYMNE DE LA MONARCHIE*

[…] Que si l'on objectait qu'un populace vil
Dût tenir gouverneur le règlement civil,
Et que, le temps passé, les cités plus fameuses
Dépendaient du vouloir de ces tourbes nombreuses,
Croirait-on qu'un pays du peuple gouverné
Se puisse jamais voir sagement ordonné,
Et qu'au sot appétit d'une tourbe aveuglée
Une grande cité puisse être bien réglée ?
Pensez qu'il fait beau voir un manœuvre grossier
Des affaires communs se vouloir soucier,
Disposer des états, faire des ordonnances,
Tenir de l'équité les égales balances,
Pouvoir chasser les uns, les autres retenir,
Punir un criminel ou ne le point punir,
Commander, prohiber, et, selon qu'il lui semble,
Ordonner de la paix et de la guerre ensemble ;
Jeter mille desseins, avoir autant d'avis
Qu'en une telle flotte il y a de devis ;
Mêler tout de discord, de noise et de crierie ;
Ne départir jamais qu'avec quelque tuerie.
Ne jugerez-vous pas qu'une telle cité
Ressemble ainsi confuse un navire agité
Par les contraires vents de l'onde mutinée,
Lorsque d'aucun pilote elle n'est gouvernée ?

Un chacun y commande, et n'y a matelot
Qui ne fasse le maître à repousser le flot.
L'un dit qu'il faut ancrer, et l'autre, du contraire,
Soutient obstinément qu'il ne le faut pas faire.
L'un tire par ici, l'autre tire par là.
L'un approuve ceci, l'autre approuve cela.
L'un pour tendre la voile aux cordages se lie,
Et l'autre à l'opposite est d'avis qu'on la plie.
L'un rame vers la proue, et l'autre, le blâmant
Va d'une égale ardeur vers la poupe ramant.
Ils travaillent en vain ; leur peine mal conduite
Les désavance plus qu'elle ne leur profite ;
Une rageuse vague, abîmant le vaisseau,
Les enveloppe enfin sous les gouffres de l'eau.
Hé ! bons dieux ! qui pourrait, quand ce serpent de Lerne,
Quand ce serpent têtu quelque ville gouverne,
Demeurer en repos ? [...]

LES JUIVES

ACTE II*

AMITAL

[...] Pleurons donques, pleurons sur ces moiteuses rives,
Puisque nous n'avons plus que nos larmes, captives.
Ne cessons de pleurer, ne cessons, ne cessons
De nous baigner le sein des pleurs que nous versons.
Pleurons Jérusalem, Jérusalem détruite,

Jérusalem en flamme et en cendres réduite.
Ne soient plus d'autre chose occupés nos esprits.
Ne faisons que douloir[1], que jeter pleurs et cris.
Pouvons-nous autre part appliquer notre étude[2] ?
Devons-nous plus avoir autre sollicitude ?
Nous est-il rien resté qu'un esprit gémissant,
Qu'un esprit adeulé[3] dans un corps languissant ?

LE CHŒUR DES JUIVES

Pleurons donques, pleurons, et de tristes cantiques
Lamentons sur ce bord nos malheurs hébraïques.

AMITAL

Rompons nos vêtements, découvrons notre sein ;
Aigrissons contre lui notre bourelle[4] main ;
N'épargnons nos cheveux et nos visages tendres ;
Couvrons nos dos de sacs et nos têtes de cendres.

LE CHŒUR DES JUIVES

Nous te pleurons, lamentable cité,
Qui eut jadis tant de prospérité,
Et maintenant, pleine d'adversité,
        Gis abattue.
Las ! au besoin tu avais eu toujours
La main de Dieu levée à ton secours,
Qui maintenant de remparts et de tours
        T'a dévêtue.
Il t'a, Sion, le visage obscurci,
Voyant le roc de ton cœur endurci
Être imployable et n'avoir plus souci
        De sa loi sainte.

1. Se lamenter. 2. Soin. 3. Endeuillé. 4. Cruelle, comme un bourreau.

Tu as, ingrate, oublié ton devoir ;
Tu as osé d'autres dieux recevoir,
Au lieu, Sion, que tu devais avoir
Toujours sa crainte.
Il t'a laissée au milieu du danger,
Pour être esclave au soudart[1] étranger,
Qui d'Assyrie est venu saccager
Ta riche terre.
Comme l'on voit les débiles moutons
Sans le pasteur courus des loups gloutons,
Ainsi chacun, quand Dieu nous reboutons,
Nous fait la guerre.
Mille couteaux nous ont ouvert le flanc ;
Des corps meurtris s'est fait un rouge étang ;
Dans le saint temple a découlé le sang
De ses Prophètes.
Le Chaldéen l'a barbare pillé,
Et sans horreur d'ornement dépouillé ;
Le tabernacle il a sanglant souillé
De mains infettes[2].

AMITAL

Ô trois fois malheureuse nuit,
Que tu nous as de mal produit !
Jamais autres ténèbres
Ne furent si funèbres !
Il me semble encor que je vois
Les hommes tomber devant moi,
Que j'entends des mourables[3]
Les regrets lamentables ;
Que j'ois les fifres et tambours,
Les trompettes dessus les tours
Dont le son encourage

1. Soldat. 2. Infectes. 3. Mourants.

Le vainqueur au carnage;
Que le feu de tous côtés bruit,
Que sur les toits la flamme luit;
Que les enfants on rue
Des maisons en la rue.

LE CHŒUR DES JUIVES

Pleurons les malheurs de Sion,
Calamiteuse nation,
Pleurons, tourbe[1] compagne,
Notre montagne.

AMITAL

Mais plutôt notre Dieu
Qu'il ait pitié du peuple hébrieu,
Qu'il apaise son ire,
Et sa verge retire.

LE CHŒUR DES JUIVES

Qu'il veuille sauver notre roi,
Pour désormais vivre en sa loi.
Gardant son âme pure
D'idolâtre souillure. [...]

1. Foule.

BRADAMANTE

ACTE III, SCÈNE 2*

BRADAMANTE

Et quoi, Roger, toujours languirai-je de peine ?
Sera toujours, Roger, mon espérance vaine ?
Où êtes-vous, mon cœur ? quelle terre vous tient,
Quelle mer, quel rivage a ce qui m'appartient ?
Entendez mes soupirs, Roger, oyez mes plaintes,
Voyez mes yeux lavés en tant de larmes saintes,
Ô Roger, mon Roger, vous me cachez le jour,
Quand votre œil, mon soleil, ne luit en cette Cour.
Comme un rosier privé de ses roses vermeilles,
Un pré de sa verdure, un taillis de ses feuilles,
Un ruisseau de son onde, un champ de ses épis,
Telle je suis sans vous, telle et encore pis.
Quelque nouvelle amour (ce que Dieu ne permette)
Vous échaufferait point d'une flamme secrète ?
Quelque face angélique aurait point engravé
Ses traits dans votre cœur de ses yeux esclavé[1] ?
Hé, Dieu ! que sais-je ? hélas ! si d'Aymon la rudesse
Vous a désespéré de m'avoir pour maîtresse,
Que pour vous arracher cet amour ennuyeux
Vous soyez pour jamais éloigné de mes yeux !
Vous ne l'avez pas fait, votre âme est trop constante ;
Vous ne sauriez aimer autre que Bradamante.
Retournez donc, mon cœur, las ! revenez à moi,
Je ne saurais durer si vos yeux je ne vois.

1. Réduit en esclavage.

Je ressemble à celui qui, de son or avare,
Ne l'éloigne de peur qu'un larron s'en empare,
Toujours le voudrait voir, l'avoir à son côté,
Craignant incessamment qu'il ne lui soit ôté.
Retournez donc, mon cœur, ôtez-moi cette crainte :
Las votre seule absence est cause de ma plainte!
Comme, quand le Soleil cache au soir sa clarté,
Vient la pâle frayeur avec l'obscurité,
Mais sitôt qu'apparaît sa rayonnante face,
La nuit sombre nous laisse, et la crainte se passe;
Ainsi sans mon Roger je suis toujours en peur,
Mais quand il est présent, elle sort de mon cœur.
Comme durant l'Hiver, quand le Soleil s'absente,
Que nos jours sont plus courts, sa torche moins ardente,
Viennent les Aquilons dans le ciel tempêter,
On voit sur les rochers les neiges s'afêter[1],
Les glaces et frimas rendre la terre dure,
Le bois rester sans feuille, et le pré sans verdure :
Ainsi quand vous, Roger, vous absentez de moi,
Je suis en un hiver de tristesse et d'émoi.
Retournez donc, Roger, revenez ma lumière,
Las! et me ramenez la saison printanière.
Tout me déplaît sans vous, le jour m'est une nuit;
Tout plaisir m'abandonne, et tout chagrin me suit :
Je vis impatiente, et si guère demeure[2]
Votre œil à me revoir, il faudra que je meure,
Que je meure d'angoisse, et qu'au lieu du flambeau
De notre heureux Hymen, vous trouvez mon tombeau.

1. S'accumuler. 2. Tarde.

Jean de la Gessée

LES JEUNESSES

I, 2*

Si nos tardifs Neveux lisent ce jeune ouvrage,
Où parfois la Satire enfielle mon aigreur :
S'ils sentent l'aiguillon de ma brusque fureur,
Témoin de mes ennuis, et des mœurs de notre âge.

Si l'ire et le dédain, qui m'époint[1] le courage,
Leur propose les maux d'un siècle massacreur :
S'ils taxent la fierté, la malice, et l'erreur,
Qui pardonne aux méchants, et les simples outrage :

Qu'ils m'oyent librement discourir en ces vers,
Et de mes tristes soins, et d'un temps si divers :
Cueillant de nos malheurs une moisson utile.

Ainsi voit-on souvent les fillettes du Ciel
Des plus amères fleurs confire un plus doux miel,
Et faire leur profit d'une peine fertile.

1. Aiguillonne.

I, 14

Qu'est-ce que je n'ai vu dès ma tendre jeunesse?
J'ai vu plonger la France en son propre malheur,
J'ai vu que l'Étranger dénigrait sa valeur,
Combattait l'innocence, et prisait la finesse[1].

Je vis sa folle gent se plaire en sa détresse,
Rebelle je la vis se priver de son heur,
Je vis de tous côtés altérer son honneur,
Je vis de ses scadrons et la presse, et l'oppresse.

Je vis grêler sur eux les coups de coutelas,
Les lances tronçonner en mille et mille éclats,
Leurs forces affaiblir, et souiller leur victoire.

Bref j'ai déjà tant vu, que j'aimerais trop mieux
N'être né de ce siècle, ou d'être né sans yeux :
Mais aussi je voudrais n'avoir si grand' mémoire!

I, 92*

Laissons (Ami) laissons ce vain métier des vers
Qui rapporte moins d'heur à qui plus s'y hasarde :
Laissons ce double mont[2], et la Muse musarde,
Et l'honneur sans profit des Lauriers toujours verts!

Lorsqu'un grand Alexandre, horreur de l'Univers,
Eut vaincu le Roi Daire[3], et sa suite fuyarde :
Il mit dans son coffret (Joyau de chère garde)
D'un savant Smyrnaean[4] les Poèmes divers.

1. Malice. 2. Le mont Parnasse. 3. Darius. 4. Homère, que la légende fait naître près de Smyrne.

Le même[1] dit heureux Achille sur sa lame,
Pour avoir eu tel Chantre : ore hélas! on nous blâme,
Même les grands n'ont soin de leur renom petit.

Pour écouter nos vers, ils n'oyent déjà goutte,
Pour les goûter encor, ils sont sans appétit :
Et pour les guerdonner[2], ils ont aux mains la goutte.

II, 6*

Le Marinier qui plus agité n'erre
Parmi les flots, ses longs périls dira :
Le vieil Gendarme[3] en repos déduira[4]
L'ire, et les maux, d'une effroyable guerre.

Celui qui fend d'un soc aigu la terre
A bœufs couplés, des champs devisera :
De ses Taureaux, et Brebis parlera,
Cil qui les garde, et repus les enserre[5].

Moi qui ne suis, en courant ce danger,
Pilot, Soldat, Laboureur, ni Berger,
Mon seul émoi plaintivement je chante.

Sur chacun d'eux je gagne encor ce fruit :
Car, en chantant, sous mes chansons j'enchante
L'ennui que j'ai pour l'aise qui me fuit.

1. Alexandre. 2. Récompenser. 3. Soldat. 4. Racontera. 5. Les enferme (en l'occurrence, à l'étable).

III, 40*

Voici l'heureuse Nuit qui vraiment étincelle,
Nuit qui fait honte à l'Aube, et même au clair Soleil !
Voici la Nuit, ainçois[1] le beau jour non-pareil,
Qui vit naître l'Enfant de la Mère-pucelle !

Enfant non élevé de semence charnelle,
Qui prit chair toutefois : et par divin conseil[2]
Mourut pour nous sauver, puis franchit le cercueil :
Nous frayant une trace à la gloire éternelle.

Ô toi unique Fils du Père de nous tous,
Si d'enfer, et de Mort, ton trépas m'a recous[3],
Puis si vif tu m'ouvris le chemin pour te suivre :

Ne permets qu'oubliant ta grâce, et ton honneur,
Je vive ici captif : brise plutôt, Seigneur,
La prison de mon corps, et prends l'Âme délivre[4] !

V, 1*

Pourras-tu bien sur ce Théâtre voir
(Chétif Français !) les fières[5] Tragédies
De ta Discorde ? ou mes fureurs hardies,
Bruyant, fuyant, ton faible-fort pouvoir ?

Si je me deuls[6], excuse mon devoir,
Ou pour mieux dire accuse tes folies,

1. Ou plutôt. 2. Décision. 3. Sauvé. 4. Libre. 5. Farouches. 6. Plains.

Dont et la Terre, et la Mer sont remplies :
Faisant ta noise[1] aux Cieux même savoir.

Jadis le monde a ployé sous tes armes,
Et toi ployant sous tes propres Gendarmes,
Tu brasses ore[2] et ta honte, et ta mort.

Écoute donc, et d'une ire étourdie
Ne cuide[3] éteindre ou ma plainte, ou ton sort :
Fol est qui fait, et pense qu'on ne die.

VI, 55*
DE SOI-MÊME

D'un pâle front, l'œil collé sur le Livre,
Et solitaire, et triste, et studieux,
Ici je pense à mes maux odieux :
Vivant mi-mort, et mourant pour revivre.

Moins je m'empêtre, et moins suis-je délivre[4],
Plus je m'instruis, plus je suis curieux :
Et si[5] le sort (ô sort injurieux!)
En tel repos un pire assaut me livre.

Las! que ne suis-je ou quelque heureux joueur,
Ou gai bouffon, ou fin amadoueur?
J'échapperais le méchef[6] qui me lie.

Être aujourd'hui plus rusé, que discret,
C'est des secrets le souverain secret :
Ô monde fol! ô mondaine folie!

1. Querelle. 2. Maintenant. 3. Pense. 4. Libre. 5. Cependant.
6. Malheur.

Amadis Jamyn

LES ŒUVRES POÉTIQUES*

STANCES

POUR CHANTER À UNE MASCARADE
AUX NOCES DE LEURS MAJESTÉS[1]

Jupiter, le grand dieu qui gouverne les cieux,
Et le sage conseil de tous les puissants dieux
M'envoient devers vous pour dire leur venue :
Ils firent tel honneur durant l'antique temps
À ceux qui devant Troie étaient les combattants,
Car toujours la vertu du ciel est reconnue.

S'ils purent admirer des anciens les valeurs,
Ils admirent bien plus de Henri les honneurs :
L'ombre est moins que le corps et le vrai exemplaire.
C'est pourquoi leur désir, ardemment allumé,
Les achemine à voir ce qu'ils ont tant aimé,
Et qu'ils ont pour miracle au monde voulu faire.

Ils viennent honorer le mariage saint
D'un si parfait héros qui la déité craint,

1. Henri III et Louise de Vaudémont en 1575.

Comme ils firent jadis aux noces de Pélée,
Quand pour femme Thétis lui vint entre les mains,
Dont Achille sortit invincible aux humains,
De qui la renommée en tous lieux est volée.

Les célestes depuis n'ont point ouï parler
D'un autre qui se pût avec eux égaler,
Et qui mérite d'eux qu'ils descendent sur terre,
Sinon vous, qui avez dès vos plus jeunes ans
Prouvé votre valeur par gestes triomphants,
Si bien qu'il n'est pareil, soit en paix, soit en guerre.

Soient doncques les mortels assurés désormais
Que le siècle doré ramènera la paix,
Puisque les dieux encor ici-bas redescendent,
Comme, régnant Saturne, ils daignaient y hanter :
Sont eux qui mille biens leur peuvent apporter.
Toutes faveurs du ciel où sont les dieux se rendent.

PRIÈRE À LA PAIX,

FAITE POUR RÉCITER EN UNE COMÉDIE

Ô Belle Paix, la compagne d'Astrée[1],
Qui pour un temps laissas notre contrée,
Et maintenant y plantes ton séjour,
Rien n'est çà bas qui prompt ne te chérisse
Et qui ne s'offre à te faire service,
S'éjouissant des rais de ton beau jour.

Puisque ta main à ce monde commande,
Fais que sur nous quelque bon astre épande,

1. Justice.

Cet an nouveau, sa grâce et sa pitié,
Et dans le cœur de nos seigneurs de France
Prends pour jamais ta sûre demeurance,
Et leur courroux échange en amitié.

L'abeille puisse au creux de leurs cuirasses
Faire son miel : l'araigne ses filaces :
Que plus Bellone[1] on n'entende crier,
Que le poignard, que la tranchante épée
Soit en faucille et en faux détrempée,
Et l'olivier triomphe du laurier[2].

ODE CONTRE LA GUERRE CIVILE

Où, où méchants méchants, vous ruez-vous ainsi ?
Où courez-vous, lancés d'un rebelle souci ?
 Pourquoi vos dextres, enragées
 D'armes, sont-elles rechargées ?

Traîtres à votre Roi, pleins d'infidélité,
Hé, quelle Tisiphone[3] encore a suscité
 Vos fureurs, et de tristes rages
 Vous enserpente les courages[4] ?

Assez de sang Français s'est-il pas répandu
(Par qui ce règne[5] était invincible rendu)
 Afin que France misérable
 Fût à soi-même épouvantable ?

1. Déesse de la guerre. 2. Symboles respectifs des bienfaits de la paix et des victoires de la guerre. 3. L'une des trois Érinyes, ayant des serpents en guise de cheveux. 4. Cœurs. 5. Royaume.

Tel sang ne s'est versé pour enchaîner le col
De l'envieux Anglais ou superbe Espagnol,
Mais hélas ! afin de complaire
Aux vœux de l'ennemi contraire.

Les loups ni les lions ne sont accoutumés
D'être sur leurs pareils au carnage animés :
Dites-moi quelle fantaisie
Où quelle faute vous manie ?

Ils se taisent : leur face est teinte de pâleur,
Un froid étonnement leur assiège le cœur :
Tigres, loups, race de vipère
Qui tuez France votre mère.

Les superbes Titans, ainsi que vous pervers,
Sont de mille tourments rebattus aux enfers,
Et l'imitateur effroyable
Du tonnerre non imitable.

Oton et Phlégyas[1], et ceux qui ont porté
Un déloyal harnois contre la Piété,
Dans une mer de feux qui bruyent
En la gêne d'enfer vous crient.

Apprenez tous la crainte, et de nos maux appris
N'ayez plus ni les lois ni les dieux à mépris.
» Jamais la divine Justice
» Impuni ne laisse le vice.

1. Otos, qui voulut faire la guerre aux dieux, et Phlégyas, qui tenta d'incendier le temple de Delphes, furent tous deux précipités dans le Tartare à cause de leur impiété.

Sonnets du deuil de Cléophon

LXXXVII*

Les cendres de Memnon prirent forme d'oiseaux,
La fille de Tantale en pierre fut changée,
Et je désire voir ma figure rangée
En tout ce qui pourrait servir à vos tombeaux.

Je voudrais que mes yeux devinssent les flambeaux
Par qui fût à jamais votre tombe éclairée,
Et que mes os changés en pierre élaborée
Pussent représenter vos corps polis et beaux.

Je voudrais que ma langue en voix fût convertie,
Qui rendît en tous lieux votre gloire infinie,
Et que mon reste fût un Printemps jeune et doux,

Qui près de vos tombeaux portât mille fleurettes
Inscrites de vos noms et peintures parfaites,
Afin que tout de moi ne fût rien que de vous.

Philippe Desportes

LES AMOURS D'HIPPOLYTE*

II

Quand je pouvais me plaindre en l'amoureux tourment,
Donnant air à la flamme en ma poitrine enclose,
Je vivais trop heureux : las! maintenant je n'ose
Alléger ma douleur d'un soupir seulement.

C'est me poursuivre, Amour, trop rigoureusement :
J'aime, et je suis contraint de feindre une autre chose :
Au fort de mes travaux[1] je dis que je repose,
Et montre en mes ennuis un vrai contentement.

Ô supplice muet que ta force est terrible!
Mais je me plains à tort de ma gêne invisible,
Vu qu'un si beau désir fait naître mes douleurs.

Puis j'ai ce réconfort en mon cruel martyre,
Que j'écris toute nuit ce que je n'ose dire,
Et quand l'encre me faut[2] je me sers de mes pleurs.

1. Au plus fort de mes tourments. 2. Me fait défaut.

CHANSON*

Que n'ai-je la langue aussi prompte
Lorsqu'en tremblant je vous raconte
L'ardeur qui me fait consumer,
Que je fus prompt à vous aimer !
Quand votre œil de moi se retire
Je conte si bien mon martyre
Et l'effort de votre rigueur,
Qu'il n'y a rocher si sauvage,
Bois si dur, ni si sourd rivage
Qui n'ait pitié de ma langueur.
Mes yeux : deux rivières coulantes,
Mes paroles toutes brûlantes,
Mes soupirs menus et pressés,
Ma douleur témoignent assez.
Mais dès que de vous je m'approche,
Mon cœur se gèle et devient roche :
Devant vos attraits gracieux
Je perds esprit voix et haleine :
Et voulant vous conter ma peine,
Je ne sais que parler des yeux.

CARTELS ET MASCARADES

POUR LA MASCARADE DES CHEVALIERS AGITÉS

PLAINTE EN FORME D'ÉCHO*

Où suis-je ? ô misérable ! où m'a jeté l'orage ?
Est-ce plaine, est-ce mont, est-ce bois ou rivage
Qui bénin me reçoit, et me va secourant
Des naufrages d'Amour, le piteux demourant[1] ?
Malheureuse ma vie à souffrir condamnée !
Quel destin me poursuit d'une haine obstinée ?
Le ciel veut-il nommer une mer de mon nom[2],
Ou si c'est le courroux de quelque autre Junon ? — Non.
Non Dieux ! qui me répond ? quel bruit me fait la guerre ?
Quoi ? n'aurais-je repos sur l'eau ni sur la terre ?
  Mais, ô fille de l'air ! Écho n'est-ce point toi,
Qui viens à ce besoin consoler mon émoi ? — Moi.
Narcisse à tes langueurs puisse être secourable,
Belle et gentille nymphe, aux amants favorable !
Dis-moi que je dois être en si grand déconfort ? — Fort.
Quel remède est plus propre au travail que j'endure ?
[— Dure.
Qu'ai-je enfin recueilli si longtemps poursuivant ?
[— Vent.
Donc que dois-je plus faire en ce malheur extrême ?
[— Aime.
Hélas j'aime si fort que je m'en hais moi-même.
  Mais je n'avance rien ; les destins trop constants

1. Survivant. 2. Comme Icare, qui donna son nom à la mer où il tomba.

Contre ma loyauté sont toujours combattants. — Attends.
Et bien ! j'attendrai donc, sans que tant de traverses,
De flots, de vents, d'écueils, et d'injures diverses
Dont faible et sans secours je me trouve assailli,
Puissent rendre un seul jour mon courage failli ;
Non que l'espoir m'allège au mal que je supporte.
» L'esprit n'est pas constant que l'espoir réconforte,
» Mais celui seulement qui sans rien espérer
» Peut d'un cœur invaincu toute chose endurer.

ÉPITAPHES

À LA FRANCE

Du sommeil qui te clôt les yeux et la pensée,
Sus réveille-toi, France, en cette extrémité !
Vois le ciel contre toi par toi-même irrité,
Et regarde en pitié comme tu t'es blessée.

C'est assez contre toi ta vengeance exercée,
C'est assez en ton sang ton bras ensanglanté,
Et quand ton cœur félon n'en serait contenté,
Pourtant de t'affoler tu dois être lassée.

Toi qui fus autrefois l'effroi de l'étranger,
Or' tu es sa risée, et soumise au danger,
Tandis que dessus toi tu t'acharnes cruelle.

Qu'il sorte pour dompter ton cœur envenimé
Et fasse comme on voit un grand loup affamé,
Qui de tout un troupeau sépare la querelle.

DIVERSES AMOURS

STANCES DU MARIAGE*

I

De toutes les fureurs dont nous sommes pressés,
De tout ce que les cieux ardemment courroucés
Peuvent darder sur nous de tonnerre et d'orage,
D'angoisseuses langueurs, de meurtre ensanglanté,
De soucis, de travaux, de faim, de pauvreté,
Rien n'approche en rigueur la loi de mariage.

II

Dure et sauvage loi nos plaisirs meurtrissant,
Qui fertile, a produit un Hydre renaissant
De mépris, de chagrin, de rancune et d'envie :
Du repos des humains l'inhumaine poison,
Des corps et des esprits la cruelle prison,
La source des malheurs, le fiel de notre vie [...].

XV

Écoutez ma parole, ô mortels égarés !
Qui dans la servitude aveuglément courez,
Et voyez quelle femme au moins vous devez prendre :

Si vous l'épousez riche, il se faut préparer
De servir, de souffrir, de n'oser murmurer,
Aveugle en tous ses faits, et sourd pour ne l'entendre.

XVI

Dédaigneuse et superbe, elle croit tout savoir,
Son mari n'est qu'un sot, trop heureux de l'avoir :
En ce qu'il entreprend elle est toujours contraire,
Ses propos sont cuisants, hautains et rigoureux :
Le forçat misérable est beaucoup plus heureux
À la rame et aux fers d'un outrageux Corsaire.

XVII

Si vous la prenez pauvre, avec la pauvreté
Vous épousez aussi mainte incommodité :
La charge des enfants, la peine et l'infortune,
Le mépris d'un chacun vous fait baisser les yeux,
Le soin rend vos esprits chagrins et soucieux.
»Avec la pauvreté toute chose importune.

XVIII

Si vous l'épousez belle, assurez-vous aussi
De n'être jamais franc de crainte et de souci.
L'œil de votre voisin comme vous la regarde,
Un chacun la désire : et vouloir l'empêcher,
C'est égaler Sisyphe et monter son rocher.
»Une beauté parfaite est de mauvaise garde.

XIX

Si vous la prenez laide, adieu toute amitié :
L'esprit tenant du corps est plein de mauvaistié.
Vous aurez la maison pour prison ténébreuse,
Le Soleil désormais à vos yeux ne luira :
Bref, on peut bien penser s'elle vous déplaira,
Quand la plus belle femme en trois jours est fâcheuse.

XX

Celui n'avait jamais les Noces éprouvé,
Qui dit qu'aucun secours contre Amour n'est trouvé,
Depuis qu'en nos esprits il a fait sa racine.
Car quand quelque beauté vient nos cœurs embraser,
La voulons-nous haïr ? Il la faut épouser.
Qui veut guérir d'Amour, c'en est la médecine,

XXI

Mille fois Jupiter, d'amour tout égaré
Pour les yeux de sa sœur a plaint et soupiré ;
Toutefois il la hait dès qu'il l'a épousée,
Et lui déplaît si fort, que pour s'en étranger
En bête et en oiseau il feint de se changer,
Ne trouvant rien fâcheux pour la rendre abusée.

XXII

C'est un étrange cas, que le palais des Dieux
Ne s'est pu garantir des débats furieux
Naissant du Mariage, auteur de toutes plaintes,
Et que ce Jupiter que tout l'univers craint,
Aguetté de Junon, cent fois s'est vu contraint
De couvrir sa grandeur sous mille étranges feintes.

XXIII

La Noce est un fardeau si fâcheux à porter,
Qu'elle fait à un Dieu son empire quitter.
Elle lui rend le ciel un enfer de tristesse,
Et trouve en ses liens tant d'infélicité,
Qu'il aime mieux servir en terre une beauté,
Que jouir dans le Ciel d'une épouse Déesse.

XXIV

À l'exemple de lui qui doit être suivi,
Tout homme qui se trouve en ses lacs asservi,
Doit par mille plaisirs alléger son martyre,
Aimer en tous endroits sans esclaver son cœur,
Et chasser loin de lui toute jalouse peur,
» Plus un homme est jaloux, plus sa femme on désire.

DERNIÈRES AMOURS

XX*

À la beauté du Ciel votre beauté j'égale :
Le ciel en sa rondeur toute forme contient,
Et par son mouvement crée, émeut et maintient :
De semblables effets vous êtes libérale.

Car votre belle vue, admirable et fatale
Crée en nous les amours, les garde et les soutient,
Et tant de beaux pensers, dont l'esprit s'entretient
Ont leur mouvement d'elle et leur forme idéale.

Le clair Soleil du ciel fait naître en tournoyant
Les fleurs, l'or précieux, le rubis flamboyant,
Dont mainte Dame après son beau chef environne.

Les Soleils de vos yeux, mon esprit allumant,
Y produisent sans fin perles et diamants,
Dont j'espère en mes vers vous faire une couronne.

XXXVI*

Pource que je vous aime à l'égal de mon âme,
Je vous vois contre moi la haine entretenir :
Or si l'inimitié mon amour fait finir,
Changeant de naturel, m'aimerez-vous Madame ?

Mais en vain pour mon bien tel secours je réclame,
Car vous pourriez plutôt amante devenir,

Que pour quelque accident qui me sût advenir
Je sentisse en l'esprit moins d'amoureuse flamme.

Le roc de votre cœur, de glaçons remparé,
Plutôt s'éclatera d'un feu démesuré,
Que l'ardeur qui m'allume en rien soit consumée.

Et puis j'aime trop mieux vous aimer sans espoir,
Que ne vous aimant point, à mon gré vous avoir.
» Car l'amant est toujours plus divin que l'aimée.

ŒUVRES CHRÉTIENNES*

Sonnets spirituels

IV

Le jour chasse le jour comme un flot l'autre chasse,
Le temps léger s'envole et nous va décevant[1],
Misérables mortels qui tramons en vivant
Desseins dessus desseins, fallace[2] sur fallace.

Le cours de ce grand Ciel, qui les astres embrasse,
Fait que l'âge et le temps passent comme le vent ;
Et sans voir que la mort de près nous va suivant,
En mille et mille erreurs notre esprit s'entrelace.

1. Trompe. 2. Fourberie.

L'un, esclave des grands, meurt sans avoir vécu ;
L'autre de convoitise ou d'amour est vaincu ;
L'un est ambitieux, l'autre est chaud à la guerre :

Ainsi diversement les désirs sont poussés.
Mais que sert tant de peine, ô mortels insensés ?
Il faut tous à la fin retourner à la terre.

XIV

Quand quelquefois je pense au vol de cette vie
Et que nos plus beaux jours plus vivement s'en vont,
Comme neige au soleil mes esprits se défont,
Et de mon cœur troublé toute joie est ravie.

Ô désirs qui teniez ma jeunesse asservie,
Semant devant[1] le temps des rides sur mon front,
Ma nef par vos fureurs ne sera mise à fond ;
Je vois la rive proche où le Ciel me convie.

Mais pourquoi, las ! plus tôt ne me suis-je avisé
Que le bien de ce monde et l'honneur plus prisé
N'est qu'un songe, un fantôme, une ombre, un vain [nuage ?

Telle erreur si longtemps ne m'eût pas arrêté,
Comme un second Narcisse, amoureux de l'ombrage,
Au lieu du bien parfait et de la vérité.

1. Avant.

Flaminio de Birague

LES PREMIÈRES ŒUVRES POÉTIQUES

CHANSON*

Hélas ! vit-on jamais, Fortune tromperesse,
Rien de plus misérable et plus triste que moi ?
Je meurs pour trop aimer une jeune Déesse,
Et je n'ose pourtant lui dire mon émoi.

Si ses beaux yeux qui ont attisé dans mon âme
La violente ardeur qui cause mon trépas
Savaient mes passions, et connaissaient ma flamme,
Je m'en irais content aux rives de là-bas.

Mais puisque le Destin et le Sort indomptable
Arrêtent que je meure en mon âge plus beau[1]
Je veux qu'après ma mort dolente et pitoyable
On engrave ces vers sur mon triste tombeau :

CI-GÎT UN PAUVRE AMANT QUE LA FORTUNE FIÈRE
LE DESTIN RIGOUREUX, ET LE SORT IRRITÉ
PRIVÈRENT EN SA FLEUR DE VIE, ET DE LUMIÈRE,
POUR AVOIR TROP AIMÉ UNE DIVINITÉ.

1. Au plus beau de mon âge.

☆

Je n'écris pas, Madame, afin que ma mémoire*
S'éternise en mes vers, ni pour dresser soudain
Quelque fameux trophée, où d'un orgueil hautain
Je laisse marque enfin de quelque peu de gloire.

Non, non, je n'écris point sinon pour faire croire
À vos beaux yeux que j'aime, et que j'adore en vain,
Combien leur trait meurtrier cruel et inhumain
Met de peine en mon âme en sa brave victoire.

Je vous offre ces vers que l'extrême rigueur
De mes maux renaissants tire à force du cœur
Que j'immole sans fin à vos beautés suprêmes.

Prenez doncques ce don, Madame, humainement,
Que si j'ose indiscret voler trop hautement,
Blâmez-en vos beaux yeux qui m'y forcent eux-mêmes.

STANCE

Hélas ! hélas ! par trop de cruauté on m'use,
Et je ne puis pourtant faire tant que ma Muse
Me fasse des beautés de ma dame jouir.
Doncques que me faut-il faire pour lui complaire ?
Non, non, je connais bien, chétif, qu'il me faut taire,
Et qu'il ne lui faut plus mes chansons faire ouïr.

RÉPONSE PAR PASSERAT*

Ce n'est pas la rigueur dont ta Maîtresse t'use,
Birague, c'est plutôt la douceur de ta Muse,
Qui, te pensant aider, t'empêche de jouir.
Ta dame, t'écoutant te voudrait bien complaire,
Si elle ne craignait que cela te fît taire,
Et qu'elle ne perdît le plaisir de t'ouïr.

Marc Papillon de Lasphrise

DIVERSES POÉSIES

LVII

Cousinons la cousine, elle est cointe[1] et jolie,
Elle aime à cousiner, et ne refuse rien
Au cousin cousinant, qui la cousine bien ;
Car il a bouche à Cour, et la chambre garnie.

En si beau cousinage un cousin ne s'ennuie,
Ce n'est que sucre et miel, ce n'est qu'humble entretien,
Il ne manque d'attraits, de faveurs, de moyen,
Tant qu'il peut cousiner sa cousine s'amie.

Cousinons donc cousins un chacun à son tour,
Cousinant à rengette[2] on cousine en Amour,
Que chaque cousineux en cousinant s'assemble.

Mais non, nobles cousins, fuyons ce cœur paillard,
Laissons-le cousiner au cousin grand pendard :
Car au cheval Séjan[3] la cousine ressemble.

1. Agréable. 2. À plusieurs reprises. 3. Cheval funeste à ses cavaliers.

LXXIII
AUX POÈTES

Je ne m'ébahis pas s'on vous appelle fous.
Hé ! quoi ? n'êtes-vous point comme enflés de folie,
Lorsque vous honorez par docte Poésie
Des Messieurs Courtisans qui médisent de vous ?

Mais comme sans raison un faux mari jaloux
Maltraite sa moitié chastement accomplie,
Ainsi ces ignorants gonflés de laide envie
Méprisent vos labeurs honorablement doux.

Encore les voit-on au front de vos ouvrages,
Poètes aveuglés, que vous êtes peu sages,
Mendiant la faveur qui feintement vous rit[1].

Écrivez aux vaillants d'âmes doctement belles,
Et laissez-là ces fols : s'ils avaient de l'esprit
Ils ne blâmeraient pas vos grâces immortelles.

LXXXI
SONNET EN LANGUE INCONNUE*

Cerdis zerom deronty toulpinye,
Pursis harlins linor orifieux,
Tictic falo mien estolieux,
Leulfiditous lafar relonglotye.

1. Se rit de vous en cachette.

Gerefeluz tourdom redassinye ;
Ervidion tecar doludrieux,
Gesdoliou nerset bacincieux,
Arlas destol osart lurafinie.

Tast derurly tast qu'ent derontrian,
Tast deportul tast fal minadian,
Tast tast causus renula dulpissoistre,

Ladimirail reledra furvioux,
C'est mon secret ma Mignonne aux yeux doux,
Qu'autre que toi ne saurait reconnaître.

LES AMOURS DE THÉOPHILE

CXXXII
DOUBLE ACROSTICHE

Madame quand Amour   Regarde vos beaux yeux,
Aise de sa fortune   Entièrement aimable,
Rien ne lui fait terreur,   Non la mort redoutable :
Car l'amour brûle-cœurs   Est toujours valeureux.
De grâce aimez-le donc,   Estimez-le amoureux,
Et vous fiez[1] en lui,   L'acceptant honorable,
Par lui vous paraîtrez   Extrêmement louable,
Ainsi qu'une beauté   Plaisante aux mêmes [dieux[2].

1. Fiez-vous. 2. Plaisante même aux dieux.

Princesse de son cœur, Olympe de son âme,
Il vous offre ses vers, Vrais témoins de sa flamme,

L'Uranie[1] en leur chant Luira d'un saint renom,
L'humble discours est haut Célébrant Théophile ;
On ne le peut blâmer Réclamant si beau nom,
Ne le dédaignez donc En vous servant utile.

POULET D'AMOUR

En forme de poulet amour s'est déguisé,
Afin que sans soupçon il pût voir ta belle âme ;
Reçois-le doncques bien : car s'il est méprisé,
Tu sentiras l'orgueil de sa brûlante flamme.

L'AMOUR PASSIONNÉE DE NOÉMIE

LXIII

Hé, mé mé, bine moi, bine moi, ma pouponne,
Cependant que papa[2] s'en est allé aux champs,
Il ne le soza pas, il a mené ses gens,
Bine mé donc, maman, puisqu'il n'y a passonne.

1. Muse de l'astronomie. 2. Le mari.

Ayant frayé l'œillet de ta lève bessonne[1],
Je me veux regader en tes beaux yeux luisants :
Car ce sont les misoirs des amouseux enfants,
Après je modesai ta goge, ma menonne.

Soudain je laichesai ton joliet tétin,
Puis je chatouillesai ton beau petit tounin,
Maintenant de ma pine, ores de ma menotte.

Si tu n'accode à moi le folâte gaçon[2],
Guésissant mon bobo agadé tu es sotte :
Car l'amour se fait mieux en langage enfançon.

LXXII*

Faites-moi chevalier, accolez-moi, ma belle,
Je l'ai bien mérité en ce combat dernier ;
Qui s'est éprouvé brave en duel singulier,
Est digne de damer la simple damoiselle.

Mon savoir naturel, mon amour naturelle,
Ma gentille valeur redoutable au guerrier,
Demande l'accolade, et le noble collier,
Non d'un roi, mais d'amour, qui tous les rois excelle[3] :

Aussi qu'en ce bonheur, n'est fondé mon souhait,
Quelque affamé d'honneur, qui n'a jamais rien fait,
Riche, pourra l'avoir par faveur éblouie.

Je veux seul ce beau grâce, honorable toujours ;
Sus, accolez-moi donc, afin que je me die
L'unique chevalier de la reine d'amours.

1. De tes lèvres jumelles. 2. Cupidon. 3. Surpasse.

LXXXVIII

Çà, je veux fourniller en ton joli fourneau
Car j'ai de quoi éteindre et allumer la flamme ;
Je vous veux chatouiller jusqu'au profond de l'âme,
Et vous faire mourir avec un bon morceau.

Ma petonne, inventons un passe-temps nouveau,
Le chantre ne vaut rien qui ne dit qu'une gamme ;
Faites donc le seigneur et je ferai la dame,
Serrez, poussez, entrez et retirez tout beau.

Je remu'rai à bonds d'une vitesse ardente,
Nos pieds entrelacés, notre bouche baisante,
La langue frétillarde ira s'entremouillant.

Jouons assis, debout, à côté, par derrière
(Non à l'Italienne[1]) et toujours babillant.
»Cette diversité est plaisante à Cythère[2].

LXXXIX*

Ô qu'il est doux, le plaisant jeu d'aimer !
Qui eût pensé une telle délice ?
Si c'est cela que l'on appelle vice,
Le vice ainsi joie se peut nommer.

Il fallait donc le faire plus amer,
Chagrin, pleurant, mauvais, plein d'artifice,

1. Par sodomie. 2. Vénus.

Non gai, riant, naturel, sans malice,
Comme est l'amour quand me fait enflammer.

Si le vice est d'avoir douce allégresse,
La vertu donc est pleine de tristesse,
» Chaque chose a sa contrariété.

Si vertu pleure et que le vice rie,
Le philosophe est gonflé de folie :
» Car rire duit à notre humanité*.

CLXXXIII

Il me plaît fort de voir un doux-coulant ruisseau,
Il me plaît fort de voir une claire fontaine,
Il me plaît fort de voir une fertile plaine,
Il me plaît fort de voir un bocage nouveau ;

Il me plaît fort de voir un verdoyant préau,
Il me plaît fort de voir une forêt hautaine,
Il me plaît fort de voir la sablonneuse arène[1],
Il me plaît fort de voir un jardinage beau ;

Il me plaît fort de voir les vallées secrètes,
Il me plaît fort de voir les diverses fleurettes.
Il me plaît fort de voir ce grand globe parfait ;

Je me perds là-dessus contemplant cet ouvrage,
Mais il me plaît, Viefvy[2], mille fois davantage
Lors alors qu'à gogo je baise mon souhait.

1. Étendue sableuse, en l'occurrence, la plage. 2. Ami et voisin de Papillon.

Pierre de Brach

LES AMOURS D'AYMÉE

Livre II

XLII
SONNET PRIS DU LATIN*

Julie, en se jouant, guettant mon arrivée,
Une boule de neige a jeté contre moi.
La neige être sans feu jusqu'alors je pensois,
Mais la neige était feu, tout feu je l'ai trouvée.

Plus froide qu'autre chose est la neige éprouvée,
Mais la neige pourtant qui se lança par toi
A mis mon cœur à feu, portant la flamme en soi
Dont mon âme jamais ne doit être privée.

Des embûches d'Amour en quel lieu sûrement
Me mettrai-je à couvert ? si trop pipeusement
Dedans l'eau congelée Amour cache sa flamme ?

Julie, tu peux seule (et prends-en mon conseil)
Éteindre le brasier de ce feu qui m'enflamme,
Non par neige ou par glace, ains par un feu pareil.

LES REGRETS ET LES LARMES FUNÈBRES*

SUR LA MORT D'AYMÉE

III

Je vois bien, c'en est fait, son âme elle a rendue,
Prenez, déchirez-moi ces habits à lambeaux,
Messéants à mon deuil, ôtez-moi ces anneaux,
Toute marque de joie ôtez-la de ma vue.

Que je voie bientôt ma chambre détendue[1],
Ôtez tous ces portraits, ôtez tous ces tableaux,
Je ne veux que portraits de hiboux, de corbeaux,
Qui augurent la mort par leur voix entendue.

La mort soit mon objet, la mort soit mon propos,
Que la mort me ravisse et repas et repos ;
Mais Mort, mais Mort, viens tôt, viens tôt ravir ma vie :

Facile est ton retour, tu n'es encore loin ;
Trop tôt tu ne pourras venir à ce besoin,
Trop tôt ne meurt celui qui de vivre s'ennuie.

1. Sans tentures, sans ornement.

XI

Deux ans sont jà passés, que, sans savoir comment,
Ma plume demeurait oisive sans écrire :
J'avais sujet de joie ; or je l'ai de martyre :
La mort de mon Aymée a fait ce changement.

Muses, me gardiez-vous un si triste argument ?
Hélas ! si j'ai par vous son amour su décrire,
Qu'ores, chantant sa mort, votre faveur m'inspire,
Et venez assister à son enterrement.

Mais, pucelles, venez, venez-y désolées,
Sous un grand crêpe noir tristement habillées,
Pour témoigner le deuil de la perte de moi :

Par la mort je la perds, vous me perdez par elle,
Car tous mes chants mourront avec sa mort cruelle,
Fors ce funèbre chant qu'à sa tombe je dois.

POÈMES ET MÉLANGES*

LA MONOMACHIE DE DAVID ET DE GOLIATH

[...] Le signal du combat à la fin fut donné
Par le son d'un clairon par trois fois entonné.

Lors les deux combattants, brûlant de même envie
Ou de vaincre au combat ou de finir leur vie
L'un contre l'autre vont : Goliath ressemblant
Un taureau grand et fier qui, suant et meuglant,
Enjalousé d'amour, d'une course forcée,
Choque un jeune taureau corne et tête baissée.
Et comme cependant les génisses d'autour
Regardent les taureaux combattre leur amour,
Sans savoir toutefois qui aura cette gloire
De la pouvoir gagner avecque la victoire,
De même les deux camps demeurent sans savoir
Qui de leurs combattants aura plus de pouvoir,
Et lequel, se trouvant au combat plus habile,
Subjuguera, vainqueur, leur liberté servile.
D'un côté, le Géant l'attaque roidement,
David, d'autre côté, se couvre habilement,
Se dérobant des coups que l'ennemi lui lance,
Ore un pas il recule, ore un pas il avance,
Or s'étant avancé, il recule un petit,
Ores il se fait grand, ore il se fait petit,
Amusant Goliath par cette ruse experte,
Jusqu'à ce qu'il a vu sa tête découverte.
Alors contre la terre affermissant son pas
Faisant d'un demi-tour rouer[1] en l'air son bras,
Il débanda sa fronde en son doigt arrêtée,
Au jugement de l'œil mesurant sa portée,
La mesurant si bien que le caillou jeté
Au milieu de son front fut droitement porté ;
Et la force du coup en le frappant fut telle
Qu'il chercha sous le têt[2] sa gluante cervelle.
Le sang chaud et vermeil à gros bouillons saillant,
Allait de toutes parts son visage souillant,
Coulant à longs filets, et la terre altérée,
S'abreuvant de son sang, de sang fut colorée.

1. Tourner. 2. Crâne.

Lors, étourdi du coup, deçà, delà tremblant,
De tête et de genoux faiblement chancelant,
Il ressemblait l'ivrogne à qui le pied chancelle,
Pour s'être trop chargé de l'enfant de Semelle[1],
Mais après qu'il se fut longuement balancé,
Il tomba de son long en terre renversé.
De se lever de haut par trois fois il essaie,
Par trois fois il retombe, aggravé[2] de sa plaie,
Secouant le jarret, levant en haut la main,
Qui, mi-morte, en tremblant se combattait en vain.
Lors, David, s'élançant d'une agilesse[3] prompte,
Tout d'un coup des deux pieds sur le ventre lui monte,
Et de son même brand[4], hors du fourreau tiré,
Il a le chef d'un coup hors du corps séparé.
Entre les Philistins qui virent cette cheute[5],
S'éleva tout soudain une craintive émeute,
Se mettant tous en fuite, ayant perdu le cœur,
Pour avoir au combat perdu leur conducteur.
Mais les gens d'Israël, agrandis de courage,
Firent en les suivant un horrible carnage,
Tuant, massacrant tout, demeurant enrichis
Du dépouilleux butin des Philistins occis.
Ainsi donc Goliath, avec sa même épée,
Par les mains de David eut sa tête coupée ;
Ainsi des Philistins les soldats indomptés
Par un petit berger se virent surmontés. […]

CARTEL POUR TROIS AMAZONES

Rien de plus beau ne fait la créature
Que de forcer l'imparfaite nature.

1. Bacchus, fils de Sémélé. 2. Accablé. 3. Agilité. 4. Lame. 5. Chute.

Voilà pourquoi Nature ayant en nous
Semblé créer des cœurs lâches et mous
En nous créant ainsi qu'à vous, Mesdames,
Dessous le moule où se moulent les femmes,
Nous nous pensons les défauts réparer
Que notre sexe en vous semble attirer.
 Mais par le sexe ou bien par la Nature
Vous ne faillez : ce n'est que la loi dure
Que vous souffrez : loi que l'homme a planté
Seigneuriant sur votre liberté.
 Que pensez-vous qui vous rende si molles,
Fors que les lois qu'en leurs belles écoles
Vous apprenez, apprenant les désirs
Qui les allume aux amoureux plaisirs,
Et vous laissant attirer aux délices
De leurs propos tout sucrés de blandices.
 Eux-mêmes sont, lorsqu'ils sont martyrés
Du fol Amour, chétifs, élangourés,
Anéantis par le feu qui les brûle :
Témoin en est le filandier Hercule.
 Voilà pourquoi, pour, libres, éviter,
Tous les attraits qui nous peuvent tenter,
Hommes, Amour et flammes amoureuses
Nous méprisons, en suivant, courageuses,
Mars, qui, bravant, enfle nos cœurs guerriers,
Et sur nos fronts plante mille lauriers.
Nous faisons voir par le bout de la lance
La femme à l'homme être égale en puissance,
Et qu'il ne faut que vouloir et tenter,
En ce que doit la femme exécuter.
Il est en vous d'en voir le témoignage.
Si vous daignez mettre comme pour gage
Et pour un prix un anneau de vos doigts,
Qui sera gain pour l'une de nous trois,
Si par sa lance en main ferme portée
De plus droit fil la bague est emportée

Que par ceux-là, qui de vous à l'entour
Semblent braver, chevaliers de l'Amour ;
Et, croyez-moi, vous verrez à l'épreuve
Que notre adresse aux armes n'est pas neuve,
Que nous avons de longue main appris
À bien courir et d'emporter le prix.
Vous connaîtrez que vous faites offense
À notre sexe employant leur vaillance
Pour vous venger d'un tort ou d'un courroux,
Vu que l'effort de vaillance est en vous,
Ou les pousser aux braves entreprises
Pouvant à fin par vos mains être mises.
  Votre pouvoir mirez donques en nous ;
Ne permettez aller courre pour vous
Ces chevaliers. Laissant amour et flammes
Laissez courir les dames pour les dames.

Marie de Romieu

PREMIÈRES ŒUVRES POÉTIQUES

BREF DISCOURS*

QUE L'EXCELLENCE DE LA FEMME SURPASSE CELLE DE L'HOMME, AUTANT RÉCRÉATIF QUE PLEIN DE BEAUX EXEMPLES

Nous avons bien souvent à mépris une chose
Ignorant la vertu qui est en elle enclose,
Faute de rechercher diligemment le prix
Qui pourrait étonner en après nos esprits.
Car, comme un coq qui trouve une perle perdue,
Ne sachant la valeur de la chose inconnue,
Ainsi, ou peu s'en faut, l'homme ignare ne sait
Quel est entre les deux sexes le plus parfait.
Il me plaît bien de voir des hommes de courage,
Des hommes de savoir, le pouvoir, davantage,
Mais puis, si nous venons à priser la valeur,
Le courage, l'esprit et la magnificence,
L'honneur et la vertu et toute l'excellence
Qu'on voit luire toujours au sexe féminin,
À bon droit nous dirons que c'est le plus divin.
Quelqu'un plein de dépit, tout coléré de rage,
Dira que je fais mal de tenir tel langage,

Et dira que la femme est remplie de maux,
D'inconstance et d'erreur, sur tous les animaux.
Quant à moi, je sais bien qu'entre nous femmelettes
On peut humainement trouver des fautelettes[1].
Mais cela ne fait pas que ne soit dû l'honneur
À la femme qui est pleine de tout bonheur,
Chasse-mal, chasse-ennui, chasse-deuil, chasse-peine,
L'assuré réconfort de la semence humaine.
Si l'on veut balancer selon les saintes lois
Des hommes les péchés, d'un équitable poids
Bientôt on trouvera que la juste balance
Contre l'homme don'ra la très juste sentence.
Pour prouver la grandeur je prends premièrement
De sa formation mon premier argument.
La matière de chair est-elle pas plus belle
(Dont ce corps féminin fut bâti sans modèle,
Suivant le saint vouloir du vrai Jupin tout bon)
Que n'est celle qui fut formée du limon ?
Sans douter, il y a en l'une d'excellence
Plus qu'en l'autre n'y a de vertu ni puissance.
Et comme le Soleil et les luisants flambeaux
Qui drillent[2] dessus nous, comme tous animaux,
La nourricière terre, et comme le ciel même,
Bref tout ce qui fut fait de la main du suprême,
Devant l'homme mortel, n'est point si précieux,
Que l'homme est sur cela beaucoup plus glorieux,
Tout ainsi la femme est dessus l'homme plus digne.

1. Fautives. 2. Les étoiles qui brillent.

ÉTRENNES

À MESDEMOISELLES, À SAVOIR DE CHASTELIER, DE PÉRONNE, ET LANGLAT

À vous autres ne faut que vers
Et qu'amoureuses chansonnettes,
Qui chantent par tout l'univers
Les vertus qui vous font honnêtes.

J'aime mieux cela vous donner
Que tous ces présents de l'Asie ;
Aussi je veux vous étrenner
Seulement de ma poésie.

Chante donc, mon luth, doucement
Les vertus de ces trois Déesses,
Accorde-moi divinement
La beauté de leurs belles tresses.

C'est à ce coup que de ton son
Il leur faut charmer les oreilles.
Déjà je vois que ta chanson
Chante leurs grâces nonpareilles[1].

Sus, sus, dis-moi donc que l'honneur,
Qu'on voit dessus leur front reluire,
Marche triomphant, en bonheur
Le premier pour tout bien produire.

Mon Dieu ! que de rares beautés,
Que d'œillets, que de belles roses !

1. Incomparables.

Mon Dieu ! que de grands nouveautés
Je vois dans leurs joues encloses !

Hé ! qui ne serait étonné
D'ouïr ces trois voix Thaliennes ?
Jamais son ne fut entonné
Plus mélodieux des Sirènes.

Je crois aussi que tout le miel
Que les trois Grâces ont ensemble,
Pour bien parler, le bénin ciel
À chacune d'elles l'assemble.

Cesse, mon luth, alors qu'Hymen
Les liera d'un mariage,
Je veux que lors mon humble main
Fredonne leur los[1] d'âge en âge.

ÉNIGME

Un habillé de gris va, de nuit et de jour,
Or deçà, or delà, quémander à son tour
Des vivres pour passer la nuit et la journée ;
La nuit, quand il n'a pu faire bien sa dînée,
Le jour, quand il se voit hors de bruit écarté.
Il aime mieux la nuit que la belle clarté.
Mais, hélas ! il n'a pas sitôt passé la porte
De son petit couvent qu'un ennemi ne sorte,
Tire-laine rusé, ayant guetté longtemps

1. Louange.

Avant que d'exercer son cruel passe-temps
Contre lui, qui ne veut avoir que la passade
Et apaiser sa faim, sans faire à nul cassade[1].
Sitôt que ce pauvret a de loin aperçu
Son mortel ennemi, se voit mort et déçu[2].
Une froide sueur lui coule dans les veines,
Et ne sait comme doit éviter tant de peines,
Contre un si coléré. Or s'élance deçà,
Et or, vite-courrier, guinde[3] ses pas delà.
Ce galant, qui ne fait autre état que surprendre
Ses pareils compagnons, sait comme faut les prendre,
Sait ses tours et détours, et sait encor comment
Bientôt il doit souffrir la mort, en payement
De l'avoir rencontré. Ô sinistre rencontre!
Cependant ce chétif devant lui se rencontre
Pensant de se sauver, l'autre le prend soudain
Et met sur son collet sa graffinante[4] main,
Puis se joue de lui et se rit de sa perte.
Mais, s'il a de quelqu'un la face découverte,
Le rempoigne soudain, grondant entre ses dents,
N'ayant nulle pitié de ses petits enfants.
Ains[5], s'il avait encor toute sa géniture[6],
Tâcherait d'en finir la semence et nature.
Quand il voit qu'il reprend en soi quelque vigueur,
Alors change son ris en cruelle rigueur :
En pièces vous le met, déchiré le dévore,
Tant il est inhumain. Son Seigneur l'en honore,
Le chérit, le caresse et le tient près de soi,
Qui, saoul pour quelque temps, aussi demeure coi.
Vous le verriez après qui de sa cornemuse
Semble s'en réjouir, les assistants amuse.
Dis-moi doncques, lecteur, qui est ce chétif-là,
Dis-moi encor qui est celui qui l'étrangla,

1. Mensonge, tromperie. 2. Trompé. 3. Guide. 4. Griffue. 5. Au contraire. 6. Progéniture.

Et je t'estimerai le grand Dieu des Poètes,
Des hommes et des Dieux les communs interprètes.

C'est un Chat, quand il prend une Souris.

Henri IV

Chansons

Charmante Gabrielle*,
Percé de mille dards,
Quand la gloire m'appelle
Sous les drapeaux de Mars,

Cruelle départie[1],
Malheureux jour,
Que ne suis-je sans vie
Ou sans amour !

L'amour, sans nulle peine,
M'a par vos doux regards,
Comme un grand capitaine,
Mis sous ses étendards.

Cruelle départie, etc.

Si votre nom célèbre
Sur mes drapeaux brillait,

1. Départ.

Jusqu'au-delà de l'Èbre
L'Espagne me craindrait.

Cruelle départie, etc.

Je n'ai pu dans la guerre
Qu'un royaume gagner ;
Mais sur toute la terre
Vos yeux doivent régner.

Cruelle départie, etc.

Partagez ma couronne,
Le prix de ma valeur,
Je la tiens de Bellone[1],
Tenez-la de mon cœur.

Cruelle départie, etc.

Bel astre que je quitte,
Ah ! cruel souvenir !
Ma douleur s'en irrite…
Vous revoir ou mourir !

Cruelle départie, etc.

Je veux que mes trompettes,
Mes fifres, les échos,
À tous moments répètent
Ces doux et tristes mots :

Cruelle départie, etc.

☆

1. Déesse de la guerre.

Viens, Aurore,
Je t'implore.
Je suis gai quand je te vois,
La bergère
Qui m'est chère
Est vermeille comme toi.

D'ambroisie
Bien choisie,
Hébé[1] la nourrit à part;
Et sa bouche
Quand j'y touche
Me parfume de nectar.

Elle est blonde,
Sans seconde;
Elle a la taille à la main;
Sa prunelle
Étincelle
Comme l'astre du matin.

De rosée,
Arrosée,
La rose a moins de fraîcheur;
Une hermine
Est moins fine,
Le lait a moins de blancheur.

Pour entendre
Sa voix tendre
On déserte le hameau,

1. Déesse de la jeunesse, elle servait aux dieux l'ambroisie, nectar de l'immortalité.

Et Tityre[1]
Qui soupire
Fait taire son chalumeau[2].

Les trois Grâces
Sur ses traces
Font naître un essaim d'amours,
La sagesse,
La justesse,
Accompagnent ses discours.

1. Célèbre personnage des *Bucoliques* de Virgile. 2. Flûte caractéristique de la poésie pastorale.

Agrippa d'Aubigné

SONNETS ET PIÈCES ÉPIGRAMMATIQUES

Tandis que je contemple un œil d'or affamé*,
Filer laborieux un escharse[1] trafique,
Et beuvochant[2] sa mort ressembler l'hydropique
Qui sa vie et sa soif ensemble a consommé,

Cependant que je plains un cerveau enflammé
D'un zèle ambitieux qui sa vie alambique,
Rongeant à la minuit pratique sur pratique[3],
Dont le but seulement est d'être renommé :

Je n'ai or, ni États, et tous deux je déprise[4],
Et aux champs égaré des vers je thésaurise,
Gaillard délibéré, riche sans envieux,

Si content de moi-même et de ma poésie
Que, sans en martyrer[5] ma folle fantaisie,
J'écris comme je puis, et non comme je veux.

1. Maigre. 2. Boire constamment et à petits coups. 3. Acte notarié.
4. Méprise. 5. Martyriser.

CONTRE LA PRÉSENCE RÉELLE*

N'est-ce point sans raison que ces champis[1] désirent
Être sur les humains respectés en tous lieux,
Car ils sont demi-dieux, puisque leurs pères tirent
Leur louable excrément de substance des Dieux.

Et si vous adorez un ciboire pour être
Logis de votre Dieu, vous devez, sans mentir,
Adorer ou le ventre ou bien le cul d'un Prêtre,
Quand ce Dieu même y loge et est prêt d'en sortir.

Tout ce que tient le Prêtre en sa poche, en sa manche,
En sa braguette est saint et de plus je vous dis
Qu'en ayant déjeuné de son Dieu le dimanche,
Vous devez adorer son étron du lundi.

Trouvez-vous cette phrase et dure et messéante ?
Le Prophète Ésaïe en traitant de ce point
En usait, appelant vos Dieux Dieux de fiente,
Or digérez le tout et ne m'en laissez point.

1. Enfants trouvés, en l'occurrence enfants de prêtres.

LE PRINTEMPS

L'Hécatombe à Diane

IV*

Combattu des vents et des flots,
Voyant tous les jours ma mort prête
Et abayé d'une tempête[1]
D'ennemis, d'aguets, de complots,

Me réveillant à tous propos,
Mes pistoles dessous ma tête,
L'amour me fait faire le poète
Et les vers cherchent le repos.

Pardonne-moi, chère maîtresse,
Si mes vers sentent la détresse,
Le soldat, la peine et l'émoi :

Car depuis qu'en aimant je souffre,
Il faut qu'ils sentent comme moi
La poudre, la mèche et le soufre.

1. Mis aux abois par une tempête.

XCVI*

Je brûle avec mon âme et mon sang rougissant
Cent amoureux sonnets donnés pour mon martyre,
Si peu de mes langueurs qu'il m'est permis d'écrire
Soupirant un Hécate[1], et mon mal gémissant.

Pour ces justes raisons, j'ai observé les cent :
À moins de cent taureaux on ne fait cesser l'ire
De Diane en courroux, et Diane retire
Cent ans hors de l'enfer les corps sans monument[2].

Mais quoi ? puis-je connaître au creux de mes hosties[3],
À leurs boyaux fumants, à leurs rouges parties
Ou l'ire, ou la pitié de ma divinité ?

Ma vie est à sa vie, et mon âme à la sienne,
Mon cœur souffre en son cœur. La Tauroscythienne[4]
Eût son désir de sang de mon sang contenté.

C*

Au tribunal d'amour, après mon dernier jour,
Mon cœur sera porté, diffamé de brûlures,
Il sera exposé, on verra ses blessures,
Pour connaître qui fit un si étrange tour.

1. Jeu de mots. « Hécate » peut désigner la déesse, souvent assimilée à Diane, mais aussi bien le nombre cent, d'où l'hécatombe. 2. Les corps sans sépulture étaient condamnés à errer cent ans sur les bords de l'Achéron avant de pouvoir embarquer sur la nef de Charon. 3. Victimes consacrées. 4. Artémis, en Chersonèse Taurique, recevait des sacrifices humains.

À la face et aux yeux de la céleste cour
Où se prouvent les mains innocentes ou pures,
Il saignera sur toi[1], et complaignant d'injures,
Il demandra justice au juge aveugle Amour.

Tu diras : C'est Vénus qui l'a fait par ses ruses,
Ou bien Amour, son fils. En vain telles excuses !
N'accuse point Vénus de ses mortels brandons[2],

Car tu les as fournis de mèches et flammèches,
Et pour les coups de trait qu'on donne aux Cupidons,
Tes yeux en sont les arcs, et tes regards les flèches.

LES TRAGIQUES

*Misères**

[...] Je n'écris plus les feux d'un amour inconnu,
Mais, par l'affliction plus sage devenu,
J'entreprends bien plus haut, car j'apprends à ma plume
Un autre feu, auquel la France se consume.
Ces ruisselets d'argent, que les Grecs nous feignaient,
Où leurs poètes vains buvaient et se baignaient,
Ne courent plus ici : mais les ondes si claires
Qui eurent les saphirs et les perles contraires

1. Selon une croyance de l'époque, le fait que le cadavre se mette à saigner en face de l'accusé le désignait assurément comme coupable du meurtre. 2. Torches, flambeaux.

Sont rouges de nos morts ; le doux bruit de leurs flots,
Leur murmure plaisant heurte contre des os.
Telle est en écrivant ma non-commune image :
Autre fureur qu'amour reluit en mon visage ;
Sous un inique Mars, parmi les durs labeurs
Qui gâtent le papier et l'encre de sueurs,
Au lieu de Thessalie aux mignardes vallées
Nous avortons ces chants au milieu des armées,
En délaçant nos bras de crasse tous rouillés
Qui n'osent s'éloigner des brassards dépouillés.
Le luth que j'accordais avec mes chansonnettes
Est ores étouffé de l'éclat des trompettes ;
Ici le sang n'est feint, le meurtre n'y défaut,
La mort joue elle-même en ce triste échafaud,
Le Juge criminel tourne et emplit son urne.
D'ici la botte en jambe, et non pas le cothurne,
J'appelle Melpomène en sa vive fureur,
Au lieu de l'Hippocrène éveillant cette sœur
Des tombeaux rafraîchis, dont il faut qu'elle sorte
Affreuse, échevelée, et bramant en la sorte
Que fait la biche après le faon qu'elle a perdu.
Que la bouche lui saigne, et son front éperdu
Fasse noircir du ciel les voûtes éloignées,
Qu'elle éparpille en l'air de son sang deux poignées[1]
Quand épuisant ses flancs de redoublés sanglots
De sa voix enrouée elle bruira ces mots :
« Ô France désolée ! ô terre sanguinaire,
Non pas terre, mais cendre ! ô mère, si c'est mère
Que trahir ses enfants aux douceurs de son sein
Et quand on les meurtrit les serrer de sa main !
Tu leur donnes la vie, et dessous ta mamelle
S'émeut des obstinés la sanglante querelle ;
Sur ton pis blanchissant ta race se débat,
Là le fruit de ton flanc fait le champ du combat. »

1. Geste de malédiction.

Je veux peindre la France une mère affligée,
Qui est entre ses bras de deux enfants chargée.
Le plus fort, orgueilleux, empoigne les deux bouts
Des tétins nourriciers ; puis, à force de coups
D'ongles, de poings, de pieds, il brise le partage
Dont nature donnait à son besson[1] l'usage ;
Ce voleur acharné, cet Ésau malheureux
Fait dégât du doux lait qui doit nourrir les deux,
Si que, pour arracher à son frère la vie,
Il méprise la sienne et n'en a plus d'envie.
Mais son Jacob, pressé d'avoir jeûné meshui[2],
Ayant dompté longtemps en son cœur son ennui,
À la fin se défend, et sa juste colère
Rend à l'autre un combat dont le champ est la mère.
Ni les soupirs ardents, les pitoyables cris,
Ni les pleurs réchauffés ne calment leurs esprits ;
Mais leur rage les guide et leur poison les trouble,
Si bien que leur courroux par leurs coups se redouble.
Leur conflit se rallume et fait si furieux
Que d'un gauche malheur ils se crèvent les yeux.
Cette femme éplorée, en sa douleur plus forte,
Succombe à la douleur, mi-vivante, mi-morte ;
Elle voit les mutins tous déchirés, sanglants,
Qui, ainsi que du cœur, des mains se vont cherchant.
Quand, pressant à son sein d'une amour maternelle
Celui qui a le droit et la juste querelle,
Elle veut le sauver, l'autre qui n'est pas las
Viole en poursuivant l'asile de ses bras.
Adonc se perd le lait, le suc de sa poitrine ;
Puis, aux derniers abois de sa proche ruine,
Elle dit : « Vous avez, félons, ensanglanté
Le sein qui vous nourrit et qui vous a porté ;
Or[3] vivez de venin, sanglante géniture,
Je n'ai plus que du sang pour votre nourriture. » [...]

1. Jumeau. 2. Aujourd'hui. 3. Maintenant.

*Les Fers**

[...] Les habitants du ciel comparurent à l'œil
Du grand soleil du monde, et de ce beau soleil
Les Séraphins ravis le contemplaient à vue ;
Les Chérubins couverts (ainsi que d'une nue)
L'adoraient sous un voile ; un chacun en son lieu
Extatic reluisait de la face de Dieu.
Cet amas bienheureux mêlait de sa présence
Clarté dessus clarté, puissance sur puissance ;
Le haut pouvoir de Dieu sur tout pouvoir était,
Et son trône élevé sur les trônes montait.
Parmi les purs esprits survint l'esprit immonde
Quand Satan, haletant d'avoir tourné le monde,
Se glissa dans la presse : aussitôt l'œil divin
De tant d'esprits bénins tria l'esprit malin.
Il n'éblouit de Dieu la clarté singulière
Quoiqu'il fût déguisé en ange de lumière,
Car sa face était belle et ses yeux clairs et beaux,
Leur fureur adoucie ; il déguisait ses peaux
D'un voile pur et blanc de robes reluisantes ;
De ses reins retroussés les pennes blanchissantes
Et les ailes croisaient sur l'échine en repos.
Ainsi que ses habits il farda ses propos,
Et composait encor sa contenance douce
Quand Dieu l'empoigne au bras, le tire, se courrouce,
Le sépare de tous et l'interroge ainsi :
« D'où viens-tu, faux[1] Satan ? que viens-tu faire ici ? »

1. Fallacieux.

Lors le trompeur trompé d'assuré devint blême,
L'enchanteur se trouva désenchanté lui-même.
Son front se sillonna, ses cheveux hérissés,
Ses yeux flambants dessous les sourcils refroncés;
Le crêpe blanchissant qui les cheveux lui cœuvre
Se change en même peau que porte la couleuvre
Qu'on appelle coiffée[1], ou bien en telle peau
Que le serpent mué dépouille au temps nouveau;
La bouche devint pâle : un changement étrange
Lui donna front de diable et ôta celui d'ange.
L'ordure le flétrit, tout au long se répand.
La tête se décoiffe et se change en serpent;
Le pennache[2] luisant et les plumes si belles
Dont il contrefaisait les angéliques ailes,
Tout ce blanc se ternit : ces ailes, peu à peu
Noires, se vont tachant de cent marques de feu
En dragon africain; lors sa peau mouchetée
Comme un ventre d'aspic se trouve marquetée.
Il tomba sur la voûte, où son corps s'allongeant,
De diverses couleurs et venin se chargeant,
Le ventre jaunissant, et noirâtre la queue,
Pour un ange trompeur mit un serpent en vue.
La parole lui faut[3], le front de l'effronté
Ne pouvait supporter la sainte majesté.
Qui a vu quelquefois prendre un coupeur de bourse
Son œuvre dans ses mains, qui ne peut à la course
Se sauver, déguiser ou nier son forfait?
Satan n'a plus les tours desquels il se défait :
S'il fuit, le doigt de Dieu par tout le monde vole;
S'il ment, Dieu juge tout et penser et parole. [...]

1. C'est-à-dire le serpent à lunettes. 2. Pennage, plumage. 3. Fait défaut.

L'HIVER*

PRIÈRE DU MATIN

Le Soleil couronné de rayons et de flammes
Redore notre aube à son tour :
Ô saint Soleil des Saints, Soleil du saint amour,
Perce de flèches d'or les ténèbres des âmes
En y rallumant le beau jour.

Le Soleil radieux jamais ne se courrouce,
Quelquefois il cache ses yeux :
C'est quand la terre exhale en amas odieux
Un voile de vapeurs qu'au-devant elle pousse,
En se troublant, et non les Cieux.

Jésus est toujours clair, mais lors son beau visage
Nous cache ses rayons si doux,
Quand nos péchés fumants entre le Ciel et nous,
De vices redoublés enlèvent un nuage
Qui noircit le Ciel de courroux.

Enfin ce noir rempart se dissout et s'égare
Par la force du grand flambeau.
Fuyez, péchés, fuyez : le Soleil clair et beau
Votre amas vicieux et dissipe et sépare,
Pour nous ôter notre bandeau.

Nous ressusciterons des sépulcres funèbres,
Comme le jour de la nuit sort :

Si la première mort de la vie est le port,
Le beau jour est la fin des épaisses ténèbres,
Et la vie est fin de la mort.

Béroalde de Verville

LES APPRÉHENSIONS SPIRITUELLES*

La muse céleste, ou l'amour divin

SONNET I

D'un plus chaste brasier que du feu de Cyprine[1],
J'allume de mon cœur le bienheureux flambeau,
Et dessous les effets de mon désir nouveau
J'adore le sujet de ma flamme divine.

Le doux air soupirant en ma chaste poitrine,
Me fait dresser mes vœux à un sujet si beau,
Que sans craindre le soin, la peine ou le tombeau,
Je me guide au Soleil qui mon âme illumine.

Toi qui tiens en ta main comme un étœuf[2] les Cieux,
Tire de mon esprit à ta grandeur les yeux
Et fais qu'en bien t'aimant je trouve en toi ma vie,

1. Vénus. 2. Une balle.

Et que ce feu divin qui ne rend langoureux
Ceux qui vivent par lui, en mon souhait heureux
D'une éternelle ardeur me tienne compagnie.

STANCES

Par les sentiers obscurs du monde où je me perds,
Remplis d'impiété d'ignorance couverts,
Veuille guider mon âme, ô mon Dieu, que je prie
Afin que délaissant ce qui trompe mon cœur,
Je n'aie autre penser qu'en toi mon créateur,
Et que foulant la mort je trouve en toi la vie.

Veuille que cependant qu'ici-bas je serai
Et tant qu'en mes poumons tirer l'air je pourrai
Je ne respire rien, qui ne soit tout céleste,
Que j'aie ton seul nom en la bouche en tout lieu,
Que je n'aie autre soin qu'à penser en mon Dieu,
Et que la vanité hardiment je déteste.

De mes fautes Seigneur ne vois l'iniquité,
Ne me châtie pas selon ton équité,
Mais jette loin de toi mes offenses mortelles,
Car si tu me voulais punir en ta rigueur,
Soudain je défaudrais sous le faix du malheur
Tombant loin de tes yeux aux flammes éternelles.

De moi faible je suis, sans toi je ne puis rien,
Je suis mon malheur même, et tu m'es tout le bien
Qu'il me faut espérer, sois-moi doncques propice,
Et afin que je puisse apparaître à tes yeux
Tels que tu veux avoir les cœurs dévotieux,
Veuille-moi revêtir de ta propre justice.

Dessous ta sainte main conduis-moi ici-bas,
Et quand il te plaira m'envoyer le trépas,
Ôtant l'effroi de mort, fais que ton Christ j'embrasse,
Et qu'espérant en toi, mon esprit tout joyeux
Porté dessus la foi vole devant tes yeux,
Pour comparoir[1] sans peur devant ta sainte face.

LES SOUPIRS AMOUREUX

IX

Mes yeux ne sont plus yeux, leur essence est changée
En ruisseaux éternels pour pleurer mon malheur,
Et mon sang n'est plus sang, mais las ! cette froideur
Qui s'est presque déjà de moi toute écoulée.

Ma vie n'est plus rien que cette humeur gelée,
Qui éteint mes esprits, et la douce chaleur
Dont jadis je vivais s'éloignant de mon cœur
Me laissant un vain corps, de moi s'est envolée.

Las je ne fusse plus, n'eût été qu'en mon âme,
Vos yeux ont rallumé un peu de cette flamme
Dont les heureux effets me font vivre ici-bas.

Et si quelque pitié ne vous touche, maîtresse,
Pour en user sur moi, au malheur qui me presse,
Il me faudra tomber sous l'effort du trépas.

1. Comparaître.

XXXI

Voulez-vous voir mon cœur, ouvrez-moi la poitrine,
Vous y verrez les traits de vos rares beautés,
Vous verrez en mon sang mille diversités
Émues par l'amour qui par vous y domine.

Vous y verrez l'ardeur de ma flamme divine,
Vous verrez tout auprès mes poumons agités,
Qui soupirent pour vous, et mille cruautés
Exciter la rigueur qui ma vie termine.

Mais las ! arrêtez-vous, vous n'y pourriez rien voir,
Car la mort aussitôt ayant sur moi pouvoir
Effacerait l'effet du désir qui m'enflamme.

Regardez mes soupirs, vous y verrez mon cœur,
Vos beautés mon amour, vos rigueurs ma douleur,
Et soyez humble aux pleurs que vous offre mon âme.

LE DIAMANT

XXXVI

Tout au moyen du feu prend au monde naissance,
S'entretient par le feu en lui étant sujet,

Par son dernier effort après être défait,
Prend pour lui résister sa solide substance.

Tout ainsi que du feu la dernière puissance
Changeant un corps grossier le fait un corps parfait,
Amour d'un feu divin en me brûlant me fait,
Pour durer sans changer une nouvelle essence.

Son feu caché dans moi de misérable amant
Recuit de fermeté me change en Diamant,
Pour servir bienheureux la beauté que j'honore.

Tel plutôt je mourrai et constant périrai,
Avant que de changer, car tant que je serai
J'aimerai saintement la perle que j'adore.

ODE, AU BLEU

Belle couleur azurée,
Couleur de tous admirée,
Fille de l'éternité,
Couleur, aimée des belles,
Et qui aux cœurs plus fidèles,
Est marque de loyauté.

Comme le grand ciel s'honore
De toi couleur que j'adore,
Pour l'amour d'une beauté,
Aussi la céleste flamme
Qui s'attise dans mon âme,
Est toute divinité.

Jamais le ciel ne se change,
Il ne reçoit le mélange
De terre, d'eau, d'air, de feu :
Son ordonnance est très sûre
Et toujours loyal demeure,
Aussi se vêt-il de bleu.

Il a la couleur première
Que fit naître la lumière,
De tant de belles couleurs :
Et la passion plus belle
Par la loyauté fidèle
Touche les plus chastes cœurs.

Comme par les bleues nues
Se trouvent les avenues
Pour au ciel se transporter :
La loyauté est l'adresse
Pour avoir de sa maîtresse
Ce que l'on veut mériter.

Du ciel en terre est tombée
Cette couleur imitée
Pour loyauté seulement :
Aussi céleste et divine
Est la flamme qui domine
Ès cœurs aimant chastement.

Comme l'essence éthérée
D'une éternelle durée
Reçoit du bleu son honneur,
Ceux qui ont toute leur vie
De persévérer envie,
Aiment du ciel la couleur.

Sois doncques toujours chérie
Par celle qui tient ma vie
Captive sous ses beaux yeux,
Accompagnant ma Déesse
Aussi longtemps en jeunesse
Que tu te tiendras aux cieux.

AUTRE ADIEU

Ayant la larme à l'œil, et le regret au cœur,
Les soupirs en la bouche, en l'âme la douleur,
Le tourment dans les os, en l'esprit la tristesse,
Je vous viens dire adieu : mais non pas pour toujours,
Car tant que je pourrai soupirer mes amours
Vôtre je demourrai[1], vous servant, ma Déesse.

Mais hélas ! quelque temps pour un secret dessein,
Il me faut malheureux contraint par mon destin,
Éloigner de mes yeux le rayon qui m'éclaire,
La fortune le veut, je ne le puis fuir.
Il faut sentir du mal, pour puis après jouir,
Avec quelque bonheur du bien que l'on espère.

Ha ! que j'ai de regret de penser seulement
Aux ennuyeux discours qui ordinairement
Étant absent de vous doubleront mon martyre :
Et de me voir si loin banni de tout espoir
De pouvoir quelquefois, plus constant vous revoir,
Pour trouver en vos yeux l'âme que j'en respire.

Je sèche sur le pied, et la mort peu à peu
Avec ses froids glaçons chasse de moi le feu,

1. Demeurerai.

Dont mon âme en mon sang est doucement nourrie,
Je défaus[1], je péris, et jà dans le cercueil
J'eusse éteint pour jamais la clarté de mon œil,
Si je n'eusse été sûr que vous aimez ma vie.

Mon esprit est confus, et trop de passion
M'empêche de sentir ma dure affliction,
Tant mon mal renaissant s'épand dedans mes veines :
Et pourtant en ces pleurs je ne puis assembler
La dîme du malheur qui me venant troubler,
Fait que par maux nouveaux je m'oublie en mes peines.

Je ne puis plus longtemps vous conter mes langueurs
Et ce papier ne peut supporter plus de pleurs,
Car déjà tout mouillé il va changer d'essence,
Soyez, je vous supplie, contente de ces vers,
Et pour me soulager dessous mon sort divers,
Souffrez-moi d'arrêter en vous mon espérance.

1. Du verbe défaillir.

Jean de Sponde

SONNETS D'AMOUR

I

Si c'est dessus les eaux que la terre est pressée,
Comment se soutient-elle encor si fermement ?
Et si c'est sur les vents qu'elle a son fondement,
Qui la peut conserver sans être renversée ?

Ces justes contrepoids qui nous l'ont balancée
Ne penchent-ils jamais d'un divers branlement ?
Et qui nous fait solide ainsi cet élément,
Qui trouve autour de lui l'inconstance amassée ?

Il est ainsi : ce corps se va tout soulevant
Sans jamais s'ébranler parmi l'onde et le vent,
Miracle nonpareil ! si mon amour extrême,

Voyant ces maux coulant, soufflant de tous côtés,
Ne trouvait tous les jours par exemple de même
Sa constance au milieu de ces légèretés.

VI

Mon Dieu, que je voudrais que ma main fût oisive,
Que ma bouche et mes yeux reprissent leur devoir !
Écrire est peu ; c'est plus de parler et de voir,
De ces deux œuvres l'une est morte et l'autre vive.

Quelque beau trait d'amour que notre main écrive,
Ce sont témoins muets qui n'ont pas le pouvoir
Ni le semblable poids que l'œil pourrait avoir
Et de nos vives voix la vertu plus naïve[1].

Mais quoi ? n'étaient encor ces faibles étançons
Et ces fruits mi-rongés dont nous le nourrissons,
L'Amour mourrait de faim et cherrait en ruine :

Écrivons, attendant de plus fermes plaisirs,
Et si le temps domine encor sur nos désirs,
Faisons que sur le temps la constance domine.

XVII

Je sens dedans mon âme une guerre civile,
D'un parti ma raison, mes sens d'autre parti,
Dont le brûlant discord ne peut être amorti,
Tant chacun son tranchant l'un contre l'autre affile.

Mais mes sens sont armés d'un verre si fragile
Que si le cœur bientôt ne s'en est départi,
Tout l'heur vers ma raison se verra converti
Comme au parti plus fort, plus juste et plus utile.

1. La puissance plus naturelle.

Mes sens veulent ployer sous ce pesant fardeau
Des ardeurs que me donne un éloigné flambeau ;
Au rebours la raison me renforce au martyre.

Faisons comme dans Rome, à ce peuple mutin
De mes sens inconstants, arrachons-les enfin !
Et que notre raison y plante son Empire.

XIX

Je contemplais un jour le dormant de ce fleuve
Qui traîne lentement les ondes dans la mer,
Sans que les Aquilons le fassent écumer,
Ni bondir, ravageur, sur les bords qu'il abreuve.

Et contemplant le cours de ces maux que j'épreuve[1],
Ce fleuve, dis-je alors, ne sait que c'est d'aimer ;
Si quelque flamme eût pu ses glaces allumer,
Il trouverait l'amour ainsi que je le treuve[2] ;

S'il le sentait si bien, il aurait plus de flots.
L'Amour est de la peine et non point du repos,
Mais cette peine enfin est du repos suivie,

Si son esprit constant la défend du trépas ;
Mais qui meurt en la peine, il ne mérite pas
Que le repos jamais lui redonne la vie.

1. J'éprouve. 2. Je trouve.

ESSAI DE QUELQUES POÈMES CHRÉTIENS

Sonnets de la mort

I

Mortels, qui des mortels avez pris votre vie,
Vie qui meurt encor dans le tombeau du Corps ;
Vous qui rammoncelez vos trésors des trésors
De ceux dont par la mort la vie fut ravie ;

Vous qui voyant de morts leur mort entresuivie,
N'avez point de maisons que les maisons des morts,
Et ne sentez pourtant de la mort un remords,
D'où vient qu'au souvenir son souvenir s'oublie ?

Est-ce que votre vie adorant ses douceurs
Déteste des pensers de la mort les horreurs,
Et ne puisse envier une contraire envie ?

Mortels, chacun accuse, et j'excuse le tort
Qu'on forge en votre oubli. Un oubli d'une mort
Vous montre un souvenir d'une éternelle vie.

II

Mais si faut-il[1] mourir, et la vie orgueilleuse,
Qui brave de[2] la mort, sentira ses fureurs,
Les Soleils hâleront ces journalières fleurs,
Et le temps crèvera cette ampoule venteuse.

Ce beau flambeau qui lance une flamme fumeuse,
Sur le vert de la cire éteindra ses ardeurs,
L'huile de ce tableau ternira ses couleurs,
Et ces flots se rompront à la rive écumeuse.

J'ai vu ces clairs éclairs passer devant mes yeux,
Et le tonnerre encor qui gronde dans les cieux,
Où d'une ou d'autre part éclatera l'orage.

J'ai vu fondre la neige et ses torrents tarir,
Ces lions rugissants je les ai vus sans rage,
Vivez, hommes, vivez, mais si faut-il mourir.

XI

Et quel bien de la Mort ? où la vermine ronge
Tous ces nerfs, tous ces os ? où l'Âme se départ
De cette orde[3] charogne et se tient à l'écart,
Et laisse un souvenir de nous comme d'un songe ?

Ce Corps, qui dans la vie en ses grandeurs se plonge,
Si soudain dans la mort étouffera sa part,
Et sera ce beau Nom qui tant partout s'épart,
Borné de Vanité, couronné de Mensonge.

1. Mais pourtant il faut. 2. Parle dédaigneusement de. 3. Sale.

À quoi cette Âme, hélas ! et ce corps désunis,
Du commerce du monde hors du monde bannis ?
À quoi ces nœuds si beaux que le Trépas délie ?

Pour vivre au Ciel il faut mourir plutôt ici :
Ce n'en est pas pourtant le sentier raccourci,
Mais quoi ! nous n'avons plus ni d'Hénoch ni d'Élie[1].

XII*

Tout s'enfle contre moi, tout m'assaut, tout me tente,
Et le Monde, et la Chair, et l'Ange révolté,
Dont l'onde, dont l'effort, dont le charme inventé
Et m'abîme, Seigneur, et m'ébranle, et m'enchante.

Quelle nef, quel appui, quelle oreille dormante,
Sans péril, sans tomber, et sans être enchanté,
Me donras-tu[2] ? Ton Temple où vit ta Sainteté,
Ton invincible main et ta voix si constante.

Et quoi ! mon Dieu, je sens combattre maintes fois
Encore avec ton Temple, et ta main, et ta voix,
Cet Ange révolté, cette Chair, et ce Monde.

Mais ton Temple pourtant, ta main, ta voix sera
La nef, l'appui, l'oreille, où ce charme perdra,
Où mourra cet effort, où se rompra cette Onde.

1. Énoch et Élie furent, sans passer par la mort, enlevés au ciel. 2. Me donneras-tu.

Jean-Baptiste Chassignet

LE MÉPRIS DE LA VIE ET CONSOLATION CONTRE LA MORT

VI

Ce qui semble périr se change seulement.
L'Été est-il passé ? l'an suivant le ramène.
Voit-on noircir la nuit ? la lumière prochaine
Redore incontinent l'azur du firmament.

Le rayonnant Soleil d'un pareil mouvement
Par l'écharpe du ciel[1] tous les jours se promène
Et, suivant du Seigneur l'Ordonnance certaine,
Tout remonte à son tour et tombe incessamment.

Même la froide mort qui si fort nous étonne
Ne ravit point la vie, ains seulement nous donne
Tant soit peu de répit pour le temps à venir.

Doncque ne craignons plus de faire ce voyage :
Celui-là doit sortir d'un assuré visage
Qui s'en va en espoir de soudain revenir.

1. Le zodiaque.

XCV

Je vis un jour le temps, la faucille en la main,
L'horloge en la ceinture, et les ailes derrière
Trémoussant sur le dos, avancer sa carrière,
Précipitant des jours l'irréparable train ;

À son côté marchait le trépas inhumain
Qui, lançant en nos corps la sagette[1] meurtrière,
Comme neige au Soleil dessous la froide bière
En poussière changés, nous consumait soudain.

Celui qui le matin fleurissait de jeunesse
Sur le soir devant lui grisonnait de vieillesse,
Tenant en même rang l'hiver et le printemps.

Alors je réputai[2] une grande imprudence
De mettre aux hommes vains une ferme espérance,
Qui passent aussitôt comme passe le temps.

XCVI

L'homme frêle et caduc, en misère et douleur
Du ventre maternel dérive sa naissance
Et, recouvert de sang, témoigne la vengeance
Du crime originel[3], cause de son malheur.

Jà grandelet de corps il change de couleur,
De cheveux et de teint et, vivant en souffrance,

1. Flèche. 2. Je considérai comme. 3. Du péché originel.

Il croît selon le temps et vient en décroissance,
Éteignant au tombeau sa vitale chaleur.

Le temps est-il venu auquel la destinée
De ses jours malheureux la course a terminée ?
Il rend l'âme malade en tristesse et tourment.

Voilà pas[1] un miroir, sous le ciel où nous sommes,
De notre infirmité, de voir ainsi les hommes
Naître, vivre et mourir en mécontement ?

XCVII

Ce que tu vois de l'homme, homme, l'homme n'est pas,
C'est seulement l'écorce et la coque fragile
De l'âme incorruptible, immortelle et subtile,
Durant ce peu de temps qu'elle loge ici-bas.

En voulons-nous éclore et, malgré le trépas,
Devenir Citoyen de l'éternelle ville ?
Rompons premièrement cette prison servile,
Foulant dessous les pieds les terrestres appas.

Ainsi, quand le Phénix aggravé de vieillesse
Se veut régénérer en nouvelle jeunesse,
Soi-même il se bâtit son nid et son tombeau,

Se brûlant au Soleil : un ver naît de sa cendre,
Du ver un œuf, de l'œuf s'éclôt un oiseau tendre,
À l'autre tout pareil, mais plus jeune et plus beau.

1. Ne voilà-t-il pas.

XCVIII

Qu'est-ce de votre vie ? Une bouteille[1] molle
Qui s'enfle dessus l'eau quand le ciel fait pleuvoir
Et se perd aussitôt comme elle se fait voir,
S'entre-brisant à l'heurt d'une moindre bricole.

Qu'est-ce de votre vie ? un mensonge frivole
Qui sous ombre de vrai nous vient à décevoir,
Un songe qui n'a plus ni force ni pouvoir
Lorsque l'œil au réveil sa paupière décolle.

Qu'est-ce de votre vie ? un tourbillon rouant[2]
De fumière[3] à flots gris parmi l'air se jouant
Qui passe plus soudain que la foudre meurtrière.

Puis vous négligerez dorénavant un bien
Durable et permanent pour un point qui n'est rien
Qu'une gonfle, un mensonge, un songe, une fumière !

CCXL

Les poissons écaillés aiment les moites eaux,
Les fleuves et les lacs ; les animaux sauvages
Aiment les bois touffus, les creux et les bocages ;
Et l'air doux et serein est aimé des oiseaux ;

Les grillons babillards aiment l'émail des preaux[4],
S'égaient au printemps parmi le vert herbage ;

1. Bulle. 2. Tournoyant. 3. Fumée, vapeur. 4. Prés.

Les lézards et serpents envenimés de rage
Aiment des murs rompus les humides caveaux.

Bref, naturellement chacun aime et désire
Le lieu originel d'où sa naissance il tire,
Auquel mêmes il doit résider longuement :

L'homme seul, dérivant comme plante divine
Du ciel spirituel sa féconde origine,
Préfère à sa patrie un long bannissement.

Gabrielle de Coignard

SONNETS SPIRITUELS

II*

Guide mon cœur, donne-moi la science,
Ô Seigneur Dieu, pour chanter saintement
Ton haut honneur que j'adore humblement,
Reconnaissant assez mon impuissance.

Je n'ai nul art, grâce, ni éloquence,
Pour ton saint nom entonner dignement,
Mais ton clair feu de mon entendement
Écartera les ombres d'ignorance.

Je ne veux point la Muse des païens,
Qu'elle s'en voise[1] aux esprits qui sont siens,
Je suis chrétienne et brûlant de ta flamme.

Et réclamant ton nom à haute voix,
Je sacrifie à l'ombre de ta croix,
Mon tout, mon corps, mes écrits, et mon âme.

1. Aille.

XLV

M'éveillant à minuit, dessillant la paupière,
Je vois tout assoupi au centre du repos,
L'on n'entend plus de bruit, le travail est enclos
Dans l'ombre de la terre, attendant la lumière.

Le silence est partout, la lune est belle et claire,
Le ciel calme et serein, la mer retient ses flots,
Et tout ce qui se voit dedans ce large clos
Est plein de majesté et grâce singulière.

La nuit qui va roulant ses tours continuels,
Représente à nos yeux les siècles éternels,
Le silence profond du Royaume céleste.

Enfin le jour, la nuit, la lumière et l'obscur,
À louer le haut Dieu incitent notre cœur,
Voyant reluire en tout sa grandeur manifeste.

LXV

L'ADORATION DES ROIS*

L'unique fils de Dieu, venant pour nous sauver,
Fut trouvé de ceux-là qui cherchaient sa présence,
L'étoile fit connaître aux Rois sa demeurance,
Qui pleins de vive foi le désiraient trouver.

Du pays d'Orient, ils firent apporter
Force riches présents, ayant cette espérance
D'adorer le grand Roi au lieu de sa naissance,
Et lui offrir leurs corps et leurs dons présenter.

Écoute-moi, Seigneur, entends à ma demande,
Je n'ai rien ce beau jour pour te faire une offrande,
Je ne t'apporte point or, myrrhe, ni encens.

Que t'offrirai-je donc à ta sainte venue ?
Un corps plein de péchés, une âme dépouvue,
Afin de recevoir quelqu'un de tes présents.

CIII

J'ai cent fois éprouvé mille herbes salutaires,
Et les drogues aussi qu'apporte le Levant,
Pour voir si je pourrais ainsi qu'auparavant
Recouvrer ma santé et guérir mes misères.

L'on m'a tiré le sang et séché les artères,
Me faisant avaler d'un breuvage puant,
Mais avec tout cela je suis pis que devant[1],
Endurant tous les jours des douleurs très amères.

Je veux ores quitter tous ces médicaments,
Portant patiemment mes peines et tourments,
Sans plus me soucier de mourir ou de vivre,

Mais de ta sainte main, ô Dieu plein de bonté,
J'embrasserai mon mal ou ma douce santé,
Car ton divin vouloir est ce que je veux suivre.

1. Avant.

CXVI
SITIO[1]*

Toi qui fais ondoyer la mer épouvantable,
Et donnes les liqueurs dont le monde se sert,
Toi qui fis ruisseler le rocher du désert,
Et comme un mur d'airain as rendu l'eau estable.

Toi qui nous rafraîchis de ta sacrée table,
Désaltérant nos cœurs dedans ton cœur ouvert,
Un pauvre verre d'eau ne te fut point offert,
Quand tu crias « j'ai soif », d'une voix lamentable.

Extrême fut l'ardeur qui séchait ton gosier,
Mais tu avais au cœur un plus ardent brasier,
Un désir enflammé du salut de ma vie.

Ainsi tout altéré tu as rendu l'esprit,
Donne-moi de ta soif, ô mon doux Jésus-Christ,
Ou donne-moi de l'eau de ta grâce infinie.

1. « J'ai soif », l'une des sept paroles prononcées par Jésus sur la croix, juste avant de mourir.

VERS CHRÉTIENS*

STANCES DE LA NATIVITÉ DE JÉSUS-CHRIST

Mais qu'avez-vous ouï, ô pastoureaux rustiques,
Mais qu'avez-vous ouï, quelles voix angéliques
Vous ont éveillés tous ?
Quel céleste brandon[1] vous a frappé la vue,
Quel divin messager a transpercé la nue
Pour parler avec vous ?

Annoncez vitement cette grande nouvelle,
Chacun prenne de vous sa robe la plus belle,
Le bonnet de couleur,
Hâtez-vous de courir d'une grande vitesse,
Publiez en tous lieux l'admirable liesse,
Chassant toute douleur.

Je veux suivre vos pas pour trouver la logette,
Ha ! je vois le saint lieu où la Vierge parfaite
Emmaillote son fils,
Baisant mignardement sa délicate joue,
Quand ce divin enfant avec elle se joue,
Ravissant ses esprits.

Au lieu d'un grand palais aux colonnes marbrines[2],
Ou d'un lit tapissé de royales courtines,
Ce doux verbe éternel

1. Torche, flamme. 2. De marbre.

Choisit un pauvre lieu presque sans couverture,
N'ayant plus chaud recours contre la grand froidure
Que le sein maternel.

Celui qui dans le ciel les anges glorifie,
Et dont cet univers le pouvoir magnifie,
S'est si fort abaissé
Qu'il est ores le fils de la Vierge sacrée,
Qui lui donne à sucer sa mamelle sucrée,
Le tenant embrassé.

Ô beau jour d'Orient, ô jour que Dieu envoie,
Ô jour que Dieu a fait comblé de toute joie,
Ô jour délicieux,
Auquel notre Sauveur oubliant nos malices,
Nous est venu tirer du bourbier de tous vices
Pour nous conduire aux cieux.

IMITATION DE LA VICTOIRE DE JUDITH*

[…] Mais tandis que chacun avait l'âme plongée
Au profond du sommeil au repos engagée,
Judith ne dormait pas ; à Dieu son cœur veillait.
Étant au pavillon où le Roi[1] sommeillait,
Et voyant du repos la nocturne silence,
Et la commodité de sa longue espérance,
Elle envoya dehors Abra faire le guet,
Tandis que son dessein elle met en effet.
Lors elle s'approcha de la couche parée,
Qui soutenait ce corps plein d'une âme enivrée,

1. Holopherne.

Voyant devant ses yeux l'ennemi capital,
Qui aux enfants de Dieu avait tant fait de mal,
Son âme tressaillit et ses larmes roulantes
Envoyant devant Dieu ses prières brûlantes,
Avec mille sanglots en silence disant :
Ô Père libéral qui va favorisant
Les desseins et les vœux de tous ceux qui te prient,
Punissant justement les ingrats qui t'oublient,
Dompte ici la fierté du tyran orgueilleux,
Et sauve mon honneur du danger périlleux ;
C'est ore à ce besoin que j'implore ta grâce,
Déploie tes faveurs et me donne l'audace
De faire par mes mains ce triomphe nouveau,
Qui ne sera jamais enclos dans le tombeau.
Fortifie mon bras, et regarde à cette heure
De ton œil gracieux ta pauvre créature,
Vois ta Jérusalem, ta fidèle cité,
Délivre-la, Seigneur, de sa captivité,
Afin que ton conseil, lequel j'ai voulu croire,
Favorise ceux-là qui désirent ta gloire.
Je suis ici venue, ayant espoir en toi,
Ne me frustre, Seigneur, au loyer[1] de ma foi.
   Ayant ainsi prié toute en larmes trempée
Elle approche du lit et va tirant l'épée,
Qui pendait au chevet du tyran ennemi,
Qu'un aggravé sommeil retenait endormi ;
Et l'ayant en sa main d'une constance pie[2],
Elle prend les cheveux de la tête assoupie,
Criant à dieu très haut : je te prie cette fois,
Exauce les soupirs de ma dolente voix.
Puis assenant son coup de la lame pointue,
Ayant frappé deux fois, le tyran elle tue,
Tranchant avec le fer tous les conduits vitaux,
Qui de sang bouillonnant ouvrirent les canaux.

1. Pour la récompense.   2. Pieuse.

Il change son sommeil en la nuit éternelle,
Vomissant le venin de son âme cruelle,
Qui s'en va recevoir le loyer de son mal
Au gouffre ténébreux du manoir infernal.
Voilà ce Roi vainqueur tant heureux à la guerre,
Qui de son seul regard faisait trembler la terre,
Celui qui avait fait tant de cruels efforts,
Nageant dessus son sang, n'a que le tronc du corps.
Judith tenant le chef tout sanglant et farouche,
L'enveloppe à l'instant d'un rideau de la couche :
Roulant ce corps hideux comme un pesant tonneau,
Qui de rouge liqueur fait un large ruisseau,
Elle donne l'honneur, le trophée et la gloire
Au grand Dieu d'Israël, auteur de sa victoire. [...]

Nicolas de Montreux

JÉSUS-CHRIST EN L'AUTEL ET EN LA CROIX*

[…] Miséricorde ô Dieu, ô Dieu pardonnez-moi,
Qui n'ai rien d'assuré que pour être à l'effroi,
Pardon, ô doux Jésus que j'embrasse à cette heure,
Que je ne lairrai[1] point tant que lassé je meure
Que votre sainte voix n'ait la mienne exaucé,
Et mon riche salut richement prononcé,
Je suis le fort Jacob, qui ne lairrai point l'Ange,
Tant que j'en sois béni d'une voix de louange,
De mes zèles ardents, Seigneur, à vous aimer,
Je veux vos pieds divins doucement embaumer,
Et de mes chaudes pleurs laver en abondance
Maint crachat inhumain qui votre corps offense,
Las je me veux coller à ce bois glorieux
Qui vous porte, ô Seigneur, pour me porter aux cieux,
Ô Père tout bénin, si vous eûtes propices,
Des boucs et des agneaux les dévots sacrifices,
Si vous fûtes clément, et brillant de bonté,
Aux vœux des Pères vieux noircis d'obscurité,
Las refuserez-vous le pur sang d'innocence,
De votre unique fils, votre égal en puissance
Qui n'a désobéi à votre volonté,
Changeant son haut pouvoir à l'humble humilité ?

1. Laisserai.

Et serf des serfs étant, pour élever en gloire
Votre honneur, ô grand Dieu, et Dieu vous faire croire ?
N'aurez-vous point d'égard à son sang répandu,
Que pour vous apaiser il a tout dépendu ?
Si aurez[1], ô bon Dieu, et par ce sacrifice,
Vous nous ferez pardon, oublierez notre vice,
Nous ouvrirez les cieux pour y vivre en honneur,
Avecque notre chef, Jésus notre Seigneur,
C'est le fruit attendu de ses peines amères,
Et la céleste fin de nos dures misères,
C'est notre espoir, ô Dieu, et qui le met en vous
Sent votre aide au besoin, et fuit votre courroux,
Vous n'avez d'un tout seul confondu l'espérance
La nôtre est toute en vous, et nous donne assurance
Que votre sainte main sera notre secours,
Quand nous serons venus à la fin de nos jours,
Pardon donc, ô bon Dieu, au péché je renonce,
Et mon crime en pleurant à vos bontés j'annonce,
Afin que l'ayant dit d'un cœur humble et contrit
Il me soit pardonné, et son enfer détruit,
Ô Dieu, je m'y attends, et en si douce attente
Je finis ma prière, et mon vœu vous présente
Ces vers, ces tristes vers que vous m'avez donnés
Pour vous être rendus à vos los[2] destinés,
Puissiez-vous, ô mes vers, éternellement vivre,
Passant l'âge de fer, et d'acier, et de cuivre,
Puisque vous soupirez la gloire du Seigneur,
Qui tous les siècles passe en perdurable honneur,
Que votre douce voix pour jamais soit unie,
À sa gloire qui est ès siècles infinie,
Et comme vœu célèbre au grand Dieu consacré
Vous paraissiez vivants dessus le Mont Sacré.

1. Oui. 2. Louanges.

ATHLETTE

PASTOURELLE, OU FABLE BOCAGÈRE

ACTE PREMIER
SCÈNE PREMIÈRE*

DELPHE, MAGICIENNE

Le front terni d'une teinture pâle,
Qui sert d'augure à ma peine fatale,
Et la fureur à l'entour de mes yeux,
Je sors du fond de mon antre hideux,
Où le Soleil au fort de sa carrière
Ne fit jamais reluire sa lumière,
Antre où l'horreur demeure jour et nuit,
Et les esprits de l'infernal séjour,
Esprits affreux, dont l'orgueilleuse bande,
Fait à l'instant ce que je leur commande,
Quand les pieds nus, les cheveux éventés,
Et les deux yeux rouant[1] de tous côtés,
Le sein ouvert, les manches délacées,
Et jusqu'au coude ardemment retroussées :
Au creux d'un cerne[2], ayant la verge au poing
Je les conjure à mon plus grand besoin,
En remâchant d'une étrange manière,
Tous les propos de l'art d'une sorcière,
Pour assembler par un conjurement,
Ceux de l'Enfer, et ceux du Firmament.

1. Roulant. 2. Cercle.

La terre au bruit de mes paroles tremble.
L'eau et le feu confusément j'assemble.
L'air se ternit, et au son de mes vers,
Le cours du Ciel chemine de travers.
Dessus la mer, la plus fière tempête,
Sous le vouloir de mes charmes s'arrête.
Le cours de l'eau, qui roule d'un haut mont,
Quand il me plaît retourne contremont.
Du blond Soleil, les torches lumineuses,
Quand il me plaît pâlissent ténébreuses.
Je rends le front de la Lune argenté,
Par mes propos, nocturne et sans clarté.
Le sein des prés verdoyant de nature,
À mon plaisir, prend nouvelle teinture.
Et les forêts, vertes au temps d'été
Changent de teint selon ma volonté.
Pluton me craint, Minos et Rhadamanthe
Tremblent de peur, sous les vers que je chante :
Et bref le ciel, la terre, les enfers,
Et l'Océan, frémissent sous mes vers.
Je rends au bal de ma langue dociles
Les animaux, de leur nature agiles.
Le bon limier ne craint tant le chasseur,
Que chacun d'eux redoute ma grandeur.
Bref tout me craint, les Nymphes de Diane,
Vont honorant Delphe magicienne.
Amour est seul, le dangereux archer,
Qui ne craint point de me faire fâcher :
Amour est seul, qui superbe en ses armes,
N'a point souci de mes nocturnes charmes,
Et qui se rit des cernes que je fais,
Que par mon art quand je veux je défais.
Ô traître amour, faut-il que ton enfance
Seule entre tous, résiste à ma puissance ?

Isaac Habert

ŒUVRES POÉTIQUES

À ELLE ENCORE*

Que des sombres Enfers les tremblantes horreurs
Viennent m'environner, les cavernes affreuses,
Les fleuves ensoufrés, les âmes malheureuses,
La Mort, l'effroi, la peur, la rage, et les fureurs.

Que je sois assailli des horribles terreurs,
Du chien à trois gosiers[1], des Dires[2] serpenteuses,
Des fantômes volants, et des ombres hideuses,
De Tityre étendu pour gémir ses erreurs.

Qu'avec eux du haut Ciel les éclats du tonnerre
Viennent pour m'accabler, cette effroyable guerre
Je ne la craindrai point étant près de ton œil,

Œil qui donne lumière aux lumières du monde,
Œil qui d'appâts, de traits, et de flammes abonde,
Plus brillant et plus beau que n'est le beau Soleil.

1. Cerbère. 2. Les Euménides.

LES TROIS LIVRES DES MÉTÉORES

Je veux ici chanter d'une hautaine voix[1]*
Ces vers sous la faveur du grand Roi des François
Henri l'honneur du Monde et l'appui de la France,
Je veux chanter les corps qui prennent leur naissance
Aux régions de l'Air, la pluie et le frimas,
La manne, la rosée, et les grêleux amas
En tombant arrondis, qui de chutes soudaines
Frappent à bonds nos toits et le sein de nos plaines.
Les humides toisons des nuages gelés
Qu'on voit à gros flocons tomber écartelés
Couvrant de leur blancheur l'estomac de la terre,
Le foudre, les éclairs, l'effroyable tonnerre,
Et le soufre empierré dans le nuage cuit,
Les tourbillons rouants[2], la Comète qui luit
Aux longs rayons flammeux, les étoiles courantes,
Les poutres, les dragons, et ces flammes léchantes
Les rivages des eaux que l'on appelle ardents.
Les soupirs animés enserrés au-dedans
Des plaines et des monts dont la sortie et fuite
Ont par maints tremblements mainte ville détruite.
Je dirai puis après comme en l'air pluvieux
Sur le front de la nue apparaît l'arc des Cieux
Vis-à-vis du Soleil, et comme sa peinture
De diverses couleurs émaille sa voûture.
D'où vient qu'en temps serein dedans le Ciel paraît

1. D'un style élevé. 2. Qui roulent.

Un long chemin de lait, et ce grand feu qui croît
En forme de clochers, de chèvres[1] enflammées,
De larmes, de tisons, de boules allumées.
  Je dirai comme l'Air entre aux monts caverneux,
Et se réduit en eau, qu'aux pores aréneux[2]
De la terre l'on voit clairement murmurante
Sortir en bouillonnant et doucement coulante
À plis tortus[3] courir par des sentiers nouveaux.
  Je parlerai des lacs, des étangs, des ruisseaux
Des fleuves vagabonds qui de course éternelle
S'élancent dans les flots de Thétis[4] maternelle.
Je n'oublierai le flux et reflux de la Mer,
Ni son sel, ni les vents qui la font écumer,
Lui montagnent le dos, et irritent ses ondes.
  Puis je découvrirai les minières profondes
Et les métaux cachés dans leurs boyaux dorés
Des hommes curieux péniblement tirés
Séparés, épurés aux fournaises flammeuses,
Pour fin je traiterai des pierres précieuses. [...]

DERNIÈRES AMOURS

À SA DAME*

Bien, vous ne m'aimez plus, cela m'est agréable,
Puisque vous le voulez je le veux bien aussi,

1. Chevrons (nom donné à une sorte de comète). 2. Sablonneux. 3. Tortueux. 4. Déesse de la mer.

Moindre plaisir aurez, et moi moindre souci,
Heureux qui est exempt d'un mal insupportable.

Je vivrai juste et libre, et vous mourrez coupable
De m'avoir fait souffrir d'un courage endurci
Un monde de tourments, ô cœur fier sans merci.
Las ! écoutez comment je vivais misérable.

Mon bonheur dans vos yeux, ce me semblait, nageait,
Vous étiez le destin qui mon âme rangeait
Sous le joug amoureux, et seule étiez ma vie.

Je m'aimais vous aimant malgré tous vos refus,
Et pour mieux vous aimer j'ai toute chose haie,
Mais maintenant je m'aime en ne vous aimant plus.

Pierre Matthieu

LA GUISIADE

ACTE V*

LE MESSAGER

[…] Mais, Madame, écoutez de quelle indigne sorte
Ce grand Duc est tué. Sa vertu n'est pas morte,
Son nom ne peut périr, il reçoit pour cercueil,
Tout le cœur de la France. Ô pleurs, ô cris, ô deuil !
Le Roi qui de longtemps déguisait sa vengeance
De parole, de foi, d'amour, de bienveillance :
Aujourd'hui le matin, au point de son réveil
Commande d'appeler ce grand Duc au Conseil,
Il se lève aussitôt, et à peine on lui donne
Le loisir d'habiller sa vaillante personne,
Trop prompte à obéir à ce Prince inhumain,
Qui a pour le tuer déjà le glaive en main.
Au meurtrier cabinet les bourreaux il enhorte[1]
De tuer l'innocent sur le seuil de la porte :
Tous les coupe-jarrets, ministres d'un tel tort,
Armés jusques aux dents l'attendent à la mort.
On avertit ce Duc alors qu'il s'achemine

1. Exhorte.

Au conseil, que le Roi conspire sa ruine :
L'un lui dit à l'oreille, on vous veut perdre tous :
L'autre lui dit, Monsieur, hélas ! où allez-vous ?
Lui qui se sent armé de vertu et de foi,
S'assure à son devoir, et à l'amour du Roi.
On l'appelle, il va seul, il marche en assurance,
Il tient haute la face, ô deuil ! lorsqu'il s'avance,
Un transe les beaux lis de son visage éteint,
Un soupçon l'estomac, et le cœur lui étreint :
Il salue ceux-là, qui tous pleins de furie,
Lorsqu'ils lèvent le pan de la tapisserie
L'attaquent, ô poltrons ! Qui[1] lui dague le sein,
Qui lui serre les pieds, qui lui gêne la main,
Qui n'osant regarder de ce Prince l'Altesse
Lui donne par derrièr'd'une lame traîtresse,
Qui saisit son épée (épée qui autrefois
Avait tant chamaillé[2] l'ennemi des Français).
Briarée n'eût su résister à la rage
De ces bourreaux instruits à ce cruel outrage.
Le Prince s'évertue et des pieds et des bras
Sortir d'entre leurs mains : hélas ! il ne peut pas.
Son corps est tout navré[3], et le sang qui ruisselle :
Qui jaillit, ses meurtriers devant son Dieu appelle.
Il crie, ô trahison ! ô traître ! où est la foi ?
Est-ce pour mes péchés ? Dieu prends pitié de moi :
Je t'ai bien offensé, mais j'ai la conscience
Au devoir vers mon Roi luisante d'innocence.
Reçois mon âme ô Dieu ! Aussitôt qu'il eut dit
Soupirant et priant il tombe au pied du lit
Du Monarque inhumain : qui regarde exécrable,
D'un œil demi-ouvert ce massacre effroyable.
Voyant que l'haut esprit qui est dedans son corps,
Ne veut trop généreux si tôt sortir dehors,
Il s'approche agité d'une fureur extrême,

1. C'est à qui. 2. Combattu. 3. Blessé.

Il lui donne du pied dessus sa face blême :
Il s'écrie, Tout seul, tout seul régner je veux :
Je suis Roi maintenant, nous ne sommes plus deux.
À cette voix le Duc, qui les lèvres remue,
S'efforce de lever un peu sa tête nue.
L'autre qui craint encor qu'il ne soit assez fort,
Lui donne un coup de dague, et achève sa mort.
Ainsi mourut Monsieur, ainsi mourut l'Atride[1],
Ainsi mourut César, ainsi mourut Alcide[2],
Ainsi meurt par la main d'un parjure, d'un traître,
Un grand Prince, un grand Duc, un Grand Pair, un [grand Maître. [...]

TABLETTES OU QUATRAINS DE LA VIE ET DE LA MORT*

1re partie

XIV

La Vie que tu vois n'est qu'une Comédie,
Où l'un fait le César, et l'autre l'Arlequin,
Mais la mort la finit toujours en tragédie,
Et ne distingue point l'Empereur du faquin.

1. Agamemnon. 2. Hercule.

XVI

Le Monde est une mer, la galère est la Vie,
Le temps est le nocher, l'espérance le Port,
La Fortune le Vent, les Orages l'Envie,
Et l'homme le forçat qui n'a port que la Mort.

XLI

Cette Reine[1] qui n'eut qu'un château pour retraite,
Prisonnière çà-bas, et princesse là-haut,
Sentit un brand[2] d'acier qui lui trancha la tête,
Changeant son Royal trône au Sanglant échafaud.

C

D'un éternel repos la fatigue est suivie,
La servitude aura une ample liberté :
Où se couche la Mort, là se lève la Vie,
Et où le temps n'est plus, là est l'Éternité.

1. Marie Stuart. 2. Arme tranchante.

3e partie

C

Ainsi qu'au cabaret l'homme demeure au monde,
Le plaisir et le vin se laissent avaler,
Le temps y dure peu tant que la joie abonde,
Et puis il faut compter, payer et s'en aller.

Guillaume Ader

*LOU GENTILOME GASCOUN**

PERPAUS DEU GASCOUN

« Jou boui (dits d'et madich), ma nouirice Gascouigne,
Tu que m'as apoupat, que n'ages pas bergouigne,
Que mon pai, mous aujos, lous antics é mes biels,
Quan m'aperen lou hilh, n'abachen pas lous oueils.
Ets an heit mar-é-mont en assauts, en batailles,
En lous grosses coumbats, en las mages mourtailles ;
Tout james lous prumés é lous qu'an heit l'eschoc.
Jou boui atau madich, are en aqueste cob,
Qu'ets me banten lou hilh d'espase e d'armadure,
Coume joun soui sourtit de race é de nature,
Jou nou seré james ni pauruc ni poultron,
Ni noui ya coutelas, halabarde, canoun,
Que de puja cabsus m'arreste é m'espaurisque
Si rede nou m'abat é gouerde que nou bisque.
Anem, dits aus souldats, hasets touts coume jou ;
Pugem prene assiou haut é la glorie é l'aunou. »
D'aquet pas bous augits tambouris é troumpetes,
E noui ya ni canoun, arquabouse, escoupetes,
Pistoles, pedrinals, mosqueteres, mosquets,
Estocs ni coutelas, espasas é mandrets,
Halabardes, bourdous, piques é pertusanes,

Houchines, armedast, bastous e bigatanes
Que nous dressen lou cap coume jouens garrigats;
N'ei d'arren mes question que de truc é patacs.

[Traduction :

PROPOS DU GASCON

« Je veux, dit-il, Gascogne, ma nourrice, que tu n'aies honte de ton nourrisson, que mon père, mes aïeux, tous mes aînés et anciens ne baissent pas les yeux quand ils m'appelleront leur fils. Ils ont fait mer et mont en assauts, en batailles, dans les grands combats, dans les plus grandes tueries ; toujours ils ont été les premiers à la rencontre. Moi aussi je veux mériter qu'ils me disent leur fils, d'épée et d'arme, comme je le suis déjà par la race et selon la nature. Je ne serai jamais peureux ni poltron. Ni épée, ni hallebarde, ni canon ne m'empêchera de monter ni ne me fera peur. Celui qui ne m'abattra pas raide mort aura fini de vivre. Allons, dit-il aux soldats, faites comme moi, montons chercher là-haut gloire et honneur. » De ce pas on entend tambours et trompettes ; il n'est canons, arquebuses, escopettes, pistoles, poitrinaux, grands et petits mousquets, estocs, coutelas, épées, mandrins, hallebardes, bourdons, piques et pertuisanes, fourches, lances, bâtons et javelots qui ne dressent la tête comme de jeunes chênes. Il n'est question que de blessures et de coups.]

LOU CATOUNET GASCOUN*

Si nou soui escriut à ta guise
E si nou parli coum tu bos,
Hè-m' coum te bouilles la camise,
Mes leche-m' lou mesot en l'os.

[Si je ne suis pas écrit à ta guise
Et si je ne parle pas comme tu le veux
Fais de ma chemise ce que tu voudras
Mais laisse-moi la moelle dans l'os.]

I

Si bos sabe quauque petit passatge,
Per biué en moun ses tare, san é net,
Escoute, Amic, lou petit Catounet,
Oun podes hè tout toun aprendisatge.

[Si tu veux savoir quelques petites maximes,
Pour vivre dans le monde sans tare, sain et net,
Écoute, ami, le petit Catounet,
Dans ce livre, tu peux faire tout ton apprentissage.]

IV

Huch coum la mort maubese coumpagnie,
Coum soun goluts, haubareus, jougadous,
Cavaretès, trichots, arnegadous,
Que dab tau gent lou que-i segue nou-i lie

[Fuis comme la mort la mauvaise compagnie,
Les gourmands, les fanfarons, les joueurs,
Les piliers de cabaret, les pipeurs, les jureurs.
Celui qui, avec telles gens coupe la moisson, ne la lie pas[1].]

1. C'est-à-dire : perd le fruit de son travail.

XXXVIII

Hemne, si bos que ta mainatjarie
Ane de dret é nou s'i perde arren,
Nous bires l'oueil de l'entour de tout ben
Et n'anes pas mes louing que la garie.

[Femme, si tu veux que ton ménage
Aille droit et que rien ne se perde,
Ne quitte pas de l'œil les alentours de ton bien,
Et ne va pas plus loin que la poule.]

C

Gouerde-t' quan hès quine perde que s'sie,
De murmura coum un desesperat,
Di Dieu s'a pres aquo que t'auè dat,
Dits coume Job : soun noum benasit sie.
Amen.

[Quand tu fais une perte, quelle qu'elle soit, garde-toi
De murmurer comme un désespéré ;
Si Dieu a repris ce qu'il t'avait donné,
Dis comme Job : que son nom soit béni.
Amen.]

Jean Godard

LA NOUVELLE MUSE, OU LES LOISIRS

Stances

V
JUDITH
À MONSIEUR DE CHAVE, SON BEAU-FRÈRE

Pour un des plus hauts faits, que l'Histoire nous dit
Dès les siècles plus vieux, jusqu'au temps où nous
[sommes ;
Mon De Chave, écoutez cet exploit de Judith,
Qui seule avait un cœur digne de tous les hommes.

Cette belle Cité qu'Holopherne assiégeait,
De la soif combattue autant comme des armes,
Du manquement des eaux dessus tout l'affligeait,
N'ayant point d'autres eaux que les eaux de ses larmes.

Les Prêtres consentaient que la Ville on rendît,
Si Dieu ne les assiste, un chacun s'y accorde :

Le terme est de cinq jours : une seule Judith[1]
Ne plante point de borne à sa miséricorde.

Dieu la suscita lors, femme de brave cœur,
Pour rétablir aux siens la joie dans leur âme,
Pour faire vaincre un fort par un faible vainqueur,
Un grand Prince, un grand Camp par une seule Femme.

Le grand Dieu de la paix, qui préside aux combats,
Des armes de Judith fait matière à sa gloire :
À son hardi dessein il baille un vaillant bras,
La victoire à son bras, triomphe à sa victoire.

Au lubrique Holopherne un rets elle tendit,
L'Amour et les Beautés filèrent ce cordage ;
Le Prince s'y arrête, et plus loin va Judith,
Toute femme en beauté, mais toute homme en courage.

Victorieusement Holopherne elle abat
D'une main, pour son Dieu saintement courroucée,
Changeant en vraie guerre un amoureux combat,
Et une chaude amour en une mort glacée.

Mon âme s'imagine en un tel changement,
Qu'elle voit le Malheur voler de Béthulie
Au camp des Ennemis : et qu'en même moment
L'Heur s'envole aux Hébreux, quittant l'Ost[2] d'Assyrie.

Le grand devient petit, le peu devient beaucoup :
Tout change, et rien à soi semblable ne demeure.
Que Judith fit alors de plaies en un coup,
De morts en un trépas, d'affaires en une heure !

L'assiégé met soudain les Assiégés à sac,
Un peuple languissant force une forte Armée,

1. Judith seule. 2. Armée.

Judith tenant le chef d'Holopherne en un sac,
Et dans ce même sac la Victoire enfermée.

Filles de Béthulie, à un chef-d'œuvre tel,
Peut-on rien moins donner qu'une gloire immortelle ?
Chantez donc cette Femme, et cet œuvre immortel,
Il n'est point d'œuvre tel, ni point de femme telle.

Chantez, Béthuliens, une telle vertu :
La mémoire jamais n'en puisse être étouffée.
Holopherne ennemi, quand il fut abattu,
Lui-même leva lors à Judith un Trophée.

Chantez cette Victoire encore derechef :
Mais surtout louez Dieu, qui les armes gouverne,
Et qui fit de Judith votre Ost, et votre Chef,
Quand elle ôta le chef au superbe Holopherne.

Odes

IX
LE MAL VOLONTAIRE

Si les hommes sont malheureux
C'est pour ce qu'ils le veulent être,
En donnant toujours dessus eux
Puissance à quelque méchant maître.

L'Homme, qui traître à ses esprits,
Au désir d'avoir les va rendre,

Lui-même d'avarice est pris,
Voulant tout avoir et tout prendre.

Maître il n'est pas de l'or qu'il a :
Mais de peur qu'on ne le saccage,
Vous diriez qu'on l'a posé là,
Comme une sentinelle à gage.

Son cœur, captif de son trésor,
Le tient toujours en servitude :
Au lieu d'être maître de l'Or,
L'Or lui est un maître bien rude. [...]

Le misérable genre Humain
De son malheur est idolâtre :
Prêtant nous-mêmes notre main
Aux armes, qui nous veulent battre.

Cependant tout autre animal
Fuit son malheur : l'Homme en fait fête.
L'Homme donc, qui cherche son mal,
Et s'y plaît, est pire que bête.

La Raison, qui lui fait savoir,
Qu'à son escient il se mécompte,
Ne lui sert, qu'à lui faire avoir
Avec sa perte de la honte.

Misérables conditions
De nos amours et de nos haines !
De nos peines nous nous plaignons,
Et sommes causes de nos peines.

Quelquefois même à l'Éternel,
Méchants, nous osons nous en prendre,
Par un langage criminel,
Qui plus criminels nous vient rendre.

D'un champ divin il nous fait don,
Pour cueillir des moissons divines :
Mais n'y semant que du Chardon,
Nous n'y cueillons que des épines.

L'AUTEUR À SON LIVRE

Je fonds, refonds, et refaçonne
Cette cloche depuis vingt ans :
Il me semble bien qu'il est temps
Que je l'essaye, et qu'elle sonne.

NOTE SUR L'ÉTABLISSEMENT DES TEXTES

Les poètes cités sont classés dans un ordre chronologique déterminé moins par leur date de naissance que par le moment de leur entrée reconnue dans l'histoire littéraire. Ainsi Jean Bouchet, né en 1476, est connu dès 1503 par son œuvre de poète ; Jean Parmentier, né en 1494, s'adonne à la poésie dans les années 1526-1529 ; la publication des œuvres de Roger Collerye, né vers 1470, attend l'année 1536 : c'est donc dans cet ordre que nous les rangeons. De même, si Blaise de Vigenère est né en 1523, il s'adonne tardivement à la poésie et ses *Psaumes* ne sont publiés qu'en 1587-1588, alors que Guy Le Fèvre de la Boderie, né en 1541, publie ses œuvres poétiques les plus marquantes en 1578 : Vigenère est donc mentionné après La Boderie.

Afin de faciliter le repérage des pièces citées, un titre précède chacune d'elles. Le plus souvent, c'est le titre original qui est reproduit ; quand la pièce citée est originellement sans titre ou appartient à un développement dont seul un extrait est cité, le titre proposé par les éditeurs est noté entre crochets[1]. Au demeurant, on a préféré, en ce cas, mettre sous les yeux du lecteur des extraits d'une certaine longueur, afin de lui donner une idée du « souffle » qui porte ces pièces, et l'on s'est généralement interdit les coupures.

Les graphies d'époque, dont le caractère rugueux, parfois irrégulier, aurait pu arrêter le lecteur ou le gêner, ont été modernisées selon les conventions ordinaires, et dans la mesure du possible, dès

1. L'étoile évidée sert à séparer un poème non titré du précédent (exemple, p. 71) ; le filet indique qu'on quitte un recueil (ou une partie de recueil) lorsque l'ensemble suivant n'est pas titré (exemple, p. 103).

lors que ces modifications n'entraînaient pas de discordance pour le mètre ou pour la rime. Mais, si la graphie semble lissée, elle ne doit pas tromper : il est souvent nécessaire de pratiquer la diérèse ou la synérèse, ou de prononcer l'*e* atone qui n'est pas muet dans la langue de la Renaissance. Ainsi certains vers, qui sonnent faux à nos oreilles modernes, retrouvent une scansion correcte si, avant la césure dite lyrique, on compte pour une syllabe un *e* dit muet : « Et les dames / que je t'ai vu louer » (Octovien de Saint-Gelais), « Fort honnêtes, / mettrons en rondelet » (Jean Lemaire de Belges). Quant à la ponctuation, elle est modérément modernisée : la construction et le rythme de la phrase du XVIe siècle ne sont pas tout à fait les nôtres ; en changer trop la ponctuation eût été les travestir. On se souviendra que les deux-points n'ont pas les valeurs d'aujourd'hui et marquent simplement une pause intermédiaire entre celles du point et de la virgule. D'autre part, certains vers ou groupes de vers sont précédés de guillemets, qui soulignent leur valeur gnomique.

Les pièces latines sont reproduites dans la langue originale et accompagnées d'une traduction destinée à en faciliter la lecture. Cette traduction tâche de donner une idée du rythme et de la « couleur » de l'original, au prix, s'il le faut, de quelques inexactitudes de détail : une traduction dans une prose sans rythme, quelle que fût son exactitude littérale, aurait plus gravement trahi l'esprit de l'original.

Quant à l'annotation, elle s'efforce d'être brève ; mais il est souvent nécessaire d'élucider les allusions, nombreuses dans une poésie qui pratique volontiers l'imitation et qui, d'autre part, s'adresse à des lecteurs dont elle aime à requérir un effort et une sorte de complicité. L'astérisque placé après le titre d'une pièce renvoie aux notes en fin de volume.

BIBLIOGRAPHIE GÉNÉRALE

Recueils collectifs et anthologies

La Fleur de poésie française. Recueil joyeux contenant plusieurs huitains, dixains, quatrains, chansons et autres dits de diverses matières, Paris, A. Lotrian, 1543 ; rééd. A. Van Bever, Paris, 1909.

Traductions de latin en français. Imitations et Inventions nouvelles, tant de Clément Marot que d'autres des plus excellents poètes de ce temps, Paris, E. Groulleau, 1550.

DUCHESNE, Léger, *Flores Epigrammatorum*, Paris, G. Cavellat, 1560.

GRUTER, Janus, *Deliciae* C. *poetarum Gallorum huius superiorisque aeui illustrium.* Collectore Ranutio Ghero, Francfort, I. Rosa, 1609.

[Fontenelle], *Recueil des plus belles pièces des poètes français tant anciens que modernes depuis Villon jusqu'à Benserade*, Paris, Claude Barbin, 5 vol., 1692.

LE FORT DE LA MORINIÈRE, Adrien Claude, *Bibliothèque poétique, ou nouveau choix des plus belles pièces de vers en tout genre depuis Marot jusqu'aux poètes de nos jours*, Paris, Briasson, 4 vol., 1745.

SAUTREAU DE MARSY, Claude-Sixte, et IMBERT, Barthélemy, *Annales poétiques ou Almanach des Muses depuis l'origine de la poésie française*, 42 vol., 1778-1788.

AUGUIS, P. R., *Les Poètes français depuis le* XIIe *siècle jusqu'à Malherbe*, Paris, 1824.

SAINTE-BEUVE, C.-A., *Œuvres choisies de Pierre de Ronsard*, Paris, 1828.

LEROUX DE LINCY, *Recueil de chants historiques français*, Paris, Charles Gosselin, 1841, t. II.

D'HÉRICAULT, Charles, et MOLAND, Louis, *Recueil de poésies françaises des XVe et XVIe siècles, morales, facétieuses, historiques*, 13 vol., Paris, P. Jannet, A. Franck, P. Daffis, 1855-1878.

ALLEM, Maurice, *Anthologie poétique française. XVIe siècle*, Paris, Garnier, 1918 ; rééd., Garnier-Flammarion, 1965.

DUVIARD, Ferdinand, *Anthologie des poètes français*, Paris, Larousse, 1947, t. I.

BLANCHARD, André, *Baroques et classiques. Anthologie des lyriques français de 1550 à 1650*, Lyon, IAC, 1947.

SCHMIDT, Albert-Marie, *Poètes du XVIe siècle*, Paris, Gallimard, « Bibliothèque de la Pléiade », 1953.

ROUSSET, Jean, *Anthologie de la poésie baroque française*, Paris, Armand Colin, 1961, 2 vol.

BLANCHARD, André, *Trésor de la poésie baroque et précieuse (1550-1650)*, Paris, Seghers, 1969.

RAYMOND, Marcel, *La Poésie française et le maniérisme*, Genève, Droz, 1971.

RICHTER, Mario, *La Poesia lirica in Francia nel secolo XVI*, Milan et Varèse, Istituto Editoriale Cisalpino, 1971.

CAVE, Terence, et JEANNERET, Michel, *Métamorphoses spirituelles. Anthologie de la poésie religieuse française (1570-1630)*, Paris, José Corti, 1972.

WILSON, Dudley, *French Renaissance Scientific Poetry*, Londres, Athlone Press, 1974.

LAURENS, Pierre, et BALAVOINE, Claudie, *Musae Reduces. Anthologie de la poésie latine dans l'Europe de la Renaissance*, Leyde, E. J. Brill, 1975, 2 vol.

ZUMTHOR, Paul, *Anthologie des Grands Rhétoriqueurs*, Paris, UGE, 10/18, 1978.

MATHIEU-CASTELLANI, Gisèle, *Éros baroque. Anthologie thématique de la poésie amoureuse (1570-1620)*, Paris, UGE, 10/18, 1978.

MATHIEU-CASTELLANI, Gisèle, *Anthologie de la poésie amoureuse de l'âge baroque. 1570-1640*, Paris, Le Livre de Poche, 1990.

ROUBAUD, Jacques, *Soleil du soleil. Anthologie du sonnet français de Marot à Malherbe*, Paris, P.O.L, 1990, et Poésie/Gallimard, 1999.

DOTTIN, Georges, *Chansons françaises de la Renaissance*, Paris, Poésie/Gallimard, 1991.

JOUKOVSKY, Françoise, *La Renaissance bucolique. Poèmes choisis (1550-1600)*, Paris, GF-Flammarion, 1994.

LAURENS, Pierre, *Anthologie de la poésie lyrique latine de la Renaissance*, Paris, Poésie/Gallimard, 2004.

Ouvrages historiques et critiques

Arts poétiques de la Renaissance, Nouvelle Revue du Seizième Siècle, 18/1, 2000.

BELLENGER, Yvonne, (éd.), *Le Sonnet à la Renaissance*, Paris, Aux amateurs de livres, 1988.

BLUM, Pascale, et MANTERO, Anne, (éd.), *Poésie et Bible, de la Renaissance à l'âge classique*, Paris, Champion, 1999.

BROWN, Cynthia J., *The Shaping of History and Poetry in Late Medieval France : Propaganda and Artistic Expression in the Works of the Rhétoriqueurs*, Birmingham, Summa publ., 1985.

CASTOR, Grahame, *Pleiade Poetics. A Study in Sixteeth-Century Thought and Terminology*, Cambridge, 1964 ; trad. fr. par Y. Bellenger, Paris, Champion, 1998.

CAVE, Terence, *Devotional Poetry in France (1570-1614)*, Cambridge, Cambridge University Press, 1969.

CÉARD, Jean, et MARGOLIN, Jean-Claude, *Rébus de la Renaissance. Des images qui parlent*, Paris, Maisonneuve et Larose, 1986, 2 vol.

CHAMARD, Henri, *Histoire de la Pléiade*, Paris, Didier, 1939-1940, 4 vol.

CIORANESCU, Alexandre, *L'Arioste en France, des origines à la fin du XVIIIe siècle*, Paris, Éd. des Presses modernes, 1939.

CLÉMENT, Michèle, *Une poétique de crise. Poètes baroques et mystiques (1570-1660)*, Paris, Champion, 1996.

CORNILLIAT, François, « *Or ne mens* ». *Couleurs de l'éloge et du blâme chez les « Grands Rhétoriqueurs »*, Paris, Champion, 1994.

CSURÖS, Klara, *Variétés et vicissitudes du genre épique, de Ronsard à Voltaire*, Paris, Champion, 1999.

DEMERSON, Guy, *La Mythologie classique dans la poésie lyrique de la Pléiade*, Genève, Droz, 1972.

FAISANT, Claude, *Mort et résurrection de la Pléiade, 1585-1828*, Paris, Champion, 1998.

GALAND-HALLYN, Perrine, *Le Reflet des fleurs. Description et métalangage poétique d'Homère à la Renaissance*, Genève, Droz, 1994.

GALAND-HALLYN, Perrine, et HALLYN, Fernand, (dir.), *Les Poétiques de la Renaissance*, Genève, Droz, 2001.

GENDRE, André, *Évolution du sonnet français*, Paris, P.U.F., 1996.

GORDON, Alexander L., *Ronsard et la rhétorique*, Genève, Droz, 1970.

GOYET, Francis, (éd.), *Traités de poétique et de rhétorique de la Renaissance*, Paris, Le Livre de Poche, 1990.

Grand genre, grand œuvre, poème héroïque, Nouvelle Revue du Seizième Siècle, 15/1, 1997.

Grands Rhétoriqueurs, « Cahiers V. L. Saulnier », n° 14, Paris, P.E.N.S., 1997.

GROS, Gérard, (en collab. avec Marie-Madeleine Fragonard), *Les Formes poétiques du Moyen Âge à la Renaissance*, Paris, Nathan, 1995.

GUY, Henry, *Histoire de la poésie française, XVIe siècle*, Paris, Champion, 1910-1926, 2 vol. ; rééd. 1968.

HALLYN, Fernand, *Formes métaphoriques dans la poésie lyrique de l'âge baroque en France*, Genève, Droz, 1975.

HULUBEI, Alice, *L'Églogue en France au XVIe siècle*, Paris, Droz, 1938.

JEANNERET, Michel, *Poésie et tradition biblique au XVIe siècle. Recherches stylistiques sur les paraphrases des Psaumes de Marot à Malherbe*, Paris, José Corti, 1969.

JOUKOVSKY, Françoise, *Poésie et mythologie au XVIe siècle. Quelques mythes de l'inspiration chez les poètes de la Renaissance*, Paris, Nizet, 1969.

KELLER, Luzius, *Palingène, Ronsard, Du Bartas. Trois études sur la poésie cosmologique de la Renaissance*, Berne, Franke, 1974.

LAZARD, Madeleine, *Le Théâtre en France au XVIe siècle*, Paris, P.U.F., 1980.

LEBÈGUE, Raymond, *Études sur le théâtre français*, Paris, Nizet, 1977-1978, 2 vol.

LECOINTE, Jean, *L'Idéal et la différence. La perception de la personnalité littéraire à la Renaissance*, Genève, Droz, 1993.

Lumières de la Pléiade, Paris, Vrin, 1966.

MARTINON, Philippe, *Les Strophes, étude historique et critique sur les formes de la poésie lyrique en France depuis la Renaissance*, Paris, 1911 ; rééd. Genève, Slatkine, 1989.

MEERHOFF, Kees, *Rhétorique et poétique au XVIe siècle en France : Du Bellay, Ramus et les autres*, Leyde, E. J. Brill, 1986.

MOSS, Ann, *Poetry and Fable. Studies in Mythological Narrative in Sixteenth Century France*, Cambridge, Cambridge University Press, 1984.

MURARASU, D., *La Poésie néo-latine et la renaissance des lettres antiques en France (1500-1549)*, Paris, J. Gamber, 1928.

Musique et poésie au XVIe siècle, Paris, C.N.R.S., 1954.

PANTIN, Isabelle, *La Poésie du ciel en France dans la seconde moitié du seizième siècle*, Genève, Droz, 1995.

PINEAUX, Jacques, *La Poésie des protestants de langue française (1559-1598)*, Paris, Klincksieck, 1991.

RAYMOND, Marcel, *L'Influence de Ronsard sur la poésie française (1550-1585)*, Paris, Champion, 1927 ; rééd., Genève, Droz, 1965.

RAYMOND, Marcel, *Baroque et Renaissance poétique*, Paris, José Corti, 1955 ; rééd., 1985.

ROSENTHAL, Olivia, (éd.), *À haute voix. Diction et prononciation aux XVIe et XVIIe siècles*, Paris, Klincksieck, 1998.

ROUGET, François, *L'Apothéose d'Orphée. L'esthétique de l'ode en France au XVIe siècle, de Sebillet à Scaliger (1548-1561)*, Genève, Droz, 1994.

RUSSELL, Daniel, *Emblematic Structures in Renaissance French Culture*, Toronto, Univ. of Toronto Press, 1995.

SAUNDERS, Alison, *The Sixteenth-century Blason poétique*, Berne et Francfort, P. Lang, 1981.

SCHMIDT, Albert-Marie, *La Poésie scientifique en France au XVIe siècle*, Paris, Albin Michel, 1938 ; rééd. Lausanne, Rencontre, 1970.

SCOLLEN, Christine M., *The Birth of the Elegy in France, 1500-1550*, Genève, Slatkine, 1967.

VACCARO, Jean-Michel, (éd.), *La Chanson à la Renaissance*, Tours, Van de Velde, 1981.

WEBER, Henri, *La Création poétique en France au XVIe siècle, de Maurice Scève à Agrippa d'Aubigné*, Paris, Nizet, 1956 ; rééd., 1981.

WILSON, Dudley B., *Descriptive Poetry in France from Blason to Baroque*, Manchester, Manchester University Press, 1967.

ZUMTHOR, Paul, *Le Masque et la lumière. La poétique des Grands Rhétoriqueurs*, Paris, Éd. du Seuil, 1978.

NOTES

ADER, Guillaume, v. 1570-1638. Né à Gimont, près de Toulouse, Guillaume Ader poursuit ses études à la faculté de médecine de Toulouse. Catholique sincère, il n'en est pas moins favorable à Henri de Navarre et à sa politique, qu'il célèbre dans plusieurs de ses poèmes, et notamment dans l'épopée, *Lou Gentilome gascoun*, car Guillaume Ader entend illustrer sa langue gasconne, et c'est dans cette langue qu'il publie aussi un recueil de quatrains moraux, *Lou Catounet gascoun*. Pour le reste, ses autres publications sont souvent en langue latine, et constituent en quelque sorte le recueil des leçons qu'il dispensait à l'université. Retenons notamment les *Enarrationes*, ou encore le *De pestis cognitione*.

Poésies de Guillaume Ader, éd. Alphonse Vignaux et Alfred Jeanroy, Toulouse, Privat, Paris, Picard, 1904 ; c'est de cette édition qu'est tirée la traduction ci-dessus.

LOU GENTILOME GASCOUN E LOUS HÈITS DE GOUERRE DEU GRAN E POUDEROUS HENRIC GASCOUN, REY DE FRANCE E DE NAOUARRE. Épopée en quatre chants évoquant la formation et les hauts faits d'un jeune cadet de Gascogne, qui s'engage auprès du roi de Navarre. Avec ses personnages énergiques et fiers, son action simple et dense à la fois, l'œuvre connut, semble-t-il, un succès relatif dans les milieux militaires et à la cour de France.

LOU CATOUNET GASCOUN. Comme Hesteau de Nuysement, Ader veut faire œuvre, et adapte en langue gasconne le recueil que le Moyen Âge avait attribué à Caton.

AUBIGNÉ, Agrippa d', 1552-1630. Son père, dès son plus jeune âge, lui enseigne le latin, le grec et l'hébreu, et lui fait un jour jurer vengeance devant les têtes tranchées des martyrs huguenots d'Amboise. Lorsqu'il meurt dans les combats de la guerre civile, Agrippa prend sa suite, et lutte avec ardeur aux côtés d'Henri de Navarre. Il échappe aux massacres de la Saint-Barthélemy en 1572, et à Talcy, en Beauce, rencontre Diane Salviati, nièce de la Cassandre chantée par Ronsard en ses *Amours.* Doublement inspiré par Ronsard et par cette Diane bien-aimée, il compose *Le Printemps,* lequel ne sera publié qu'au XIXe siècle. D'Aubigné rejoint bientôt Paris et Henri de Navarre, retenu à la cour, dont il favorise l'évasion en 1576. Il reprend le combat avec une ardeur et une bravoure qui le font partout remarquer, et il manque de mourir plus d'une fois. Lorsque son compagnon abjure sa foi protestante pour devenir roi de France sous le nom d'Henri IV, révolté, il s'éloigne de lui et de la cour. L'édit de Nantes en 1598 lui paraît une bien maigre concession. Dans sa forteresse de Maillezais, il se consacre à l'écriture. Il rédige le pamphlet satirique qu'est la *Confession catholique du sieur de Sancy,* publie en 1616 *Les Tragiques* sur lesquels il travaillait depuis quarante ans, entame son *Histoire universelle* de la lutte entre Rome et les protestants, les premiers livres des *Aventures du baron de Faeneste,* un *Traité sur les guerres civiles* et ne résigne jamais son combat. Sous Louis XIII, infatigable, il repart en campagne, mais proscrit, il doit fuir à Genève où il meurt en 1630. « Bonne lame, bonne plume », comme le disait Anatole France, Agrippa d'Aubigné résume en sa personne tout un siècle de culture et de batailles. Ce poète-soldat a pour visée la gloire de Dieu. C'est un homme engagé, passionné, fanatique presque. Son style tour à tour sublime ou féroce, lyrique ou satirique, méditatif, grandiloquent, est à la démesure de l'homme.

Œuvres complètes, éd. Eugène Réaume et François de Caussade, Lemerre, 1873-1892 ; *Œuvres lyriques,* éd. Albert-Marie Schmidt, Mazenod, 1963 ; *Œuvres,* publiées sous la direction d'Henri Weber, Pléiade, Gallimard, 1969 ; *Les Tragiques,* éd. de Frank Lestringant, Poésie/Gallimard, 1995 ; éd. de Jean-Raymond Fanlo, Champion, 1995.

SONNETS ET PIÈCES ÉPIGRAMMATIQUES. Ces poèmes divers offrent une palette de tons assez variée, où domine cependant la satire politique, morale et religieuse.

« TANDIS QUE JE CONTEMPLE... ». V. 1 à 8 : le sonnet repose sur l'opposition entre le cupide marchand et l'ambitieux juriste (premier et second quatrain) face au poète, heureux et libre (premier et second tercet).

CONTRE LA PRÉSENCE RÉELLE. La présence réelle du Christ dans l'hostie est bien sûr l'une des croyances catholiques les plus farouchement combattues par les protestants. — V. 15 : formule biblique désignant les idoles (cf. II Rois, XXI, 11 ; Ézéchiel, XLIV, 12 ; Jérémie, L, 2).

LE PRINTEMPS. Œuvre composite, cet ouvrage comprend *L'Hécatombe à Diane*, les *Stances* et les *Odes*, écrits divers aux tons variés. Mais dans *L'Hécatombe*, bien loin des pastorales, des suaves marguerites et mignardes vallées mises à la mode par l'*Anthologie grecque* et la Pléiade, le style paraît fort tourmenté : les quelques passages idylliques ou élégiaques sont bien vite ravagés par la rage désespérée du poète amoureux. Il l'affirme en effet : « Je suis le champ sanglant où la fureur hostile / Vomit le meurtre rouge, et la scythique horreur / Qui saccage le sang, richesse de mon cœur... »

L'Hécatombe à Diane.

SONNET IV. D'Aubigné développe ici l'image qui le caractérise si bien, celle du poète-soldat.

SONNET XCVI. Ce sonnet est en quelque sorte la clef du recueil. Le titre du volume trouve enfin sa justification.

SONNET C. L'idée du tribunal d'Amour remonte au moins aux jugements des « Cours d'Amour » d'André le Chapelain qui, dans l'entourage de Marie de Champagne, avait tenté de régler l'éthique et les pratiques courtoises. — V. 14 : toutes ces images sont des *topoï* de la lyrique amoureuse mise à la mode par la Pléiade, inspirée par Pétrarque.

LES TRAGIQUES. En 1616, Agrippa d'Aubigné publie *Les Tragiques*, œuvre anonyme en sept chants, conçue pendant les haltes des combats, au milieu des carnages et du tumulte des guerres de religion. Elles sont comme un brûlant météore dans le ciel de la France apaisée, ou presque, qui tente à cette époque de refouler les traumatismes, horreurs et injustices du passé. Hésitant entre satire et tragédie, l'œuvre se présente en définitive comme une épopée de la foi. Le poète au verbe prophétique circule sans cesse entre ciel et terre, pour présenter à Dieu la misère des hommes, et pour prédire aux hommes le jugement de Dieu. Il met en perspective le passé des Juifs et le destin des réformés, pour récrire une histoire universelle de la vraie foi, sans cesse persécutée. Mais l'histoire effective disparaît derrière la visée eschatologique du Jugement dernier et de l'éternité. Pour l'heure, le temps est à la violence, au sang, et à la mort — la poésie aussi. Et le poète, en son réalisme visionnaire, fait à Dieu l'offrande de ses vers baroques, ultime hommage à la gloire tragique de ses frères chrétiens.

Misères. V. 1 : comme beaucoup d'autres poètes, protestants (Théodore de Bèze) ou catholiques (Du Bellay), Agrippa d'Aubigné renonce à la poésie profane et amoureuse qui fut son étude première. — V. 25 et suivants : Melpomène, muse de la tragédie qu'appelle le poète, ne demeure plus auprès de la fontaine Hippocrène, séjour ordinaire des neuf sœurs, elle semble sortir des tombeaux fraîchement creusés. — V. 49 et suivants : Ésaü et Jacob « préfigurent » aux yeux des protestants l'Église catholique et l'Église réformée ; bien que celle-là bénéficie du privilège du droit d'aînesse, c'est néanmoins vers celle-ci que s'est porté le libre choix de Dieu.

Les Fers. V. 25 : scène inspirée de Job, I, 6-7.

L'HIVER. Par opposition au *Printemps*, recueil d'amour profane, poésie de jeunesse, *L'Hiver* est un recueil d'amour sacré, composé au soir de la vie du poète. C'est un livre de prières, où le croyant se retrouve enfin face à son Dieu, partagé entre l'angoisse des péchés et l'espérance de la vie éternelle.

BAÏF, Jean-Antoine de, 1532-1589. Fils naturel de l'érudit diplomate Lazare de Baïf, il commence très jeune à apprendre les langues anciennes. Il a notamment pour précepteur Jean Dorat, auprès de qui, après la mort de son père, il poursuit sa formation. Suivant la mode du moment, il publie en 1552 *Les Amours* dédiées à l'imaginaire Méline. Il rencontre à Poitiers Françoise de Gennes et la chante dans *L'Amour de Francine* (1555). Il se rapproche de la cour, collabore à l'adaptation de la *Sophonisba* de Trissino (1556), traduit des *Carmina* de Michel de L'Hospital (1558). En janvier 1567, il fait jouer devant la cour *Le Brave*, adaptation du *Miles gloriosus* de Plaute. La même année, il publie *Le Premier Livre des Météores*, poème scientifique. Il rassemble ses *Œuvres en rime*, qu'il publie en 1572-1573. Il tente aussi de restaurer le vers mesuré à l'antique. Son ambition est désormais d'unir poésie et musique, et, en 1570, il fonde avec le musicien Thibaut de Courville l'Académie de poésie et de musique. Malgré la maladie et de lourdes difficultés financières, il emploie ses dernières années à composer des œuvres de poésie morale et religieuse. Ses *Mimes, enseignements et proverbes* ne comptent pas moins de 7 476 vers octosyllabes organisés en sixains : ce curieux recueil bigarré, dont le premier livre paraît en 1576 et qui atteint quatre livres dans l'édition posthume de 1597, réunit des proverbes, des sentences, des fables, des satires, des épîtres morales, etc. Baïf est une sorte d'expérimentateur, qui essaie tous les genres, toutes les formes, certes avec un bonheur inégal, mais avec une curiosité toujours audacieuse.

Œuvres en rime, éd. Charles Marty-Laveaux, Lemerre, 1881-1890, 5 vol. ; *Les Amours de Francine*, éd. Ernesta Caldarini, Genève, Droz, 1966-1967, 2 vol. ; *Chansonnettes mesurées*, éd. Albert-Marie Schmidt, in *Poètes du XVIe siècle*, Pléiade, Gallimard, 1953 ; *Mimes, enseignements et proverbes*, éd. Jean Vignes, Genève, Droz, 1992 ; *Le Psautier de 1587*, éd. Yves Le Hir, PUF, 1963.

CHANSONNETTES MESURÉES. On conserve en manuscrit, de Baïf, 202 chansons en vers mesurés, sans rimes. Ses chansonnettes mesurées ont inspiré de nombreux musiciens, notamment Jacques Mauduit et Claude Le Jeune. Les deux pièces citées appartiennent au recueil de Mauduit.

PSAUME I. Pour des raisons à la fois esthétiques et religieuses, Baïf a longtemps travaillé à traduire les Psaumes en français. Après une première traduction en vers mesurés, qu'il laisse inachevée, il en entreprend, selon les mêmes principes, une nouvelle, qu'il mène à son terme (1570-1573), puis, en revenant à la métrique traditionnelle, une troisième achevée en 1587. On trouvera ici les trois versions successives du premier psaume.

BARTAS, Guillaume du, 1544-1590. Guillaume de Saluste, seigneur du Bartas, né à Montfort, près d'Auch, appartient à une riche famille de marchands, anoblie en 1565. Il étudie à Bordeaux et à Toulouse, où il acquiert en 1567 le grade de docteur en droit. Il achète en 1571 une charge de juge à Montfort, s'installe dans son domaine du Bartas et très tôt s'adonne à la poésie. Après une épopée à sujet biblique, *Judit*, qu'il publie en

1574 dans *La Muse chrétienne*, avec *Uranie* et *Le Triomphe de la Foi*, il donne en 1578 son œuvre principale, *La Semaine*. Ce poème de la création du monde, qui s'enrichit de tout le savoir traditionnel, rencontre un immense succès à travers l'Europe entière; chose tout à fait exceptionnelle, on compte en un demi-siècle quelque deux cents éditions et traductions. Du Bartas poursuit son entreprise en donnant, en 1584, les deux premiers jours d'une *Seconde Semaine*. Sa mort, survenue en 1590, l'empêchera de l'achever. Profondément protestant mais modéré dans l'affirmation de sa conviction, ouvert à la science de son temps mais peu pressé de renoncer au savoir reçu, maniant une langue à la fois souple, claire et portée par une sorte de constant enthousiasme, Du Bartas a, de son temps, touché tous les publics, avant de tomber dans un discrédit dont il sort enfin aujourd'hui.

The Works, éd. U. T. Holmes, J. C. Lyons et R. W. Linker, Chapel Hill, Univ. of North Carolina Press, 1935-1940, 3 vol.; *La Judit*, éd. André Baïche, Toulouse, 1970; *La Semaine*, éd. Yvonne Bellenger, STFM, 1981, 2 vol.; *La Seconde Semaine*, éd. Y. Bellenger *et al.*, STFM, 1992, 2 vol.; *Les Suites de la Seconde Semaine*, éd. Y. Bellenger, STFM, 1994.

LA SEMAINE. Cette œuvre, qui, dit l'auteur lui-même, est à la fois épique, héroïque, panégyrique, prophétique et didactique, est divisée en sept Jours : aux six Jours de la Création succède un septième Jour sur le modèle du Sabbat, ou jour de repos.

[LE CHAOS]. Extrait du Premier Jour, v. 222-258. — V. 14-15 : Dieu.

[HYMNE À LA NUIT]. Extrait du Premier Jour, v. 491-536. — V. 6 : le Caystre est un fleuve de Lydie, célèbre par les cygnes qui fréquentaient ses rives. — V. 30-32 : allusion à l'alchimie transmutatoire.

[LE PEUPLEMENT DE LA MER]. Extrait du Cinquième Jour, v. 25-58. S'arrêtant à la création des animaux marins, Du Bartas en profite pour exploiter un thème cher à la science naturelle de la Renaissance, selon lequel la mer, en raison de la plasticité de sa matière, offre une image précise du reste de la Création, et est déjà, avant l'homme, comme une récapitulation du Tout. — V. 31-32 : noms de diverses divinités marines. — V. 34 : on appelait « calamar » une écritoire portative.

[DIEU CONTEMPLE SON OUVRAGE]. Début du Septième

Jour, v. 1-98. À la façon d'un peintre qui contemple son œuvre, occasion d'une célèbre *ecphrasis* (description d'un tableau imaginaire), très admirée de Goethe, Dieu contemple son ouvrage, dont Du Bartas récapitule ainsi les six Jours. — V. 25-26 : dans la tradition bucolique, une petite cage sera le prix de ce concours de bergers. — V. 57 : les corps célestes passaient pour se nourrir des vapeurs montant de la terre. — V. 65 : les quatre éléments. — V. 70 : la Croix du Sud et la Grande Ourse. — V. 72 : les flambeaux du ciel sont les astres.

LA SECONDE SEMAINE. De cette œuvre Du Bartas n'a achevé que les deux premiers Jours, dont chacun se compose de quatre livres. Ce poème, qui, terminé, aurait été très vaste, embrasse toute l'histoire de l'humanité.

[CAÏN ET ABEL.] Extrait du Premier Jour, livre IV (« Les Artifices »), v. 229-308. Ce livre décrit les inventions d'Adam et d'Ève, qui, chassés du Paradis, doivent subvenir à leurs besoins. — V. 16 : semées, les graines en qui Caïn met son espoir sont encore comme mortes. — V. 21 : une génisse. — V. 64 : vers fautif.

BEAULIEU, Eustorg de, 1495-1552. Né à Beaulieu-sur-Dordogne dans le Bas-Limousin, Eustorg de Beaulieu devient en 1522 organiste de la cathédrale de Lectoure. Ses voyages divers le conduisent à Bordeaux, à Tulle, à Lyon où il finit par s'établir. En 1537, il publie *Les Divers Rapports*, dont les accents un peu lestes, et parfois insolents, le mettent en délicatesse avec la bonne société catholique. Le voici donc à Genève puis à Lausanne, villes protestantes où il pense trouver meilleur accueil, puis il devient pasteur à Thierrens dans le Jura suisse. Mais les ennuis le poursuivent : ses humeurs querelleuses lui valent soucis et procès. Pour faire bonne figure, il publie en 1546 *La Chrétienne Réjouissance*, et s'improvise pédagogue dans son *Épinglier des Filles*, petit traité d'éducation.

Les Divers Rapports, éd. M. A. Pegg, Genève, Droz, 1964.

LES DIVERS RAPPORTS. S'inspirant à la fois des Grands Rhétoriqueurs et de la culture populaire, cette œuvre mérite tout à fait son nom. Eustorg de Beaulieu y cultive le rondeau, la ballade, la chanson, le blason, l'épître, l'épitaphe, l'oraison. S'il prie le Seigneur Jésus-Christ, il n'oublie pas la chair, et blasonne avec un bonheur égal et le cul et la voix. S'il évoque

Marot et Rabelais, il n'en est pas moins une présence singulière et curieuse en cette galerie de poètes du premier XVIe siècle.

SUR LE PROPOS DU PRÉCÉDENT. Le rondeau précédent, également scatologique, était au sujet « De ce qui adviendra en l'Été prochain », sur le modèle des pronostications parodiques et almanachs populaires de l'époque. Celui-ci fait plutôt penser au chapitre XIII de *Gargantua* et au Rondeau « En chiant » du jeune héros (voir p. 96). Du reste, le poète se trouvait à Lyon au moment où parut le livre de Rabelais.

À L'OPPOSITE DE LA PRÉCÉDENTE. Cette opposition terme à terme est le principe même de la *disputatio* médiévale, qui permet de soutenir le pour et le contre sur n'importe quel sujet. En l'occurrence, l'éloge ou la critique des femmes, sujet sempiternel, avait connu un regain d'actualité dans le cadre de la querelle des Amies. Voir Heroët, p. 105.

BELLAY, Joachim du, 1522-1560. Joachim du Bellay naît à Liré en Anjou, dans une famille qui a déjà donné d'illustres noms, mais il est bientôt orphelin, et ses diverses ambitions semblent mal assurées. Or, il rencontre à Poitiers le savant Muret et Peletier du Mans, et se rendant à Paris, il suit en compagnie de Ronsard les leçons de Dorat, leur maître respecté, au collège de Coqueret. En 1549, il publie la fameuse *Défense et Illustration de la langue française*, un recueil de *Vers lyriques* inspirés du poète latin Horace, *L'Olive*, à la manière du *Canzoniere* de Pétrarque, et un *Recueil de poésie*. Constamment malade, atteint en outre de surdité, Du Bellay publie cependant une traduction du livre IV de l'*Énéide*, et des *Inventions* où s'affirme, plus sincère et plus personnel, son talent lyrique. En 1553, le poète part rejoindre à Rome son oncle, le cardinal Jean du Bellay, dont il devient le secrétaire. Pour un jeune humaniste, ce devait être une expérience enthousiasmante, se retrouver à Rome, cette ville d'art et d'histoire, où la Renaissance avait déjà donné des fruits nombreux, tout en disposant de fonctions diplomatiques. En réalité, amère déception, le poète est confiné à des tâches domestiques ; en outre, il est dégoûté par les mœurs courtisanes et vulgaires de ces Romains qui ne ressemblent guère aux héros de Virgile. Enfin, la mélancolie de son pays natal s'empare de lui. De retour à Paris après quatre ans, il publie le résultat de ses recherches poétiques en Italie, *Le Premier Livre des Antiquités de Rome* (il n'y en a jamais eu de second), *Les Regrets*, les *Poemata* et *Divers Jeux rustiques* en 1558. L'année suivante, il publie encore la satire du *Poète courtisan.* Mais il doit affronter de graves soucis domestiques et, prématurément vieilli, exténué, il meurt le 1er janvier 1560.

Œuvres poétiques, éd. Daniel Aris et Françoise Joukovsky, Garnier, 1993, 2 vol.

L'OLIVE. Ce *canzoniere* qui ne comptait d'abord que 50 sonnets en compte désormais 115 dans l'édition augmentée de 1550. Le poète illustre en termes élevés Olive qui l'inspire, peut-être l'anagramme de cette Mlle Viole qu'il dut connaître en effet. Il n'importe, il chante bien plutôt une femme idéale, lointaine, inaccessible, mais qui permet du moins l'émergence d'une parole poétique exigeante, teintée de pétrarquisme, d'idéalisme néo-platonicien et parfois, de spiritualité chrétienne.

SONNET X. V. 1 : l'image des liens et de la flèche est tirée du sonnet IX de l'Arioste. Du Bellay utilise ici la technique des vers rapportés, qui consiste à rapporter d'un vers à l'autre les éléments cités, dans le même ordre. Ainsi, les liens, la flamme et le trait de la première strophe sont repris aux vers 5 et 6, 8, 9, 10, 11 et 14, de façon à créer un paradigme ordonné et uniforme.

SONNET LXI. V. 10 : voile, anagramme du nom « Olive », sur laquelle Du Bellay joue fréquemment dans le recueil.

SONNET CXIII. Sonnet inspiré de B. Daniello.

RECUEIL DE POÉSIE, PRÉSENTÉ À TRÈS ILLUSTRE PRINCESSE MADAME MARGUERITE, SŒUR UNIQUE DU ROI, MIS EN LUMIÈRE PAR COMMANDEMENT DE MADITE DAME. Déçu par le médiocre accueil fait aux poèmes précédents, Du Bellay se résigne à publier un *Recueil de poésie* en 1549 (réédité et augmenté en 1553) sans doute plus susceptible de lui ménager un accès auprès des grands. Toutefois, la nécessité de trouver des appuis à la cour ne saurait occuper entièrement sa Muse. Au-delà des éloges de circonstance, il réaffirme le pouvoir de la poésie, et s'autorise quelques libertés manifestes dans les deux poèmes ici choisis.

DIALOGUE D'UN AMOUREUX ET D'ÉCHO. Du Bellay se souvient sans doute ici de l'un des poèmes latins des *Sylves* de Jean Second, jouant sur le même principe (voir aussi Taillemont et Desportes p. 172 et 457).

À UNE DAME. Ce poème n'apparaît que dans la seconde édition du *Recueil*, en 1553, avant de figurer, sous forme remaniée, dans les *Divers Jeux rustiques*, sous le titre « Contre les pétrarquistes ». La charge satirique et polémique n'en est que plus forte. Bien entendu, Du Bellay chante ici la palinodie, mais il le fait du moins avec désinvolture et grâce. Il a jadis « pétrarquisé », il le fera encore, mais aujourd'hui, il dénonce ce style artificieux, ou du moins ses excès. Ronsard, lui, attendra 1555, et la *Continuation des Amours*, pour modérer la ferveur « pétrarquisante » de son style. — V. 55 : évocation parodique du sonnet CXIII de *L'Olive*, retranscrit ci-dessus.

ŒUVRES DE L'INVENTION DE L'AUTEUR. La maladie, les soucis minent de plus en plus le poète. Son inspiration semble se tarir : lui-même l'avoue, et se contente de traduire. En 1552, il publie donc un volume comprenant trois pièces évoquant Didon, traduites de Virgile, d'Ovide et d'Ausone. Mais à la fin du recueil figurent d'autres *Œuvres de l'invention de l'auteur*. Du Bellay n'a donc pas renoncé à la poésie, tout au plus a-t-il renoncé à la poésie païenne.

LA MONOMACHIE DE DAVID ET DE GOLIATH. Dès 1549, Du Bellay avait affirmé la noblesse suprême du poème héroïque auquel il consacre tout un chapitre de la *Défense*. Par ailleurs, dans la « Complainte du désespéré », il avait aussi affirmé la nécessité de réserver sa Muse à la gloire de Dieu. C'est donc la convergence de ces deux postulats qui incite le poète à composer une épopée chrétienne, dont il expose en somme l'argument dans l'« Hymne chrétien » qui précède cette « Monomachie » (cf. Louis des Masures p. 196 et Pierre de Brach p. 478). — V. 1 et suivants : comme dans la tradition antique, Du Bellay se place sous l'inspiration de la divinité avant d'entonner son poème héroïque. Seulement, cette fois-ci, la divinité n'est plus la Muse païenne, mais le Dieu chrétien, le vrai Dieu, le seul par conséquent digne d'être chanté. — V. 9 : il s'agit ici du cardinal Jean du Bellay, évoqué pour son heureuse ambassade auprès d'Henri VIII, comme le pense H. Chamard, à moins qu'il ne s'agisse plutôt de « l'orgueil ambitieux » de Charles Quint, contre l'influence duquel le cardinal avait en effet œuvré. — V. 56 : le peuple juif n'avait guère la maîtrise du métal et de la maille dans leurs usages militaires, ce qui explique d'autant plus leur frayeur à la vue de Goliath. — V. 58 : à vrai dire, le panache évoque plus l'épopée gréco-romaine que le récit biblique.

LA LYRE CHRÉTIENNE. Placée juste après « La Monomachie

de David et de Goliath » dans le recueil, ce poème confirme l'adieu aux Muses païennes. — V. 17 : Exode, XX, 3. — V. 28 : Platon, *République*, II et III.

LES ANTIQUITÉS DE ROME CONTENANT UNE GÉNÉRALE DESCRIPTION DE SA GRANDEUR ET COMME UNE DÉPLORATION DE SA RUINE. Ces 32 sonnets en alexandrins ou en décasyllabes sont une méditation mélancolique et grave, qui s'élève au-dessus de la poésie des ruines. L'éloquence des vers est tempérée par un lyrisme pathétique face à la mort, au temps et au destin : par ses accents mélodieux, le poète tente d'enchanter le désenchantement.

SONNET III. Inspiré d'une épigramme latine contemporaine de Janus Vitalis, ce sonnet constitue une nouvelle variation sur le motif « Rome n'est plus dans Rome ».

LES REGRETS. Ce recueil composé de 191 sonnets numérotés constitue sans doute le plus émouvant des ouvrages de Du Bellay. Là, l'inspiration se fait plus personnelle. Mêlant les styles, la poésie se fait lyrique, satirique ou élégiaque, selon les cas, et ces poèmes écrits à Rome expriment, outre les regrets, l'amertume et les sarcasmes face à la vie romaine ; mais l'auteur s'attendrit parfois, au souvenir charmant de son « petit Liré ».

SONNET I. Premier poème numéroté, ce sonnet programmatique expose à la fois la matière (*inventio*) et le style (*elocutio*) du recueil. *Les Regrets* ne seront donc pas une œuvre philosophique, comme pouvaient l'être en quelque sorte *Les Hymnes* de Ronsard, évoqués allusivement dans les quatrains, mais bien plutôt, comme l'indiquent les tercets, un volume à tonalité élégiaque (v. 9) ou satirique (v. 10), sans nul souci d'élégance, de peigne ni de *concinnitas* (v. 12). — V. 11 : Du Bellay est lui-même secrétaire du cardinal, son oncle. — V. 14 : la qualification générique que propose Du Bellay pour son recueil peut surprendre. Les « papiers journaux » sont à entendre presque comme des notes quotidiennes ou comme un livre de raison. Les commentaires sont aussi un genre relativement modeste. *Les Regrets* se donnent donc pour une œuvre humble et personnelle.

SONNET IX. C'est avec ce sonnet qu'apparaît véritablement le motif patriotique, si important dans la suite du recueil. Il fonctionne globalement en diptyque, la nostalgie de la France allant de pair avec la satire de l'Italie. — V. 1 : c'est la France, et non l'Italie, qui est ici l'« *alma mater* ».

SONNET LXXXVI. Du Bellay dresse en l'occurrence un portrait du courtisan à l'opposé de celui de Castiglione. — V. 14 : les courtisanes romaines, disait-on, prennent l'argent et donnent la vérole, qui fait tomber le poil.

DEUX LIVRES DE L'ÉNÉIDE DE VIRGILE, À SAVOIR LE QUATRIÈME ET SIXIÈME, TRADUITS EN VERS FRANÇAIS. Du Bellay n'a cessé de traduire les poètes toute sa vie durant. L'on peut citer ainsi le *Quatrième Livre de l'Énéide de Virgile, translaté en vers français* en 1552, auquel il joint la traduction du sixième livre en 1560, l'« Adieu aux Muses pris du latin de Buchanan » en 1552 à la fin des *Œuvres de l'invention de l'auteur*, le recueil de *Plusieurs Passages des meilleurs poètes grecs et latins*, regroupant en 1558 plus de soixante pièces diverses, sans parler des nombreuses imitations de Pétrarque, notamment dans *L'Olive*, qui sont parfois des traductions inavouées. La contradiction était donc patente : Du Bellay faisait lui-même ce qu'il avait condamné dans la *Défense* (I, 6). Mais évidemment, il avait prévu l'objection, l'anticipa dans la préface, et chanta la palinodie, non sans grâce, du reste : « Je n'ai pas oublié ce qu'autrefois j'ai dit des translations poétiques : mais je ne suis si jalousement amoureux de mes premières appréhensions, que j'aie honte de les changer quelquefois à l'exemple de tant d'excellents auteurs, dont l'autorité nous doit ôter cette opiniâtre opinion de vouloir toujours persister en ses avis, principalement en matière de lettres. » — Ce n'est certes pas la première traduction de l'*Énéide* en langue française. Louis des Masures, notamment, à qui Du Bellay rend hommage dans sa préface, s'était déjà engagé dans cette aventure poétique (cf. p. 194). Toutefois, Du Bellay espère bien par cette translation, comme il le dit, « rencontrer quelque plus grande faveur ». Le célèbre passage ici choisi met en scène la « *nekyia* », la descente aux Enfers.

POEMATUM LIBRI QUATUOR. Offerts « à Madame Marguerite sœur unique du roi très chrétien Henri II », ces quatre livres d'élégies, d'épigrammes, d'amours et de tombeaux constituent le dernier recueil composé par Du Bellay. Que l'auteur de la *Défense et Illustration de la langue française* ait composé des poèmes latins, voilà qui peut surprendre, mais Du Bellay cultive le paradoxe et la palinodie, comme le montre l'épître au lecteur. Quoique ces poèmes aient longtemps été négligés, il n'en sont pas moins une réelle réussite poétique, que notre traduction ci-dessus peut aider à apprécier.

AD LECTOREM. Cette épître dédicatoire se trouve au seuil du livre d'épigrammes. — V. 8 : le couple « *illa* / *ista* » désigne respectivement la Muse française et la Muse latine.

SUI IPSIUS. Publié un an à peine avant la mort du poète, et suivi d'une version grecque, le dernier des tombeaux du recueil concerne Du Bellay lui-même.

XENIA, SEU ILLUSTRIUM QUORUNDAM NOMINUM ALLUSIONES. Publiées après la mort du poète, ces étrennes poétiques constituent une sorte de jeu mondain qui consiste à trouver la vérité de l'individu dans le secret et l'origine de son nom.

BELLEAU, Rémy, 1528-1577. Rémy Belleau naît à Nogent-le-Rotrou en 1528. En 1550, il entre au service de Chretophle de Choiseul, abbé des Mureaux, fréquente les milieux littéraires parisiens, et publie une traduction des *Odes* du pseudo-Anacréon, suivies de dix *Petites Inventions.* Mais bientôt, il s'engage auprès du duc de Guise dans une campagne militaire visant à protéger Rome et le pape des troupes de Philippe II. À son retour en France, il publie plusieurs pièces de circonstance et un *Commentaire du second livre des Amours de Ronsard*, lequel ne manque pas de le compter au nombre des poètes de la Pléiade. Belleau traverse quelques moments difficiles, mais fort à propos, le marquis d'Elbeuf lui accorde sa protection et l'emmène avec lui au château de Joinville, maison familiale des Guises. Il trouve là un havre de paix et de beauté, qui lui inspire la *Bergerie* (1565). Mais l'actualité politique le rattrape à Paris. Ayant longtemps hésité entre les deux confessions, Belleau finit par choisir le camp des catholiques et publie le *Dictamen* et le *Chant de triomphe*... Toutefois, il renoue avec la veine pastorale dans la *Seconde Journée de la Bergerie*, et avec la thématique amoureuse dans des pièces diverses, et notamment dans *Les Amours et nouveaux échanges des pierres précieuses*, qui mêlent inspiration lyrique et poésie didactique. À la fin de l'année 1576, sans doute est-il à nouveau frappé par la tuberculose, et il meurt peu après.

Œuvres poétiques, sous la direction de Guy Demerson, Champion, 1995-2003, 6 vol.

LES ODES D'ANACRÉON. C'est Henri Estienne qui le premier en France mit le Pseudo-Anacréon à la mode en 1554.

Bientôt, Ronsard s'essaya à ce style nouveau, et la grâce légère de ces poèmes qui chantent tour à tour l'amour, la rose, le vin, l'hirondelle ou le vase d'argent, ne manqua pas de séduire le goût raffiné de Rémy Belleau, qui s'engagea à traduire quelques-unes de ces odes antiques.

Petites Inventions. À la suite des *Odes*, son parti pris des choses et des petits animaux pousse Rémy Belleau à chanter la cerise, l'escargot, le corail, le pinceau, l'ombre, la tortue, le ver luisant, dans un recueil de *Petites Inventions*, sans cesse augmenté dans les éditions successives, auquel il joint également la traduction de quelques sonnets de Ronsard. De fait la traduction représente une part important de l'œuvre poétique de Belleau. En l'occurrence, il traduit en latin le sonnet CXXV des *Amours* de 1552 (voir p. 281), manière élégante de confirmer l'éminence du statut symbolique de Ronsard.

LE VER LUISANT DE NUIT. Guillaume Aubert, avocat de son état, était aussi poète ; il avait notamment publié un hymne blason sur « Le Ciron », qui dut charmer Belleau. Cette odelette, vrai miracle de poésie, roule sur le sujet du ver luisant, dont les propriétés phosphorescentes intriguaient les naturalistes. — V. 17 : le mois de l'année où se remarque le ver luisant correspond en effet au moment où se préparent les moissons. Le ver luisant est donc un signe prophétique qui dispense le laboureur de conjecturer « vaguement » selon les constellations diverses.

DICTAMEN... Célèbre poème burlesque en latin macaronique, dirigé contre les huguenots. — V. 21 : reprise du vers célèbre des *Bucoliques* de Virgile. — V. 26 à 28 : vers directement tirés de la troisième *Géorgique* de Virgile (v. 149-151). — V. 34 : allusion aux chapeaux rouges des cardinaux. — V. 41 : baiser la mule, signe d'allégeance au pape, souvent tourné en ridicule par les protestants.

BERGERIE. La première journée de cette *Bergerie*, dont la seconde ne paraîtra qu'en 1572, comporte 17 pièces, dialogues, chants, épitaphes, ode, vœu, épithalame, portrait, chanson, etc., toutes inspirées par le charme idyllique du château de Joinville. La première est un dialogue qui n'est pas sans évoquer les *Bucoliques* de Virgile : la nature est un havre de paix qu'épargne à peine la tourmente des guerres civiles. Bellot figure évidemment Belleau lui-même, et Thenot, diminutif d'Antoine, désigne Jean-Antoine de Baïf.

LES AMOURS ET NOUVEAUX ÉCHANGES DES PIERRES PRÉCIEUSES. Cette attention constante aux choses de la nature et de l'art culmine dans ce recueil de 1576, adressé à Henri III. Allant bien au-delà des lapidaires dont il s'inspire, Rémy Belleau mêle science, poésie et amour pour ciseler ces trente et une pierres précieuses.

LA PIERRE LUNAIRE. V. 29 : échangement, échange, mot capital de la philosophie naturelle de Rémy Belleau, figure symboliquement dans le titre du recueil. On pourrait le traduire par métamorphose, d'autant qu'Ovide expose lui aussi ces fondamentaux de la doctrine de Pythagore et des quatre éléments.

BÈZE, Théodore de, 1519-1605. Théodore de Bèze, ou plutôt Dieudonné, son prénom original, voit le jour à Vézelay dans l'Yonne. À trois ans, ayant perdu sa mère, il est confié à son oncle, conseiller au parlement de Paris. Puis auprès de Melchior Wolmar, il s'initie aux humanités, et poursuit des études de droit. Il fréquente les hommes de lettres de ce temps, Peletier du Mans, Denis Sauvage, Jean Martin, et publie ses *Poemata* en 1548. Mais de plus en plus sensible aux échos de la Réforme, il abandonne tout et se rend à Lausanne où il se voit confier une chaire de grec, puis à Genève où il abjure le catholicisme et obtient une chaire de théologie avec l'appui de Calvin. C'est de cette époque que date l'*Abraham sacrifiant.* Pour autant, il ne se détourne pas de la vie politique et religieuse française. Au colloque de Poissy, en 1561, il se déclare opposé à la doctrine de la présence réelle, il dirige le synode de La Rochelle en 1571, et condamne vigoureusement les massacres de la Saint-Barthélemy dans son *De jure magistratuum* en 1574. Après la mort de Calvin en 1564, il prend la direction de l'académie de Genève, et s'impose ainsi comme le chef spirituel des églises protestantes, en Suisse comme en France. Inlassable, après sa traduction des *Psaumes*, il poursuit son œuvre pastorale, publie la *Confession de la foi chrétienne*, les *Icones virorum illustrium*, l'*Histoire ecclésiastique des églises réformées du royaume de France*, une *Vie de Calvin.* Il meurt à Genève en 1605.

Juvenilia, éd. Alexandre Machard, Liseux, 1879 ; *Abraham sacrifiant...*, éd. Francis Higman *et al.*, Genève, Droz, 1967 ; *Les Psaumes en vers français avec leurs mélodies, fac-similé de l'édition genevoise de Michel Blanchier, 1562*, éd. Pierre Pidoux, Genève, Droz, 1986.

POEMATA. Édités d'abord chez Conrad Badius, ces *Poemata*, plus connus sous le titre de *Juvenilia*, rassemblent des silves, des élégies, des portraits (*icones*), épigrammes et épitaphes. Théodore de Bèze se fait ainsi reconnaître comme le meilleur poète latin de son temps, mais la licence de certains poèmes suscite les critiques les plus vives : on dénonce le débauché, le sodomite. La seconde édition, chez Henri Estienne, en 1567, est donc plus sage. Les pièces érotiques incriminées sont remplacées par de chastes déplorations funèbres sur la mort de Madeleine, la sœur de Théodore, et par de véhémentes épigrammes satiriques contre les faux moines, les « pseudépiscopes », ou contre la transsubstantiation.

XVIII. Dénoncé à l'Inquisition, Dolet avait été brûlé en 1546 pour hérésie et athéisme. Cette circonstance n'avait pas manqué de bouleverser la communauté des humanistes.

LXX. À cette Candide que chante Théodore de Bèze sont adressées plusieurs pièces des *Poemata*. Ce poème sur la fibule n'est pas sans évoquer la poésie néo-alexandrine et l'Anthologie grecque.

XC. Germain Audebert était un poète originaire d'Orléans. C'est cette fameuse épigramme qui déchaîna les foudres des critiques, et qui obligea désormais Théodore de Bèze à plus de retenue.

ABRAHAM SACRIFIANT. Voilà donc la première tragédie originale composée en langue française (1550). À ce titre, l'*Abraham sacrifiant* constitue une date importante de l'histoire littéraire. Toutefois, malgré ce clair désir de renouer avec les Anciens en ressuscitant ce genre prestigieux, Théodore de Bèze ne laisse pas de reprendre certains éléments des mystères médiévaux, dont le plus visible est sans doute la présence sur la scène de Satan lui-même, qui apparaît dès le début de la pièce pour inciter Abraham à la désobéissance.

[MONOLOGUE]. Pour sa première apparition, Satan paraît en habit de moine : la portée polémique de l'œuvre ne saurait être plus claire. — V. 14 : c'est-à-dire les faux dieux et idoles de toutes sortes, ceux de Babylone, bien sûr, mais aussi ceux de Rome. — V. 18 : dans la polémique huguenote, les membres du clergé catholique et les moines supposés paillards étaient souvent qualifiés de pourceaux. — V. 32 : allusion polémique à l'idolâtrie supposée des catholiques.

[SCÈNE]. V. 1 : adversaire, ennemi, tel est justement la signification du nom de Satan en hébreu. — V. 26 : la dévotion huguenote permet de tutoyer Dieu, afin de mieux signifier et établir la relation personnelle entre le fidèle et l'Éternel.

PSAUMES. Les psaumes occupaient une place essentielle dans la dévotion huguenote, et la publication intégrale du psautier de 1562 constitua un événement considérable. Entre 30 000 et 50 000 exemplaires furent imprimés cette année-là, ce qui, pour l'époque, est exceptionnel. Il fallut une vingtaine d'ateliers pour réaliser cette tâche colossale. Un an après l'échec du colloque de Poissy, Genève lançait ainsi une vaste entreprise d'évangélisation. La traduction des psaumes fut réalisée par deux éminents poètes, proches des milieux réformateurs : Marot (qui avait traduit 50 psaumes dès 1541-1543) et Théodore de Bèze. La musique fut composée par divers chantres, Guillaume Franc, Guillaume Fabri et Loïs Bourgeoy notamment, qui mit en musique le psaume dont la partition est ci-dessus notée. Les fruits de cette véritable entreprise éditoriale furent ensuite reversés aux pauvres.

PSAUME XLVII. Ce psaume est traduit par Théodore de Bèze, bien qu'il n'entende pas l'hébreu. Le poète suit en fait la version genevoise révisée par Louis Budé (fils de Guillaume) en 1551. L'argument qui précède la partition interprète les paroles du prophète afin de fixer d'emblée l'enjeu théologique de ce psaume et, pour ainsi dire, du psautier tout entier : bien au-delà du peuple juif, l'alliance du Seigneur fut scellée pour tous ceux « qui connaîtraient le vrai Dieu pour leur Souverain Seigneur et Roi ». Évidemment, dans cette phrase, la formule-clef, c'est l'expression « vrai Dieu », c'est-à-dire, pour Théodore de Bèze, celui que prêchent et enseignent les pasteurs réformés. Voir la traduction du même psaume par Vigenère, p. 409.

BIRAGUE, Flaminio de, v. 1550-?. La vie de Flaminio de Birague est assez mal connue. Issu d'une ancienne famille féodale d'origine milanaise, neveu de René de Birague, chancelier de France, puis cardinal, il fait d'abord carrière dans l'armée, et devient gentilhomme ordinaire de la Chambre du Roi. En 1581, suivant la Muse de Ronsard et celle de Desportes, il publie ses *Premières Œuvres poétiques*, rééditées en 1583 puis en 1585.

Les Premières Œuvres poétiques, éd. Roland Guillot et Michèle Clément, Genève, Droz, 1998-2004, 3 vol.

LES PREMIÈRES ŒUVRES POÉTIQUES. Les premières œuvres de Flaminio de Birague ne sauraient cacher tout ce qu'elles doivent à la tradition néo-pétrarquiste : sonnets, complaintes, stances, songes, chansons, tout y rappelle la manière ordinaire de Ronsard et de Desportes. Peut-être Flaminio se montre-t-il toutefois un peu plus sombre et ténébreux que ses illustres devanciers. Mais le recueil comprend aussi un nombre très important de pièces encomiastiques adressées à tel ou tel grand, et qui font de Birague un poète de cour.

CHANSON. Ce goût pour les tombeaux qui hantent la poésie de Flaminio de Birague donne la mesure et la sombre couleur des poèmes qu'il compose. Chez Ronsard, dans le premier sonnet des *Amours* de 1552, l'inscription tumulaire semblait un gage d'exaltation et d'immortalité ; ici, elle semble plutôt un signe d'éternelle affliction.

« JE N'ÉCRIS PAS... » Le don du poème en guise d'offrande votive est un motif que la poésie amoureuse du XVIe siècle a tiré de l'Anthologie grecque. Mais ici, Flaminio de Birague tient à se démarquer de ses devanciers, et en tout cas de Ronsard car, loin de tout appétit de gloire, lui ne cherche qu'à immoler sa douleur aux beaux yeux de sa Dame.

RÉPONSE PAR PASSERAT. Cette réponse est d'autant plus spirituelle que Passerat reprend la même forme, la même strophe, et les mêmes rimes que celles du sizain de Flaminio.

BLASONS ANATOMIQUES DU CORPS FÉMININ. Sous ce titre paraît en 1550 un recueil qui réunit des blasons, c'est-à-dire des poèmes qui visent, « non pas à décrire, mais à évoquer parmi les créatures d'un monde esthétique, dont le poète est l'artisan tyrannique, une chose, une couleur, un contour, une notion » (A.-M. Schmidt). La mode en fut lancée, en 1535, par Marot, auteur du blason du Tétin, par lequel il lança une sorte de concours. Les poètes, à l'envi, s'employèrent à célébrer à leur tour l'œil, le sourcil, la larme, le nez, ou encore la voix, le regard, le soupir, ou même l'épingle, l'anneau, le miroir, sans rien négliger de l'être féminin.

Éd. Albert-Marie Schmidt, in *Poètes du XVIe siècle*, Pléiade, Gallimard, 1953 ; éd. Françoise Charpentier, en appendice de Louise Labé, *Œuvres poétiques*, Poésie/Gallimard, 1983.

LE FRONT. V. 4 : l'être humain, récapitulation du grand monde.

L'ŒIL. V. 4 : comme la belle Hélène, à cause de qui fut entreprise la guerre de Troie.

BOUCHET, Jean, 1476-entre 1557 et 1559. Né à Poitiers, Jean Bouchet, fils d'un procureur du roi, devient lui-même procureur. S'il passe toute son existence à Poitiers, où il a fait ses études et où il devient père de famille nombreuse, il acquiert assez vite une réputation d'écrivain par la publication des *Renards traversant les périlleuses voies des folles fiances du monde* (1503), satire inspirée notamment de *La Nef des fous* de Sébastien Brant. Il est désormais lui-même le « Traverseur des voies périlleuses ». Il publie en 1512 la *Déploration de l'Église militante*, sorte de pamphlet sur les abus de l'Église. Il est protégé des La Trémoille : *Le Chapelet des princes* est dédié à Charles de La Trémoille et *Le Temple de Bonne Renommée* est un hommage à la mémoire de ce prince. Ces deux œuvres paraissent en 1516. Historien, Bouchet publie ses célèbres *Annales d'Aquitaine* (1524). Il fréquente le cercle lettré réuni autour de Geoffroy d'Estissac, que fréquente aussi Rabelais, et le cénacle de Fontenay-le-Comte. En relation avec les poètes de Dieppe et de Rouen, il est également ami de Parmentier. De ses nombreuses relations et amitiés témoignent ses *Épîtres morales et familières* publiées en 1545. On y apprend aussi qu'il est l'organisateur de représentations théâtrales à Poitiers. Il meurt entre 1557 et 1559. Les nouveaux poètes des années 1550 ne le reconnaissent guère, et Joachim du Bellay souhaite que « ces Traverseurs soient renvoyés à la Table Ronde ».

Déploration de l'Église militante, éd. Jennifer Britnell, Genève, Droz, 1991 ; *Épîtres morales et familières*, réimpr. Paris-La Haye, Mouton, 1969.

BOURBON, Nicolas, 1503-1549. Fils d'un riche maître de forges, Nicolas Bourbon fait ses études au collège de Montaigu. En 1533, il publie son premier recueil de *Nugae*, qui le met en délicatesse avec les autorités : on ne saurait impunément critiquer la scolastique, la corruption des moines, l'adoration des saints, etc. Jeté en prison, il est finalement relâché sur l'intervention de Marguerite de Navarre, mais il juge plus prudent de rejoindre l'Angleterre, où il devient précepteur. En 1536, il est de retour à Lyon, et fréquente les cercles humanistes, Maurice Scève, Rabelais, Marot, Saint-Gelais, Salmon Macrin.

Bagatelles, présentées et traduites par V. L. Saulnier, Jacques Haumont, 1945.

NUGAE. Œuvre principale de Nicolas Bourbon, ces *Bagatelles* sont constituées de huit livres recueillant 1 200 pièces, épigrammes, satires, odes, prières, élégies, autant de poèmes vifs, élégants, et parfois grinçants.

BRACH, Pierre de, 1547-après 1604. C'est au collège de Guyenne que Pierre de Brach fit ses premières études, puis il fit son droit à Toulouse. En 1567, il gagna le prix de l'Églantine aux jeux floraux, et à partir de 1572, commença une carrière de juriste et de magistrat dans sa ville de Bordeaux. Évoluant parmi les notables de la ville, il devint l'ami de Montaigne, qui lui confia la préparation de l'édition posthume des *Essais*. C'est à ce titre en général que l'on se souvient de lui. Mais il mérite d'être connu pour ses œuvres propres, tout à fait estimables en elles-mêmes, et que ses contemporains surent reconnaître et louer à juste titre.

Œuvres poétiques, éd. Reinhold Dezeimeris, Aug. Aubry, 1861 ; *Les Amours d'Aymée*, éd. Jasmine Dawkins, Genève, Droz, 1971.

LES AMOURS D'AYMÉE. Anne de Perrot, dont il fit la rencontre en 1568, est l'Aymée qu'il chante dans ces vers, publiés en 1576. Après quatre ans d'une cour assidue, il parvint enfin à épouser la jeune femme.

SONNET PRIS DU LATIN. Tiré de l'*Anthologia latina*, ce poème avait aussi été traduit par Marot.

LES REGRETS ET LES LARMES FUNÈBRES... Anne de Perrot mourut en 1587. Bouleversé par cet événement, Pierre de Brach composa un certain nombre de poèmes, qui restèrent inédits : au maniérisme d'antan succède désormais une poésie plus personnelle, éloquente et intime à la fois.

POÈMES ET MÉLANGES. Il s'agit là de poèmes que Pierre de Brach ne publia jamais de son vivant, sonnets, élégies, églogues, pastorales, épigrammes, cartels, mascarades, et même un épyllion, cette « Monomachie de David et de Goliath » qui, selon Colletet, l'emporte de très loin sur celle de Du Bellay (voir p. 244).

BRODEAU, Victor, v. 1500-1540. Victor Brodeau voit le jour dans une famille bourgeoise de Tours. Vers 1520, il entre au service de Marguerite d'Alençon comme valet de chambre. Il fréquente les cercles littéraires, Marot, Chappuys, Mellin de Saint-Gelais, et les poètes néo-latins Nicolas Bourbon, Gilbert Ducher et Salmon Macrin. Il commence une carrière de poète de cour : s'il tourne le rondeau, il traduit également de l'*Anthologie grecque*, de la poésie néo-latine et il s'inspire aussi à l'occasion du pétrarquisme. Il participe au concours de blasons lancé par Marot en proposant son « Blason de la bouche ». Mais, sans doute sous l'influence du milieu de la reine Marguerite, il se tourne vers la poésie religieuse, et compose notamment *Les Louanges de Jésus-Christ notre sauveur* et *L'Épître d'un pécheur à Jésus-Christ*, mise à l'Index en 1545, cinq ans après sa mort.

Poésies, éd. Hilary M. Tomlinson, Genève, Droz, 1982.

BLASON DES COULEURS. Souvent liée aux préoccupations héraldiques, la symbolique des couleurs est souvent commentée au XVIe siècle. Voir par exemple les chapitres IX et X de *Gargantua*.

AU LECTEUR. Cette pièce constitue l'épître liminaire de l'édition princeps des *Louanges de Jésus-Christ notre sauveur*. — V. 11 : ce qui est dans l'ombre très antique préfigure la venue du Christ. Brodeau reprend ici l'idée courante, théologiquement admise, selon laquelle les figures de l'Ancien Testament, qu'il s'apprête à évoquer dans son poème, préfigurent le Nouveau Testament et la venue du Christ.

CHASSIGNET, Jean-Baptiste, v. 1571-1635. Né à Besançon, Chassignet obtient le doctorat en droit à l'Université de Dôle et devient avocat fiscal au bailliage de Gray. Il publie en 1594, à Besançon, *Le Mépris de la vie et consolation contre la mort*, suite de 434 sonnets interrompue par des odes, des prières et des « syndérèses » (sortes de méditations). On lui doit encore des *Paraphrases sur les douze petits prophètes du vieux Testament* (1600) et des *Paraphrases sur les cent cinquante psaumes de David* (1613).

Le Mépris de la vie et consolation contre la mort, éd. Hans-Joachim Lope, Genève, Droz, 1967.

CHRÉTIEN, Florent, 1541-1596. Originaire d'Orléans, humaniste notoire, Florent Chrétien consacre une bonne partie de son activité à la traduction. Il traduit en vers français *Jephté* de Buchanan, les quatre livres de *La Vénerie* d'Oppien, et traduit en vers latins et grecs *Les Quatrains* de Pibrac. Mais il compose aussi pour les circonstances, témoin cet *Hymne généthliaque sur la naissance de Monseigneur le Comte de Soissons* et les quelques pièces qu'il fournit lors de la polémique protestante contre Ronsard. Par ailleurs, Florent Chrétien fut aussi le précepteur d'Henri de Navarre, futur Henri IV.

APOLOGIE. Les *Discours* de Ronsard suscitèrent aussitôt une vive polémique, dont les pièces principales ont été rassemblées par Jacques Pineaux dans *La Polémique protestante contre Ronsard* (STFM, 1973). Ce sonnet constitue l'une des contributions de Florent Chrétien à la querelle.

LA VÉNERIE. Bien que le propos de ce poème didactique puisse sembler aujourd'hui quelque peu prosaïque, le sujet n'en est pas moins digne pour l'époque, la vénerie étant le privilège des grands. D'ailleurs, Charles IX lui-même avait composé un petit traité à ce sujet.

VIDI FABRI PIBRACII... TETRASTICHA GRAECIS ET LATINIS VERSIBUS EXPRESSA : *Florente Christiano authore, Lutetiae, apud Federicum Morellum, M.D.LXXXIIII.* Il s'agit ici, comme l'indique le titre, de la traduction en latin et en grec des *Quatrains* de Guy du Faur de Pibrac, procurée par Florent Chrétien. La version originale des quatrains ici traduits figure p. 369.

COIGNARD, Gabrielle de, 1550-1586. La vie de Gabrielle de Coignard est assez mal connue. On sait toutefois qu'elle naquit dans le milieu de la noblesse parlementaire toulousaine. Son père, catholique rigoureux, fut longtemps mainteneur des jeux floraux. Vers décembre 1570, Gabrielle épousa Pierre de Mansencal, sieur de Miremont, avocat réputé, issu d'une prestigieuse famille. Mais il mourut trois ans plus tard à peine, et elle s'occupa seule de ses deux filles. Après la mort de Gabrielle de Coignard, Jeanne et Catherine se chargèrent de publier l'œuvre poétique de leur mère. La première édition des *Œuvres chrétiennes* vit ainsi le jour en 1594, à Toulouse ; une deuxième parut l'année suivante à Tournon, une troisième, en 1613, à Lyon. Plus récemment, en 1995, Colette H. Winn a procuré chez Droz une édition nouvelle du texte de la muse toulousaine.

SONNETS SPIRITUELS. Ce recueil constitue la première partie des *Œuvres chrétiennes* de Gabrielle de Coignard. C'est une manière de *canzoniere* chrétien, consacré par conséquent à l'amour suprême, l'amour de Dieu.

SONNET II. V. 1 : bien que Gabrielle de Coignard soit tout à fait catholique, comme en témoignent notamment sa piété mariale et ses nombreux poèmes adressés aux saints, il n'est pas inintéressant de noter ici l'usage du tutoiement, signe de l'influence des Réformateurs.

SONNET LXV. C'est la fête de l'épiphanie, célébrée le 6 janvier, qui suscite ce poème sur l'adoration des rois mages.

SONNET CXVI. Cette pièce s'inscrit dans une série sur les sept dernières paroles du Christ. Ainsi, les autres sonnets s'intitulent « *Mulier, ecce filius tuus* », « *Amen dico tibi* », « *Deus meus, Deus meus, ut quid me dereliquisti ?* » ou encore « *Consummatum est* », etc. — V. 1 et suivants : les deux quatrains reposent sur une opposition entre, d'une part, le Seigneur Dieu, maître des eaux, lui qui créa la mer (v. 1, cf. Genèse, I, 9-10), donna le vin (v. 2, cf. Psaumes, 79/80, 9), désaltéra les Hébreux avec l'eau de la pierre (v. 3, cf. Exode, XVII, 3-6), et leur permit de traverser la mer Rouge à pieds secs, et, d'autre part, l'homme-dieu, sur la croix, altéré, qui ne reçut pas même l'aumône d'un verre d'eau.

VERS CHRÉTIENS. Avec les *Sonnets spirituels*, les *Vers chrétiens* constituent l'autre partie des *Œuvres chrétiennes* de Gabrielle de Coignard. Ces *Vers* sont d'une grande variété : ils comprennent des hymnes, stances, complaintes, discours, etc., et même un poème héroïque consacré à Judith.

JUDITH. Gabrielle de Coignard connaît manifestement la *Judit* de Du Bartas, dont elle s'inspire quelque peu. Mais dans l'ensemble, sa source principale demeure le texte biblique qu'elle suit fidèlement. Bien que le concile de Trente ait confirmé le statut marginal de ce livre dans le canon, Judith n'en demeure pas moins une figure centrale de la culture chrétienne au XVIe siècle, dans la peinture comme dans la littérature. Parangon de la femme forte, elle apparaît dans tous les recueils des femmes illustres. En outre, en tant que femme, Gabrielle de Coignard a sans doute été particulièrement sensible à cette héroïne, veuve comme elle, autant d'éléments qui, sans doute, peuvent expliquer le choix du sujet de cet épyllion. — V. 60 : la comparaison est d'autant plus motivée qu'Holopherne n'a cessé pendant tout le repas d'« avaler à longs traits les pleins hanaps de vin ».

COLLERYE, Roger, v. 1470-après 1538. Né peut-être à Paris, Roger Collerye entre dans les ordres et part pour Auxerre, où il devient secrétaire de l'évêque. Cet emploi ne semble pas avoir suffi à le nourrir. Il rencontre un mécène généreux en la personne de Charles du Refuge, abbé de Moutier-la-Celle, près de Troyes, mais celui-ci meurt en 1517, et Roger reste sans appui. L'une de ses épîtres, adressée à Marot, loue celui-ci de sa remarquable « Épître au roi pour avoir été dérobé », en observant qu'il a lui-même une longue expérience du dénuement. Il aime à se représenter sous les traits du personnage traditionnel de Roger Bontemps. Les œuvres de Roger Collerye sont éditées à Paris en 1536.

Œuvres de Roger de Collerye, éd. Charles d'Héricault, Jannet, 1855.

RONDEAU LXVI. L'auteur souligne par des initiales capitales les divers genres poétiques mentionnés.

CORROZET, Gilles, 1510-1568. Ce libraire parisien, qui avait pour marque une main étendue tenant un cœur avec au milieu une rose épanouie, ce qui fait un *cor-rozé*, est surtout connu par ses *Antiquités de Paris* (1532), sorte de guide de Paris riche en renseignements et détails topographiques qui ne se trouvent guère ailleurs. Ses œuvres poétiques sont nombreuses. Il est notamment l'auteur des *Blasons domestiques, contenant la décoration d'une maison honnête et du ménage étant en icelle* (1539), de l'*Hécatomgraphie* (1540), des *Fables du très ancien Ésope mises en rythme française* [c'est-à-dire en rime française, en vers français] (1542), du *Tableau de Cébès de Thèbes, exposé en rime française* (1543), du *Conte du Rossignol* (1546), de *La Tapisserie de l'Église chrétienne et catholique, en laquelle sont dépeintes la nativité, vie, passion, mort et résurrection de Jésus-Christ, avec un huitain sous chaque histoire* (1549).

LES FABLES D'ÉSOPE. Chacune des fables est précédée d'une gravure, qui illustre la fable, et d'un quatrain qui en dégage la morale.

CRETIN, Guillaume, ?-1525. Né sans doute à Paris entre 1461 et 1470, Guillaume Cretin est homme d'Église. Il fut trésorier (titre qui lui donnait les privilèges d'un évêque) de la Sainte-

Chapelle de Vincennes et chapelain et chanoine de la Sainte-Chapelle de Paris. Aumônier du roi en 1514, il obtint de François Ier la reconstruction de la chapelle de Vincennes. Il fut, en 1523, nommé chantre de la Sainte-Chapelle. Il entretint de nombreuses relations dans divers milieux ; sans doute en 1498, il se rendit à Lyon où il semble avoir longuement séjourné et où il rencontra Jean Lemaire de Belges. Musicien, il considérait Ockeghem comme son maître. Il fut quatre fois couronné au Puy des Palinods de Rouen, en cette époque où, dans diverses villes de France, se tenaient des fêtes poétiques, dites puys, où l'on célébrait l'Immaculée Conception par un concours de pièces de vers, notamment des chants royaux (voir la Préface, p. 26).

Œuvres poétiques de Guillaume Cretin, éd. Kathleen Chesney, Firmin-Didot, 1932.

CHANT ROYAL. Ce chant royal, de forme classique, est composé de cinq strophes, construites sur les mêmes rimes, le dernier vers de chaque strophe étant le refrain (ou palinod), et d'un envoi de six vers. Il fut présenté au puy de Rouen en décembre 1511. — V. 45-48 : les « sept signacles » sont les sept sceaux du livre de vie (Apocalypse, VI).

DESPORTES, Philippe, 1546-1606. Né à Chartres dans une famille de négociants, Philippe Desportes reçoit une éducation soignée. Il devient secrétaire d'Antoine de Senecterre, évêque du Puy, qui l'emmène avec lui à Rome. De retour à Paris en 1567, il se ménage les faveurs de personnalités diverses, le marquis de Villeroy, ministre de son état, son épouse Madeleine de l'Aubespine, la maréchale de Retz et le duc d'Anjou. Lorsque ce dernier est élu roi de Pologne en 1573, Desportes devient son secrétaire de chancellerie. Mais cette situation nouvelle chez les Sarmates ne convient ni à l'un ni à l'autre, et tous deux reviennent en France l'année suivante, quand le duc d'Anjou obtient la succession de son frère défunt, Charles IX. Desportes jouit désormais d'une situation privilégiée qui éclipse en partie la renommée de Ronsard : il est lecteur du cabinet d'Henri III, il obtient la cure de plusieurs abbayes, et compose les poèmes que le roi sert à ses maîtresses. Après la mort du monarque, il fait office d'intermédiaire entre les ligueurs et le nouveau monarque. Malgré la méfiance relative que lui témoigne Henri IV, malgré les commentaires critiques de Malherbe quant à son œuvre, il n'en conserve pas moins l'honneur et l'avantage d'être à la cour comme à la ville le Prince des poètes.

Les Imitations de l'Arioste, Les Amours de Diane, Les Amours d'Hippolyte, Élégies, Diverses Amours, Dernières Amours (éd. Victor E. Graham, Genève, Droz, 1960-1963), *Cent Psaumes de David, Prières et autres œuvres chrétiennes.*

LES AMOURS D'HIPPOLYTE. *Les Amours* de Desportes sont souvent des poèmes de circonstance que le poète écrit à l'usage d'un seigneur amoureux auquel il prête sa plume, et dont il espère tirer quelque faveur. En l'occurrence, il chante Marguerite de Valois, sœur du roi, en se faisant le porte-parole d'un grand qui pourrait être Bussy d'Amboise.

CHANSON. V. 10 : allusion à Orphée, dont les accents mélodieux avaient charmé la nature tout entière.

CARTELS ET MASCARADES. Ces poèmes de circonstance étaient lus ou récités à l'occasion des fêtes de cour. Les cartels sont en quelque sorte des défis en vers que se lancent les concurrents d'un tournoi ou d'une joute, et les mascarades, des divertissements masqués illustrés par des pièces ou spectacles en accord avec le thème du jour. En l'occurrence, la plainte en forme d'Écho reprend un procédé que Jean Second et Du Bellay entre autres ont aussi utilisé (voir p. 172).

DIVERSES AMOURS. Sous ce titre se retrouvent les *Premières œuvres* de Desportes, désormais classées, et comprenant en outre les *Bergeries*, les *Cartels et Mascarades*, les *Épitaphes* et les *Prières.* Le recueil est donc composite : sonnets et dialogues y cohabitent, odes et chansons, stances et complaintes, épigrammes et villanelles. Certaines pièces semblent adressées à Madeleine de l'Aubespine. Si la tonalité est bien souvent élégiaque, et même langoureuse diront certains, quelques pièces se distinguent cependant par leur style satirique, comme l'« Adieu à la Pologne » ou les « Stances du mariage ».

STANCES DU MARIAGE. La question du mariage est bien sûr un aspect important de la querelle des femmes, qui roule du *Roman de la Rose* à La Boderie en passant par Rabelais et Heroët. Si, dans cette pièce, Desportes se montre « misogame », pour reprendre le titre d'un poème d'Amadis Jamyn, il ne manque pas de révéler aussi par endroits une certaine misogynie, qui n'est que l'envers de la divinisation de la femme, manifeste dans le reste de son œuvre.

DERNIÈRES AMOURS. Inspirées bien souvent de l'italien, les *Dernières Amours* regroupent plusieurs pièces figurant dans les volumes précédents. Elles semblent s'adresser à une certaine Cléonice, qui pourrait être Héliette de Vivonne, Mademoiselle de La Chastaigneraye. Quoique ce nom ne figure pas dans l'ouvrage, il constitue le titre du recueil dans les rééditions successives procurées par l'auteur.

SONNET XX. L'envolée érotique et spirituelle, cette hauteur toute néo-platonicienne ont su plaire à Malherbe. Il commente en effet : « Quel moyen de comparer la beauté de sa maîtresse à celle du ciel ? Aussi voyez comme il s'en acquitte bien. »

SONNET XXXVI. Toutes les dérivations lexicales à partir du verbe aimer donnent une beauté grammaticale à cette métaphysique du cœur, qui se présente comme une sorte de marivaudage avant l'heure.

ŒUVRES CHRÉTIENNES. Devenu abbé de Tiron dans le diocèse de Chartres, Desportes abandonne la poésie profane, et consacre ses dernières années à la poésie religieuse. Notamment, il s'emploie à donner des Psaumes traductions et paraphrases, afin de faire pendant à l'entreprise réformée de Marot et Théodore de Bèze.

DORAT, Jean, 1508-1588. Né à Limoges, Jean Dinemandi, dit Dorat, est reçu maître ès arts à Paris en 1538. Professeur, il devient précepteur de Jean-Antoine de Baïf et est un temps principal du collège de Coqueret. On sait qu'il eut un rôle décisif dans la formation de Ronsard, de Du Bellay, de Baïf, devant qui il commenta notamment Pindare et Lycophron. Il est nommé professeur royal de grec en 1556, puis poète royal en 1567. Il se « convertit » en 1570, et milite pour une poésie chrétienne. Puissant érudit, helléniste hors pair, il croit aussi à la valeur divinatoire de l'inspiration poétique. Son œuvre est considérable, mais dispersée, tant elle est suscitée par les circonstances. Lui-même ne se préoccupe guère de la réunir. La seule collection de ses œuvres publiée de son vivant, mais sans qu'il y mette la main, paraît en 1586 sous le titre de *Poematia.*

Poematia, Linocier, 1586 ; *Œuvres poétiques de Jean Dorat*, éd. Charles Marty-Laveaux, Lemerre, 1875 ; *Les Odes latines* [texte, traduction et notes], éd. Geneviève Demerson, Clermont-Ferrand, 1979.

IN D. MARGARITAM REGINAM NAVARRAE. Marguerite de

Navarre mourut le 21 décembre 1549. L'ode de Dorat, très célèbre, fut traduite en français par Ronsard (traduction reproduite), par Du Bellay, par Baïf et par Marc-Claude de Buttet, et en italien par Jean-Pierre de Mesmes. Elle s'inspire de l'enlèvement du prophète Élie que rapporte la Bible (II Rois, II, 11-13). — V. 7 : ce jeune prophète est Élisée, successeur d'Élie. — V. 14-15 : allusion au péché originel.

DE REGE HENRICO IN EQUO VEREDO AD CALETES VECTO. Cette ode en dialogue se rapporte à la célèbre prise de Calais, après deux siècles d'occupation anglaise. Le roi partit pour Calais le 17 janvier 1558. — V. 9 : le roi était accompagné du cardinal de Lorraine, parfois représenté sous les traits de Mercure, dieu de l'éloquence et du bon conseil. — V. 14 : cette épée singulière est utilisée par Mercure (Ovide, *Métamorphoses*, IV, 727). — V. 15 : c'est François de Guise, frère du cardinal de Lorraine, qui reconquit Calais.

FORCADEL, Étienne, v. 1520-v. 1576. Après des études menées à Toulouse, Étienne Forcadel mène de front carrière juridique et carrière littéraire. Il publie des ouvrages d'histoire ou de droit, comme le *Penus juris civilis*, mais aussi bien des recueils poétiques, *Le Chant des Sirènes* en 1548, puis *Poésie* en 1551. Sérieusement inquiété pendant les troubles civils, il est finalement relâché sur ordre du roi. Parue en 1551, la *Poésie* d'Étienne Forcadel reprend, enrichit et ordonne les éléments du *Chant des Sirènes*, désormais classés sous les rubriques suivantes : *Opuscules*, *Chants divers*, *Encomies*, *Élégies*, *Épigrammes*, *Complaintes*, *Épitaphes*, *Épîtres*, *Églogues*, *Traduction*.

Œuvres poétiques, éd. Françoise Joukovsky, Genève, Droz, 1977.

DISSENSION... Le projet philosophique des *Opuscules* s'affirme notamment dans cette quatrième pièce qui, dans la vieille tradition médiévale du débat, met en scène la *concordia discors* universelle. (Le dédicataire, futur comte d'Auvergne, puis duc d'Angoulême, était le fils de Charles IX et de Marie Touchet, sa favorite.) — V. 13 : l'ambre gris, substance animale, est produit par le cachalot, et l'ambre jaune, substance végétale, est une résine fossile. — V. 41 : le feu permet de soigner les plaies infectées par le venin.

ENCOMIE DE L'ŒIL À FAÇON D'ÉNIGME. Adressée à M. de Lansac, conseiller du duc d'Anjou, devenu lieutenant général du roi de Navarre, cet éloge énigmatique en forme de blason est l'illustration d'un genre à la mode, dont Rabelais s'était déjà servi à la fin du *Tiers Livre*, pour chanter les vertus du Pantagruélion (voir également le « Blason de l'œil » composé par Heroët, p. 176).

FRANÇOIS Ier, 1494-1547. Bien que Sainte-Beuve soit tenté d'attribuer à Marot ou à Saint-Gelais les meilleurs de ses vers, il est à peu près établi que François Ier écrivit de nombreux poèmes, bien souvent manuscrits, ou parfois imprimés dans des recueils collectifs. Mais le fait est que ce protecteur des belles lettres n'a jamais revendiqué son œuvre poétique.

Œuvres poétiques, éd. J. E. Kane, Genève, Slatkine, 1984.

[ŒUVRES POÉTIQUES]. Jamais recueillis par l'auteur, ces poèmes sont essentiellement des rondeaux, chansons, épitaphes, épîtres, dans le goût marotique de l'époque.

PRISON. Après le désastre de Pavie en 1525, François Ier fut capturé par les troupes de l'Empereur. C'est à cette occasion qu'il composa ces « Prisons ».

GARNIER, Robert, 1544-1590. Robert Garnier naît à La Ferté-Bernard, étudie le droit à Toulouse et devient avocat au Parlement de Paris en 1567. Les guerres civiles lui inspirent en 1567 une première tragédie, *Porcie*. Nommé conseiller au Présidial du Mans, puis au Grand Conseil du roi, il n'en poursuit pas moins son œuvre dramatique : *Hippolyte* en 1573, *Cornélie* en 1574, *Marc-Antoine* en 1578, *La Troade* en 1579, *Antigone* en 1580, *Bradamante* en 1582 et *Les Juives* en 1583. S'il est un moment tenté par la Ligue, horrifié par les horreurs de la guerre, il demeure toujours fidèle au roi et à la monarchie.

Œuvres complètes, éd. Raymond Lebègue, Les Belles Lettres, 1949-1974, 4 vol.

HYMNE DE LA MONARCHIE. Composé en 1567, cet hymne reprend les arguments classiques des Anciens, et notamment Platon, pour justifier la supériorité du gouvernement d'un seul. Mais ce n'est pas ici un débat scolaire, une déclamation purement rhétorique : Garnier a à l'esprit les horreurs quotidiennes de la guerre civile, et pour lui, seule l'obéissance au monarque pourrait mettre un terme à ces luttes fratricides.

LES JUIVES. Tirée de II Rois, XXIV et XXV et II Chroniques, XXXVI, l'intrigue de cette tragédie, la plus réputée de Garnier, met en scène les malheurs du peuple juif, vaincu par Nabuchodonosor. Sédécie, roi de Jérusalem, est désormais captif à Babylone, ainsi qu'Amital, sa mère.

BRADAMANTE. C'est Garnier qui, le premier en France, invente la formule de la tragi-comédie. En l'occurrence, il puise la matière de sa pièce dans le *Roland furieux*, et choisit l'épisode des amours de Roger, guerrier sarrasin, et de Bradamante, vierge guerrière, sœur de Renaud. La vogue de l'Arioste n'était pas nouvelle. Plusieurs parties avaient même été détachées et traduites séparément. Les plaintes de Bradamante, notamment, le furent successivement par La Boétie (voir p. 372) et par Desportes. — V. 17 : Aymon, le père de Bradamante, s'est vigoureusement opposé au mariage des deux amants.

GARROS, Pey de, ?-?. Après des études de droit à Lectoure, puis à Toulouse, Pey de Garros est chargé de mission à la cour de Navarre. Il devient conseiller et siège à la sénéchaussée d'Armagnac. Mais au-delà de ces activités administratives, Pey de Garros contribue à la renaissance littéraire de la langue d'oc : en l'occurrence, il procure en 1565 une traduction gasconne des psaumes de David, et publie, deux ans plus tard, ses *Poesias.*

Œuvres de Pey de Garros, éd. Alcée Durrieux, Auch, Gaston Foix, 1895 ; c'est de cette édition qu'est tirée la traduction proposée.

PSAUMES DE DAVID... Dédiés à la reine de Navarre, ces psaumes de David en langue gasconne s'inscrivent à la fois dans le mouvement de renaissance provençale et dans le courant de réforme protestante, qui valorise en général la traduction de la Bible en langue vernaculaire.

GAUCHET, Claude, v. 1540-v. 1620. Né à Dammartin en Champagne, vers 1540, Claude Gauchet fut aumônier ordinaire de Charles IX, d'Henri III et d'Henri IV. En relation avec les poètes de la Pléiade, cet homme d'Église fut aussi poète. Il appartient au groupe des chantres de la vie rustique, assez nombreux de son temps. *Le Plaisir des champs*, publié en 1583 et dont une édition augmentée parut en 1604, décrit, selon les saisons, les travaux et les plaisirs de la vie campagnarde.

Éd. Prosper Blanchemain, Franck, 1869.

GODARD, Jean, 1564-1630. La vie de ce poète est mal connue. Il était parisien, et devint lieutenant-général au bailliage de Ribémont en Picardie, puis, vers 1615, il abandonna ce poste, et se retira à Villefranche en Beaujolais. Ses œuvres poétiques sont dans lignée de Ronsard et de la Pléiade.

Les Œuvres de Jean Godard Parisien, Lyon, Pierre Landry, 1594 ; *La Nouvelle Muse, ou les Loisirs*, dédiée à Guillaume du Vair, Lyon, Claude Morillon, 1618.

GOULART, Simon, 1543-1628. Né à Senlis, Simon Goulart fait des études de droit à Paris. Il gagne Genève en 1566 : il y étudie la théologie, et devient pasteur. À la mort de Théodore de Bèze, en 1605, il est élu président de la Compagnie des Pasteurs, fonction qu'il exerce jusqu'en 1612. Traducteur, commentateur (notamment de Du Bartas), historien, il laisse une œuvre immense. Les *Imitations chrétiennes* (12 odes) et la *Suite des Imitations chrétiennes* (197 sonnets) sont publiées en 1574 dans *Poèmes chrétiens de B. de Montmeja et autres divers auteurs.*

GRÉVIN, Jacques, 1538-1570. Jacques Grévin est issu d'une modeste famille de Clermont-en-Beauvaisis. Vers 1550, il est envoyé au collège de Boncourt, puis il poursuit ses études à la Faculté de médecine. Mais la Muse l'appelle, et en 1560, il publie *L'Olympe* [...]. *Ensemble les autres Œuvres poétiques...*, où il chante sa bien-aimée Nicole, fille de Charles Estienne. Dans ce même recueil figurent également les sonnets de *La Gélodacrye.* L'année suivante, il fait jouer une tragédie, *César*, et une comédie, *Les Ébahis.* En homme d'action, Grévin se jette dans les polémiques de son temps : calviniste, il attaque le Ronsard du *Discours des misères*; médecin, il condamne l'usage controversé de l'antimoine; mais les nouveaux éclats de la deuxième guerre de Religion lui font fuir la France en 1567. On le retrouve à Londres, à Anvers, puis à Turin, s'occupant de traductions diverses, mais il meurt en 1570.

Théâtre complet et poésies choisies de Jacques Grévin, éd. Lucien Pinvert, Garnier, 1922.

L'OLYMPE. Ronsard avait chanté sa Cassandre, Grévin se devait d'honorer son Olympe. En bon disciple, du moins à cette époque encore, il suit les traces du maître. À la devise grecque de Ronsard, « Dès que je la vis, je devins fou », répond celle de Grévin, que l'on peut traduire de la sorte : Olympe, ou rien. Des poèmes liminaires de Ronsard, Du Bellay et Belleau ouvrent la marche à une centaine de sonnets amoureux et autres odes, baisers, villanelles et amourettes, qui déclinent les charmes et rigueurs de l'aimée…

« JODELLE, MES SONNETS… ». Ces poèmes qui ne sont que simple prose font bien sûr penser au sonnet II des *Regrets* (voir p. 252) mais l'idée générale de cette pièce repose plutôt sur l'opposition classique entre *ars amatoria* et *ars poetica* : le véritable amant peut-il vraiment être poète minutieux, ou pour le dire en d'autres termes, le passage entre *furor eroticus* et *furor poeticus* est-il vraiment possible ?

LA GÉLODACRYE. Avec *L'Olympe*, paraissent une trentaine de sonnets sous ce titre curieux. Ce néologisme, mélange de ris et de larmes, rend bien compte de l'image *bifrons* que se donne Grévin en l'occurrence, selon qu'il suit Héraclite ou Démocrite. Mais, soit qu'il rie, soit qu'il pleure, il met toujours en scène la folie et l'inconstance des hommes.

« QU'EST-CE DE CETTE VIE… ». L'image de la vie comme un théâtre, qui remonte au moins aux stoïciens, est un lieu commun de la philosophie morale qui sert le plus souvent au XVIe siècle à dénoncer l'illusion et la vanité de ce monde.

CÉSAR. Dans son « Bref Discours pour l'intelligence de théâtre », Grévin se défend d'avoir emprunté sa matière à la pièce latine de Muret, son maître au collège de Boncourt. Au contraire, dit-il, il innove totalement, et malgré les précédentes œuvres de Jodelle, non encore imprimées il est vrai, évoquant encore moins l'*Abraham sacrifiant* de Théodore de Bèze, qui n'est sans doute pour lui qu'un mystère déguisé, le jeune Grévin se vante d'être le premier à avoir replanté la tragédie en cette terre de France.

ACTE V. Beaucoup de tragédies du XVIe siècle s'achèvent sur l'annonce pathétique de la mort du héros, que suit éventuellement quelque funèbre déploration. Or la pièce de Grévin ne s'arrête pas là : la mort de César a certes été annoncée et déplorée à l'acte IV, mais l'action n'est pas finie. C'est que le vrai sujet de la pièce n'est pas le destin de César, mais celui de l'État. À l'acte V, demeurent face à face sur la scène les conjurés et les partisans de César : l'affrontement est désormais inévitable, et la tragédie se clôt sur la perspective ouverte de la guerre à venir. — V. 17 : Brutus se compare ici implicitement à cet autre Brutus qui tua Tarquin le Superbe, le dernier roi des Romains, et qui permit ainsi la proclamation de la République en 509 av. J.-C.

LES ÉBAHIS. « Cette comédie, note Grévin, fut mise en jeu au collège de Beauvais, à Paris, le XVIIe jour de février M.D.L.X. après la tragédie de J. César et les Jeux satyriques, appelés communément les Veaux. » L'action se passe dans le quartier Saint-Séverin à Paris. Gérard a décidé de marier sa fille Madeleine à Josse, son vieil ami. Bien entendu, Madeleine n'est guère disposée à épouser ce barbon, d'autant qu'elle est amoureuse d'un jeune avocat à qui elle a donné son cœur. L'intrigue de la pièce consiste donc à contrecarrer ce projet de mariage. Toutes ces situations rappellent évidemment le théâtre latin et la comédie italienne, dont Grévin s'inspire en bonne partie.

SCÈNE III. Antoine, le valet de Josse, dresse ici le portrait drolatique autant que satirique du barbon amoureux.

GRINGORE, Pierre, v. 1475-1538 ou 1539. Né en Normandie, Gringore ne fut pas le poète bohème dépeint par Victor Hugo et Théodore de Banville. On lui doit diverses œuvres morales, dont *Le Château de labour* (1499), *Le Château d'amour* (1500), *Les Folles Entreprises* (1505), toutes œuvres plusieurs fois rééditées. Au service de Louis XII, il sert sa propagande et publie des pamphlets politiques. Clerc de la basoche, il participe aux activités théâtrales de la confrérie et tient, auprès du Prince des Sots, le rôle de Mère Sotte. Il dirige jusqu'en 1517 diverses représentations théâtrales et cérémonies publiques inspirées par le conflit qui oppose alors la France à la papauté. La mort de Louis XII le prive de son protecteur. Il publie en 1516 *Les Fantaisies de Mère Sotte*, ouvrage, lui aussi, souvent réédité. Il devient, en 1518, le héraut d'armes du duc de Lorraine et vit désormais à la cour de Nancy. Il est mort, sans doute en Lorraine, après le 16 avril 1538.

Œuvres complètes, éd. Charles d'Héricault et Anatole de Montaiglon, 1858-1877, 2 vol. ; *Les Fantaisies de Mère Sotte*, éd. R. L. Frautschi, Chapel Hill, Univ. of North Carolina Press, 1962.

GUILLET, Pernette du, 1518?-1545. Née à Lyon, elle est de bonne famille et a reçu une solide instruction. Elle rencontre en 1536 Maurice Scève, qui fut son initiateur et son guide. Elle épouse en 1538 un M. du Guillet, qui n'est pas autrement connu. Elle meurt, sans doute de la peste, le 17 juillet 1545. C'est avec l'accord de son mari que, la même année, sont publiées à Lyon, par les soins d'Antoine du Moulin, les *Rymes* de Pernette.

Ryme, éd. Victor E. Graham, Genève, Droz, 1968 ; éd. Françoise Charpentier, Poésie/Gallimard, 1983.

ÉPIGRAMME XIII. Pièce à rapprocher du dizain CXXXVI de la *Délie* de Scève, qui lui répond : « L'heur de notre heur enflammant le désir / Unit double âme en un même pouvoir : / L'une mourant vit du doux déplaisir, / Qui l'autre vive a fait mort recevoir. / Dieu aveuglé, tu nous as fait avoir, / Sans autrement ensemble consentir, / Et posséder, sans nous en repentir, / Le bien du mal en effet désirable : / Fais que puissions aussi longtemps sentir / Si doux mourir en vie respirable. »

CHANSON VII. V. 3 : Daphné : il faut lire « Danaé ». Danaé fut enfermée dans une tour, où Jupiter, épris d'elle, la visitait sous la forme d'une pluie d'or. Celle-ci est depuis longtemps facétieusement interprétée comme l'image de la puissance de l'argent en amour.

HABERT, Isaac, v. 1560-v. 1625. Isaac Habert est issu d'une famille qui a déjà produit plusieurs écrivains, et notamment François Habert qui fut « poète du roi » sous Henri II. Il bénéficie de la protection du seigneur de Lansac, puis il entre au service du roi en tant que secrétaire. En 1582, il publie ses premières *Œuvres poétiques* et, en 1585, *Les Trois Livres des météores, avec autres œuvres poétiques.* C'est pour ainsi dire sa dernière publication car, peut-être poussé par des motivations religieuses, Habert semble dès lors renoncer à la Muse.

Amours et Baisers, éd. Nathalie Mahé, Genève, Droz, 1991.

ŒUVRES POÉTIQUES. Publiées chez Abel l'Angelier avec privilège royal, les premières œuvres poétiques d'Isaac Habert comprennent notamment *Les Amours de Diane*, des *Odes* et plusieurs autres pièces diverses. *Les Amours de Diane* en particulier révèlent tout ce que le poète doit à Ronsard.

À ELLE ENCORE. Placés sous le signe Diane, comme le sont aussi maints poèmes de Jodelle, de Desportes et d'Agrippa d'Aubigné (voir p. 495), ces vers éminemment baroques suscitent évidemment avec Hécate l'image de ces êtres affreux dont l'évocation n'est pas sans rappeler la descente aux Enfers de Virgile (voir Du Bellay, p. 258).

LES TROIS LIVRES DES MÉTÉORES. Dédiés « au Roi de France et de Pologne », ces *Trois Livres des météores* sont immédiatement suivis d'un recueil d'*Amours* et d'un autre d'*Œuvres chrétiennes.*

« JE VEUX ICI CHANTER... ». Les premiers vers de ce long poème ont une fonction programmatique. La matière de l'œuvre y est clairement explicitée. Ce faisant, Isaac Habert situe son œuvre dans la lignée de cette « poésie du ciel », pour reprendre la formule d'Isabelle Pantin, dont plusieurs autres avant lui, et notamment Pontus de Tyard, avaient déjà tracé la voie.

DERNIÈRES AMOURS. À SA DAME. La dernière séquence des *Amours,* intitulée *Dernières Amours,* est avant tout l'expression du désamour. La rupture est consommée, le poète reprend sa liberté, et vilipende cette femme volage. Cette attitude n'est pas sans évoquer celle de Jodelle dans ses *Contr'Amours.* Mais ici, il ne s'agit pas seulement d'un Adieu à la Dame et à l'Amour, car avec ces derniers poèmes contr'amoureux, et les œuvres chrétiennes qui les suivent, c'est aussi en filigrane le signe de l'Adieu prochain du poète à la Muse.

HENRI IV, 1553-1610. La vie d'Henri IV, roi de France et de Navarre, est bien connue, mais on ignore souvent qu'à l'instar de François Ier et de Charles IX, il sut composer des vers dans les moments de loisir que lui laissaient ses activités politiques et militaires. Il use en général d'un style plein d'allant, de verve et de simplicité, tout à fait conforme en somme à son ordinaire tempérament.

« CHARMANTE GABRIELLE... ». Adressée à Gabrielle d'Estrées, la maîtresse du roi, cette pièce assez célèbre reprend le refrain d'une chanson d'époque pour l'adapter à la circonstance.

HEROËT, Antoine, 1492-1568. Jeune poète, Antoine Heroët participe en 1535 au concours lancé par Marot, et propose un *Blason de l'œil* (voir p. 176). Évoluant dans l'entourage de Marguerite de Navarre, il procure en 1536 une paraphrase du *Banquet* de Platon, qu'il intitule *L'Androgyne*, puis il prend la défense des femmes dans la querelle des Amies en publiant *La Parfaite Amie* (1542). En 1552, il est nommé évêque de Digne, où il exerce jusqu'à sa mort.

Œuvres poétiques, éd. Ferdinand Gohin, Cornely, 1909 ; rééd., Genève, Droz, 1943.

LA PARFAITE AMIE. Dans un discours en trois livres, la parfaite amie mise en scène explique son amour, sa constante ferveur si son amant venait à décéder, et le bonheur qui est toujours la récompense de l'amour vrai. Pénétrée d'idéalisme néo-platonicien, cette réflexion tente de mêler spiritualité et sensualité. Maintes fois rééditée au XVIe siècle, cette œuvre constitue l'une des pièces maîtresses de la querelle des Amies. Au tout début de l'ouvrage, ces quelques vers constituent en quelque sorte l'exorde du discours. — V. 17 : dans le *Banquet*, Platon affirme qu'Amour a pour mère Penia, déesse de la pauvreté. — V. 18 : ce frère est Antéros.

HESTEAU DE NUYSEMENT, Clovis, v. 1555-v. 1624. Concernant ce poète, peu d'informations nous sont parvenues. Il vécut à Blois, puis entra au service de Monsieur et d'Henri III, qui lui attribua une pension. Avec Dorat, Ronsard, Jamyn, Passerat et Du Perron, il faisait donc partie du nombre restreint des poètes royaux. En 1578, il publie *Les Œuvres poétiques* chez Abel l'Angelier. Il est aussi l'auteur de *Quatrains sur les distiques de Caton*, et d'œuvres diverses tournant autour de l'alchimie, comme le *Poème philosophique de la Vérité de la Physique minérale*, le *Poème philosophique sur l'azote des philosophes*.

Les Œuvres poétiques, éd. Roland Guillot, Genève, Droz, 1994-1996, 2 vol.

LES ŒUVRES POÉTIQUES. Dédié à Monsieur, le recueil évoque les faits d'armes du prince et de son frère le roi (livre I), les *Amours* du poète, désespéré comme il se doit (livre II), et divers sujets lyriques, bucoliques, satiriques, encomiastiques, etc. (livre III).

ODE À MONSIEUR. Cette ode pindarique est un poème encomiastique qui célèbre la prochaine et troisième victoire de Monsieur.

ENCHANTEMENTS. Ce poème, mélange d'incantation à la

façon antique et de *disperata* dans le style italien, témoigne de la fureur mise en œuvre dans les écrits de Nuysement.

JAMYN, Amadis, v. 1541-1593. Évoluant dans l'entourage de Ronsard, Amadis Jamyn devint bientôt secrétaire et lecteur ordinaire de la chambre du roi. Poète de cour, figure importante de la république des lettres de ce temps, il publie de nombreux poèmes, et procure après la mort d'Hugues Salel la traduction des treize derniers chants de l'*Iliade.* Après la mort de Charles IX, il participe encore aux séances de l'Académie du Palais sous Henri III.

Les Œuvres poétiques, éd. Samuel M. Carrington, Genève, Droz, 1973-1978, 2 vol.

LES ŒUVRES POÉTIQUES. Publié en 1575 et augmenté en 1584, ce recueil constitue en quelque sorte le trait d'union entre Ronsard et Desportes. Il s'agit essentiellement de sonnets, discours, odes ou stances célébrant la noblesse des Grands ou la beauté des dames, Oriane, Callirée, Artémis…

Sonnets du deuil de Cléophon. Le Cléophon mis en scène par Amadis Jamyn dans ces sonnets en forme de tombeaux ou de complaintes est le double du roi Henri III, accablé par la mort de trois de ses mignons, survenue en 1578, à la suite d'une funeste querelle.

SONNET LXXXVII. V. 1 : épisode raconté par Ovide, *Métamorphoses,* XIII, v. 576 et suiv. — V. 2 : Niobé, accablée de douleur d'avoir perdu ses fils.

JODELLE, Étienne, 1532-1573. Issu d'une modeste famille, quoi qu'il en dise, Étienne Jodelle suit néanmoins les cours du prestigieux collège de Boncourt, sous la férule de Muret et de Buchanan. Il se distingue dès 1549 par ses premiers essais poétiques, et fait jouer sa comédie, *Eugène,* en 1552. En 1553, il triomphe avec une tragédie qui fait date dans l'histoire littéraire, *Cléopâtre captive,* bientôt suivie d'une *Didon se sacrifiant.* Il publie de nombreux poèmes de circonstance ici et là. En 1558, il est chargé d'organiser les divertissements du roi et du duc de Guise, célébrant une victoire historique sur les Anglais : c'est le fiasco. Il perd pour longtemps l'estime et les faveurs durement acquises. Pour les regagner, il se croit obligé, malgré sa relative affinité avec la Réforme, d'écrire des sonnets « contre les ministres de la nouvelle opinion», et autres violentes diatribes hostiles aux protestants. Mais il est endetté, et quoiqu'il demeure aux yeux de tous un poète renommé, il meurt dans le dénuement, n'ayant pas même recueilli ses poèmes épars.

Œuvres complètes, éd. Enea Balmas, Gallimard, 1965-1968, 2 vol.

CLÉOPÂTRE CAPTIVE. D'après le témoignage d'Étienne Pasquier, la pièce fut représentée « devant le Roi Henri à Paris, en l'Hôtel de Reims, avec un grand applaudissement de toute la compagnie : et depuis encore au collège de Boncourt, où toutes les fenêtres étaient tapissées d'une infinité de personnages d'honneur, et la cour si pleine d'écoliers que les portes du Collège en regorgeaient ». C'était là, il est vrai, la toute première représentation d'une tragédie française dans le royaume : l'événement était donc de taille. La matière de la tragédie, tirée de la *Vie d'Antoine* de Plutarque, est tout à fait illustre. Ici, dans cette scène capitale de l'acte IV, Cléopâtre adresse un ultime adieu aux restes de son amant défunt. Le monologue prend ainsi la forme d'une déchirante élégie, aux accents pathétiques, qui constituent les dernières paroles de la reine, avant l'annonce de sa mort à l'acte V.

SONNETS À LA REINE MÈRE. Ces poèmes encomiastiques, rassemblés de la sorte par Charles de La Mothe un an après la mort de Jodelle, célèbrent la politique menée par Catherine de Médicis. Les allusions qu'ils contiennent demandent quelque éclaircissement. L'échec du colloque de Poissy en 1561 avait conduit aux luttes de la première guerre civile. Mais la reine réussit finalement à obtenir la paix d'Amboise (17 mars 1563). Par ailleurs, elle sut aussi reprendre aux Anglais la ville du Havre que leur avait cédée Condé en échange de leur aide (17 juillet 1563).

SONNET III. V. 8 : paraphrase de l'adage fameux, *cujus regio, ejus religio*, ou de la formulation française, « une seule foi, une seule loi, un seul roi ».

CONTRE LES MINISTRES DE LA NOUVELLE OPINION. Charles de La Mothe a rassemblé sous ce titre trente-six sonnets de Jodelle. Pièces de circonstance, littérature engagée, textes satiriques, certainement ; œuvre de commande, rien ne le prouve de façon certaine. Quoi qu'il en soit, ces poèmes emblématiques reflètent tout un siècle de combats par la plume autant que par l'épée.

SONNET IV : Jodelle évoque ici en particulier la tentative d'enlèvement du roi et la « surprise de Meaux » (29 septembre 1567). Ce jour-là, les huguenots réussirent à s'emparer de plus de cinquante villes fortifiées, et se livrèrent parfois, comme à Nîmes, à des massacres de catholiques.

LES AMOURS. Regroupés sous ce titre par Charles de La Mothe, *Les Amours* constituent une suite de quarante-sept sonnets évoquant diverses femmes, dont la fameuse Maréchale de Retz.

SONNET XXX. V. 14 : Jodelle met ici en œuvre un procédé qu'il affectionne : les vers rapportés (on en trouvera un autre exemple, préface, p. 27). En effet, il dispose les mots et les vers de telle sorte qu'il se crée à l'intérieur du poème un ordre vertical qui croise l'axe linéaire de la lecture ordinaire.

CONTR'AMOURS. La haine n'étant jamais bien loin de l'amour, Jodelle compose aussi quelques sonnets, où il chante la palinodie, brûlant désormais ce qu'il avait jusqu'alors adoré (sur le motif des contr'amours, cf. aussi Tahureau, p. 234).

SONNET V. V. 14 : éprise de son père Cinyras, roi de Chypre, Myrrha fut finalement métamorphosée en l'arbre dont on tire la myrrhe. Fille de Nisus, roi de Mégare, Scylla trahit son père en coupant au profit de Minos le cheveu d'or qui le rendait invincible. Arachné eut l'audace de défier Athéna, et fut transformée en araignée. Quant à Gorgo, si fière de sa beauté, elle vit ses cheveux se changer en serpents.

DIX SONNETS TIRÉS DE LA PRIAPÉE. La Muse de Jodelle s'est aussi hasardée sur des sentiers un peu moins policés. Outre l'*Épitaphe du membre viril de Frère Pierre*, il faut citer ces quelques pièces, présentées de la sorte par l'éditeur qui se chargea de les réunir à la mort de Jodelle : « Autres [sonnets] vilains dudit Jodelle contre une garce qui l'avait poivré ».

SONNET X. Ce contre-portrait, comme il est des contre-blasons, n'est pas sans évoquer celui que dresse Du Bellay dans *Les Regrets* (voir p. 257).

LABÉ Louise, ?-1566. Née entre 1516 et 1524, à Lyon, celle qu'on surnomme « la belle cordière » est fille d'un cordier et épousera un cordier. Son père est un notable. Elle reçoit une excellente éducation. Elle entretient une liaison avec Olivier de Magny. Elle mène une vie mondaine (trop mondaine, selon certains) et elle fréquente les beaux esprits. En 1555 elle publie à Lyon un petit volume qui, outre le *Débat de Folie et d'Amour*, en prose, réunit trois élégies et vingt-quatre sonnets. Ses dernières années sont mal connues. Elle meurt en 1566 sur ses terres, dans les Dombes.

Œuvres complètes, éd. Enzo Giudici, Genève, Droz, 1981, et éd. François Rigolot, Flammarion, 1986 ; *Œuvres poétiques*, éd. Françoise Charpentier, Poésie/Gallimard, 1983.

LA BOÉTIE, Étienne de, 1530-1563. Originaire de Sarlat en Périgord, Étienne de La Boétie est nommé en 1554 conseiller au Parlement de Bordeaux où il rencontre Michel Eyquem. Entre Montaigne et lui se noue une profonde et fervente amitié. Son influence au Parlement le fait nommer plus d'une fois pour accomplir des missions royales et mettre en œuvre la politique de tolérance du chancelier Michel de L'Hospital. Mais il tombe malade et meurt en 1563. Dès lors, Montaigne se charge de publier les inédits de feu La Boétie, plusieurs traductions de Xénophon et de Plutarque, des vers latins, des *Vers français*, *Vingt-Neuf Sonnets amoureux*, sans parler du *Discours de la servitude volontaire*, qu'il renonce finalement à insérer au cœur des *Essais* comme il l'avait d'abord prévu.

Œuvres complètes, éd. Paul Bonnefon, Bordeaux, G. Gounouilhou et Paris, J. Rouam, 1892.

VERS FRANÇAIS DE FEU ÉTIENNE DE LA BOÉTIE. Ce recueil posthume publié par Montaigne en 1571 rassemble des pièces diverses : les plaintes de Bradamante traduites de l'Arioste, précédées d'une épître à Marguerite de Carle, une chanson et vingt-cinq sonnets amoureux.

À MARGUERITE DE CARLE. Pour répondre aux exigences de Marguerite de Carle, son épouse bien-aimée, La Boétie consent finalement à traduire un passage fameux de l'Arioste, qui inspirera également Garnier (voir p. 440).

Sonnets. Avec ceux de Salmon Macrin (voir p. 92) et ceux de Pierre de Brach (voir p. 478) ces poèmes adressés à Marguerite de Carle figurent parmi les rares exemples de poésie amoureuse et conjugale de cette époque.

VINGT-NEUF SONNETS D'ÉTIENNE DE LA BOÉTIE. Figurant au chapitre 28 du livre I de la première édition des *Essais*, ces sonnets amoureux ont été composés dans des circonstances que Montaigne se promet de dire un jour à l'oreille de Madame de Grammont ; mais le secret de cette confidence s'est malheureusement perdu.

LA GESSÉE, Jean de, fin 1550 ou début 1551-après 1598. La vie de Jean de la Gessée est assez mal connue. Il naquit à Mauvezin et, sans doute, poursuivit ses études au fameux collège de Guyenne. Échappant aux massacres de la Saint-Barthélemy, il cherche refuge à Genève, puis revient à Paris où il est bientôt emprisonné pendant toute une année au Châtelet. Il publie des œuvres de circonstance comme *La Rochelléide, Discours... sur l'entière pacification des troubles...*, les *Soupirs de la France sur le Départ du Roi de Pologne*, et *Henrias*, poème latin adressé au roi de Pologne, et futur Henri III. Ne les trouvant pas auprès de ce dernier, La Gessée cherche de nouveaux appuis auprès du duc d'Alençon, dont il est le secrétaire pendant quelques années, et qu'il suit dans ses voyages en Angleterre et en Flandres. En 1583, il décide de réunir ses nombreuses et diverses publications en confiant à Plantin, l'éditeur anversois, ses *Premières Œuvres françaises*. Après la mort du duc d'Alençon en 1584, il obtient la charge de maître des requêtes de la sœur du roi de Navarre, puis devient ambassadeur du roi d'Écosse. Après la *Philosophie Morale et Civile* qu'il publie en 1595, on perd à peu près toute trace de lui.

Les Jeunesses, éd. Guy Demerson, avec la collaboration de J.-Ph. Labrousse, STFM, 1991.

LES JEUNESSES. Placées en tête des *Premières Œuvres françaises*, *Les Jeunesses* sont un recueil de poèmes, essentiellement des sonnets, organisés en six livres. Le ton hésite bien souvent entre la satire et la plainte : les malheurs de la France, la cruauté des guerres, les douleurs et les deuils sont la chair déchirée de ses vers. Au milieu de ces ténèbres cependant, la lumière de la foi et l'espérance de la vie éternelle viennent parfois éclairer le poète.

SONNET I, 2. Ce sonnet programmatique annonce la matière (*inventio*) et la manière (*elocutio*) du recueil à suivre. L'image des abeilles, ces « fillettes du Ciel », auxquelles se compare le poète, est un *topos* fréquent dans les textes antiques, et elle permet de mettre en œuvre la transmutation poétique du fiel (v. 2) en miel (v. 13).

SONNET I, 92. L'anecdote est tirée de Plutarque, *Alexandre*, 8, 2. La satire des grands peu enclins au mécénat est à la fois un lieu commun poétique et une réalité économique pour les poètes du XVIe siècle, ce dont témoigne le nombre incroyable de pièces encomiastiques ou de circonstance, destinées à gagner la faveur de tel ou tel. La Gessée lui-même, qui composa sur les mérites du duc d'Anjou des centaines de vers, ne put guère obtenir le « guerdon » de sa peine.

SONNET II, 6. Le livre II, bien souvent, met en scène la réflexion métapoétique du poète sur son œuvre. En l'occurrence, il écarte les projets homériques, les odyssées (v. 1 et 2) et les iliades (v. 3 et 4), et aussi bien les poèmes virgiliens, *Géorgiques* (v. 5 et 6) ou *Bucoliques* (v. 7 et 8). En effet, la poétique ici mise en œuvre se rapproche bien plus de l'élégie, et de la manière ordinaire de Du Bellay.

SONNET III, 40. Ce poème fait partie d'une suite de trente-deux « Sonnets chrétiens » au sein du livre III. Il commence comme un noël dans la première strophe, se poursuit comme un Credo dans les vers suivants, où il affirme la virginité de Marie, la doctrine de Nicée (*genitum, non factum*), et la résurrection du Christ. Dans le dernier tercet, le poète se réapproprie le motif antique du *soma, sêma,* dans une perspective plus paulinienne.

SONNET V, 1. Le cinquième livre des *Jeunesses* a pour titre *La France éplorée.* Aux décasyllabes des discours de la France répondent les alexandrins du poète. Le dialogue se poursuit ainsi entre eux deux. Dans ce premier poème, c'est la France qui parle. La prosopopée de la France endolorie est un motif fréquent pendant ces années de guerres civiles (voir par exemple *Les Tragiques,* ci-dessus p. 447). Non moins fréquente est la métaphore du théâtre tragique.

SONNET VI, 55. Le livre VI est composé de sonnets adressés à de nombreuses personnes, au roi, à la reine, à plusieurs grands, puis à Dorat, Ronsard, Baïf, Garnier, et pour finir, à « soi-même ».

LA PÉRUSE, Jean de, 1529-1554. Jean Bastier voit le jour en Charente dans la bourgade de La Péruse, dont il prendra bientôt le nom. Envoyé à Paris, au collège de Boncourt, pour y poursuivre ses études, il participe à la fameuse représentation de la *Cléopâtre captive* de Jodelle. Son goût pour le théâtre n'est plus à démontrer, et il compose une *Médée*, inspirée de Sénèque. Cette nouvelle tragédie tout à fait estimable (qui paraîtra posthume en 1556) lui vaut d'être accueilli au sein de la Brigade de Ronsard, mais il meurt de maladie à l'âge de vingt-cinq ans à peine.

Œuvres poétiques, éd. Gellibert des Seguins, 1867 (Slatkine reprints, 1969) ; *Poésies complètes*, éd. James A. Coleman, University of Exeter Press, 1992.

MÉDÉE. Cette tragédie, qui figure parmi les premières historiques du répertoire français, fut peut-être jouée en 1553. Elle le fut en tout cas en 1572 par Denis Généroux, qui note dans son journal : « Je fis jouer à La Croix du Marchioux la tragédie de Médée, chose fort magnifique tant pour être bien jouée que pour les feux artificiels et autres singularités. » Ces feux d'artifice, sans doute accompagnés de machines, durent servir notamment à la représentation de l'acte V dont la dernière séquence est ici présentée. En effet, cette ultime scène, fort spectaculaire, ne manque ni d'action, ni de mouvement, ce qui n'est pas si courant dans la tragédie humaniste. Dans la scène qui précède cet extrait, un messager a annoncé la mort de Glauque et de Créon, son père, empoisonnés tous deux par Médée, qui s'est ainsi vengée de Jason l'infidèle. — V. 26 : pour retarder les poursuivants engagés par son père après le vol de la Toison d'or, Médée avait semé un à un sur la route les membres de son frère qu'elle avait dépecé. — V. 55 : Jason mourra, en effet, écrasé sous une planche tombée du navire Argo.

LA TAILLE, Jean de, 1533-1608. Jean de La Taille naît à Bondaroy, dans la Beauce. Puis il monte à Paris, pour poursuivre ses études, au collège de Boncourt, foyer de création dramatique où furent composées de nombreuses pièces de Muret, Buchanan, Jodelle, La Péruse, Grévin. Jean de La Taille se lance lui aussi dans la carrière. Après un bref intermède à Orléans pour étudier le droit civil, il revient à Paris. Il partage son temps entre la vie de cour et la vie militaire où l'engage sa foi huguenote. À partir de 1572, il commence à publier ses œuvres : deux tragédies, *Saül le furieux* et *La Famine, ou les Gabéonites*, deux comédies, *Les Corrivaux* et *Le Négromant*, un court poème épique, *La Mort de Pâris Alexandre et d'Œnone*, deux poèmes satiriques, *Le Courtisan retiré* et *Le Combat de fortune et de pauvreté*, des poèmes didactiques, *Le Prince nécessaire, La Géomancie abrégée* et *Le Blason des pierres précieuses*, et quelques autres poèmes divers.

Saül le furieux, La Famine, ou les Gabéonites, éd. Elliott Forsyth, STFM, 1968.

SAÜL LE FURIEUX. Inspiré du livre des Rois et des Chroniques, cette tragédie biblique met en scène la chute de Saül, premier roi d'Israël. Se sentant abandonné par Dieu, à l'acte III, Saül s'en va consulter cette Pythonisse, sorcière d'Endor, pour rappeler Samuel du royaume des morts et lui demander le moyen de retrouver la grâce de Dieu. Or la nécromancie, Saül ne l'ignore pas, est formellement interdite par la loi divine.

LA FAMINE. Cette seconde tragédie constitue pour ainsi dire la suite de la première. Bien qu'innocents, les enfants de Saül doivent payer pour les forfaits de leur père défunt. La terrible famine dont souffre Israël ne pourra être surmontée que par le sacrifice de ces jeunes gens. À l'acte V, un messager vient raconter à Mérobe la triste fin de ses frères, crucifiés au sommet de la montagne.

LE FÈVRE DE LA BODERIE, Guy, 1541-1598. Ce poète et orientaliste normand passe son enfance à Falaise et poursuit des études à Caen. Passionné par les langues orientales, il fait vers 1562, à Paris, la connaissance de l'érudit linguiste et kabbaliste chrétien Guillaume Postel, dont il est désormais le fervent disciple. Sur la recommandation de celui-ci, il participe très activement à la grande Bible polyglotte d'Anvers, au point de compromettre sa santé. Outre des publications érudites comme un *Dictionnaire syro-chaldéen* et une *Grammaire chaldéenne*, il donne en 1571 l'*Encyclie des secrets de l'éternité*. Particulièrement féconde est l'année 1578, qui voit paraître *La Galliade*, les *Hymnes ecclésiastiques* et *Divers mélanges poétiques*. Outre des rééditions de ces œuvres, il donnera encore *De l'enfantement de la Vierge* (1582), ainsi que des traductions du livre *De la nature des dieux* de Cicéron, des *Trois livres de la vie* et du *Discours de l'honnête amour sur le Banquet de Platon* de Marsile Ficin. Retiré à Falaise, il meurt en 1598.

Divers mélanges poétiques, éd. Rosanna Gorris, Genève, Droz, 1993 ; *La Galliade*, éd. François Roudaut, Klincksieck, 1993.

DIVERS MÉLANGES POÉTIQUES. Ce recueil très divers, comme l'indique son titre, réunit notamment 90 sonnets, 4 élégies, 6 odes (dont deux odes pindariques), 3 sizains, un huitain, un dizain, une épigramme, 2 cantiques, outre quelques longs poèmes.

SONNET. Ce sonnet liminaire, traduit d'une épigramme latine attribuée à Virgile, est consacré à Orphée, figure centrale de la pensée de Guy Le Fèvre de la Boderie, qui voit en lui le poète-philosophe, premier héros civilisateur et premier chantre de la « vérité ». « L'Un guide Orfée » est l'anagramme de « Guidon Le Fèvre ».

LA GALLIADE. Ce poème est une sorte de vaste récit, qui, en cinq « cercles » correspondant aux divers arts et sciences (astronomie ; métallurgie et architecture ; magie et religion ; poésie ; musique), décrit « la révolution des arts et sciences ». Un mot hébreu qui, dit l'auteur, « signifie reployer et retourner » donne son nom à l'ouvrage, en même temps qu'il évoque la Gaule, premier berceau de tout savoir et lieu où le savoir, après une ample circulation, fait retour. Le passage reproduit appartient au « Cercle tiers », v. 581-624.

HYMNES ECCLÉSIASTIQUES. Ce vaste recueil réunit à la fois des traductions d'hymnes chrétiennes, recueillies ou non dans le Bréviaire, et des pièces originales. Parmi celles-ci plusieurs « chants royaux », comme en écrivaient les poètes des puys.

JE TE SALUE, ÉTOILE DE LA MER. Cette pièce est la traduction de l'hymne *Ave maris stella*, recueillie dans le Bréviaire. — V. 8 : *Ave* (salut) est *Eva* retourné. La Salutation angélique, en provoquant la conception du Sauveur par la Vierge, a mis fin à la damnation apportée par *Eva*. Ce jeu de mots est difficile à rendre en français, et La Boderie ne s'y essaie pas.

LEMAIRE DE BELGES, Jean, v. 1473-1516. Né à Bavai (ou Belges) dans le Hainaut, Jean Lemaire est le filleul de Jean Molinet, qui fait sa première éducation à Valenciennes. Il étudie ensuite à l'université de Paris. Il est, à vingt-cinq ans, clerc des finances du duc Pierre de Bourbon et réside à Villefranche, près de Lyon. Sous l'influence de Guillaume Cretin, il s'engage dans la carrière littéraire. La mort de Pierre de Bourbon est l'occasion du *Temple d'Honneur et de Vertus* (1503), publié en 1504, sorte de pastorale dramatique, où Pan désigne le duc, et

Aurora sa femme Anne de France. Lemaire entre, en 1504, au service de Marguerite d'Autriche, à laquelle il restera attaché jusqu'en 1510. Il accomplit pour elle de nombreuses missions ; quand Marguerite devient régente des Pays-Bas, il exerce auprès d'elle les fonctions d'indiciaire, charge dans laquelle il succède à Jean Molinet, récemment décédé. Il se rapproche de la cour de France et il compose en 1511 et publie en 1513 *La Concorde des deux langages*, c'est-à-dire du français et du toscan, qui est un appel à la concorde des deux peuples, destinés à s'entendre. Depuis quelque dix ans, Lemaire travaille à son grand œuvre, les *Illustrations de Gaule et singularités de Troie*, dont le premier livre paraît en 1511 et les deux suivants en 1512. On perd la trace de Lemaire après 1515 : on admet qu'il dut mourir en 1516. Il est le seul des poètes de ce temps à avoir trouvé grâce auprès des écrivains de la génération de la Pléiade.

Œuvres de Jean Lemaire de Belges, éd. Jeanne Stécher, Louvain, 1882-1891, 4 vol. ; *Le Temple d'Honneur et de Vertus*, éd. Henri Hornik, Genève, Droz, 1957 ; *Épîtres de l'amant vert*, éd. Jean Frappier, Genève, Droz, 1948 ; *La Concorde des deux langages*, éd. Jean Frappier, Genève, Droz, 1947.

LA CONCORDE DES DEUX LANGAGES. Cette œuvre en vers et en prose use notamment de la *terza rima* italienne ; lecteur de Pétrarque, Lemaire est le premier poète français à employer cette forme. — V. 2 : allusion à un ancien jeu de mots, considéré comme une étymologie, qui rapproche les Gaulois (*Galli*) du lait (*gala*, en grec). Rabelais (*Gargantua*, X) le reprendra encore. — V. 4-5 : exemple de *rime senée*, tous les mots commençant par la même lettre. — V. 8. Selon la légende, qu'avant *La Franciade* de Ronsard, Lemaire reprend lui-même dans les *Illustrations de Gaule et singularités de Troie*, Francus (ou Francion), fils d'Hector, passa, après la destruction de Troie, en Hongrie, où il fonda, sur les bords du Danube (Dunoue), la cité de Sicambre. — V. 19-24 : à la suite du traité de Cambrai (décembre 1508) entre l'empereur Maximilien et le roi Louis XII, fut décidé l'un des nombreux projets de croisade contre les Turcs, qui dominaient notamment la Grèce.

MAGNY, Olivier de, v. 1529-1561. Originaire de Cahors, Olivier de Magny passe son enfance dans le Quercy. Il entre au service de son compatriote Hugues Salel, humaniste célèbre, dont il devient le secrétaire. Il a bientôt l'occasion de rencontrer

Jodelle, Baïf, Muret, Ronsard, Dorat. Après la mort de Salel en 1553, il s'engage auprès du maître des requêtes Jean d'Avanson, et le suit dans son ambassade auprès du Saint-Siège. Au cours du voyage, il fait halte à Lyon, où sans doute il rencontre Louise Labé : peut-être certains poèmes amoureux de Magny lui sont-ils adressés. Puis il arrive à Rome, l'enthousiasme retombe : il voit là une cité corrompue en tous points, et il en tire la même impression que Du Bellay. Ces deux poètes-secrétaires échangent leurs vues et leurs écrits sur la ville éternelle. En 1556, il quitte Rome sans regret, rentre à Paris et, en 1559, année où il publie *Les Odes*, est nommé secrétaire du roi. Il meurt deux ans plus tard.

Œuvres poétiques, sous la direction de François Rouget, avec la collaboration de Daniel Ménager, Françoise Charpentier et Marie-Dominique Legrand, Champion, 1999.

LES GAIETÉS. Dédiées à Pierre Paschal, *Les Gaietés* paraissent à peine plus d'un an après *Le Livret de Folâtries* de Ronsard. Que Magny s'inspire quelque peu de la manière du poète vendômois, la chose est assurée. D'ailleurs, dans le poème « À Claude Martin », il affirme nettement la légitimité de l'imitation poétique. Mais Ronsard, lui aussi, saura tirer son miel de l'œuvre de Magny, puisque lui-même rebaptisera par la suite sous le nom de « Gaietés » quelques-unes des « Folâtries » insérées dans *Le Bocage*.

À DENIS DURANT. Ce Denis Durant, secrétaire de son état, n'est guère connu par ailleurs. La scène peut bien être véritable : elle n'en est pas moins inspirée par Properce (I, 10). — V. 2 : nymphelette, ce diminutif à valeur hypocoristique, fréquent chez Ronsard, est caractéristique du style mignard, qui cultive à loisir le doux et le petit, d'où encore cette « petite vermeille bouche » du v. 4.

À CLAUDE MARTIN. Ce Claude Martin est un compositeur qui écrivit un traité de musique en latin, qu'il traduisit lui-même en 1556 sous le titre *Institution musicale*. Cette pièce de Magny peut se lire sinon comme un art poétique, du moins comme une déclaration de principe. Il essaie de faire tenir ensemble ces deux exigences apparemment opposées : imitation et invention. Cette attitude est fréquente chez les poètes du XVIe siècle, et notamment parmi ceux de la Pléiade ; on connaît assez la formule de Du Bellay dans la seconde préface de *L'Olive* : « Je me vante d'avoir inventé ce que j'ai mot à mot traduit des autres. » Il n'y a donc pas opposition entre ces deux notions. Apparemment, Magny avait été accusé de plagiat par quelque envieux poète : il lui répond en l'occurrence. — V. 24 : Allusion à Orphée.

LES SOUPIRS. 176 sonnets composent ce recueil paru à Paris en 1557. La Muse maniériste d'Olivier de Magny s'inspire volontiers de Sannazzaro, de l'Arioste, de Cassola, et surtout de Pétrarque.

SONNET XXIX. Le développement de ce poème semble suivre une voie toute tracée, ouverte depuis longtemps par Pétrarque et l'Arioste : le portrait de la Dame. D'abord, le portrait physique, le visage aux précieux attraits, puis le portrait moral, mémoire, esprit, savoir, etc. Mais la chute est ici paradoxale. L'on s'attendait plutôt à une conclusion sur l'ineffable et spirituelle perfection de la maîtresse, ou — pourquoi non ? — tout au contraire, à une pointe sur son inconcevable cruauté, contrastant avec toutes ces qualités. Rien de tel, en l'occurrence. La qualité principale de la Dame est le lit qu'elle lui offre à loisir. L'auteur prend ainsi une distance humoristique et quasi parodique par rapport à la tradition pétrarquiste. Cette manière enjouée est caractéristique du style de Magny.

SONNET LXIV. Imité d'un poème de Marc'Antonio Magno di Santa Severina.

SONNET C. L'amant se souvient brusquement de son Dieu au sonnet cent : le lecteur serait tenté peut-être d'y voir le tournant du recueil, le signe de la grâce et d'une conversion prochaine. Que nenni. Cette prière à Dieu, par l'effort de sa rhétorique, manifeste d'autant plus l'attachement du poète aux choses de ce monde.

SONNET CXLVII. Avec ces « nouvelles de Rome », Magny donne à son recueil le style d'une gazette satirique, à l'instar de Du Bellay, et de ses « papiers journaux » (cf. ci-dessus, *Regrets*, 1). Voir aussi dans *Les Regrets* les sonnets 78 à 86 et 120 à 122. — V. 5 et 9 : Magny s'attache ici à stigmatiser les mœurs supposément contre nature du pape Innocenzo del Monte (Jules III), et de son favori Carlo Carafa, comme le fait également Du Bellay, notamment dans le sonnet 105 des *Regrets*.

SONNET CLXXV. Ce sonnet, l'avant-dernier, apporte au recueil une fin imprévue. Ronsard avait pris soin de finir *Les Amours* « Au plus saint lieu du temple de Mémoire ». Du Bellay, après la dynamique ascensionnelle du sonnet 186, terminait *Les*

Regrets sur un envoi au roi de France. Ici, point d'envolée, mais bien plutôt une fâcheuse retombée. Il se pourrait que l'accident soit véritable, puisque selon E. Courbet, l'éditeur du texte au XIXe siècle, Louise Labé l'évoque également dans le sonnet « Après qu'un temps la grêle et le tonnerre... ». Mais la place assignée au poème donne à l'épisode, au-delà de son éventuel caractère autobiographique, une double portée ludique : certes, le poète se moque de lui-même, mais il se moque aussi de tous les pétrarquistes, qu'il parodie implicitement, en jetant le soupçon sur ces amours divines et platoniques. Sur ce motif littéraire du « nouement d'aiguillette », voir aussi Tahureau, p. 234. — V. 8 : expression proverbiale, dont la formule avait servi de thème imposé pour le concours poétique organisé par Charles d'Orléans, et que Villon avait gagné.

MARGUERITE DE NAVARRE, 1492-1549. Marguerite est le premier enfant de Louise de Savoie. Son frère François naît en 1494. Une série d'événements dynastiques conduira celui-ci au trône de France. Très tôt, Marguerite s'adonne aux lettres. Elle épouse en 1509 Charles d'Alençon, qui n'a nullement sa culture et ses curiosités. L'avènement de François Ier, en 1515, l'enlève au château d'Alençon, et son sort est désormais lié à celui de son frère très aimé. En 1521, elle se rapproche de Guy Briçonnet, évêque de Meaux, et échange pendant trois ans une correspondance spirituelle avec ce prélat novateur. La défaite de Pavie, le 24 février 1525, et la captivité du roi en Espagne la conduisent à prendre une plus grande part encore au gouvernement des affaires. Charles d'Alençon meurt la même année. Elle se remarie en 1527 avec Henri d'Albret, roi de Navarre, de qui elle a, en 1528, Jeanne d'Albret, future mère d'Henri IV. Louise de Savoie meurt en 1531. Marguerite est en butte aux attaques plus ou moins discrètes de ceux qui désapprouvent ses positions religieuses et le soutien qu'elle apporte aux idées nouvelles. Elle fait divers séjours sur ses terres, notamment en 1542-1544 et à nouveau en 1546. François Ier meurt en 1547. En cette même année, sont publiées à Lyon *Les Marguerites de la Marguerite des princesses.* Elle-même s'éteint à la fin de 1549. Ce n'est qu'en 1559 (après une édition tronquée publiée en 1558) que paraît son recueil de nouvelles sous le nom d'*Heptaméron.*

Poésies chrétiennes [anthologie], éd. Nicole Cazauran, Le Cerf, 1996 ; *Chansons spirituelles*, éd. Georges Dottin, Genève,

Droz, 1971, et éd. Michèle Clément, Champion, 2001 ; *Dialogue en forme de vision nocturne*, éd. Renja Salminen, Helsinski, 1985 ; *Le Miroir de l'âme pécheresse*, éd. Renja Salminen, Helsinski, 1979 ; *La Navire*, éd. Robert Marichal, Champion, 1956 ; *Petit œuvre dévot et contemplatif*, éd. Hans Sckommodau, Francfort-sur-le-Main, 1960 ; *Le Triomphe de l'Agneau*, éd. Simone De Reyff, Champion, 2001.

DIALOGUE EN FORME DE VISION NOCTURNE. Œuvre écrite après la mort, en 1524, à l'âge de huit ans, de la petite princesse Charlotte, fils de François Ier, à laquelle Marguerite était très attachée.

LE MIROIR DE L'ÂME PÉCHERESSE. Le titre de cette œuvre, publiée en 1531 et rééditée en 1533 et 1539, est ainsi explicité par l'un de ses éditeurs : « Le miroir de la très chrétienne princesse Marguerite de France […], auquel elle voit son néant et son tout. » V. 1 : allusion au mariage mystique de l'âme et de Dieu. — V. 21 : l'Ennemi est Satan.

LA NAVIRE. Œuvre en *terza rima* écrite à la suite de la mort de François Ier, le 31 mars 1547. La comparaison de l'âme et d'un navire est classique. Privée d'un être cher qu'elle ne cesse de pleurer, l'âme s'obstine dans son deuil. — V. 16-18 : en se complaisant dans son deuil, qui est le « commissaire » de l'Adversaire, c'est-à-dire de Satan, l'âme se laisse détourner de Dieu. — V. 16 : césure épique (la dernière syllabe de « complaisance » ne compte pas). — V. 24 : d'étonnement, mes sens s'enfuirent de mon corps.

CHANSONS SPIRITUELLES. Marguerite, écrit Brantôme, « aimait fort à composer des chansons spirituelles, car elle avait le cœur fort adonné à Dieu ».

CHANSON X. Cette chanson s'inspire de la Parabole de l'enfant prodigue (Luc, XV, 11-31).

MAROT, Clément, 1496-1544. Fils du poète Jean Marot, Clément naît à Cahors en 1496. Il suit son père à la cour de France. Ses premiers essais poétiques datent d'environ 1512. Il compose en 1514 *Le Temple de Cupido*. À cette date, il entre au service d'un secrétaire de Louis XII, et, en 1519, au service de Marguerite d'Angoulême, duchesse d'Alençon, sœur de François Ier. En 1521, il accompagne le duc d'Alençon, mari de

Marguerite, lors de la campagne militaire du Hainaut. Il est arrêté, en mars 1526, pour avoir « mangé le lard » en carême. Il compose *L'Enfer*, qui ne sera publié qu'en 1539. En 1532, il est à nouveau inquiété pour le même motif. C'est l'année où il publie *L'Adolescence clémentine*, œuvre qui connaît un grand succès. L'année suivante, il donne la traduction du Psaume VI. À la suite de l'affaire des Placards (17-18 octobre 1534), il est arrêté ; relâché, il se réfugie à la cour de Nérac, auprès de Marguerite. Déclaré suspect d'hérésie et condamné à mort par contumace, il gagne l'Italie et arrive, en avril 1535, à Ferrare, où Renée de France, épouse d'Hercule d'Este, l'accueille et le pensionne. Il rentre en 1536 en France, où, à Lyon, en décembre, il abjure. Ses *Œuvres* sont publiées à Lyon en 1538. En 1541 paraît sa traduction de trente Psaumes, suivie, en 1543, de celle de vingt Psaumes. La persécution des luthériens le conduit, en décembre 1542, à se réfugier à Genève, qu'il quitte en décembre 1543. Il passe en 1544 en Piémont, où il meurt en septembre à Turin. S'il a certes été le poète léger, ami de l'élégant badinage, de la tradition (il lance, en 1535, la mode des blasons du corps féminin en composant le « Blason du beau Tétin » : voir p. 178), Marot n'est nullement le poète superficiel qu'on a longtemps représenté. En même temps qu'il renouvelait profondément la poésie française, son engagement religieux fut intense, et la traduction des Psaumes est un acte religieux réfléchi, d'un « évangélique » convaincu.

Œuvres poétiques, éd. Gérard Defaux, « Classiques Garnier », 1990-1993, 2 vol. ; *L'Adolescence clémentine*, éd. Frank Lestringant, Poésie/Gallimard, 1987.

PETITE ÉPÎTRE AU ROI. Publiée dans *L'Adolescence clémentine*, cette épître plaisante, sur le thème bien connu du poète famélique, est en vers équivoqués : cette rime, très estimée des théoriciens, montre l'habileté du solliciteur. — V. 12. Peut-être Macé de Villebresme, valet de chambre du roi et ami de Guillaume Cretin.

ÉPÎTRE POUR LE CAPITAINE BOURGEON. Adressée au seigneur de la Rocque, écuyer du roi, cette pièce, en apparence, sollicite l'octroi d'un cheval. Mais il faut la lire avec la suivante, comme y invitent ses derniers vers : le Bourgeon aspire à devenir Raisin, mais sa mauvaise fortune le fait douter d'y parvenir ; dans la guerre (amoureuse) où il est engagé, il a contracté un terrible mal, et son courtaud (son cheval, mais aussi son membre viril) est désormais défaillant. Les deux pièces badinent et jouent de l'équivoque.

ÉPÎTRE FAITE POUR LE CAPITAINE RAISIN. V. 20 : la chute des cheveux est un effet de la vérole. — V. 32 : le faucon est une pièce d'artillerie, mais sa seconde syllabe lui donne aussi un autre sens. — V. 40 : la Surie est la Syrie ; mais la « suerie », ou suée, résulte aussi du traitement des vérolés soumis à l'onguent mercuriel et à de rudes bains de vapeur.

ÉPITAPHE DE JEHAN SERRE. Dernière pièce de la section des épitaphes dans *L'Adolescence clémentine*, celle-ci loue un célèbre comédien du temps, en utilisant habilement le thème connu du rire et des larmes, ou gélodacrye.

BALLADE CONTRE CELLE QUI FUT S'AMIE. Ballade relative au premier emprisonnement de Marot, accusé d'avoir « mangé le lard », c'est-à-dire d'avoir fait gras en carême.

RONDEAU RESPONSIF. Jolie critique, par l'exemple, des poètes qui, dans la pratique du rondeau, se laissent aller à la facilité. On appelle « rentrement » la reprise, en refrain, du début du premier vers.

CHANSON. Pièce construite sur trois sortes de rimes, volontiers pratiquées par les Rhétoriqueurs : annexées dans la première strophe ; couronnées dans la deuxième ; enchaînées dans la troisième.

ÉPÎTRE AU ROI, DU TEMPS DE SON EXIL À FERRARE. Pièce composée en 1535. Marot proteste de son innocence sans rien renier de ses convictions. Sa profession de foi est toute nourrie de la Bible. — V. 3-6 : ces vers transposent la première Épître aux Corinthiens, I, 10-13. - V. 7-8 : voir Jean, XV, 16. — V. 9-11 : voir Actes des Apôtres, IV, 12. — V. 11-13 : voir Épître aux Philippiens, II, 9-10. — V. 15 : souvenir de Matthieu, VII, 15-16. — V. 35-36 : Marot feint de s'aviser soudain qu'au lieu de continuer à parler au roi il s'est mis tout à coup à adresser une prière à Dieu.

MARQUETS, Anne de, v. 1533-1588. Née en Normandie d'une famille de noblesse provinciale, Anne de Marquets entra tôt au couvent des Dominicaines de Poissy, où elle fit toutes ses études. À l'occasion du fameux colloque qui se tint en ce lieu en 1561, afin de concilier catholiques et protestants, elle publia des *Sonnets, prières et devises en forme de pasquins*, que préfaça Ronsard (voir le sonnet, p. 297). En 1568, elle adapta en langue française *Les Divines Poésies de Marc Antoine Flaminius*. Devenue aveugle, Anne de Marquets dut dicter ses derniers poèmes, ces *Sonnets spirituels*, qui ne furent publiés qu'après sa mort.

Sonnets spirituels, éd. Gary Ferguson, Genève, Droz, 1997.

SONNETS SPIRITUELS. Composé principalement de 480 sonnets, le recueil se présente comme une œuvre dévote consacrée à la méditation religieuse. Influencée par la spiritualité tridentine, Anne de Marquets propose au chrétien de suivre la liturgie à travers ses poèmes.

POUR LE JEUDI SAINT. V. 13-14 : inspiré de Jean, XIII, 33 ; XVII, 26.

POUR LE JOUR DE L'ASSOMPTION NOTRE-DAME. Inspiré de l'Ecclésiastique, XXIV, 7-15. La sensibilité féminine d'Anne de Marquets n'est sans doute pas sans lien avec la ferveur mariale de ses nombreux poèmes consacrés à la nativité ou à la Vierge, qui comptent de fait parmi les plus beaux du recueil.

MASURES, Louis des, v. 1515-1574. Originaire de Tournai, Louis des Masures se lance dans la carrière militaire où il devient capitaine de cavalerie. Parallèlement, il fréquente les milieux humanistes de son temps, Marot, Rabelais, Mellin de Saint-Gelais, Salmon Macrin notamment. À partir de 1547, il publie une traduction de l'*Énéide* en vers, sur la commande du cardinal Jean de Lorraine. En 1550, on le retrouve à Genève, où Bèze, Viret et Calvin l'exhortent à traduire les *Psaumes*, puis il publie en 1557 un recueil d'*Œuvres poétiques* françaises et latines. Après 1561, de plus en plus inquiété pour ses opinions calvinistes, il se réfugie à Metz, à Bâle, puis à Sainte-Marie-aux-Mines, dans les Vosges, où il meurt en 1574. Son œuvre principale demeure la trilogie des *Tragédies saintes*, parues en 1566 : *David combattant, David triomphant, David fugitif.*

L'ÉNÉIDE. Voici, pour mieux apprécier la traduction (qu'on pourra comparer avec celle que Du Bellay donne du même passage en 1560, voir p. 258), le texte latin de Virgile que des Masures fait figurer dans les manchettes de son édition : *Dii quibus imperium est animarum, umbraeque silentes / Et Chaos, et Phlegethon, loca nocte silentia late, / Sit mihi fas audita loqui sit numine vestro / Pandere res alta terra, et caligine mersas. / Ibant obscuri sola sub nocte per umbram, perque domos Ditis vacuas, et inania regna. / Quale per incertam Lunam sub luce maligna / Est iter in silvis ubi caelum condidit umbra / Juppiter, et rebus nox abstulit atra colorem. / Vestibulum ante ipsum, primis in faucibus Orci / Luctus et ultrices posuere cubilia Curae, / Pallentes habitant Morbi tristisque Senectus, / Et Metus, et malesuada Fames, ac turpis Egestas, / Terribiles visu formae, Letumque, Laborque, / Tum consanguineus Leti Sopor, et mala mentis / Gaudia, mortiferumque adverso in limine Bellum, / Ferreique Eumenidum thalami, et Discordia demens / Vipereum crinem vitis innexa cruentis.*

DAVID COMBATTANT. Composée dans une claire intention pastorale, la tragédie de des Masures a pour but de conforter la foi en Dieu en ces temps tourmentés : le Seigneur n'abandonne jamais ceux qui lui sont fidèles. La matière illustre de la tragédie est tirée du livre de Samuel, et elle s'organise selon des principes qui tiennent à la fois de la tragédie antique et du mystère médiéval. L'éclatement des lieux et des temps, la présence de Satan, la monomachie de David et Goliath et la décollation de celui-ci par celui-là représentées sur scène sont autant d'éléments qui témoignent de la liberté manifeste du dramaturge à une époque où les règles, il est vrai, n'existaient guère.

MATTHIEU, Pierre, 1563-1621. À quinze ans, Pierre Matthieu, compose sa première tragédie, *Clytemnestre.* Trois ans plus tard, il écrit *Esther*, qu'il fait jouer à Vercel, dans le Doubs, dans l'école dont son père est le recteur. Ses études de droit le conduisent à Lyon, où il devient avocat au présidial. Les quelque 5 570 vers d'*Esther* lui fournissent l'ample matière des deux tragédies suivantes, *Vashti* et *Aman*, mais l'assassinat du duc de Guise à Blois, le 23 décembre 1588, le révolte. Six mois plus tard à peine, il publie *La Guisiade. Tragédie nouvelle*, mettant en scène les récents événements historiques. Dans les années qui suivent, Pierre Matthieu poursuit sa carrière de juriste. En 1594, sur la recommandation du chancelier Bellièvre, l'ancien ligueur devient historiographe officiel du roi Henri IV.

Odes chrétiennes (1588), *Clytemnestre* (1589 ; éd. de Gilles Ernst, Genève, Droz, 1984), *Vashti* (1589), *Aman* (1588), *La Guisiade* (1589 ; éd. Louis Lobbes, Genève, Droz, 1990), *Tablettes ou Quatrains de la Vie et de la Mort* (1612 ; éd. C. N. Smith, Univ. of Exeter Press, 1981).

LA GUISIADE. L'assassinat de Blois émeut profondément Pierre Matthieu : il entend répliquer au plus tôt. Il remanie habilement sa dernière œuvre : dès lors, Aman, le sournois intrigant, devient le duc d'Épernon, le duc de Guise se substitue au digne et pieux Mardochée, tandis que le roi Henri III prend la place d'Assuérus. *Aman*, tragédie biblique, est devenu *La Guisiade*, tragédie politique : ainsi est révélée de façon prophétique la convergence de l'histoire biblique et de l'histoire contemporaine… Le passage ici choisi se situe au cinquième et dernier acte de la pièce. Le messager vient annoncer à Mme de Nemours la mort tragique de son fils. — V. 5 : ses cendres ayant été dispersées après sa mort, le duc de Guise ne pouvait donc avoir pour cercueil que la mémoire ou le cœur de ses fidèles partisans. — V. 37 : géant mythologique, Briarée est l'un des trois hécatonchires, êtres pourvus de cinquante têtes et de cent bras.

TABLETTES OU QUATRAINS DE LA VIE ET DE LA MORT. Ces *Tablettes*, en trois livres de cent quatrains chacun, constituent une œuvre au style sombre, éloquent et dense, tout à fait caractéristique en somme de la manière baroque de ce temps.

MOLINET, Jean, 1435-1507. Jean Molinet étudie à l'Université de Paris. Il a trente-deux ans quand le duc de Savoie le prend à son service, mais celui-ci meurt en 1472. Jean s'attache alors à la cour de Bourgogne. Armé chevalier, il entre à la chancellerie de l'ordre de la Toison d'Or, et, en 1475, succède à Georges Chastellain, indiciaire, c'est-à-dire chroniqueur, de la maison ducale. À la mort de Charles le Téméraire, il poursuit son service auprès de sa fille Marie, qui a épousé l'archiduc Maximilien. Devenu empereur, celui-ci le confirme dans sa charge d'indiciaire. Veuf, Molinet reçoit un bénéfice de chanoine à Valenciennes. Il meurt en 1507, après une intense activité poétique et historiographique.

Les Faictz et Dictz de Jean Molinet, éd. Noël Dupire, Picard, 1936, 3 vol. *Le Testament de la guerre*, ici transcrit, suit le texte de l'éd. sans date publiée à Lignan.

À L'EMPEREUR. Chacun des vers réunit, à l'initiale et à la rime, deux noms d'oiseaux. Pour les faire apparaître, on a gardé un certain nombre de graphies anciennes. On trouve successivement, en début de vers : aigle, roi (roitelet), duc, autruche, phénix, colombe, coq, merle, oie, papillon, pélican, griffon, aloue (alouette), grue, faisan ; et, à la rime : cygne, oison, anette (cane), mouche, pie, paon, butor, geai. — V. 14 : le roi Midas avait pouvoir de changer en or tout ce qu'il touchait.

MONTREUX, Nicolas de, 1561-1608. Les quelques rares documents le concernant permettent à peine de se faire une vague idée de la vie de Nicolas de Montreux, prêtre ligueur. Pendant les guerres de Religion, il chante *La Miraculeuse Délivrance de Monseigneur le duc de Guise*, célèbre encore en 1592 l'*Heureuse et Entière Victoire du duc de Mercœur*, son protecteur, mais finit par se rallier à Henri IV qu'il loue dans *La Paix au très Chrétien et très Victorieux Roi de France et de Navarre Henri IV*. Outre ces poésies de circonstance, il a aussi publié *Jésus-Christ en l'autel et en la croix*, *Les Bergeries de Juliette*, un recueil de *Regrets*, *L'Œuvre de Chasteté*, imité d'Héliodore, trois tragédies, *Cléopâtre*, *Isabelle*, *Sophonisbe*, trois pastorales, *Athlette*, *Diane* et *Arimène*.

JÉSUS-CHRIST EN L'AUTEL ET EN LA CROIX. Dans ce long poème de près de 20 000 vers, l'auteur affirme sa foi en Jésus Christ. Les vers ici présentés constituent le terme de l'ouvrage qui se referme, non sans élégance, sur le pseudonyme-anagramme de Nicolas de Montreux, Olenix du Mont Sacré.

ATHLETTE, PASTOURELLE, OU FABLE BOCAGÈRE. Athlette et Ménalque s'aiment tous deux. Ménalque est aimé de Delfe, et Athlette, de Rustic. S'aidant de Rustic, la magicienne Delfe fait parvenir une belle pomme secrètement empoisonnée à Ménalque, lequel l'offre bien sûr à sa tendre Athlette, qui meurt tout à l'instant. Loin de pouvoir récupérer le cœur de Ménalque, Delfe le voit au contraire affligé au dernier degré, et pour éviter qu'il ne se tue, finit par ressusciter Athlette, pour la plus grande joie des deux amants.

MURET, Marc-Antoine, 1526-1585. Né en 1526 près de Limoges, Muret est un savant, un professeur et un orateur reconnu. Il est, en 1547, à Bordeaux, où Montaigne est son élève. Il gagne Paris vers 1551, enseigne au collège de Boncourt, se lie avec les poètes de la Pléiade et, en 1552, publie ses *Iuvenilia*, recueil de vers latins accompagnés d'une tragédie sur la mort de Jules César. En 1553, paraît son commentaire des *Amours* de Ronsard. Une affaire obscure l'oblige à s'éloigner brusquement de Paris. Après un séjour à Toulouse, il gagne l'Italie et, en 1560, s'installe à Rome, qu'il ne quittera presque plus. Il y prononce de nombreux discours très appréciés et enseigne à l'Université. Il est ordonné prêtre en 1576. Il meurt à Rome en 1585.

Ses *Iuvenilia* ont fait l'objet d'une excellente édition (à ce jour inédite), avec traduction et commentaire, par Virginie Leroux.

ELEGIA. V. 5 : les coquilles de murex dont on tirait la pourpre très recherchée. — V. 24 : les colombes de Dodone, en Chaonie, étaient célèbres.

ÉPIGRAMME VIII. V. 8 : la pierre d'Hercule est l'aimant (Héraclée est une ville de Magnésie).

NOSTRADAMUS, Michel de NOSTREDAME, dit, 1503-1566. Né à Saint-Rémy en Provence, Michel de Nostredame passe à Montpellier son doctorat de médecine. Il exerce à Marseille, puis à Aix. En 1555, la publication des *Prophéties* fait grand bruit. L'année suivante, Henri II le fait venir à la cour; en 1564, Charles IX lui rend visite en Provence et le nomme conseiller et médecin ordinaire du roi. Il meurt en 1566, suffoqué par une hydropisie.

Les Prophéties (1555) ; éd. Pierre Brind'amour, Genève, Droz, 1996 ; *Présages*, éd. Bernard Chevignard, Seuil, 1999.

LES PROPHÉTIES. Publiées en 1555, les centuries de Nostradamus n'ont jamais cessé d'intriguer le public : prophétisme ou charlatanisme? Quoi qu'il en soit, au-delà du statut aléthique du texte, demeure de toute façon son intérêt esthétique, car ces quatrains hermétiques, énigmatiques et ambigus, sont à coup sûr une œuvre poétique et belle. Cette dimension des *Prophéties* a trop longtemps été occultée par l'ombre fascinante que jette dans les esprits la figure sulfureuse de leur mystérieux auteur. Or Nostradamus lui-même n'a pas voulu dissocier ces deux aspects de son écriture. À l'instar du *vates* de l'antique, il distille en une même voix poésie et prophétie, et revendique lui-même cette double vocation dans son épître dédicatoire à Henri II : « J'ai, dit-il, consacré mes nocturnes et prophétiques supputations, composées plutôt d'un naturel instinct, accompagné d'une fureur poétique, que par règle de poésie ; et la plupart composé et accordé à la calculation astronomique. » Il s'agit donc bien là d'une œuvre poétique, mais insolite, au style abrupt et hermétique, et comme le dit Antoine Le Pelletier, commentateur de Nostradamus, « sous les dehors factices d'une rime primesautière et d'un jargon polyglotte qui n'appartient en propre à aucune langue, l'auteur montre une poésie sauvage, une érudition profonde et la science de tous les idiomes usités par les savants. Le texte est hérissé de mots hébreux, grecs, latins, italiens, espagnols, celtiques, romans. C'est un feu d'artifice perpétuel sous un ciel toujours sombre. Les clartés et les ombres s'y succèdent, s'y entrechoquent et sont autant de surprises ménagées à l'inexpérience du spectateur ». L'obscurité des centuries rend nécessaire l'exégèse, mais nous nous en tiendrons ici aux paraphrases et commentaires de l'édition de Pierre Brind'amour, pour éviter les interprétations plus ou moins visionnaires ou fantaisistes, qui firent, il est vrai, la fortune de Nostradamus.

CENTURIE I, § 1, paraphrase : « lorsque le prophète est assis la nuit à l'écart dans son cabinet d'étude, seul, en repos, sur le siège de bronze, une fine flamme naissant de la solitude lui fait proférer des choses auxquelles il n'est pas vain de croire. »

CENTURIE I, § 25, commentaire : « Jésus, le Bon Pasteur, moitié Dieu, moitié homme, dont le culte a été tour à tour perdu, retrouvé, caché si longtemps, sera honoré, mais avant que la chronocratorie de la Lune ne soit terminée (c'est-à-dire la domination sur le temps exercée par la Lune devant cesser vers 1887), il sera déshonoré par d'autres cultes. »

CENTURIE I, § 42, paraphrase : « le dix des Calendes d'avril [le 23 mars], la pratique gnostique sera ressuscitée encore par de méchantes gens ; toutes lampes éteintes, cette assemblée diabolique sera cherchant les ordures décrites par Adamantius et Psellus. Commentaire : le quatrain décrit une pratique attribuée aux Gnostiques par Origène et Psellus (le premier était surnommé Adamantius, « dur comme le diamant », « infatigable »), selon laquelle les adeptes se réunissaient le 23 mars, date anniversaire de la mort du Sauveur, pour, toutes lampes éteintes, s'unir entre consanguins ; les fruits de ces relations incestueuses, à leur naissance, étaient consommés dans des repas par les parents qui se voyaient alors remplis d'un pouvoir surnaturel. »

CENTURIE II, § 13, paraphrase : « le corps sans âme de ne plus souffrir ; l'âme née à nouveau au jour de la mort, l'Esprit de Dieu la rendra heureuse, elle qui verra le Verbe dans son éternité. »

PRÉSAGES. Il s'agit de textes en vers ou en prose, accompagnant les almanachs qui se vendaient chaque année. Ce sont ces pronostications qui firent d'abord le succès de Nostradamus. Nous proposons ici des quatrains tirés de l'édition Chevignard : elle procure également les interprétations de Chavigny, premier commentateur de Nostradamus au XVIe siècle, ce qui permet d'avoir une idée de la toute première réception de l'auteur, et d'autres interprétations plus récentes, qui montrent bien que Nostradamus n'a pas fini d'inspirer ses lecteurs…

SUR AVRIL 1563. Chavigny : mort de Soliman le Magnifique en 1566 et malheurs de son armée (v. 3-4). Fontbrune : en 1999, le Vatican (ou Jérusalem) sera ravagé par la Chine et le Japon (ou par une épidémie venue d'Orient). Lemesurier : invasion musulmane de l'Europe après 2000.

SUR AOÛT 1564. Chavigny : les protestants fléchissent en 1564 « par édits doux et non violents » et en août 1572 « par mort de leurs grands Capitaines et guerriers », qui lors de la Saint-Barthélemy furent « emmiellés et appâtés, puis occis », mais on s'en réjouira « vainement » parce « qu'après ceux-là en viendront d'autres » (v. 1-2 et 4). Payotte : en août 1996, l'O.M.S. fait savoir que « la maladie de la vache folle » (*peste bovine*) peut se transmettre à l'homme, l'Église suspend sa réflexion sur le problème du mariage des prêtres (v. 2), un chercheur italien annonce qu'il a découvert un remède contre le sida (*deceus couper veine* : diminution de la maladie de ceux qui se sont contaminés en se perforant les veines).

SUR JUIN 1566. Chavigny : en 1566, « le Turc est en armes menaçant la Hongrie et toute l'Allemagne ». En 1567, Charles IX *renforce* son armée et les protestants « estiment que tout cela se brasse à leur ruine » (v. 3). Ruir : en 1937, « le Japon menace la race blanche ; la France augmente ses armements ». Rochetaillé : à la fin des années 1930, la France doit prendre ses précautions en vue d'un « soulèvement possible » au Moyen-Orient et en Afrique du Nord (v. 3). Fontbrune : Troisième Guerre mondiale, armement de l'Asie (Chine et Japon), fin de la douceur de vivre dans une France assiégée.

SUR SEPTEMBRE 1566. Chavigny : « en pleine paix », « mort et défaite » des protestants lors de la Saint-Barthélemy en août 1572 ; la France triomphera « pour avoir dompté grande partie de ses ennemis » (vers 1 et 3-4). Rochetaillé : Hitler réserve de grandes épreuves à la France, mais celle-ci triomphera. Lamotte : grâce au général de Gaulle, revenu en 1958, « quoi qu'il arrive, la France sera plus que jamais triomphante ». Fontbrune, 1982 : révolte de Mgr Lefebvre (*père Liber*) contre le pape (*grand*) et triomphe de la France à la fin de la Troisième Guerre mondiale.

SUR NOVEMBRE 1566. Chavigny : retraite turque du sud-est de l'Europe en 1566 « après avoir fait butin sur les Chrétiens » (v. 1-2 et début 3). *Religion meurtrie* : les protestants. *Joviaux* : les catholiques. Fontbrune : retraite de l'Armée rouge à travers la Grèce pendant la Troisième Guerre mondiale et retour en force des Occidentaux. Lemesurier : contre-attaque de l'Europe occupée par les musulmans à partir de 2034.

PAPILLON DE LASPHRISE, Marc, 1555-v.1599. Capitaine dans l'armée du roi, Marc Papillon, seigneur de Lasphrise, participe aux batailles et aux guerres civiles de son temps. Il a vingt ans à peine lorsqu'il rencontre Renée Le Poulchre, qui s'apprête à prendre le voile. C'est elle que chante le poète, mais en vain, sous le doux nom de Théophile. Par la suite, il eut plus de bonheur avec la belle Noémie, sa chère « cousine ». Publiées en 1597, les *Premières œuvres poétiques* de Papillon comprennent les deux livres d'*Amours*, diverses *Stances*, *Les Énigmes*, *L'Allusion*, *Le Fléau féminin*, *Les Diverses Poésies*, *Les Tombeaux de mes amis*, *La Nouvelle tragi-comique*, *Les Élégies au roi* et quelques poèmes religieux. Bien que le recueil soit manifestement sous le signe de la variété, la tradition a surtout retenu l'érotisme de ses vers, flamboyant pour les uns, obscène pour les autres.

Les Amours de Théophile et *L'Amour passionnée de Noémie*, éd. Margo Manuella Callaghan, Genève, Droz, 1979 ; *Diverses Poésies*, éd. Nerina Clerici Balmas, Genève, Droz, 1988.

DIVERSES POÉSIES. SONNET EN LANGUE INCONNUE. Écrit dans une langue imaginaire, ou peut-être cryptée, ce sonnet marotique n'est pas sans évoquer le fameux lanternois de Rabelais, dont Papillon a plus d'une fois célébré le talent (voir ici même p. 97).

L'AMOUR PASSIONNÉE DE NOÉMIE.

SONNET LXXII. Pétrarquisant, ludique, galant ou impudique, le style de Papillon se fait ici chevaleresque, ce qui montre l'étendue de ses styles ; comme l'affirme le poète dans le sonnet LXXXVIII, « le chantre ne vaut rien qui ne dit qu'une gamme ».

SONNET LXXXIX. V. 14 : souvenir du poème préliminaire « Aux lecteurs » de *Gargantua*, « pour ce que rire est le propre de l'homme ».

PARMENTIER, Jean, 1494-1529. Né à Dieppe, Jean Parmentier mourra, à trente-cinq ans, avec son frère Raoul, à Sumatra. En 1517, 1518 et 1520, il prend part aux puys de Dieppe et de Rouen (voir la notice relative à Guilaume Cretin). De 1520 à 1526, il navigue pour le compte du célèbre armateur Jean Ango. Il fait une expédition en Guinée et aux Moluques. On dit qu'il aborda au Brésil avant les Espagnols. Sa poésie des années 1526-1529 est pleine d'une imagerie navale et exotique. Son expérience maritime lui inspire notamment un beau *Traité en forme d'exhortation contenant les merveilles de Dieu et la dignité de l'homme.* Ce titre même montre qu'il unissait l'influence du platonisme florentin à la méditation chrétienne. Une dernière expédition le conduit à Madagascar, aux Comores, aux Maldives et finalement à Sumatra, où il trouve la mort.

Œuvres poétiques, éd. Françoise Ferrand, Genève, Droz, 1971.

CHANT ROYAL. Sur ce genre, voir la notice relative à Guillaume Cretin. La pièce de Parmentier est un dialogue entre un équipage, qui figure l'humanité, et son capitaine, Pouvoir divin. Celui-ci invite ses matelots à se lever et à se préparer à mettre à l'ancre et à aborder sur la « terre neuve » qu'est la Vierge Marie. — V. 1-2 : Parmentier use d'un vocabulaire maritime qui ne nous est plus entièrement compréhensible. Le capitaine s'adresse à ses matelots, en les invitant, semble-t-il, à barrer, l'heure du quart ayant sonné. Les matelots demandent, en effet, combien de meules, c'est-à-dire de boules de sablier, ont été « virées », déplacées ; toutes l'ayant été, le moment est venu. — V. 9 : préparez l'ancre pour le mouillage en laissant flotter une partie du câble, ou biture.

PASSERAT, Jean, 1534-1602. Jean Passerat commença sa carrière à Paris, au collège du cardinal Lemoine, où il enseigna les humanités. Sous la protection du maître des requêtes Henri de Mesmes, à qui il envoie régulièrement ses *Étrennes*, il continue sa carrière de professeur et de poète. Après la mort de Ramus, victime des massacres de la Saint-Barthélemy, Charles IX lui accorde la chaire d'éloquence latine au collège des lecteurs royaux, ancêtre du Collège de France. Lors de la Ligue, il participe à *La Satyre Ménippée* en 1594. Atteint de la goutte, il décède en 1602. Selon La Croix du Maine, il aurait composé tragédies et comédies, en français et en latin, et un commentaire de Rabelais, tous textes aujourd'hui disparus. À sa mort, son neveu publia le *Recueil des œuvres poétiques de Jan Passerat, lecteur et interprète du roi.* Le recueil posthume des poésies de Passerat se signale à la fois par sa variété et par sa fantaisie. Les odes y côtoient les élégies, ici un traité de vénerie en vers, là une métamorphose, et le poète écrit en liberté contre une dame, sur un moineau, sur un mai, contre un miroir…

Les Poésies françaises de Jean Passerat, éd. Prosper Blanchemain, Lemerre, 1880.

PELETIER, Jacques, 1517-1582. Originaire du Mans, Jacques Peletier étudie au collège de Navarre sous son frère Jean. Il semble avoir, en 1531, quitté Paris pour étudier le droit. Revenu à Paris, il est en 1536 régent au collège de Navarre, en même temps qu'il étudie la médecine. Il est, en 1540, secrétaire de René du Bellay, évêque du Mans. Il publie en 1541 la traduction de l'*Art poétique* d'Horace ; révisée, elle sera rééditée en 1545. En 1545 il fait paraître ses premières œuvres mathématiques et astronomiques. Il fréquente aussi les jeunes poètes, et notamment Ronsard, dont la première œuvre publiée paraîtra en 1547 dans ses *Œuvres poétiques.* Peletier quitte Paris en 1548. À Poitiers, il publie son *Arithmétique* en 1549, ainsi qu'en 1550 un *Dialogue de l'orthographe et prononciation française,* composé dans la graphie que recommande Peletier et dans laquelle ses propres œuvres seront désormais publiées (graphie que nous ne pouvons reproduire). À Lyon en 1554, il rencontre Louise Labé, Scève, Magny, Tyard, y publie en 1555 *L'Art poétique* et *L'Amour des Amours.* Rentré à Paris, il s'occupe surtout de médecine et de mathématiques. Il part en 1570 pour la Savoie. Il meurt en 1582.

L'Amour des Amours, éd. Jean-Charles Monferran, STFM, 1996 ; *L'Art poétique* in *Traité de poétique et de rhétorique de la Renaissance,* éd. Francis Goyet, Le Livre de Poche, 1990 ; *La Savoye,* éd. Charles Pagès, Moutiers, 1897.

L'AMOUR DES AMOURS. Composé de sonnets amoureux et de poèmes plus ou moins amples décrivant les phénomènes atmosphériques et les planètes, cet ouvrage introduit en France la poésie dite scientifique.

SONNET XIV. V. 12 : allusion au mythe de la naissance de l'Amour, fils de Poros et de Pénia, c'est-à-dire d'Expédient et de Pauvreté, raconté par Socrate selon Platon, *Banquet*, 203b.

SONNET LXXIII. V. 10 : l'Auster est un vent du midi, chaud et humide. — V. 12 : le Cécie (Cæcias), vent du nord-est, qui attire à lui les nuées.

LA LUNE. V. 3 : les six autres planètes. — V. 7 : le Frère de la Lune est Phébus (v. 1), c'est-à-dire le Soleil. — V. 49 : les êtres vivants, doués de mouvement. — V. 54 : les cervelles à l'humeur variable de ceux que l'on appelle les lunatiques.

LA SAVOIE [PROJET ET REGRET D'UNE LOUANGE DU JARDINAGE]. Extrait du livre II de ce long poème descriptif, ce passage oppose l'art et la nature, ici illustrée par « ce lieu » (v. 1), c'est-à-dire la Savoie.

PIBRAC, Guy du Faur de, 1529-1584. Juriste éminent, juge mage de la sénéchaussée de Toulouse, président du parlement de Paris, ambassadeur de Charles IX au concile de Trente (1562), conseiller à Cracovie d'Henri III, lorsqu'il fut élu roi de Pologne (1574), Pibrac est aujourd'hui connu pour ses discours et harangues. Pasquier, de Thou, Montaigne, du Vair entre autres ont célébré son éloquence, ses périodes éclatantes, son style généreux, et même un peu trop généreux. Mais Pibrac fut aussi en son temps une figure importante du monde des poètes, mainteneur des jeux floraux, ami de Dorat, Ronsard, Baïf, et ses *Quatrains* connurent un grand succès. Traduits en latin et en grec par Florent Chrétien, ils furent le manuel du futur Louis XIII, et restèrent longtemps la bible des écoliers. Mais un siècle plus tard, tel bourgeois de Molière (*Sganarelle*, I) se plaignait de ce que la jeunesse délaissât pour les romans modernes les bons vieux dictons de Pibrac et de Matthieu.

Les Quatrains de Pibrac, éd. Henry Guy, Toulouse, Privat, 1904.

LES QUATRAINS. Publiés en 1580, les cent vingt-six quatrains de Pibrac mettent en œuvre une sagesse antique pour les hommes de ce temps. Bien que l'auteur tire son inspiration d'horizons très divers, le ton général est marqué par une sorte de néo-stoïcisme chrétien, qui s'accorde bien avec le goût de l'époque pour les maximes et les œuvres morales. Ces quatrains seront par ailleurs traduits en latin et en grec par Florent Chrétien (voir p. 367).

QUATRAINS LVIII, LIX, LX. Parfois, comme c'est ici le cas, quelques quatrains isolés constituent une brève séquence. En l'occurrence, Pibrac puise dans la tradition stoïcienne pour mettre en scène cette figure classique du sage heureux malgré l'adversité.

CINQ SONNETS. Cinq femmes constituent cette galerie de femmes célèbres, Lucrèce, Virginie, Porcie, Cornélie, Didon.

RABELAIS, François, v. 1494-1553. La présence de Rabelais dans une anthologie de la poésie française peut surprendre. Pourtant la geste pantagruélique comporte plus de trente poèmes divers, du rondeau au blason en passant par l'épitaphe ou la chanson, sans parler des vers ou distiques isolés ici et là. Ces poèmes, en outre, sont bien souvent mis en valeur dans la disposition du récit dont ils semblent alors proposer une sorte d'aboutissement paradoxal : c'est l'énigme en prophétie à la fin de *Gargantua*, c'est le huitain du Pantagruelion concluant *Le Tiers Livre*, c'est encore le quatrain de Villon au terme du *Quart Livre* et enfin, toute la série des poèmes qui viennent clore *Le Cinquième Livre.* Sans parler de l'incroyable inventivité verbale toujours à l'œuvre dans ces chroniques, il est certain que Rabelais apparaît non seulement comme un remarquable conteur mais aussi comme un véritable poète. Ses contemporains, d'ailleurs, ne s'y sont pas trompés, car sur les listes de poètes constituées à l'époque, ils n'oublient pas de le faire figurer.

Œuvres complètes : éd. Mireille Huchon, avec la collaboration de François Moreau, Pléiade, Gallimard, 1994 ; éd. Jean Céard, Gérard Defaux et Michel Simonin, Le Livre de Poche, 1995.

RONDEAU. Cette pièce est tirée du chapitre XIII de *Gargantua*, intitulé « Comment Grandgousier connut l'esprit merveilleux de Gargantua à l'invention d'un torchecul ». Tout joyeux, le jeune Gargantua explique à son père les diverses techniques qu'il a expérimentées pour se torcher le cul, et déclame fort à propos le rondeau scatologique que voilà.

« *BRISZMARG D'ALGOTBRIC...* ». Dès son apparition au chapitre IX de *Pantagruel*, Panurge est présenté comme un héros capable de parler toutes sortes de langues, et notamment le lanternois. Dans le chapitre XLVII du *Tiers Livre*, alors que Pantagruel avoue sa méconnaissance de cette langue, Panurge déclare : « je l'entends comme le maternel, et il m'est usité comme le vulgaire », et il se montre même capable de composer en lanternois le quatrain ci-dessus, dont il livre par ailleurs la traduction : « Tout malheur étant amoureux, / M'accompagnait : onc n'y eus bien. / Gens mariés plus sont heureux, / Panurge l'est, et le sait bien. »

« Ô BOUTEILLE… ». À la fin du *Cinquième Livre*, Panurge arrive enfin auprès de Bacbuc pour recevoir l'oracle de la Dive Bouteille. La prêtresse lui souffle alors à l'oreille les paroles de l'« épilémie » qu'il entonne à sa suite. Ce chant de vendanges est un exemple intéressant de ces quelques poèmes optiques, calligrammes avant l'heure, que nous ont laissés les poètes anciens, bien avant Panard, Valéry ou Apollinaire. En cela, l'auteur suit la tradition néo-alexandrine des *technopaignia*, que Salmon Macrin avait remise à la mode (cf. ci-dessus p. 95). Tandis qu'au Moyen Âge, les *carmina figurata* s'attachaient en général à des sujets nobles, comme l'ange ou la croix, ici, le poète malicieux a choisi la bouteille. — V. 11 : les chapitres XXXVIII et XXXIX du *Cinquième Livre* racontent, en effet, la remarquable victoire de Bacchus sur les Indiens. — V. 15 : dans certaines traditions mystiques, reprises en partie par Marsile Ficin, Guy Le Fèvre de la Boderie et Pic de la Mirandole, Noé marque un temps capital de l'histoire universelle. Le déluge sut purifier le monde qu'une nouvelle humanité vint alors repeupler.

RAPIN, Nicolas, 1539-1608. Né à Fontenay-le-Comte, Nicolas Rapin, après des études de droit, est avocat. Échevin de sa ville natale, il en est maire en 1569-1570, puis vice-sénéchal à Fontenay et à Niort. Il devient en 1585 lieutenant criminel dans la prévôté de l'Île-de-France. Il combat la Ligue, qui le prive de sa charge. Henri III le fait prévôt général de la connétablie. Il poursuit la lutte auprès d'Henri IV, participe à *La Satyre Ménippée* (1594). En 1609 il se retire sur ses terres. Son œuvre poétique est largement tributaire des circonstances. Ses *Plaisirs du gentilhomme champêtre* (1581 ; rééd. 1581 et 1583) eurent un succès considérable. Traducteur, il met en français l'Arioste, Cicéron, Ovide, Martial et surtout Horace. On lui doit aussi une traduction des sept psaumes pénitentiels.

Œuvres, éd. Jean Brunel, Genève, Droz, 1982-1984, 3 vol.

LES PLAISIRS DU GENTILHOMME CHAMPÊTRE. Nous reproduisons d'abord la fin d'une longue pièce de 325 vers, qui constitue le cœur de cet ouvrage.

ODE SAPPHIQUE RIMÉE. Comme Baïf, Rapin a tenté de faire revivre la prosodie et la métrique latines et grecques et a composé beaucoup de vers mesurés à l'antique, rimés ou non. S'inspirant de la métrique d'Horace, il pratique notamment la strophe sapphique, composée de trois vers sapphiques suivis d'un adonique, selon le schéma suivant :

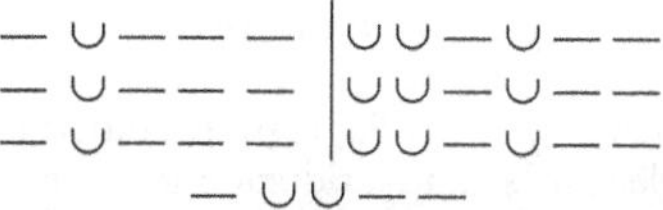

La pièce que nous reproduisons appartient au *Tombeau* de Ronsard. Elle célèbre en lui l'auteur de *La Franciade.* — V. 25-26 : les neuf Muses et les trois Parques (dont Clotho). — V. 47 : pour suivre son destin, Francus dut renoncer à l'amour d'Hyante, fille du roi de Crète. — V. 53-54 : le peintre Apelle fit un tableau de Vénus que la mort l'empêcha d'achever. — V. 72 : « croissent » est un subjonctif.

ROCHES, Madeleine et Catherine des. Madeleine des Roches naît vers 1520. Issue d'une famille de notaires, elle épouse André Fradonnet, et de cette union naît Catherine, baptisée en 1542. Après la mort de son premier mari, elle épouse en secondes noces François Eboissard. La ville de Poitiers où vécurent la mère et la fille était un alors un véritable foyer humaniste, et elles tenaient un salon tout à fait remarquable, dont Étienne Pasquier fit l'éloge. Malgré la maladie, les difficultés matérielles, les soucis domestiques, elles composent ensemble, dans un esprit de concorde vertueuse, les vers qu'elles publient dans *Les Œuvres* et dans *Les Secondes Œuvres.* Ayant toujours vécu ensemble, elles ne furent point séparées par la mort qui vint les emporter en 1587, au plus fort de l'épidémie de peste qui sévissait cette année-là.

Les Œuvres, éd. Anne R. Larsen, Genève, Droz, 1993 ; *Les Secondes Œuvres,* éd. Anne Larsen, Genève, Droz, 1998.

LES ŒUVRES. Publié en 1578 chez Abel l'Angelier, le recueil rassemble des épîtres, des odes, des sonnets, des épitaphes, des dialogues, des chansons, etc. À travers la piété religieuse et l'honnête modestie de leurs vers apparaît la nécessité de concilier, chose malaisée à cette époque, leur condition féminine et leur vocation littéraire.

LES SECONDES ŒUVRES. Publié en 1583, ce recueil est marqué par l'influence des penseurs anciens, les stoïciens et Platon, pour Madeleine, et Pythagore, dont Catherine traduit les *Vers dorés* et les *Énigmes*; mais ces pièces morales, parfois austères, côtoient d'autres poèmes plus légers, comme « La Puce ».

LA MÊME VILLE AU ROI. Entre 1418 et 1436, fuyant la capitale occupée par les Anglais, le parlement de Paris s'établit provisoirement à Poitiers. Par la suite, Poitiers ne cessa de réclamer un parlement et une juridiction indépendante. Ce poème témoigne de l'implication municipale des dames des Roches dans leur bonne ville qu'elles chantent régulièrement dans leurs œuvres.

LA PUCE. Une « puce frétillarde » vint un jour se loger sur la poitrine de Madeleine. Cette circonstance inspira plusieurs « poètes chante-puce », et Catherine elle-même composa un poème à cette occasion.

ROMIEU, Marie de, ?-?. La vie de Marie de Romieu est très mal connue. Selon Colletet, elle « naquit à Viviers en Vivarets », et avait « un ménage qui l'occupait fort et qui ne lui donnait pas tout le loisir qu'elle eût bien désiré pour caresser les muses ». On lui connaît deux ouvrages : l'*Instruction pour les jeunes dames*, publiée en 1573, et les *Premières Œuvres poétiques*, en 1583.

PREMIÈRES ŒUVRES POÉTIQUES. Les pièces diverses du recueil, hymnes, odes, élégies, sonnets, anagrammes, acrostiches, énigmes, révèlent à la fois la fantaisie et la noble ambition de Marie de Romieu, qui affirme clairement sa double dignité de femme et de poétesse.

BREF DISCOURS. V. 5 : référence à la fable de Phèdre (III, 12). En l'occurrence, l'analogie entre l'homme et le coq ne manque pas de sel.

RONSARD, Pierre de, 1524-1585. Né au manoir de la Possonnière, près de Couture, en Vendômois, Pierre de Ronsard est le sixième enfant de Loys de Ronsart, gentilhomme qui a pris part aux guerres d'Italie et est maître d'hôtel du dauphin François et du duc Henri d'Orléans, futur Henri II. Pierre, après des études sous un précepteur, fait un séjour au collège de Navarre, entre en 1536 en qualité de page au service de Charles de Valois, troisième fils du roi, puis est mis au service de Madeleine de France, promise à Jacques V d'Écosse. À sa suite il voyage en Écosse, où il séjourne deux fois. De retour en mars 1539, il accompagne, en mai 1540, Lazare de Baïf à la diète de Haguenau. C'est alors sans doute qu'il commence à s'intéresser à la poésie. En 1543, il assiste aux funérailles de René du Bellay, son parent, reçoit la tonsure et rencontre son secrétaire Jacques Peletier ; à Paris il se lie avec Jean-Antoine de Baïf, fils naturel de Lazare, et suit les leçons que lui dispense Jean Dorat. Il est, en septembre 1547, inscrit à l'Université et fréquente jusqu'au printemps de 1549 le collège de Coqueret. Après quelques courtes publications, il fait paraître en janvier 1550 les *Quatre Premiers Livres des Odes de Pierre de Ronsard. Ensemble son Bocage*, avec un avis « Au lecteur » qui, par son ton, a valeur de proclamation. Une nouvelle poésie s'affirme, dont la *Défense et Illustration de la langue française* (mars 1549) de Joachim du Bellay constitue le manifeste. Désormais sa vie se confond largement avec ses publications. Attentif à tous les nouveaux courants, il veille à y inscrire son nom. Ses *Amours* sont publiées en septembre 1552, avec *Le Cinquième Livre des Odes*. En 1553, paraissent la seconde édition des *Quatre Premiers Livres des Odes*, le gaillard *Livret de Folastries*, la seconde édition des *Amours* avec le commentaire de Muret et *Le Cinquième Livre des Odes* augmenté. À la fin de 1555, voici le premier livre des *Hymnes*, que suit un second livre en 1556, en même temps qu'il donne en 1555 la *Continuation des Amours* (90 pièces nouvelles) et en 1556 la *Nouvelle Continuation des Amours*, qui compte 61 pièces. Ces années sont encore marquées par la publication de recueils d'attente, comme l'est déjà le *Bocage* de 1550 : ce sont successivement les *Mélanges* de 1554, le nouveau *Bocage* de 1554, le *Second livre des Mélanges* de 1559. Ronsard publie encore, en 1565, l'*Abrégé de l'art poétique français*. Dès 1560, Ronsard entreprend de réunir ses *Œuvres* ; l'édition collective de 1560 est la première réalisation de cette décision, que six autres suivront (1567, 1571, 1572-1573, 1578, 1584, 1587). Mais l'œuvre dont Ronsard dresse ainsi le monument continue à grossir. L'événement le pousse à prendre parti, avec, en moins de deux ans (1562-1563), l'*Institution pour l'adolescence du roi très chrétien Charles IX*, le *Discours des misères de ce temps* et sa *Continuation*, la *Remontrance au peuple de France*, la

Réponse aux injures et calomnies de je ne sais quels prédicants et ministres de Genève. Mais le voici rapidement engagé sur d'autres chemins, avec, en 1563 *Les Quatre Saisons de l'an* et le *Recueil de nouvelles poésies*; en 1569, le *Sixième* et le *Septième livre des Poèmes*, en 1572 quatre livres de *La Franciade.* Non seulement les éditions collectives s'enrichissent de ces publications, mais elles sont elles-mêmes abondamment grossies de pièces nouvelles; ainsi celle de 1578 en offre 238 (parmi lesquelles les *Sonnets pour Hélène*). En outre, ces collectives ont souvent une économie nouvelle, comme celle de 1584, qui dispose en son centre *La Franciade* et ouvre la section du *Bocage royal.* Ronsard s'éteint à l'extrême fin de l'année 1585. Un hommage solennel lui est rendu le 24 février 1586, en même temps que paraissent ses *Derniers vers.*

Œuvres complètes, éd. Paul Laumonier, Raymond Lebègue et Isidore Silver, STFM, 1914-1974, 20 vol. (éd. chronologique) ; *Œuvres complètes*, éd. par Jean Céard, Daniel Ménager et Michel Simonin, Gallimard, Pléiade, 1993-1994, 2 vol. (éd. des *Œuvres* de 1584, augmentées des pièces retranchées et ajoutées). Nous donnons la première version des pièces citées ; elles seront souvent ensuite profondément remaniées.

LES QUATRE PREMIERS LIVRES DES ODES (1550). Ce premier grand recueil lyrique compte, en 1550, 94 pièces. Ronsard s'y flatte d'introduire en français le mot même d'*ode.* Le premier livre réunit 13 odes pindariques, composées de triades (strophe, antistrophe, épode), qui, imitées de la manière de Pindare, sont d'un style élevé. Les autres livres, d'une inspiration plus simple, et d'une grande variété de mètre et de rythme, sont d'un poète qui s'est rendu « familier d'Horace, contrefaisant [= imitant] sa naïve [= naturelle, authentique] douceur ». Grossi d'édition en édition, ce recueil compte, en 1584, 156 pièces.

À CALLIOPE. *Odes*, II, II. Pièce inspirée d'Horace, *Odes*, III, IV (« *Descende cœlo, et dic age tibia / Regina longum Calliope melos* », etc.). — V. 31 et suiv. : thème de l'enthousiasme poétique qui se souvient de Platon et qui doit sa formulation à Ovide, *L'Art d'aimer*, III, 548 et suiv. (« *Est deus in nobis* », etc.).

À CASSANDRE. *Odes*, II, XXIV. Cette pièce célèbre, dans le goût des *Baisers* du poète néo-latin Jean Second, a été mise en musique par Marc-Antoine Muret. — V. 17 et suiv. : imitation goguenarde du récit des amours du Cyclope et de Galatée par Ovide, *Métamorphoses*, XIII, 871-872.

LE CINQUIÈME LIVRE DES ODES (1552). ODE À MICHEL DE L'HOSPITAL. Adressée au chancelier de France, Michel de L'Hospital, qui prit parti pour Ronsard contre les « rimeurs de cour », cette longue pièce, qui compte 24 triades et 816 vers, est la plus ample et la plus somptueuse des odes pindariques de Ronsard. Proposant notamment une légende de la poésie, elle raconte l'envoi, par Jupiter, des Muses sur la terre et retrace les trois âges de l'histoire de la poésie. — V. 34 : Eumolpe, Musée (fils d'Eumolpe), Orphée et Linus (maître d'Orphée) sont associés à l'auteur de la *Théogonie*, Hésiode, né à Ascra, et à Homère, et constituent le groupe des premiers poètes, les poètes théologiens. — V. 57 et suivants : on peut reconnaître successivement Eschyle, Hésiode (auteur des *Travaux et les jours*), Aratos, Théocrite, Apollonios de Rhodes, Lycophron, Sophocle ou Euripide, Aristophane ou Ménandre.

LES AMOURS. Recueil de 183 sonnets publié en 1552, *Les Amours* sont en 1560 augmentées d'un second livre. La section des « Amours » de l'éd. collective de 1578 y joindra les deux livres inédits des *Sonnets pour Hélène*. Le recueil de 1552, d'inspiration pétrarquiste, d'un style élevé et érudit, est le livre de Cassandre.

SONNET XXVI. Sonnet qui énumère une suite d'« impossibles » ou *adynata*, pour dire l'attachement indéfectible de l'amant à sa dame. Les v. 3-4 imaginent que l'âme du monde se mettrait à animer le vide extérieur, et les v. 5-6, que, contrairement au récit de la Genèse, le firmament cesserait de séparer les eaux d'en-haut et les eaux d'en-bas.

SONNET XLII. Comme l'Amour a débrouillé le chaos universel, il a mis fin à la dissension interne de l'amant et disposé les atomes de son âme. Le poète utilise la théorie atomistique pour dire le pouvoir ordonnateur de l'Amour.

SONNET CX. Célébration du sourire, de la voix et du chant de la belle, ce célèbre sonnet a été mis en musique par Janequin. — V. 14. Voir Pétrarque, *Canzoniere*, 156 (« *I' vidi in terre* ») ; v. 7-8 : « *Et udí' sospirando dir parole / Che farian gire i monti et stare i fiumi.* » « Montagner » est un néologisme.

SONNET CXXV. V. 12. Narcisse, fils de Céphise, fleuve de Béotie. (Cette pièce a été traduite en latin par Belleau : voir p. 316.)

ODE. À CASSANDRE. Cette pièce a été publiée en appendice de la 2e édition des *Amours* (1553).

LE BOCAGE (1554).

ODELETTE À JOACHIM DU BELLAY, ANGEVIN. Paraphrase d'une pièce du poète alexandrin Bion. Sous la plume de Ronsard le madrigal de Bion devient une proclamation littéraire. — V. 10 : mais Clio lui défend de se trouver désormais. Clio désigne l'ensemble des Muses.

ODE, OU SONGE, À FRANÇOIS DE REVERGAT. Dédiée à l'avocat-poète toulousain François de Revergat, cette pièce imite une ode du pseudo-Anacréon, dont Henri Estienne avait révélé le recueil en 1554. L'introduction et la conclusion, dues à Ronsard, sont humoristiquement sentencieuses. — V. 1-6 : envoyé en ambassade à Sparte, Pâris s'y éprit d'Hélène, femme de Ménélas, qui quitta son époux pour suivre son amant. — V. 11-13 : le Bouvier est une constellation située à la queue de la Grande Ourse.

LES HYMNES. Publiés en deux livres en 1555 et 1556, les *Hymnes* répondent à un ambitieux dessein. Ce lyrisme de chant et de méditation veut percevoir dans les êtres naturels les traces de la divinité, et célèbre non seulement le ciel ou les étoiles, mais aussi bien les princes et les rois, qui sont ici-bas des figures de Dieu, ou encore ces réalités complexes que sont la justice, l'or, les démons ou la mort. La postérité a tardé à apprécier vraiment cette œuvre difficile.

LES DÉMONS explore cette zone complexe du monde qui s'étend entre le monde de Dieu et celui des hommes. Désireux d'épier les créatures intermédiaires entre le divin et l'humain que sont les démons, Ronsard exploite les données du christianisme et les spéculations néo-platoniciennes autant que les légendes populaires.

HYMNE DES ASTRES. Pièce d'un sombre fatalisme, l'« Hymne des Astres » leur rapporte la diversité des conditions humaines.

HYMNE DE L'ÉTERNITÉ. Cette pièce, qui en 1556 ouvre le second livre des *Hymnes*, est dédiée à Marguerite de France, sœur d'Henri II, qui deviendra en 1559 duchesse de Savoie. Ronsard s'inspire notamment de l'hymne « À l'Éternité » du poète néo-latin Marulle. — V. 35 : les orbes des cieux des sept planètes, du ciel des étoiles fixes et du ciel du premier mobile.

ŒUVRES (1560).

ÉLÉGIE À LOÏS DES MASURES TOURNISIEN. Né à Tournai, Louis des Masures est le dédicataire de cette élégie par laquelle, répondant aux critiques de ceux de la « nouvelle foi », Ronsard définit sa conception de la poésie. — V. 37 : allusion, goûtée des Réformés, à la parabole évangélique des talents (Matthieu, XXV, 14-30). — V. 41 : voir Jean, VIII, 44. — V. 52 : allusion à Luther. — V. 56 : des Masures avait une statue d'Amphion dans son jardin de Saint-Nicolas-du-Port, près de Nancy.

SONNET. Sonnet écrit pour les *Sonnets, prières et devises* composés, à l'occasion du colloque de Poissy (1561), par Anne de Marquets, dominicaine dans un couvent de cette ville (voir p. 358).

CONTINUATION DU DISCOURS DES MISÈRES DE CE TEMPS (1562). Théodore de Bèze, né à Vézelay, rejoignit Calvin à Genève. V. 8-12 : allusion à la fable de Cadmos, vainqueur d'un dragon dont les dents semées en terre engendrèrent un peuple de soldats qui s'entre-tuèrent.

REMONTRANCE AU PEUPLE DE FRANCE (1563). Les v. 9-23 sont cités par Montaigne, *Essais*, II, XII (éd. Pochothèque, p. 800), qui, méditant sur l'infirmité de nos représentations, avoue que, s'il n'était chrétien, il se serait « plus volontiers attaché à ceux qui adoraient le Soleil ». — V. 42 : Marc, XVI, 16.

SONNETS POUR HÉLÈNE (1578). *Le Second Livre.* SONNET XLV. Souvenir de l'*Iliade*, III, 156 et suiv.

LES DERNIERS VERS (1586).

SONNET I. V. 5 : le fils d'Apollon est Esculape, dieu de la médecine.

SONNET II. V. 1 : le Cocyte est l'un des fleuves des Enfers. — V. 2 : le Géant Encelade est fils de la Terre. — V. 3 : Alecto, ou Alecton, l'une des trois Furies, filles de la Nuit et de l'Achéron, qui ont pour cheveux des serpents. — V. 5 : Amphitrite, déesse de la mer.

SONNET VI. V. 4 : la légende veut que le cygne chante à l'heure de sa mort. Les cygnes du fleuve Méandre, en Phrygie, sont célèbres.

SAINT-GELAIS, Mellin de, 1491-1558. Fils ou neveu, dit-on, d'Octovien de Saint-Gelais, Mellin fait des études de droit et vit quelque temps en Italie. Vers 1518, il devient « maître d'hôtel » de François Ier. Peu après, il entre dans les ordres, mais demeure attentif au monde. Cultivé, connaissant bien les cultures latine et italienne, il se voit confier, en 1536, la charge de la bibliothèque du roi à Blois. Il se fait connaître par la publication, en 1535, de sa *Déploration d'Amour.* Il écrit beaucoup, mais se soucie peu de la publication de ses œuvres, dont une petite partie seulement est éditée, de son vivant, en 1547. Sa réputation est néanmoins très grande. Thomas Sebillet, qui en 1548 le cite très souvent dans son *Art poétique,* le tient pour un « auteur tant doux que divin ». Un célèbre différend l'oppose aux poètes de la Pléiade dont il est alors le rival respecté et puissant. Il meurt en octobre 1558.

Œuvres poétiques françaises, éd. Donald Stone Jr., STFM, 2 vol., 1993 et 1995.

DESCRIPTION D'AMOUR. Célèbre pièce en *terza rima,* inspirée d'un *capitolo* de Pietro Bembo (« *Amor è, Donne care, un vano e fello* »).

SONNET. Cette pièce développe le thème classique des innombrables. — V. 2 : Bourg-sur-Mer, en Guyenne. — V. 13 : la Sorbonique, l'une des trois thèses soutenues par les bacheliers, et qui exigeait d'eux une argumentation de douze heures.

CHANSON. V. 17 : le requérant reste à la porte, qui lui offre visage de bois.

SAINT-GELAIS, Octovien de, 1468-1502. Né au château de Cognac, Octovien de Saint-Gelais fait ses études à Paris au collège Sainte-Barbe. Des études de droit lui valent un bénéfice ecclésiastique et le titre de protonotaire. Il est, par son frère, introduit à la cour où, homme du monde et poète, il est en faveur. Outre des traductions, il célèbre les grands événements politiques. Les années 1490-1494 sont notamment consacrées à la rédaction de son grand ouvrage, *Le Séjour d'Honneur.* Ses appuis lui permettent de devenir, en 1595, évêque d'Angoulême. Il semble avoir bien administré son diocèse, tout en poursuivant son œuvre, traduisant par exemple les *Héroïdes* d'Ovide. Il meurt à trente-quatre ans.

LE SÉJOUR D'HONNEUR. Ce « traité de la vie humaine » est un long poème entrecoupé de narrations en prose. Enfermé chez lui, l'auteur s'abandonne à la douleur quand survient une belle dame : Sensualité. (Nous reproduisons sa première exhortation, d'après l'éd. Vérard, 1519.) Séduit par elle, il va suivre Fleurie-Jeunesse, Fol-Abus et Joie-Mondaine. Après les joies, les déceptions. Finalement, au terme de mille aventures, rentré chez lui, il trouve le vrai chemin.

SALEL, Hugues, v. 1503-1553. Hugues Salel voit le jour dans une famille bourgeoise de Cazals en Quercy. Après des études universitaires, Salel devient secrétaire de Jean Bertrandi, premier président du parlement de Toulouse, puis, en 1538, il passe au service du roi dont il devient le valet de chambre ordinaire. Ayant fréquenté de près ou de loin les plus grands écrivains, Rabelais, Scève, Dolet, il jouit désormais d'une solide réputation : c'est un poète de cour, estimé et reconnu pour ses pièces de circonstance. Il reçoit la cure de l'abbaye de Saint-Chéron près de Chartres, et François Ier lui commande une traduction de l'*Iliade* en vers français. En 1547, Olivier de Magny entre à son service comme secrétaire particulier. Après la mort de François Ier, il reste en grâce auprès du nouveau roi et Catherine de Médicis le nomme « Conseiller et Aumônier ordinaire de la Reine ».

Œuvres (1539), *Dix Premiers Livres de l'Iliade d'Homère* (1545). *Œuvres poétiques complètes*, éd. Howard H. Kalwies, Genève, Droz, 1987.

COUPLET DIALOGUÉ... Publié en 1534 en tête du *Palais des nobles dames* de Jehan du Pré, ce onzain acrostiche en forme de dialogue n'est pas sans évoquer la manière des grands rhétoriqueurs. — V. 7 : la revanche que demande Honnêteté pour les Dames est liée aux mauvais traitements que leur infligent notamment les méchants poètes. C'est tout le sujet de la querelle des femmes, et de la querelle des Amies (cf. Heroët, p. 105). — V. 6 : la barre marque ici une césure épique. — V. 12 : devise de Salel, sur laquelle Charles Sainte-Marthe a même composé un rondeau. — V. 13 : signature en anagramme.

ÉPÎTRE DE DAME POÉSIE... : Servant de préface à la traduction d'Homère de 1545, cette épître constitue un jalon important de l'histoire de la traduction, de son statut, de ses enjeux et de ses critiques, en ce siècle de l'humanisme. — V. 13 et suivants : ces formules constituent des lieux communs souvent repris au XVIe siècle, notamment par Du Bellay, La Boétie (cf. p. 372). — V. 46 : en effet, à l'instar de Lazare de Baïf ou de Guillaume Budé, Salel pouvait se prévaloir des libéralités de

François Ier, privilège qui ne manqua pas de susciter maintes jalousies : ne risquait-on pas de favoriser la traduction au détriment de la création ?

SONNET AU ROI... Composé en 1550 pour l'entrée d'Henri II en sa bonne ville de Chartres, ce poème de circonstance a été publié pour la première fois par Magny en 1553 à la suite de ses *Amours.* — V. 7 : l'emblème du roi était composé de trois croissants entrelacés.

SALMON MACRIN, Jean, 1490-1557. Né à Loudun, Jean Salmon poursuit ses études à Paris avec Lefèvre d'Étaples pour maître. Il s'intègre aux milieux humanistes où s'illustrent notamment Guillaume Budé, Jean Lascaris, Pierre Danès, Guillaume du Bellay ou Antoine Heroët. Voulant rivaliser à la fois avec les Anciens et les Italiens, il compose en langue latine une œuvre importante, variée et saluée de tous, à la ville comme à la cour.

Elegiarum Triumphalium liber (1513), *Elegia de Christi ...morte* (1515), *Carminum libellus* (1528), *Epithalamiorum liber unus* (1531), *Hymnorum libri sex* (1537), *Septem Psalmi* (1538), *Odarum libri tres* (1546), *Naeniarum libri tres, de Gelonide Borsata uxore* (1550). *Épithalames et Odes,* édition et traduction de Georges Soubeille, Champion, 1998.

EPITHALAMIORVM LIBER. Reprenant la matière désormais enrichie du *Carminum libellus,* ce recueil n'est pas véritablement constitué d'épithalames *stricto sensu* ; mais il demeure associé à l'idée de mariage, puisque la plupart des vingt-huit pièces qui le composent sont adressées à sa jeune épouse, Guillone Boursault, qu'il avait épousée en 1528.

ALAE. À l'instar des *technopaignia* de Théocrite, Simias, Dosiadas, Bésantinos, les poètes médiévaux avaient composé des *carmina figurata* en forme de croix, d'anges, etc. En reprenant cette tradition alexandrine, Salmon Macrin veut s'illustrer dans un genre fantaisiste et exigeant à la fois. Il ne manquera pas de susciter des émules, notamment Mellin de Saint-Gelais, Visagier, Hubert Sussaneau et l'auteur du *Cinquième Livre* (cf. ci-dessus p. 98).

SCÈVE, Maurice, v. 1500-après 1560. Né à Lyon, Maurice Scève appartient à une vieille famille aisée et honorablement connue. Il a fait des études de droit, peut-être en Italie. On le trouve en Avignon vers 1530 ou 1531, où il croit découvrir la tombe de la Laure de Pétrarque. Il participe, en 1536, au recueil des blasons que réunit Marot (voir p. 000). La mort du dauphin lui inspire son églogue d'*Arion*. Il participe, de 1537 à 1540, à l'organisation des fêtes qui alors se succèdent à Lyon, comme il le fera encore plus tard, mais cette fois avec un rôle de premier plan, à l'occasion de l'entrée d'Henri II à Lyon, en 1548. C'est au printemps de 1544 que paraît *Délie, objet de plus haute vertu*, l'un des plus grands monuments de la poésie française. Son poème de *La Saulsaye, églogue de la vie solitaire*, est publié en 1547. Si Scève semble participer aux activités des cercles humanistes, il demeure comme toujours discret et réservé. C'est en 1562 que paraît son *Microcosme*, sans doute posthume. On ignore la date de sa mort, qu'aucun hommage ne salue. Si la Pléiade ne l'englobe pas dans le dédain dont elle frappe les poètes qui la précèdent, elle éclipse son renom. *Délie*, son chef-d'œuvre, aura une (unique) réédition en 1564.

Délie, objet de plus haut vertu, éd. Eugène Parturier, Hachette, 1916 (rééd. 1962), éd. Françoise Charpentier, Poésie/Gallimard, 1984, et éd. Françoise Joukovsky, « Classiques Garnier », 1996 ; *Microcosme*, éd. Enzo Giudici, Vrin, 1976.

DÉLIE, OBJET DE PLUS HAUTE VERTU. Publié en 1544 (et réédité en 1564), ce livre compte un huitain liminaire et 449 dizains. Après un premier groupe de cinq dizains, viennent 49 emblèmes introduisant 49 suites de neuf dizains ; un cinquantième emblème introduit une suite de trois dizains. La devise de chaque emblème répond à la fin du dizain immédiatement suivant. Cette disposition n'obéit-elle qu'à des considérations de mise en page, ou a-t-elle une signification numérologique (5 + 49 × 9 + 3 = 449) ? En tout cas, chaque dizain comporte dix décasyllabes et acquiert ainsi une sorte de perfection formelle, soulignée par la disposition des rimes, qui, à quinze exceptions près, respectent ce schéma : ababbccdcd.

DIZAIN I. V. 4 : basilique, cet animal fabuleux passe pour tuer de son seul regard.

DIZAIN XVII. Ce dizain exploite le motif des impossibles ou *adynata*. — V. 3 : le mont Fourvière et le mont de la Croix-Rousse, à Lyon. — V. 10 : sans eux, c'est-à-dire sans feu ni foi.

DIZAIN XXII. Hécate est triple : Lune dans le ciel, Diane sur la terre et Hécate ou Proserpine aux enfers.

DIZAIN CXLI. Puisque la disposition des emblèmes organise le livre en suite de neuf dizains, il est permis de se demander si chacune de ces neuvaines a une unité. Le lecteur pourra en juger en considérant la neuvaine des dizains CXLI à CXLIX, qu'introduit l'Emblème de la Chicorée (ou héliotrope) avec la devise : « En tous lieux je te suis ».

DIZAIN CXLIII. V. 10 : au désert, les Juifs étaient en butte à des serpents. Moïse intercéda auprès de Dieu, qui lui enjoignit de dresser un serpent d'airain au haut d'une perche : « quiconque aura été mordu, qu'il le regarde, et il conservera la vie » (Nombres, XXI, 4-9).

DIZAIN CXLVII. V. 3 : Vénus et Cupidon. — V. 10 : Thomas More fut exécuté en 1535.

DIZAIN CXLIX. V. 1 : Hélicon et Parnasse sont les lieux symboliques de la poésie. — V. 3 : c'est sur le Caucase que souffrit Prométhée. — V. 4 : les trois Méduses, c'est-à-dire les Grâces.

DIZAIN CLXV. V. 10 : Dathan et Abiron, révoltés contre Moïse, furent engloutis par la terre et descendirent au shéol (Nombres, XVI fin).

MICROCOSME. Publié anonymement en 1562, ce poème de 3 003 vers (en trois livres de 1 000 vers, suivis d'un groupe de 3 vers) est un poème épique qui raconte l'histoire du monde depuis sa création : Adam en est le protagoniste ; en songe il voit les progrès que l'homme, ce microcosme, est appelé à faire et, parcourant le monde, célèbre l'invention des sciences et des arts.

[DIEU]. *Microcosme*, I, v. 7-22.

[LA MORT D'ABEL]. *Microcosme*, I, v. 767-790. — V. 19 : la seconde mort est la mort de l'âme, la damnation. — V. 24 : allusion à la descente du Christ aux Enfers.

SPONDE, Jean de, 1557-1595. Né dans une famille protestante du Béarn, protégé par Jeanne d'Albret puis par Henri de Navarre, Jean de Sponde fait des études à Bâle. Il publie, en 1583, une remarquable édition d'Homère. Henri IV le nomme en 1592 lieutenant de la sénéchaussée à La Rochelle. Peu après la conversion d'Henri IV, il se convertit lui-même. Quel que soit le sens de cette conversion, la profondeur de sa foi est attestée par ses *Méditations sur les Psaumes*, publiées en 1588. En appendice, l'*Essai de quelques poèmes chrétiens*, qui comprend des Stances et douze sonnets sur la mort. Les vingt-six sonnets de ses *Amours* furent publiés pour la première fois en 1599 : on peut se demander si c'est bien simplement un amour profane qu'y chante le poète.

Œuvres littéraires, éd. Alan Boase, Genève, Droz, 1978.

Sonnets de la mort. Le sonnet XII est en vers rapportés.

TAGAUT, Jean, v. 1517-1560. Fils du médecin Jean Tagaut, Jean fait des études à Paris et fréquente la Faculté de médecine. Il sait fort bien le latin, le grec et l'hébreu et a une solide culture classique. Attiré par les idées nouvelles, il rencontre sans doute alors Théodore de Bèze. Il s'éprend de Claude Bernard (célébrée par lui sous le nom de Pasithée), laquelle choisit de devenir religieuse. C'est dans les années 1550-1553 qu'il compose l'essentiel de ses *Odes* — restées inédites jusqu'en 1995, la conversion de Tagaut l'ayant sans doute dissuadé de les publier. Il quitte précipitamment la France pour Genève, en 1554, puis retourne en France pour enlever Claude, l'emmène à Genève où elle se convertit, et l'épouse. En 1557 il gagne Lausanne pour être professeur de philosophie et de mathématiques, puis en 1559 revient à Genève, où il participe à la fondation de l'Académie. Il meurt de la peste en 1560.

Odes à Pasithée, éd. Franco Giacone, Genève, Droz, 1995.

ODE VI. LE JOUR DE CARÊME-PRENANT. V. 33 : allusion au repas de Mardi-Gras (ou carême-prenant).

TAHUREAU, Jacques, 1528-1555. Plus connu pour ses *Dialogues* [...] *non moins profitables que facétieux* (1565), Tahureau n'en est pas moins l'auteur de deux recueils poétiques, *Premières Poésies* et *Sonnets, odes et mignardises à l'Admirée* (1554). Né au Mans, il suit les armées en Italie. À son retour, il publie ses premiers essais poétiques et apparaît comme l'un des auteurs les plus doués de sa génération, mais il meurt prématurément en 1555.

Poésies complètes, édition de Trevor Peach, Genève, Droz, 1984.

SONNETS, ODES ET MIGNARDISES À L'ADMIRÉE. Dans ces poèmes, Tahureau semble suivre la veine néo-pétrarquiste de ses prédécesseurs, mais il cultive volontiers un style plus badin et léger que celui qu'avaient pratiqué jusqu'alors Du Bellay et Ronsard.

SONNET LXXIX. Ce poème constitue le second volet d'un triptyque érotique, inspiré d'Ovide, *Amores*, III, 8. — V. 2 : ce diminutif, et les suivants, sont une caractéristique récurrente du style mignard, que pratiquent volontiers à cette même époque Ronsard et Magny, entre de nombreux autres.

SONNET LXXX. Troisième et dernier volet de cette petite série érotique : le « nouement d'aiguillette ». Cf. Magny, p. 234.

ORAISON [...] PLUS QUELQUES VERS. VI. CONTR'AMOUR. Si la satire de l'amour et des amoureux est un motif récurrent de la littérature médiévale, Tahureau s'attaque ici plus particulièrement à la forme pétrarquisante des amours à la mode. Cette ode qui emprunte au *Contra Amores* de Platina est ainsi à rapprocher du poème de Du Bellay « À une Dame » (voir p. 242) et des *Contr'Amours* de Jodelle (voir p. 343).

TAILLEMONT, Claude de, 1526-?. Claude de Taillemont est issu d'une famille notable de la région lyonnaise. Après quelques débuts hésitants, il réussit à publier en 1552 les *Discours des champs faëz*, œuvre étrange, où il prend le parti des dames dans la fameuse querelle des Amies (voir p. 105). S'inspirant à la fois du néo-pétrarquisme à la mode, de Maurice Scève et de la Pléiade nouvelle, en 1556, il publie sa *Tricarite.* Peu de traces de lui demeurent après cette date.

La Tricarite : éd. critique par D. Fenoaltea, F. Lecercle, G. A. Pérouse et V. J. Worth, Genève, Droz, 1989 ; *Discours des champs faëz, à l'honneur et exaltation de l'amour et des dames*, éd. Jean-Claude Arnould, Genève, Droz, 1991.

DISCOURS DES CHAMPS FAËZ, À L'HONNEUR ET EXALTATION DE L'AMOUR ET DES DAMES. Comme le suggère le titre, l'ouvrage est un éloge des dames en prose dialoguée, où s'intercalent à l'occasion des morceaux de poésie lyrique.

« HA, TRISTE ÉCHO... ». Voir le « Dialogue d'un amoureux et d'Écho » de Du Bellay, et la « Plainte en forme d'Écho » de Desportes (p. 241 et 459).

LA TRICARITE. Œuvre exigeante, et souvent hermétique, ce *canzoniere* regroupe cent un douzains consacrés à la Tricarite, cette dame aux trois grâces, parfaite et cruelle à la fois. Le chant poétique mêle à la ferveur érotique une ferveur mystique que les détours de la syntaxe, les ellipses et allusions savantes construisent tout au fil du recueil.

«SON VIF ESPRIT...». L'hermétisme de ce poème, et de la plupart des autres douzains du recueil, nécessite une véritable paraphrase. La première partie repose sur une métaphore filée. L'esprit de la dame est assimilé à Pégase, le cheval ailé qui, de son sabot, frappant le rocher, fit jaillir Hippocrène, source des Muses et de l'inspiration. Dans la seconde partie, les vers qu'elle compose sont de petits rayons, qui pourraient au besoin en fournir au soleil, petits rayons vivants et savoureux dans cet éther ou rien d'autre ne vit.

«AINSI NOUS FONT...». De même que les feux radieux des cieux donnent quelque connaissance de l'éternelle essence de Dieu, de même, par ses beautés externes, on peut juger des raretés internes de la dame. Il ne faut donc pleurer le poète qui semble mourir sur terre, car la douce guerre que lui font les démons, attirés par cette perfection, le conduisent à mourir en lui pour renaître dans le Ciel de sa dame.

«DU BASILIC...». La dame est ici comparée au basilic, serpent dont le regard est capable de tuer (cf. Scève, *Délie*, I, ci-dessus, p. 151). L'amant souhaite devenir miroir, afin que la dame se mire et se tue elle-même en lui-même.

TYARD, Pontus de, v. 1521-1605. Né au château de Bissy, près de Chalon, Pontus de Tyard fut sans doute destiné très tôt à l'état ecclésiastique. Après des études à l'université de Paris, il publie en 1549 ses *Erreurs amoureuses*, où à l'influence de Scève il joint une forte inspiration néo-platonicienne. Il donne en 1551 une traduction des *Dialoghi d'amore* de Léon l'Hébreu. Le *Solitaire premier, ou Prose des Muses et de la fureur poétique*, publié en 1552, et *Le Solitaire second, ou Prose de la Musique*, publié en 1555, ouvrent un ensemble de cinq dialogues philosophiques édités entre 1552 et 1558, qui seront réunis en 1587 sous le titre de *Discours philosophiques*. En 1555, il publie les *Vers lyriques* et, en 1573, il donne un recueil augmenté de ses *Œuvres poétiques*. Il trouve enfin en Henri III un auditeur attentif, à qui il doit, en 1578, sa nomination en qualité d'évêque de Chalon. Tyard se montre un homme d'Église soucieux de ses devoirs, approfondit considérablement sa culture religieuse, comme en témoignent les *Homélies* qu'il publie entre 1585 et 1588. Il laisse en 1596 son évêché à son neveu et poursuit jusqu'à sa mort son œuvre philosophique et théologique.

Œuvres complètes, sous la direction d'Eva Kushner, t. I, Champion, 2004 ; *Les Erreurs amoureuses*, éd. John A. McClelland, Genève, Droz, 1967 ; *Solitaire premier*, éd. Silvio Baridon, Genève, Droz, 1950 ; *Solitaire second*, éd. Cathy M. Yandell, Genève, Droz, 1980 ; *Mantice*, éd. Sylviane Bokdam, Genève, Droz, 1990.

ERREURS AMOUREUSES. Éditée d'abord en 1549, l'œuvre est augmentée en 1551 de la *Continuation des Erreurs amoureuses*, que suit un *Troisième Livre* en 1555. Le titre, inspiré de Pétrarque et de Maurice Scève, en même temps qu'il caractérise les errances du discours amoureux, fait aussi référence à l'idée de « fureur », développée notamment dans le *Solitaire premier*. L'œuvre réunit 142 sonnets, sept épigrammes, douze chansons ou chants mesurés ou non, et deux sextines. Les *Erreurs amoureuses* sont à nouveau éditées en 1573, avec les *Vers Lyriques* et les *Nouvelles Œuvres poétiques*, dans les *Œuvres poétiques de Pontus de Tyard*.

VERVILLE, Béroalde de, 1556-1626. Esprit curieux, et curieux de tout, Béroalde de Verville voulut s'initier à toutes les sciences. À vingt-deux ans, il publie un *Théâtre des instruments mathématiques et mécaniques*, traduit de Jacques Besson, puis il s'essaie à la poésie avec ses *Appréhensions spirituelles*, et au roman avec *La Pucelle d'Orléans*, *L'Histoire d'Hérodias* et *Le Voyage des princes fortunés*. Il touche aussi à la politique dans *L'Idée de la République*, traduit les *Lamentations* de Jérémie, mais son ouvrage le plus célèbre est sans aucun doute *Le Moyen de parvenir*. Enfin, il cultive aussi bien sûr l'alchimie, la science des sciences…

LES APPRÉHENSIONS SPIRITUELLES. Publié à Paris en 1583, l'ouvrage arbore un titre qui affiche d'emblée toute son ambition : *Les Appréhensions spirituelles, ou entrée à la connaissance des choses, discours auquel sont décrites plusieurs raisons philosophiques. Les connaissances nécessaires : Poème auquel est résolu de plusieurs points de philosophie. Le livre de l'âme : Poème où est fait une générale et particulière description d'icelle et de ses facultés. Deux dialogues, où est discouru de l'honnête amour et de la bonne grâce, avec un discours sur l'utilité de la mort. Les soupirs amoureux. Les recherches de la pierre Philosophale, traité où sont déduits plusieurs beaux points de la nature des métaux. La muse céleste, ou l'amour divin, contenant plusieurs sonnets et stances à l'honneur de Dieu.*

VIGENÈRE, Blaise de, 1523-1596. Issu d'une famille de notables, Blaise de Vigenère évolue dans l'entourage de François de Clèves, duc de Nevers. Ses missions diverses le conduisent plus d'une fois en Italie. Ses activités nombreuses lui laissent cependant assez de temps pour s'initier au grec et à l'hébreu. Curieux de tout, il s'intéresse aux choses de la diplomatie, de la politique, de l'archéologie, de l'astrologie, de l'alchimie, etc. Mais surtout, il entend pénétrer les mystères de la Révélation et la beauté du texte biblique. Il s'applique donc à rendre l'esthétique des psaumes selon une prose mesurée : c'est toute l'entreprise des *Psaumes pénitentiels*, publiés en 1587, et du *Psautier*, l'année suivante.

LE PSAUTIER DE DAVID. Les Psaumes pénitentiels n'étaient qu'une première tentative, et ne rassemblaient que quelques pièces ; le psautier se veut un aboutissement, et notamment pour ce qui est de la forme. Cette prose mesurée, c'est-à-dire rythmée, permet ainsi de rendre compte de la musicalité du texte original.

CHRONOLOGIE

Histoire politique et culturelle		*Poètes et poésie*
Jérôme Bosch, *La Nef des fous.*	1490	
	1491	Naissance de Mellin de Saint-Gelais.
Christophe Colomb en Amérique. Expulsion des juifs d'Espagne.	1492	Naissance de Marguerite de Navarre.
Début des guerres d'Italie. Naissance de François d'Angoulême, futur François Iᵉʳ.	1494	Octovien de Saint-Gelais, *Le Séjour d'Honneur.* André de la Vigne compose *La Ressource de la Chrétienté.*
	1496	Représentation du *Mystère de Saint-Quentin* d'André de la Vigne. Naissance de Clément Marot.
Excommunication de Savonarole. Léonard de Vinci, *La Cène.*	1497	
Avènement de Louis XII. Dürer, *L'Apocalypse.*	1498	
Érasme, *Adages.* Francesco Colonna, *Le Songe de Poliphile.*	1499	Pierre Gringore, *Le Château de labour.*

Histoire politique et culturelle		*Poètes et poésie*
Louis XII fait campagne en Italie.	1499-1500	
	1500	Pierre Gringore, *Le Château d'amour.*
	1502	Mort d'Octovien de Saint-Gelais.
Avènement du pape Jules II. Michel-Ange, *La Sainte Famille.* Érasme, *Le Manuel du soldat chrétien.*	1503	
	1504	Jean Lemaire de Belges, *Le Temple d'Honneur et de Vertus.*
Début des travaux de la nouvelle basilique de Saint-Pierre de Rome. Léonard de Vinci, *La Joconde.*	1506	
Campagne de Gênes. Dürer, *Adam et Ève.*	1507	Jean Marot : *Le Voyage de Gênes.* Mort de Jean Molinet.
Jérôme Aléandre enseigne le grec à Paris. Guillaume Budé, *Annotations aux Pandectes.*	1508	Naissance de Jean Dorat.
Avènement d'Henri VIII, roi d'Angleterre. Naissance de Calvin. Raphaël, *Dispute du Saint-Sacrement.*	1509	Jean Marot, *Le Voyage de Venise.*
Jules II organise la Sainte Ligue contre Louis XII. Érasme, *Éloge de la Folie.* Jean Lemaire de Belges, *Les Illustrations de Gaule et singularités de Troie* (premier livre).	1511	
Ouverture du concile de Latran.	1512	

Histoire politique et culturelle		*Poètes et poésie*
Michel-Ange, *Moïse.*	1512	
Avènement du pape Léon X. Machiavel rédige *Le Prince.*	1513	Publication de *La Concorde des deux langages* de Jean Lemaire de Belges.
	1514	Clément Marot, *Le Temple de Cupido.*
Mort de Louis XII ; victoire de François Ier à Marignan. Guillaume Budé, *De asse.*	1515	
Avènement de Charles Quint, roi d'Espagne. Léonard de Vinci à Amboise. Thomas More, *L'Utopie.* L'Arioste, *Le Roland furieux.*	1516	Jean Bouchet, *Le Temple de Bonne Renommée.* Pierre Gringore, *Les Fantaisies de Mère Sotte.*
Affichage des thèses de Luther contre les indulgences. Érasme, *La Complainte de la Paix.*	1517	Naissance de Jacques Peletier (du Mans).
Avènement de Charles Quint empereur. Début des travaux du château de Chambord. Claude de Seyssel, *La Grand Monarchie de France.*	1519	Naissance de Théodore de Bèze.
Entrevue de François Ier et d'Henri VIII au Camp du drap d'or.	1520	
Luther est excommunié. Budé devient grand maître de la Bibliothèque du roi.	1521	Naissance de Pontus de Tyard.
Luther traduit la Bible en allemand.	1522	Naissance de Joachim du Bellay.
	1524	Marguerite de Navarre, *Dialogue en forme de vision nocturne.* Naissance de Pierre de Ronsard.
Défaite de Pavie ; François Ier captif à Madrid.	1525	

Histoire politique et culturelle		*Poètes et poésie*
	1526	Clément Marot compose *L'Enfer.*
Sac de Rome par les troupes impériales.	1527	Clément Marot compose *La Déploration de Florimond Robertet.*
Clément Janequin, *Chansons.* Baldassare Castiglione, *Le Courtisan* (*Il Cortegiano*).	1528	Naissance de Rémy Belleau.
Thomas More, chancelier d'Angleterre. Guillaume Budé, *Commentaires de la langue grecque.*	1529	
Fondation du Collège des lecteurs royaux. Henri-Corneille Agrippa, *De l'incertitude et de la vanité des sciences et des arts.*	1530	Naissance d'Étienne de La Boétie.
Naissance d'Henri Estienne. Le Rosso à Fontainebleau.	1531	Marguerite de Navarre, *Le Miroir de l'âme pécheresse.*
Rabelais, *Pantagruel.*	1532	Clément Marot : *L'Adolescence clémentine.* Naissance de Jean-Antoine de Baïf.
Naissance de Montaigne.	1533	Nicolas Bourbon, *Nugae* (*Bagatelles*).
Rabelais, *Gargantua.*	1534	Naissance de Jean Passerat.
Décapitation de Thomas More.	1535	Mellin de Saint-Gelais, *La Déploration d'Amour.*
Mort d'Érasme et de Lefèvre d'Étaples. Calvin, *Institution de la religion chrétienne* (en latin). Michel-Ange, *Le Jugement dernier.*	1536	
	1537	Eustorg de Beaulieu, *Les Divers Rapports.* Salmon Macrin, *Six livres d'odes* (en latin).

Histoire politique et culturelle		*Poètes et poésie*
	1538	Publication des *Œuvres* de Clément Marot. Naissance de Jacques Grévin.
Ordonnance de Villers-Cotterêts sur l'usage du français dans les actes publics. Début des travaux du château de Saint-Germain-en-Laye.	1539	Gratien du Pont, *Art et science de rhétorique métrifiée.* Hugues Salel, *Les Œuvres.*
Approbation de la Compagnie de Jésus.	1540	Gilles Corrozet, *Hécatomgraphie.*
Calvin, *Institution de la religion chrétienne* (en français).	1541	Nicolas Habert, *La Jeunesse du Banni de Liesse.* Clément Marot, *Trente Psaumes de David.*
	1542	Antoine Heroët, *La Parfaite Amie.*
Copernic, *De revolutionibus orbium cœlestium.* Vésale, *De humani corporis fabrica.*	1543	Clément Marot, *Cinquante Psaumes de David.*
Bataille de Cérisoles ; Boulogne est vendu à l'Angleterre.	1544	Maurice Scève, *Délie objet de plus haute vertu.* Mort de Clément Marot. Naissance de Du Bartas et de Robert Garnier.
Ouverture du concile de Trente.	1545	Pernette du Guillet, *Rymes.*
Mort de Luther. Rabelais, *Le Tiers Livre.*	1546	Naissance de Philippe Desportes.
Mort d'Henri VIII. Mort de François Ier ; avènement d'Henri II.	1547	Marguerite de Navarre, *Les Marguerites de la Marguerite des princesses.* Maurice Scève, *La Saulsaye, églogue de la vie solitaire.* Jacques Peletier, *Œuvres poétiques.*

Histoire politique et culturelle		*Poètes et poésie*
Interdiction des Mystères. Rabelais, *Le Quart Livre.* Ignace de Loyola, *Exercices spirituels.*	1548	Thomas Sebillet, *Art poétique français.* Vasquin Philieul publie la première traduction du *Canzoniere* de Pétrarque.
Entrée d'Henri II à Paris.	1549	Théodore de Bèze, *Poemata.* Joachim du Bellay, *Défense et Illustration de la langue française*; *L'Olive*; *Vers lyriques.* Pontus de Tyard, *Les Erreurs amoureuses.* Mort de Marguerite de Navarre.
Reprise de Boulogne.	1550	Ronsard, *Les Quatre Premiers Livres des Odes.* Représentation de l'*Abraham sacrifiant* de Théodore de Bèze. *Blasons anatomiques du corps féminin.*
Prise de Toul et de Verdun par Henri II. Rabelais, *Le Quart Livre* (2e éd.).	1552	Naissance d'Agrippa d'Aubigné. Représentation de l'*Eugène* de Jodelle. Ronsard, *Les Amours.* Baïf, *Les Amours de Méline.* Pontus de Tyard, *Solitaire premier, ou Prose des Muses et de la fureur poétique.* Marc-Antoine Muret, *Iuuenilia.* Claude de Taillemont, *Discours des champs faëz.*
Mort de Rabelais.	1553	Représentation de la *Cléopâtre captive* de Jodelle. Ronsard, *Les Amours,* 2e édition, commentée par Marc-Antoine Muret.

Histoire politique et culturelle		*Poètes et poésie*
Henri Estienne publie les *Anacreontica.*	1554	Ronsard, *Les Mélanges.* Olivier de Magny, *Les Gaietés.*
Paix d'Augsbourg, reconnaissant en Allemagne les deux religions. Pierre Ramus, *Dialectique.*	1555	Ronsard, *Les Hymnes*; *Continuation des Amours.* Louise Labé, *Les Œuvres.* Jean-Antoine de Baïf, *Quatre Livres de l'amour de Francine.* Jacques Peletier, *L'Amour des Amours*; *Art poétique.* Pontus de Tyard, *Vers lyriques*; *Solitaire second, ou Prose de la Musique.* Nostradamus, *Les Prophéties.* Naissance de Malherbe.
Abdication de Charles Quint; avènement de Philippe II.	1556	Ronsard, *Second livre des Hymnes*; *Nouvelle Continuation des Amours.* Jean de La Péruse, *Médée* (posthume). Claude de Taillemont, *La Tricarite.*
Désastre de Saint-Quentin.	1557	Naissance de Jean de Sponde. Olivier de Magny, *Les Soupirs.* Des Masures, *Œuvres poétiques.*
Avènement d'Élisabeth Ire au trône d'Angleterre. Mort de Clément Janequin.	1558	Du Bellay, *Les Antiquités de Rome*; *Les Regrets*; *Divers jeux rustiques*; *Poemata.* Jodelle, *Recueil des inscriptions.* Mort de Mellin de Saint-Gelais.
Paix de Cateau-Cambrésis. Supplice d'Anne du Bourg, magistrat réformé. Mort d'Henri II; avènement de François II; régence de Catherine de Médicis.	1559	Olivier de Magny, *Les Odes.*

Histoire politique et culturelle		*Poètes et poésie*
Marguerite de Navarre, *Heptaméron des nouvelles.* Jacques Amyot, traduction des *Vies* de Plutarque.	1559	
Mort de François II ; début du règne de Charles IX. Pasquier, *Recherches de la France* (livre I).	1560	Mort de Joachim du Bellay. Ronsard, première édition collective. Grévin, *L'Olympe.*
Colloque de Poissy. Jeanne d'Albret abjure publiquement le catholicisme. Badius, *La Comédie du Pape malade et tirant à la fin.*	1561	Grévin, *César.* Anne de Marquets, *Sonnets, prières et devises en forme de pasquins.* Mort de Magny.
Début des guerres civiles. Sainte Thérèse, *Le Livre de ma vie.*	1562	Scève, *Micrososme.* Ronsard, *Institution pour l'adolescence du roi Charles IX*; *Discours des misères de ce temps.* Bèze, *Psaumes.*
Fin du concile de Trente.	1563	Ronsard, *Réponse aux injures.*
Mort de Calvin.	1564	
	1565	Ronsard, *Abrégé de l'art poétique français.* Pey de Garros, *Psaumes de David viratz en rhythme gascoun.* Belleau, *La Bergerie.*
Mort de Nostradamus. Henri Estienne, *Apologie pour Hérodote.*	1566	Des Masures, *Tragédies saintes.* Mort de Louise Labé.
Nicolas de Nicolay, *Les Quatre Premiers Livres des navigations et pérégrinations de N. de Nicolay.*	1567	Garnier, *Hymne de la monarchie.* Baïf, *Les Météores.*
Carte du monde de Mercator.	1568	Mort de Heroët.
Fondation de l'Académie de musique de Baïf et de Thibaut de Courville.	1570	

Histoire politique et culturelle		Poètes et poésie
Bataille de Lépante.	1571	*Vers français de feu Étienne de La Boétie*, publiés par Montaigne. Agrippa d'Aubigné commence *Le Printemps.*
Nuit de la Saint-Barthélemy ; autres massacres de protestants en province. Observations de Tycho Brahé. Mort de François Clouet.	1572	Ronsard, *La Franciade* (livres I à IV). Jean de La Taille, *Saül le furieux*, précédé d'un traité *De l'art de la tragédie.*
François Hotman, *Francogallia.*	1573	Desportes, *Premières œuvres* ; mort de Jodelle.
Mort de Charles IX ; début du règne d'Henri III. Théodore de Bèze, *Du droit des magistrats sur leurs sujets.* La Boétie, *Discours de la servitude volontaire* (posthume).	1574	Publication des *Œuvres et Mélanges poétiques d'Étienne Jodelle* par Charles de La Mothe.
André Thevet, *Cosmographie universelle.*	1575	Amadis Jamyn, *Les Œuvres poétiques.*
États généraux de Blois. Mort du Titien. Bodin, *La République.*	1576	Belleau, *Les Amours et nouveaux échanges des pierres précieuses.* Baïf, *Mimes, enseignements et proverbes* (premier livre).
	1577	Mort de Belleau. Aubigné commence *Les Tragiques.*
Jean de Léry, *Histoire d'un voyage fait en la terre du Brésil.*	1578	Le Fèvre de la Boderie, *La Galliade.* Du Bartas, *La Semaine.* Ronsard, *Sonnets pour Hélène.* Madeleine et Catherine des Roches, *Les Œuvres.* Hesteau de Nuysement, *Les Œuvres poétiques.*

Histoire politique et culturelle		*Poètes et poésie*
Junius Brutus (sans doute Philippe du Plessis-Mornay), *Vindiciae contra tyrannos.* Larivey, *Les Six Premières Comédies facétieuses à l'imitation des anciens Grecs, Latins et modernes Italiens.*	1579	
Montaigne, *Essais* (livres I et II). Bodin, *De la démonomanie des sorciers.* Traduction du *Courtisan* de Castiglione par Chappuys. Le Tasse, *La Jérusalem délivrée.*	1580	Pibrac, *Les Quatrains.*
	1581	Flaminio de Birague, *Premières Œuvres poétiques.*
Réforme du calendrier par Grégoire XIII.	1582	Mort de Peletier. Garnier, *Bradamante.* Isaac Habert, *Œuvres poétiques.*
Galilée découvre les lois du pendule.	1583	La Gessée, *Premières Œuvres françaises.* Marie de Romieu, *Premières Œuvres poétiques.* Garnier, *Les Juives.* Béroalde de Verville, *Les Appréhensions spirituelles.*
Assassinat de Guillaume d'Orange. Giordano Bruno, *De l'infini, de l'univers et des mondes.*	1584	
Guillaume du Vair, *La Philosophie morale des Stoïques.*	1585	Mort de Muret et de Ronsard. Isaac Habert, *Les Trois Livres des Météores.*
Le Greco, *L'Enterrement du comte d'Orgaz.*	1586	
Exécution de Marie Stuart.	1587	Malherbe, *Les Larmes de saint Pierre.*

Histoire politique et culturelle		*Poètes et poésie*
	1587	Joseph du Chesne, *Le Grand Miroir du monde.*
Défaite de l'Invincible Armada. Journée des Barricades ; convocation des États généraux de Blois ; assassinat du duc et du cardinal de Guise. Montaigne, *Essais* (livre III).	1588	Mort de Dorat. Blaise de Vigenère, *Psautier.* Sponde, *Essai de quelques poèmes chrétiens.* Pierre Matthieu, *Odes chrétiennes.*
Mort de Catherine de Médicis ; assassinat d'Henri III ; début du règne d'Henri IV. Botero, *Della ragione di Stato.*	1589	
	1590	Mort de Du Bartas et de Garnier.
Shakespeare, *Richard III.* Mort de Montaigne.	1592	
Henri IV abjure le protestantisme.	1593	La Ceppède, *Imitation des psaumes de la pénitence de David.*
Henri IV rentre à Paris. *La Satyre Ménippée.* Du Vair, *De l'éloquence française.*	1594	Gabrielle de Coignard, *Œuvres chrétiennes* (publication posthume).
	1597	Papillon de Lasphrise, *Premières Œuvres poétiques.*
Édit de Nantes. Lope de Vega, *Arcadia.*	1598	
Le Parlement de Paris accepte d'enregistrer l'édit de Nantes.	1599	
	1600	Christophe de Gamon, *Le Jardinet de poésie.*

INDEX

Les chiffres en caractères romains renvoient à l'œuvre de l'auteur, les chiffres en italiques aux notes.

LE XVIe SIÈCLE FRANÇAIS EN *POÉSIE*/GALLIMARD

ANTHOLOGIE DE LA POÉSIE FRANÇAISE DU XVIe SIÈCLE. *Édition de Jean Céard et de Louis-Georges Tin.*

SOLEIL DU SOLEIL. *Anthologie du sonnet français de Marot à Malherbe présentée et choisie par Jacques Roubaud.*

CHANSONS FRANÇAISES DE LA RENAISSANCE. *Choix et présentation de Georges Dottin.*

ANTHOLOGIE DE LA POÉSIE LYRIQUE LATINE DE LA RENAISSANCE. *Choix traduit et présenté par Pierre Laurens (édition bilingue).*

AGRIPPA D'AUBIGNÉ. LES TRAGIQUES. *Édition présentée et établie par Frank Lestringant.*

JOACHIM DU BELLAY. LES REGRETS précédé de LES ANTIQUITÉS DE ROME et suivi de LA DÉFENSE ET ILLUSTRATION DE LA LANGUE FRANÇAISE. *Préface de Jacques Borel. Édition établie par Samuel S. de Sacy.*

JOACHIM DU BELLAY. DIVERS JEUX RUSTIQUES. *Édition présentée et établie par Ghislain Chaufour.*

LOUISE LABÉ. ŒUVRES POÉTIQUES précédées des RYMES de PERNETTE DU GUILLET avec un choix de BLASONS DU CORPS FÉMININ. *Édition présentée et établie par Françoise Charpentier.*

CLÉMENT MAROT. L'ADOLESCENCE CLÉMENTINE suivie de L'ENFER, de la DÉPLORATION DE FLORIMOND ROBERTET et de quatorze PSAUMES. *Édition présentée et établie par Frank Lestringant.*

PIERRE DE RONSARD. LES AMOURS. *Préface de Françoise Joukovsky. Édition établie par Albert-Marie Schmidt.*

LES QUATRE SAISONS DE RONSARD. *Choix et présentation de Gilbert Gadoffre.*

MAURICE SCÈVE. DÉLIE OBJET DE PLUS HAUTE VERTU. *Édition présentée et établie par Françoise Charpentier.*

DERNIÈRES PARUTIONS

364. Ghérasim Luca — *Héros-Limite* suivi de *Le Chant de la carpe* et de *Paralipomènes*.
365. Charles d'Orléans — *En la forêt de longue attente*.
366. Jacques Roubaud — *Quelque chose noir*.
367. Victor Hugo — *La Légende des siècles*.
368. Adonis — *Chants de Mihyar le Damascène* suivi de *Singuliers*.
369. *** — *Haiku*. Anthologie du poème court japonais.
370. Gérard Macé — *Bois dormant*.
371. Victor Hugo — *L'Art d'être grand-père*.
372. Walt Whitman — *Feuilles d'herbe*.
373. *** — *Anthologie de la poésie tchèque contemporaine*.
374. Théophile de Viau — *Après m'avoir fait tant mourir*.
375. René Char — *Le Marteau sans maître* suivi de *Moulin premier*.
376. Aragon — *Le Fou d'Elsa*.
377. Gustave Roud — *Air de la solitude*.
378. Catherine Pozzi — *Très haut amour*.
379. Pierre Reverdy — *Sable mouvant*.
380. Valère Novarina — *Le Drame de la vie*.
381. *** — *Les Poètes du Grand Jeu*.
382. Alexandre Blok — *Le Monde terrible*.
383. Philippe Jaccottet — *Cahier de verdure* suivi de *Après beaucoup d'années*.

384. Yves Bonnefoy	*Les planches courbes.*
385. Antonin Artaud	*Pour en finir avec le jugement de dieu.*
386. Constantin Cavafis	*En attendant les barbares.*
387. Stéphane Mallarmé	*Igitur. Divagations. Un coup de dés.*
388. ***	*Anthologie de la poésie portugaise contemporaine.*
389. Marie Noël	*Les Chants de la Merci.*
390. Lorand Gaspar	*Patmos* et autres poèmes.
391. Michel Butor	*Anthologie nomade.*
392. ***	*Anthologie de la poésie lyrique latine de la Renaissance.*
393. ***	*Anthologie de la poésie française du XVIe siècle.*
394. Pablo Neruda	*La rose détachée.*
395. Eugénio de Andrade	*Matière solaire.*
396. Pierre Albert-Birot	*Poèmes à l'autre moi.*
397. Tomas Tranströmer	*Baltiques.*
398. Lionel Ray	*Comme un château défait.*
399. Horace	*Odes.*
400. Henri Michaux	*Poteaux d'angle.*
401. W. H. Auden	*Poésies choisies.*
402. Alain Jouffroy	*C'est aujourd'hui toujours.*
403. François Cheng	*À l'orient de tout.*
404. Armen Lubin	*Le passager clandestin.*
405. Sapphô	*Odes et fragments.*
406. Mario Luzi	*Prémices du désert.*
407. Alphonse Allais	*Par les bois du Djinn.*
408. Jean-Paul de Dadelsen	*Jonas* suivi des *Ponts de Budapest.*
409. Gérard de Nerval	*Les Chimères*, suivi de *La Bohême galante, Petits châteaux de Bohême.*
410. Carlos Drummond de Andrade	*La machine du monde* et autres poèmes.
411. Jorge Luis Borges	*L'or des tigres.*
412. Jean-Michel Maulpoix	*Une histoire de bleu.*

413. Gérard de Nerval — *Lénore* et autres poésies allemandes.
414. Vladimir Maïakovski — *À pleine voix.*
415. Charles Baudelaire — *Le Spleen de Paris.*
416. Antonin Artaud — *Suppôts et Suppliciations.*
417. André Frénaud — *Nul ne s'égare* précédé de *Hæres.*
418. Jacques Roubaud — *La forme d'une ville change plus vite, hélas, que le cœur des humains.*
419. Georges Bataille — *L'Archangélique.*
420. Bernard Noël — *Extraits du corps.*
421. Blaise Cendrars — *Du monde entier au cœur du monde* (Poésies complètes).
422. *** — *Les Poètes du Tango.*
423. Michel Deguy — *Donnant Donnant (*Poèmes 1960-1980).
424. Ludovic Janvier — *La mer à boire.*
425. Kenneth White — *Un monde ouvert.*
426. Anna Akhmatova — *Requiem, Poème sans héros* et autres poèmes.
427. Tahar Ben Jelloun — *Le Discours du chameau* suivi de *Jénine* et autres poèmes.
428. *** — *L'horizon est en feu.* Cinq poètes russes du XXe siècle.
429. André Velter — *L'amour extrême* et autres poèmes pour Chantal Mauduit.
430. René Char & Georges Braque & Jean Arp — *Lettera amorosa.*
431. Guy Goffette — *Le pêcheur d'eau.*
432. Guillevic — *Possibles futurs.*
433. *** — *Anthologie de l'épigramme.*
434. Hans Magnus Enzensberger — *Mausolée* précédé de *Défense des loups* et autres poésies.
435. Emily Dickinson — *Car l'adieu, c'est la nuit.*
436. Samuel Taylor Coleridge — *La Ballade du Vieux Marin* et autres textes.

437. William Shakespeare	*Les Sonnets* précédés de *Vénus et Adonis* et du *Viol de Lucrèce*.
438. ***	*Haiku du XXe siècle*. Le poème court japonais d'aujourd'hui.
439. Christian Bobin	*La Présence pure* et autres textes.
440. Jean Ristat	*Ode pour hâter la venue du printemps* et autres poèmes.
441. Álvaro Mutis	*Et comme disait Maqroll el Gaviero*.
442. Louis-René des Forêts	*Les Mégères de la mer* suivi de *Poèmes de Samuel Wood*.
443. ***	*Le Dîwân de la poésie arabe classique*.
444. Aragon	*Elsa*.
445. Paul Éluard & Man Ray	*Les Mains libres*.
446. Jean Tardieu	*Margeries*.
447. Paul Éluard	*J'ai un visage pour être aimé*. Choix de poèmes 1914-1951.
448. ***	*Anthologie de l'OuLiPo*.
449. Tomás Segovia	*Cahier du nomade*. Choix de poèmes 1946-1997.
450. Mohammed Khaïr-Eddine	*Soleil arachnide*.
451. Jacques Dupin	*Ballast*.
452. Henri Pichette	*Odes à chacun* suivi de *Tombeau de Gérard Philipe*.
453. Philippe Delaveau	*Le Veilleur amoureux* précédé d'*Eucharis*.
454. André Pieyre de Mandiargues	*Écriture ineffable* précédé de *Ruisseau des solitudes* de *L'Ivre Œil* et suivi de *Gris de perle*.
455. André Pieyre de Mandiargues	*L'Âge de craie* suivi de *Dans les années sordides*, *Astyanax* et *Le Point où j'en suis*.
456. Pascal Quignard	*Lycophron et Zétès*.
457. Kiki Dimoula	*Le Peu du monde* suivi de *Je te salue Jamais*.
458. Marina Tsvétaïéva	*Insomnie* et autres poèmes.

459. Franck Venaille — *La Descente de l'Escaut* suivi de *Tragique*.
460. Bernard Manciet — *L'Enterrement à Sabres*.
461. *** — *Quelqu'un plus tard se souviendra de nous*.
462. Herberto Helder — *Le poème continu*.
463. Francisco de Quevedo — *Les Furies et les Peines*. 102 sonnets.
464. *** — *Les Poètes de la Méditerranée*.
465. René Char & Zao Wou-Ki — *Effilage du sac de jute*.
466. *** — *Poètes en partance*.
467. Sylvia Plath — *Ariel*.
468. André du Bouchet — *Ici en deux*.
469. L.G Damas — *Black-Label* et autres poèmes.
470. Philippe Jaccottet — *L'encre serait de l'ombre*.
471. *** — *Mon beau navire ô ma mémoire* Un siècle de poésie française. Gallimard 1911-2011.
472. *** — *Éros émerveillé*. Anthologie de la poésie érotique française.
473. William Cliff — *America* suivi de *En Orient*.
474. Rafael Alberti — *Marin à terre* suivi de *L'Amante* et de *L'Aube de la giroflée*.
475. *** — *Il pleut des étoiles dans notre lit*. Cinq poètes du Grand Nord
476. Pier Paolo Pasolini — *Sonnets*.
477. Thomas Hardy — *Poèmes du Wessex* et autres poèmes.
478. Michel Deguy — *Comme si Comme ça*. Poèmes 1980-2007.
479. Kabîr — *La Flûte de l'Infini*.
480. Dante Alighieri — *La Comédie*. Enfer – Purgatoire – Paradis.
481. William Blake — *Le Mariage du Ciel et de l'Enfer* et autres poèmes.

Ce volume,
le trois cent quatre-vingt-treizième
de la collection Poésie,
a été achevé d'imprimer
sur les presses de CPI Bussière
à Saint-Amand (Cher),
le 15 février 2013.
Dépôt légal : février 2013.
1er dépôt légal dans la collection : janvier 2005.
Numéro d'imprimeur : 2001281.

ISBN 978-2-07-042560-0./Imprimé en France.

253371